治学心印
文史与地域文化研究

谢苍霖 著

万芳珍 王志强 整理

ZHIXUE XINYIN
WENSHI YU DIYU WENHUA
YANJIU

知识产权出版社
全国百佳图书出版单位
——北京——

图书在版编目（CIP）数据

治学心印：文史与地域文化研究／谢苍霖著；万芳珍，王志强整理 . —北京：知识产权出版社，2022.10

（学者文丛）

ISBN 978-7-5130-8367-6

Ⅰ.①治… Ⅱ.①谢… ②万… ③王… Ⅲ.①文史-中国-文集 Ⅳ.①C53

中国版本图书馆 CIP 数据核字（2022）第 171551 号

责任编辑：李　婧

学者文丛

治学心印——文史与地域文化研究

谢苍霖　著

万芳珍　王志强　整理

出版发行：知识产权出版社有限责任公司		网　　址：http://www.ipph.cn	
电　　话：010 - 82004826		http://www.laichushu.com	
社　　址：北京市海淀区气象路 50 号院		邮　　编：100081	
责编电话：010 - 82000860 转 8594		责编邮箱：laichushu@cnipr.com	
发行电话：010 - 82000860 转 8101		发行传真：010 - 82000893	
印　　刷：江西千叶彩印有限公司		经　　销：新华书店、各大网上书店及相关专业书店	
开　　本：710mm×1000mm　1/16		印　　张：29.25	
版　　次：2022 年 10 月第 1 版		印　　次：2022 年 10 月第 1 次印刷	
字　　数：400 千字		定　　价：118.00 元	

ISBN 978-7-5130-8367-6

丛书编委会

积累学术文化，创新大学文化

南昌师范学院七十周年校庆"学者文丛"代总序

张艳国*

今年金秋时节，我们就要迎来南昌师范学院七十周年校庆了。七十年弹指一挥间，攻坚克难，写就光辉校史；七十年"筚路蓝缕，以启山林"，教育培训、师范教育的累累硕果汇入江西高等教育历史长河，为江西高等教育发展贡献了样本和经验；七十年勠力同心，奋发有为，提振精气神，不懈怠、不折腾、不停步，紧跟时代，赶上时代，形成了体现南昌师范学院师德师魂、师风师貌、校风校纪、学规学风、学者学术、学生学习、学科专业、社会服务内涵个性和本质特征的大学精神、大学文化。

七十年接续发展，学校严守自己的学统文脉，坚守自己的初心使命，一路走来，由小到大，由弱变强，不断彰显高校办学特色，办社会满意的师范本科院校，赢得了社会好评。在发展历程中，学校数易其址，几易其名，发展创新成果来之不易，历史记忆是办学治校宝贵的文化教育资源。考论江西高等教育之源，学校是江西省最早的四所高等院校之一，是"老八所"本科院校之一。虽说"英雄不论出身"，但历史

* 张艳国，南昌师范学院党委副书记、校长，江西师范大学中国社会转型研究省级协同创新中心首席专家、教授、博士研究生导师。国家"万人计划"（国家高层次人才特殊支持计划）哲学社会科学领军人才、中共中央宣传部文化名家暨"四个一批人才"、国务院政府特殊津贴专家、国家社科基金重大项目首席专家，兼任中国史学会史学理论研究分会副会长、江西省历史学会会长。

总归是历史，回望历史、牢记历史、尊重历史，在总结历史经验、掌握历史规律的基础上，充分发挥历史主动性、积极性、创造性，可以看清我们前行的路，更好地开创未来。

七十年前，为谋发展之大计，满足江西省人民对优秀中学教师的渴望，江西省人民政府于1952年4月1日在南昌市豫章中学小礼堂举行江西省中等师资进修学校成立仪式，这也是南昌师范学院的奠基礼。1952年5月，学校开设为期三个月的第一期培训班，集中培训全省中学和师范学校的校长、教导主任以及骨干教师，共计208名。办学四年，学校就培训骨干学员873名，极大缓解了新中国之初江西省基础教育师资不足的压力。1956年3月，在进修培训取得良好办学成绩的基础上，江西省政府决定扩大江西省中等师资进修学校规模，批准筹建南昌师范专科学校。新挂牌的南昌师范专科学校首设语文、数学、俄文、地理四个专修科，招收应届高中毕业生，同时开设教师进修部和教育行政干部轮训部，进行师干培训。其时，南昌师范专科学校是江西省仅有的四所普通高等院校之一，也是其中唯一一所为满足基础教育需要而建立的高校。办学两年间，南昌师范专科学校培养专科毕业生400余人，培训体育教师900余人，集训校长、教导主任2200余人，当时堪称全省基础教育师资力量进修培训的重镇。1958年，江西省人民政府决定创建八所本科高等院校，其中就有在南昌师范专科学校基础上设立的江西教育学院。当时，因南昌师范专科学校校址被调拨给新建的江西大学使用，致使学校师生搬至庐山办学。1958年10月，学校在庐山人民艺术剧院召开了江西教育学院成立大会暨新生开学典礼。从1958年到1962年，江西教育学院主要发挥师范教育功能，为高中应届毕业生提供学历教育通道。1969年，江西教育学院与江西师范学院、江西大学文科合并，先后成为江西井冈山大学、江西师范学院的重要组成部分。1979年，为适应江西基础教育发展需要，江西教育学院重新恢复办学建制，复苏进修培训、高师函授办学功能。1980年，学校的中文系、数学系、外文系开始招收走读本科生，由此恢复了普通本科教育。1999 年，江西教育学院恢复普高招生，重启专科办学，但普高教育确定为 21 世纪江西教育学院的主攻方向。2005 年，学校探索新的办学模式，在赣州市成立江西教育学院赣南分院，专职培养小学教师。2008 年，为适应新的高等教育发展形势，学校购置南昌经济技术开发区瑞香路地段近 500 亩土地，建设学校新校区。2009 年 10 月，学校的教育系、旅游系、中文系、外文系共计2000 余名师生先行搬到瑞香路新校区。2010 年 10 月，江西教育学院的办学主体搬到昌北校区。自此，学校办学重心由青山湖校区迁至瑞香路校区。2012 年，江西教育学院普通高等教育在校生规模首次达到 6000余人，远程培训和集中面授中小学教师超过 400 万人，学校成为江西省成人教育的"领头羊"，也成为江西省基础教育领域名副其实的"工作母机"。自 2008 年开始，学校"改制办本"工作便紧锣密鼓地展开。全校围绕"改制办本"目标，在省政府暨教育厅指导下，上下一心齐努力，夯实达标各项工作。2013 年 1 月，学校通过教育部组织专家组进行的"改制更名"评议。由江西教育学院更名为"南昌师范学院"，学校的办学性质和方向也变更为一所普通本科院校。"改制更名"后，南昌师范学院确定立足江西、服务社会的办学目标，坚持面向基层、服务基层的办学宗旨，发挥自身办学优势，打通教师职前培养和职后培训，努力在江西建设一所有特色高水平应用型普通本科师范院校。2019 年，学校顺利通过教育部普通高等学校本科教学工作合格评估。七十年的发展历程，大体上就是我在"校庆铭文"开篇中所概括的："学脉相传七十载，桃李芬芳满天下。建校之初，其辛也艰；改革发展，其果也实。七秩耕耘正风华，矢志育人再扬帆。"

进入中国特色社会主义新时代，在"十四五"时期，学校党委科学预判高等教育发展形势，明确"南昌师范学院在哪里"的问题意识，科学确立从"十四五"开始"分三步走"的发展战略，向着建设一所新型的高质量、有特色的南昌师范大学目标奋勇前进。目前，学校已被列

积累学术文化，创新大学文化

入江西省教育厅"十四五"新增硕士学位授予单位立项规划重点建设单位；学前教育专业获批教育部国家一流本科专业建设点；学前教育、音乐学、英语三个专业顺利通过普通高等学校师范类专业第二级认证；获批首批国家语言文字推广基地，等等。学校把握新时代高等教育发展新形势、新要求、新任务，研究并驾驭新时代高等教育发展规律，站在江西看南昌师范学院，站在中部看南昌师范学院，站在全国看南昌师范学院，站在世界教师教育看南昌师范学院，学校坚守教师教育底色，守牢育人育才本色，彰显服务基层特色，聚焦师德师风亮色，"四色"有机融合，打造"金色"教师教育，学校找准坐标系，找对参照系，定规划、有目标，"对标对表"做实核心办学指标、打好攻坚发展"组合拳"，凝心聚力、提振精神、鼓足勇气、真抓实干，奋战"申硕更大"新目标，以新的目标牵引学校发展踏上新征程。

历史之路我们已经走过；面向未来并不遥远，严峻挑战摆在我们面前。如何科学回答"南昌师范学院在哪里？""在新时代办一所怎样有教师教育特色的师范本科院校？""师范教育究竟是个什么'范'？"等问题，如果想要直接进行浅层次回答当然很容易；但如果想要进行深层次回答，并且回答准确、回答好，的确很难。在校庆七十周年来临之际，我们推出南昌师范学院七十周年校庆"学者文丛"，就是想借此回答这些问题，并借此积累学术文化，创新大学文化，助力学校内涵式高质量发展。

大学是什么？按照中国传统的说法，"大学"是大人之学；"大学之道，在明明德，在亲民，在止于至善"❶。意思是说，大学是教育成年人立德修身、处世为人、止于至善的教育机构和文化阵地。通俗地说，就是"教做好人"之学。在近代意义上，教育家马相伯说，所谓大学之"大"，并非指校舍之大、学生年龄之大、教员薪水之高，而是指道德高

---

❶ 朱熹撰，徐德明校点：《四书章句集注》，上海古籍出版社、安徽教育出版社，2001年，第4页。

尚、学问渊深❶。大学就是要培养有道德、有修养、有学问、有才干的有用人才。无独有偶，我的博士研究生导师，华中师范大学前校长、著名历史学家、教育家章开沅先生多次在演讲中论述说，所谓高校之"高"，是指学历高、文凭高、学问高、道德高、文化高、素质高。由此看来，"大"和"高"，是大学或高校的重点和关键。因此，大学是培养人才、传承文化、积累文化、创新文化的地方，大学是由学校、教师、学生和社会组成的教育共同体。这个教育共同的要素（元素）是互动耦合的关系，教师乐教、学生乐学、政府乐办、学校积极、家长支持紧密互动，相互支撑，聚合功能；在这个要素群中，各要素都十分重要，缺一不可。

大学是干什么的？明确了何为大学，也就回答了大学的主业主责、教育功能这个问题。毫无疑问，大学所为，全在于帮助学生"成人立人"。围绕人做教育工作，教人成为有用之才，用古人的话说，是"己欲立而立人，己欲达而达人"，设身处地，推己及人，行仁教之法❷。用当代教育家章开沅先生的说法，是立足于人类命运、人类未来，"最重要的是做人教育"❸。总之，为党育人、为国育才，培养社会主义的建设者和接班人，"培养一个人才，振兴一个家庭，造福一方社会"❹。培养人，使人自立成才、有用有为，做有责任的中国人，做有义务的社会公民，做有家国情怀、有使命担当、有人文精神的人类一分子，首先在人格上要是一个"大写的人"，在道德上是一个"高尚的人"，在才干上是一个"有益于人民的人"❺。

自古以来，教与学就是一个矛盾统一体，它体现为教学互动，教学

---

❶《马校长就任之演说》，《大公报》，1912年10月26日。

❷ 张艳国：《〈论语〉智慧赏析》，人民出版社，2020年，第110页。

❸ 章开沅：《章开沅演讲访谈录》，华中师范大学出版社，2009年，第172页。

❹ 张艳国：《家长委员会在高校人才培养中的地位和作用》，《中国大学教学》，2016年第11期。

❺ 毛泽东：《纪念白求恩》，《毛泽东选集》第二卷，人民出版社，1991年，第660页。

积累学术文化，创新大学文化

相长❶。在大学里，从来都存在教学"双主体"的矛盾互动。从受教育一方说，学生是教育的中心，围绕学生、关照学生、服务学生、提升学生是大学教育的根本任务；从教育者一方来说，教师是教学的中心，投入教学、倾力教学、亲情教学，教育教学是教师的唯一职责和最重要使命。在教育体系和教学资源配置中，两者不可偏废，必须评估好、处理好。但是，从教与学的互动和矛盾关系平衡来说，教师是教学主体，"教也者，长善而救其失者也"❷，他是决定教学质量、教学效果的主导和矛盾的主要方面，学生则是学习的主体，他是决定学习能力、学习效果的主要方面。从根本上讲，由于教师具有教导、指导、引导、疏导的重大作用，因此，一所大学的文化、大学精神主要还是由教师引领的。从这个意义上说，没有教师，就没有教学过程，也没有教学文化。虽然我们常说，衡量一所高校的教育质量看学生，衡量一所高校的学术水平看教师，但是，由于教师在高校里具有道德、言行、价值的主导性和支配性，因此，在一定意义上讲，大学文化、大学精神也出自大学教师。由此可见，教师及教师队伍建设在大学发展中具有非常重要的地位，甚至起决定性作用。

大学教师为何如此重要？除了抽象地说，大学教师是教育的主导者外，更重要的则是，大学教师还是师德师风的引领者，探求知识、追求真理、关切人类命运的领跑者和示范者，特别是在他们中间，有着灿若星河、生生不息、标志着求知求真求善最高水平的名学者和"大先生"，他们既是学术的标杆、知识创新的推手，又是社会的脊梁。所以著名教育家梅贻琦先生说："所谓大学者，有大师之谓也，非谓有大楼之谓也。"❸ 大学重视教师队伍建设，这是抓一般，抓经常，抓根本；关键的是，要培养教师中的教师，即培养教育家、学问家，培养那些堪称"大

---

❶ 胡平生、张萌译注：《礼记·学记》下册，中华书局，2017年，第698页。
❷ 胡平生、张萌译注：《礼记·学记》下册，中华书局，2017年，第705页。
❸ 梅贻琦：《梅贻琦谈教育》，辽宁人民出版社，2015年，第7页。

先生"的好老师。学术大师、学术名家和大先生，他们是大学的教育标志、学术高度和学术名片，他们体现和代表着大学的学术质量和教育知名度。吸引学生报考入校、影响学生人生规划与行程的，往往是一所大学的著名学者。我曾到东北师范大学、南京师范大学访问。在交流中我注意到，两所学校极具教育眼光和学术眼光地为著名历史学家、教育家日知先生，著名心理学家、教育家高觉敷先生铸立铜像，这两尊铜像在学生和来访人员中极具魅力和吸引力，瞻仰者常年络绎不绝，铜像四周四季鲜花不断。山东大学建设的"八马同槽"文化园，也是如此。"八马同槽"❶，既是高等教育界的经典佳话，也是大学文化的宝贵案例。他们之所以能够成为大学的教育名片、学术名片，产生被家长、学生追慕的"社会效应"，除了他们所达到的学术高度令人敬佩外，最重要的则是他们的教育情怀和学术追求体现为一种伟大的精神和高尚的文化，他们视学术为生命，书写了感天动地的学术人生、教育人生，产生了"润物细无声"的文化辐射力、渗透力和育人功能。在他们身上，终生学习，毕生钻研，进入人生自觉，达到学习的"知之，好之，乐之"的精神境界❷，达到学术的"独上高楼，为伊消得人憔悴，蓦然回首"三重治学境界❸，使教育与学术臻于善美，这实为大学文化、大学精神的灵魂。我们发自内心地尊崇学术大师的精神品格、意志情操、学术贡献，就是对大学文化、大学精神的推崇、敬仰和弘扬。

在南昌师范学院建校七十周年之际，学校围绕大学文化开展校庆活动，就是要固守大学文化的根，守牢大学精神的魂，不忘我们从起点出发走向未来的本，用现代大学文化、大学精神培养我们的下一代和接班人。其中一项重要的内容，就是出版一套校庆学者文丛，它由袁牧

---

❶ "八马同槽"的典故，是说新中国之初，山东大学拥有八位享誉中外的文、史、哲大家名家，令人敬仰。参见许志杰：《山大故事》，山东大学出版社，2013年，第69页。

❷ 张艳国：《〈论语〉智慧赏析》，人民出版社，2020年，第104页。

❸ 王国维：《人间词话》，上海古籍出版社，2008年，第6页。

（1925—2015）、周文英（1928—2001）、吴东兴（1931）、李才栋（1934—2009）、郑清渊（1935—2016）、刘法民（1945）、谢苍霖（1947—2006）、李满（1953）、孙宪（1954）、赖大仁（1954）（按出生先后排列）十位名家之作构成，涉及中国逻辑史、中国书院史、马列文论、语文教育、拓扑学、文化研究、国画艺术、文艺评论、文艺美学、生物教育等学科领域。他们在学校的学科专业建设上，数十年如一日，潜心学问，精心育人，是南昌师范学院令人尊敬的大学者、好老师。"一代人有一代人的学术"，学术总是在传承中发展进步。我们出版这套"学者文丛"，就是要以教育文化样本形态，厘清学校发展的大楼与大师关系，彰显深蕴学校发展史中的学术文化，揭示学校倡导的学术标识，弘扬大学文化、大学精神，让师生从中受到教育和启示，激励后人，传承学术，滋养学脉，培养涌现出更多的学术名家大师，使学校为传承江右文化、建设时代新文化作出更大贡献，为建设一所新型的高质量有特色的南昌师范大学提供深厚的文化资源和强有力精神动力！

是为序。

2022 年国庆节于南昌

目　　录

治学心印——文史与地域文化研究

目

录

治学心印——文史与地域文化研究

第一编

文献学研究

《公孙龙子》点校说明

《公孙龙子》六篇，战国赵公孙龙子著。清代辛从益为作评注，题为《公孙龙子注》，合为一卷。

公孙龙，或云字子秉，生当战国中后叶，约公元前 325 年至公元前 250 年间在世。其人曾为平原君赵胜门客，零星事迹载于《庄子》《吕氏春秋》《战国策》等典籍，生平无从详考。

公孙龙以博辩著称，与同时代的惠施齐名，俱为先秦名家的代表人物。名家又称刑（形）名家，名辩家，以辩论名实为学术主题，标榜逻辑学上的"正名"，但往往失于"钩鈲析乱""苛察缴绕"，近似诡辩。比如，公孙龙的"白马非马""坚白石二""二无一""鸡三足"等著名命题，在常人眼中自是谲怪不经，悖于常识。且其立说纯属抽象思维范畴，与人伦物理、"修身治平"毫无关系。唯其如此，名家学说多遭贬毁，秦汉以下几乎湮沦无闻。唯一传世的专书《公孙龙子》长期被冷落。唐宋以来虽续有注者，但书或不传，或传而不彰。近代以来，随着西方逻辑学的传入，学者对《公孙龙子》及《墨经》中的逻辑思想始予重视，为之作注者不乏其人。现当代学者在批评其唯心论和形而上学的同时，多赞许其思辨精神及对发展逻辑思维所做出的贡献。

《公孙龙子》一书，《汉书·艺文志》著录为十四篇，据说至宋时已亡佚八篇。传世六篇或辑为一卷，或析为三卷（卷各二篇），著录于新旧《唐书》《崇文总目》《通志略》《文献通考》等多种书目。唐有陈嗣古、贾大隐分别为之作注，二家注本俱失传。宋有谢希深（名绛）注本，后世广为传刻。然而谢注"文义浅近，殊无可取"（见《四库总目提要》），学者或疑后人冒名所为。元明清三代，传世刊本不下二三十种（见栾星《公孙龙子长笺》附列二十三种），或有谢注。新的注本也陆续出现，清代就有辛从益、陈沣、俞樾、孙诒让四家之书。民国以来又有王琯、金受申、钱基博、陈柱、谭戒甫、王启湘、伍非百七家之

第一编 文献学研究

书。当代有庞朴、屈志清、栾星诸家之书。诸贤所据文本有异，持说分歧尤繁。

清人注本中，辛氏之书被称许为"最早而最善"（陈柱《公孙龙子集解序》）。这一注本最早附于辛氏文集《寄思斋藏稿》之末，系咸丰元年辛氏二子据原稿誊正付刊。光绪中陶福履氏将其辑入《豫章丛书》第二集，后又被收入《丛书集成初编》（系据《豫章丛书》本影印）。

辛从益（1759—1828 年），字谦受，号筠谷，江西万载人。乾隆庚戌（1790 年）科以二甲第二名登第，选庶吉士，散馆历内外职，以吏部侍郎卒于江苏学政任。从政数十年间，风节著于朝，惠爱及于民，堪称直臣贤吏。辛氏自幼颖悟好学，博览深思，自经、史、诸子至于天文、律算、地理、小学皆能通其说。著作除《公孙龙子注》《寄思斋藏稿》外，尚有《馆课偶存》等。据其识云，《公孙龙子注》撰于乾隆丁未年（1787 年），缘由"颇嫌谢氏注纰缪不安"，而有此举。注文中多有指责谢注谬误的言辞，如斥谢注"非是""不必""冗晦""迂远"之类。陶氏辑入《豫章丛书》时，将这类非贬言辞一概删除，似乎要替辛氏保全恕道。所幸虽有删节无伤宏旨，辛注终赖陶辑《豫章丛书》得以流布学坛。今人解读《公孙龙子》，辛氏注本为重要参考书，时见征引。总之，辛氏为《公孙龙子》的功臣，陶氏则为《公孙龙子注》的功臣。

此书除《豫章丛书》外，还有《寄思斋藏稿》附录本（简称藏稿本），此本全文后有从益之子辛桂云的一段案语说："谨案，《四库全书提要》载《公孙龙子》三卷，而先君称一卷，恐有笔误。以此书世少全本，无从觅校，不敢妄更，尤不敢臆测强分，辄依原稿恭缮付梓。桂云等撰。"此番点校，即以此本为校对本。《公孙龙子》文更以附有谢注的《四库全书》本（简称《四库》本）、《墨海金壶》本（简称《墨海》本）、《守山阁丛书》本、《四部备要》本作参校。后三种字句完全相同，故校记中仅举《四库》本和《墨海》本二种。此外，还参考了《子汇》《绎史》《百子全书》《子书四十八种》等几种本子。辛氏当年作注，不知所据是何种版本。校勘中发现，书中《公孙龙子》文有三篇标题及多处字句与参校诸本有异，似乎讹脱较多。若予订正，则往往与辛氏注文相龃龉，且失去这一注本的真相，因此一般不予订正，仅出校记说明。《公孙龙子》一书，说理既抽象枯燥，传本文字又多衍夺讹异，素称子部书中最难句读的一种。点校过程中，参考了时贤的几种标点注释本，主要有庞朴先生的《公孙龙子研究》、屈志清先生的《公孙龙子新注》和栾星先生的《公孙龙子长笺》。

《公孙龙子注》收入《豫章丛书》时，陶福履氏也曾作过校勘，标出通行本异文 31 条，附列于卷首《题词》之后。虽然他未说明用作校对的通行本是何种版本，又未交代每条异文的所在字行位置，但为存陶本之原貌，且于此见陶氏用心之良苦，仍予保留。31 条异文经核对后，已见于此番所作校记内。

本次点校《附录》收入《四库全书总目》谢注《公孙龙子提要》。《四库提要》虽与辛氏注本无涉，毕竟辛注是为救谢注之失而作，似不无参考价值。

（原载江西省高校古籍整理领导小组整理，胡思敬、陶福履《豫章丛书》子部二，江西教育出版社，2002 年 12 月第 1 版）

《主客图》点校说明

《主客图》一卷，唐代张为撰。附《图考》一卷，清代袁宁珍撰。

张为，唐末人，乡贯、行履难以确考。《全唐文》小传仅言其"唐末时人"，《唐诗纪事》及《全唐诗》小传皆言"唐末江南诗人"，《唐才子传》则言"闽中人"。《图考》断为袁州（今江西宜春）人，未知所据，《豫章丛书》亦署为袁州人。据《唐诗纪事》所载张为事迹，似是一江湖诗人。徐松《唐登科记考》将张为列入进士科（未注登第年份），亦不知何所根据。《主客图》外，张为尚著有诗一卷（见《新唐书·艺文志》），《前贤咏题诗》三卷（见《宋史·艺文志》）。今存者仅诗三首，残句一联，收入《全唐诗》；收入《全唐文》之《主客图序》似系从《唐诗纪事》移录，今置于附录。

《主客图》一书名目甚怪。"图"是图谱即谱牒的意思，"主""客"是诗人等第之称。此书实际上是一卷中晚唐诗人风格流派谱。书中将中晚唐85位诗人（并补附一人）分置于"广大教化""高古奥逸"等六种流派中，分别以白居易、孟云卿等六人为一派之"主"（犹言宗师），其余皆为"客"（犹言弟子）而有"上入室""入室""升堂""及门"之别。每位"主""客"名下各附其若干句联或篇章"排比联贯，事同谱牒"。这种摘句标榜的做法，自晚唐以来逐渐流行。和张为同时代的李洞，生平酷慕贾岛诗，集其警句五十联，并诸警句五十联，合为《诗句图》传世（《直斋书录解题》著录李洞《句图》一卷）。影响所及，宋有太宗、真宗《御选句图》二卷（分别选摘杨徽之、刘琮诗句），林逋《林和靖摘句图》一卷，杨亿《杨氏笔苑句图》一卷，释惠崇《惠崇句图》一卷，孔道辅《孔中丞句图》一卷及佚名《杂句图》一卷，俱见《直斋书录解题》。流传后世的有宋高似孙《文选句图》一卷，收入《四库全书》存目类。张为《主客图》立"主""客"区分诗家流派和等第，更开宋人"诗派"标榜的先河，正如《直斋书录解题》所云："近世诗派之说殆出于此。"然而《解题》接着指出："要皆有未然者。"所谓"有未然者"，对《主客图》而言，大概是说所立宗派及诗家的入派定位和摘句等不尽惬当，不无可议之处。且列举之诗人亦甚少。但不管怎样，《主客图》拓展了诗派研究的领域，创造了诗家评品的新模式，这是不可否定的。

在文献记载和传世刊本中，《主客图》又题为《诗人主客图》（《唐诗纪事》），或《唐诗主客图》（《直斋书录解题》及《宋史·艺文志》）、张为《主客图》（《镜烟堂十种》刊本）。学者认为，此书元代失传，后代刊本系从《唐诗纪事》辑录而成。传世刊本或总为一卷，或析为三卷，皆辑入丛书中。前者有清代《函海》《反约篇》《榕园诗话续编》等版本，后者有清代《镜烟堂十种》和《谈艺珠丛》两种版本。此番校点，以《豫章丛书》本为底本，《函海》本为对校本，并参考《全唐诗》和唐人别集以定取舍。《豫章丛书》本的来历，胡思敬跋有云："袁氏此本末附《图考》一卷，详载诸贤爵里，与他本不同，故刻而存之。""袁氏此本"当即作《图考》之袁宁珍所藏本。至于是印本抑抄本，则不可知。

《图考》专门考求"主""客"人物资料，一人一传，依次排列，给读者提供了方便，值得嘉许。作者袁宁珍系清代宜春人，生平无考，当属乡邦文献的热心人。

（原载江西省高校古籍整理领导小组整理，胡思敬、陶福履《豫章丛书》集部一，江西教育出版社，2004 年 5 月第 1 版）

《芳谷集》点校说明

《芳谷集》三卷，元代徐明善撰。徐明善，字志友，号芳谷，德兴人。据其文中自叙，生于宋理宗淳祐庚戌年（1250 年）六十七岁犹在世。

徐明善为南宋名臣徐俯七世孙，早年与弟徐嘉善以才学著称，号"二徐"。出仕以来曾任隆兴路教授、江西儒学提举。元代至元二十五年（1288 年），朝廷遣礼部侍郎李思衍等出使安南，徐明善随行，翌年还国，著有《天南行记》（见《说郛》）。又曾历主江浙、湖广行省考试。宦绩为人所称道者有二事：一则校士江浙时，从黜落文卷中识拔金华名士黄溍，使其中举；一则使安南时，应安南王世子陈日烜之求即席赋诗一首，陈日烜诚服。黄溍为明代"开国文臣之首"宋濂的业师，洪武中仕至翰林侍讲学士。徐明善能予识拔，可谓有知人之鉴。安南赋诗据说为他赢得了诗名。传世《芳谷集》皆散体文（三篇骈体制诰乃他人所作而误收者），且无多，名不甚著，数种《元史》均不为立传。方志立传，或入《文苑》，或入《儒林》，俱简略。今读其集，多为与乡邻知交应酬之文，大半皆序。或略涉时事，则颇怀世道人心之忧，却又好作诵圣之语。自宋以来，江东饶州号为理学之邦。柴中行、柴元裕、吴存、饶鲁、程端蒙、董铢、董梦程、汤千、汤汉等理学名儒相继崛起。徐明善受其熏陶，读书又多，故其文"头巾气"颇重，且好用典。手法则借鉴韩、柳、欧、苏诸大家，立意行文多变化。同是序，一篇一种写法，读

第一编 文献学研究

来不至于单调乏味。文字风格则如《四库提要》所言"平正笃实"，"大致雅洁"，有别于好奇尚怪的流俗。

徐明善能诗文，但诗集不传，《芳谷集》是徐明善传世的文集。此书流传较晚，遍考明代公私诸家书目皆未见。至清倪灿《补辽金元艺文志》及钱大昕《元史艺文志》，方见载录，皆为二卷。《四库全书》著录亦为二卷（上下为次），所据为"编修汪如藻家藏本"。刻本仅见胡思敬辑《豫章丛书》本，其所据为"江南本"。考胡思敬当年为辑刻《豫章丛书》，曾率书手赴南京江南图书馆、杭州丁氏八千卷楼等处抄书。所谓"江南本"，当指江南图书馆藏本。该藏本为抄本或刻本虽未明言，按版录通式似当为抄本。现以《豫章丛书》本为底本，影印《文渊阁四库全书》本（简称《四库》本）为对校本，两相勘比，二者篇第、文字大体相同，应同出一源。文字讹误衍夺二者互见，底本尤多。至于底本文无增加却多出一卷，乃编校者魏元旷所为。二卷本上卷为序文，篇数和字数均超出下卷甚多。魏氏将其析为两卷，则各卷篇幅较为均衡。此外，底本列目无文者三篇：《送王提举三锡序》（卷二）、《朱明叟字说》（卷三）、《古春道人双溪棹歌》（卷三）。《四库》本亦无《送王提举三锡序》《古春道人双溪棹歌》两篇。胡思敬《校勘记》云，《朱明叟字说》仅存末尾 54 字，故被魏元旷删去，今据《四库》本补入。《四库》本有"铭"类，收文四篇，置于下卷之末，即《陈直翁墓志铭》《毛耕道墓志铭》《楚宫老人墓志铭》《江县令墓志铭》（此文有残缺）。此四篇，《豫章丛书》本目文俱无，今据《四库》本补入。《四库提要》叙及佚文《河南廉访使吴公墓》一篇，谓"有录无书"，影印《四库》本中并"录"皆无。集中《平章董士选三代赠官制》三篇，《四库提要》指出系元明善文而误收，故《四库》本删去。底本保留，姑仍其旧，一体点校。此次整理，点校由魏洪丘先生完成初稿，点校说明由我执笔。

（原载江西省高校古籍整理领导小组整理，胡思敬、陶福履《豫章丛书》集部七，江西教育出版社，2006 年 6 月第 1 版）

《四书疑节》点校说明

《四书疑节》十二卷，元代袁俊翁撰。

袁俊翁，字敏斋，袁州人。邑里未详。其生卒年及生平行履，史志传记无从考求。据卷首黎立武诸人序，知其为郡中颇有名望的学者，约当元朝中前期在世。其治学有家族渊源，该族中子弟与戚属朋好多为学中人。又《元统元年进士录》有"袁俊翁"名，若非同名巧合，则其当于元统元年（1333 年）成进士，上距黎立武题序之大德四年（1300 年）历时 33 载，可谓求取功名到白头，筮仕与否不可知。

承两宋学风，元儒好治经史，而经学中新兴一门"四书"之学，奉朱熹《四书集注》为圭臬。元廷虽然长期废止科举（终元之世仅开七科），却别有用心地尊儒兴学，官办儒学和半官半私的书院遍布郡县。学中课试，往往"以四书设疑，以经史发策"，于是为应试而编撰的相关著作勃然而兴。"读书多而知理明"的袁俊翁，乃举数十年之功，为"四书"、经史辨疑析难，积稿辑就《待问集》若干卷，为其见于载录的唯一著作。其"四书"辨疑部分，或许最初题为"四书经疑"，单独刊行时改题"四书疑节"。其经史辨疑部分，据说题为"经史疑义"，或疑亡佚不传，然而明代叶盛《箓竹堂书目》著录"袁俊翁《经史疑节》一册"，当即其书，可知明代犹有遗存。又清代黄虞稷《千顷堂书目》著录"《新编待问集四书疑节》四十二卷"，当亦包括经史辩疑之篇。

《四书疑节》的格式，类似专题性质的读书笔记。作者就"四书"中发现的疑难，逐条标目解答。以《论语》《大学》《中庸》《孟子》为先后次第，标目归类排列，共计 224 条。这些解答，都是针对圣贤言行思想中似乎矛盾或不大好理解的，直接关系到"诚意正心、修身齐家、治国平天下"的大道理，因此当时被誉为"正论森严，实见超卓"。今日读来，也许感觉它"头巾气"太重，陈腐乏味。不过，作者那种心细如发，一丝不苟，"无疑者须教有疑，有疑者却要无疑"的读书治学精神，应是不会过时的。书中许多条目，其结构之工巧，针线之繁密，在经解书林中罕见其匹。联系文中义理，不难窥见从宋代经义到明代制艺的演进轨迹。

此书的流传，考诸书目：明《文渊阁书目》著录"《四书疑节》一部，二册，阙"，未标作者名氏；《菉竹堂书目》著录"《四书疑节》二册"，亦未标作者名氏。《千顷堂书目》著录，始具袁俊翁之名，而书名与《待问集》相连，混淆不清。嗣后钞入《四库全书》，所据为"浙江汪启淑家藏本"。据《四库全书总目提要》，底本卷首原有"溪山家塾刊行"字样，馆臣断为元版传钞本。胡辑《豫章丛书》所收，系钞自"钱塘丁氏本"，不知原为刻本抑或钞本（丁氏《八千卷楼书目》著录有钞本）。《四库全书》本与《豫章丛书》本皆有残缺，卷次、条目大致相同。所异者，前者卷四少一条（后者该条亦为残文），又卷十缺一标题。至于各卷文字之歧异、讹误、衍夺、颠倒等情形，则两本互见迭出，《豫章丛书》本疵颣尤多。

今兹点校，取《豫章丛书》本为底本，《四库全书》本（简称《四库》本）为对校本，凡有更改、增删或存异，均出校记说明。其语气词用字稍异，如"也""耶""矣""已""尔""耳"之类，以及字序颠倒而意义无异之词，如"浅深""深浅""轻重""重轻"之类，一般不作校改或存异，以免校记过繁而碍目。底本末附魏元旷《校勘记》74条，胡思敬覆校《校勘续记》61条。书中凡经二氏校改无误者，这次不出校记说明。其误校予以纠正，或两可而存异者，皆出校记说明。文中段落划分，悉依原文，原文字行中所标圆圈，亦视为分段记号。其段落文字多寡悬殊，及段落之间衔接不密（疑有佚脱），则无如之何也。

（原载江西省高校古籍整理领导小组整理，胡思敬、陶福履《豫章丛书》经部二，江西教育出版社，2007年12月第1版）

《豫章丛书》本《芑山文集》点校后记

清中叶以后，学术界流行一股编辑地方丛书的风气，《岭南文丛》《畿辅丛书》《湖北丛书》等省域大型丛书相继问世。受这股风气影响，江西先后编刻了两套通省范围的大型丛书，书名皆题为《豫章丛书》。一为新建陶福履所主持，收书 26 种，刻于光绪二十一年（1895 年）；一为新昌（今宜丰）胡思敬所主持，刻于民国四年至民国十一年（1915—1922 年）。这两套丛书所收之书涵盖经、史、子、集四部，大多是流行不广，或遭禁毁之书，有些是从未行世的稿本，十分珍贵。十年前，江西师范大学古籍研究所首倡联合当时江西大学、江西教育学院、江西中医学院和省内各地市师专相关专业的学者，共同整理这两套丛书，编为新版《豫章丛书》。这项庞大的工程经申报，获批为全国高校古籍整理重点规划项目。在主持者和数十位参与者的共同努力下，至 2004 年底，已出版经点校的古籍 80 种，剩余数十种将于今、明两年出齐。笔者参与其事，承担多种古籍的点校或审订任务，其中规模最大的是《芑山文集》点校一项，历时逾年，其间冒酷暑赴北京国家图书馆勘书盈旬。古籍整理涉及文献检索、版本考辨、文字校勘与标点，提要撰写等多种专门知识与技能，其中艰辛烦难，非局外人所能想象。爰就这部文集的点校整理，作《后记》以志尝试。

《芑山文集》二十二卷附《芑山诗集》一卷，是明末清初张自烈撰著的一部别集。张自烈（1597—1672 年），字尔公，号芑山，别署芑山逸史、石啸居主人，江西宜春（一作分宜）人，生当明清易代之世，明末为监生，十就乡试报罢，坚辞征辟，入清隐居著书。晚岁应南康知府廖文英之聘，主庐山白鹿书院讲席，卒于书院，葬山外郑家冲。

晚明是个士风矫激、个性张扬的时代，东林党运动和复社运动造就一群天下瞩目的名节之士，张自烈就是其中之一。由于长期客居他乡，人生偃蹇多故，又好从书中讨生活，张自烈养成了一种特有的"严气正性"，即《芑山自传》所云"守正不阿禄仕，穷理不惑经传，疾恶不畏强御，论事不恕古人"❶。综其一生，有两大惊人之处，一即交游广，一即著述丰。早年跅弢不羁，鹜声华，热衷于党社活动，为复社魁首七人之一❷，其余六人为顾杲、吴应箕、陈贞慧、侯方域、沈寿民、方文。崇祯十一年（1638年），张自烈与社友多人联名发布《留都防乱公揭》，声讨"阉党"余孽阮大铖的罪恶，后来阮大铖得志报复，因而被列入黑名单《蝗蝻录》，名闻天下。知交吴应箕、陈贞慧、沈耕岩、沈寿民、方文、夏允彝、黄宗羲、顾杲、冒襄、钱吉士、杨廷枢、方以智、李清、吴伟业、侯方域、杨士聪、袁继咸、杨廷麟、陈弘绪、万时华、陈允衡、揭重熙等数十人，皆复社风云人物，一代盛名之士。前后寓居南京20年，四方书牍积至数万件。所著《四书大全辨》请准刻印，卷首开列"参订者"名氏竟达472人。交游之众，声气之盛，世所罕见。张自烈交友也具个性，择人而交，不做泛泛结识、八面讨好的"乡愿"先生。对待同道同志，他推心置腹，一腔热血，危难之际尤见风义。袁继咸受诬被逮，他冒风雪奔走数千里，赴阙为之讼冤。吴应箕抗清而死，他倾产为之刻印遗稿。倘若性情不契，或认定对方心术不正，哪怕是大名士、老同乡，他也避之唯恐不及，甚或反目肆讥，例如对待黄道周、周钟、艾南英。即便是挚友，但凡事关是非，他也不肯分毫迁就，必明辨而后可，以持守其"严气正性"。

张自烈科场失意，转而矢志著述。明亡之后，更以著书讲学为余年唯一事业。家有藏书三十万卷，腹笥固厚，性又刻苦，兵燹流徙之中犹不废笔砚。一生撰著辑评，成书近五十种，诗文集外，如儒学经注类的《四书大全辨》《古今理学精义》《古今理学辨似录》，史乘类的《古今名臣议辨》《四朝大事记》《成仁录》《党戒录》《宦寺贤奸录》，家训类的《孤史》《忠书》，诗文评注类的《重订陶渊明集》《古诗文辨》，以及多种八股文评本等，均于世道人心和学风士习大有关系。他似乎天

❶ 张自烈，《芑山文集·卷九》，退庐图书馆，1915年。
❷ 谢国桢，《增订晚明史籍考·卷五》，引张鉴《书〈复社姓氏录〉后》，中华书局，1964年。

生"好辨",书名题为"辨""批评"的多达 27 种,为其"严气正性"的又一见证。

据张自烈自述,其诗文集最初辑刻于顺治元年(1644 年)。当时他携家带口流寓兴安(今横峰)葛川,书未竣工。但有迹象表明,此未完成之本曾流传于世。至顺治七年(1650 年),在宜春家中踵前役将刻成"完书",忽自伤一生"颠隮至此,空言何补","一夕仰天怫悒,举凡未梓者悉焚去。存若干卷,藏于家,仍署《芑山文集》"❶。至康熙二年(1663 年),再寓南京,"以感事,命家僮焚版代炊"❷,即连原先刻成携至南京的书版也化为灰烬。可知传世的《芑山文集》,不管是何种版本,都不是"完书"。即便如此,现存文集仍保存了许多珍贵的历史资料,如《上南大司马史公论监国书》《上黄阁部书》《与江督袁临侯书》等篇纵论南明时政大计,《上论左兵横暴书》《上论官兵四蠹书》《厄记》等篇揭发官兵借剿寇之名掳掠乡里、屠戮百姓的罪行,《与同人书》多篇载录数十位复社人物的活动事迹和彼此恩怨,《宝玺议》《骑射议》《驳科臣专任科贡议》等篇论列明典章制度的弊害,《旅记》《厄记》《懒屋记》等篇记述作者竭蹶乱世、历险兵间的情状等,都是可以信赖的历史见证。谢国桢先生《增订晚明史籍考》将《芑山文集》当作史籍著录,足见此书的史料价值。

从文学的角度观察,张自烈为文好议论而不注重描写;词句质实有余,灵动不足。其议论每具独特眼光,不随人短长。比如,《字汇辨序》称许王安石《字说》能发明"六书"会意之旨❸,贬议谢枋得许多文章"辞旨萎缩,罕裨名教"❹;《逊志斋集序》认为方孝孺固然忠烈可嘉,但临事无谋,"以为善道则未得"❺。此等议论,皆与世议相左。文中叙

---

❶ 张自烈,《芑山文集·卷首·自序》,退庐图书馆,1915 年。
❷ 张自烈,《芑山文集·卷九·复李乾统书》,退庐图书馆,1915 年。
❸ 张自烈,《芑山文集·卷一二·跋谢文节集》,退庐图书馆,1915 年。
❹ 张自烈,《芑山文集·卷二〇》,退庐图书馆,1915 年。
❺ 张自烈,《芑山文集·卷一二》,退庐图书馆,1915 年。

事多记兵乱，伤感殊深。《上论左兵横暴书》等篇吁天恸哭，令人不忍卒读。《芑山文集》载文271篇，大半为应酬之作。开首《与古人书》二卷，譊譊与唐、宋、明诸儒争是非，虽然词旨庄重，体式却未免滑稽，颇无谓。焚余之稿，多存"砥砆"，识者当忆元遗山"少陵自有连城璧"之句。诗不多作，《芑山诗集》仅存诗38首，感时伤乱，一如其文。总之，张自烈虽不以文名，仍不失为一富于个性的古文作手，其作品在清初遗民文学中占有一席之地。

现存的张自烈文集，除这次整理的《豫章丛书》本《芑山文集》外，主要有两种本子。最早的一种题为《芑山文集》，由"金阊"（苏州）叶瞻泉付梓，列目33卷。但其中《杂序》第五卷和《杂著》第四卷未刻（分别注明"续梓""嗣出"），故实际为31卷。此本无刻书年月。书中文字每涉及清初之事，"夷""虏"之类忌讳字样被剜除，留下墨丁，显系清初刻本。《贩书偶记》著录此本，揣测刻书时间为"约崇祯间"，《清代禁书知见录》所载也作"约刊于崇祯"，似未细检原书。今人著录多作"清初刻本"。此本卷首无序，仅题："弟自熙、自勋阅；门人孙世笃、王治洽、钱士衡较。"自署"门人席仁"所订《凡例》，宣称"是集初本二百卷有奇，盖皆及门后先辑录者"，作者"自加厘定"，"取羽翼风教、匡救国俗、与经史相发明者，余删"。卷首列出33卷详目外，尚开列书名七种："《经解》四卷，《史辨》十卷，《史论》四卷，《理学辨似录》六卷，《党戒录》三卷，《孤史》三卷（注明'嗣刻'）。"据《凡例》推断，此本刻书时间当在康熙二年（1663年）焚版之后，康熙十二年（1673年）作者亡故之前。若开列书名的七种书全部刻成，应是个人丛著、总集之类，非文集所能范围。

此后有康熙二十六年（1687年）俞王爵校辑"本衙"刻本。此本仅24卷，题为《芑山先生文集》，标记"本衙刊"。俞王爵名聘，张自烈门人，自署"江左后学"，邑里、仕履俱未详。卷首依次载作者《自序》、张自勋《芑山文集跋》、俞王爵《张芑山先生文集序》及其所订《凡例》，附俞王爵《答张自埈世兄书》。《自序》未署年月，文中叙及顺治七年（1650 年）焚稿事。张自勋《跋》称此书由他"铨次诸稿"而成，文末署年为"乙卯仲夏"，当即康熙十四年（1675 年），张自烈故世已二年。俞《序》署时为"康熙丙寅腊月望日"，即康熙二十五年（1686 年）岁末。据《答张世埈世兄书》，此本实刻于康熙二十六年（1687 年），俞《序》篇末自注"寓冶城稿"。"冶城"不知为何地，似系俞氏仕宦之地，亦即"本衙刊"所在之地。卷端《总目》之首开具预役者名氏如下："弟自熙、自勋定；男世埼、世埴，侄世埈、世圮、门人俞寨、袁世琦、俞聃同编。"正文每卷开端皆标署"江左后学俞王爵校辑"。《凡例》中一再提及此本与"原本""增本"不同。揣其意，"原本"似指顺治元年所刻未完之本，"增本"似指叶瞻泉刻本。根据以上线索及与叶刻本的比较（详见下文），可知此本是就已刻、未刻之稿，经其兄弟、子侄、门人之手，重新删定编次而成，它与今已失传的顺治未完之本和康熙叶瞻泉刻本之间，不存在渊源关系。

以上两种刻本，中国国家图书馆均有藏。取以对比，俞辑本各体文少 65 篇，又汰除无标题的《杂记》20 则和《答问》156 则。所短少的文章，字句也往往大有出入。俞辑本增删改易之处比比皆是，有的篇章甚至改得面目全非。总体而言，俞辑本字句似较精粹。

尽管俞辑本削去若干犯忌讳的文字，及至乾隆修四库全书，《芑山文集》仍被列入《军机处第一批奏准全毁书》清单。四库开馆之初，"《张芑山集》一部二十三本"（未载卷数），为江西巡抚海成第三次进呈书之一❶。同时安徽、浙江也有进呈，或刊本，或抄本，知民间颇有其书。严令禁毁之后，民间鲜有孑遗，载录清人文集颇完备的《八千卷楼书目》中未见其踪。清末沈粹芬等辑《国朝文汇》，录全清 1300 余家文章，内有张自烈文 10 篇，所据仅为抄本。所幸胡思敬据"家藏原稿本"（按："家藏"当指宜春张氏后裔所藏）编入《豫章丛书》），退庐

❶ 孙毓修，《涵芬楼秘笈丛书》，上海古籍出版社，1998 年；雷梦辰，《清代各省禁书汇考》，北京图书馆出版社，1989 年。

图书馆刊行（"退庐"为胡思敬别号），《芑山文集》得以重见天日，稍广流传。以《豫章丛书》本比对俞王爵校辑本，发现二者卷次、篇第和文字大体相同，可以断定同出一源。差殊稍显之处有三：其一，书名无"先生"二字，卷首无张自勋《跋》及俞王爵《补与汉管幼安先生书》一篇，第十五卷补入《龙溪孙氏族谱序》一篇；其三，删去末卷八股文，而将原第二十三卷《旅诗》改题为《芑山诗集》，置于书末。此外，《豫章丛书》本篇第有几处变动（见《校记》）；俞辑本时见偏僻的异体字，如"厺"（去）、"大"（立）、"大大"（并）、"芉"（羊）、"夲"（卒）、"肰"（然）之类，《豫章丛书》本则极少此类异体字。

据柯愈春先生《清人诗文集总目提要》，《芑山文集》尚有清人陈绅所抄 19 卷本，和光绪重刻 24 卷本。《清人诗文集总目提要》未著录《豫章丛书》本，亦是怪事。因念张舜徽先生所著《清人文集别录》，称寓目 1100 余家，书中论列 600 家，一部于人可称、于文可观的《芑山文集》竟不得厕身其间，实不可解。莫非未见其书？

这回点校，自以《豫章丛书》本为底本，俞王爵校辑本为对校本，叶瞻泉刻本为参校本。《芑山文集》中《与古人书》2 卷有单行本，辑入《学海类编》丛书，也借以参校。《文集》刻入《豫章丛书》时，曾由魏元旷、胡思敬共同校勘，留下《校勘记》百余条。刊行后，又经熊鸿逵覆校，有《校勘后记》20 余条。这些校勘成果，凡可利用者均已利用。魏、胡、熊三先生当年未见叶、俞二家本子，校勘所据仅为《宜春县志》和《袁州府志》转载的有限文章，其余多就字句推求臆测，纰漏甚多。

关于作者其人其事的附录资料，虽录得若干种，仍嫌寡略。由于书被禁毁的缘故，文献中一篇较为详备的作者传记也无从觅求。康熙年间编《袁州府志》中《张自烈传》被挖版留墨，残文不成篇章。专制淫威下因忌毁书，因书废人，竟到如此地步！为兴浩叹。

[原载《江西教育学院学报》（社会科学）2005 年第 2 期]

《四库著录江西先哲遗书钞目》整理说明

《四库著录江西先哲遗书钞目》四卷（简称《钞目》），是从《四库全书总目》辑录的一部乡邦文献书目。编中所录，著录和存目之书共计1032种（其中若干种属误钞），约占《四库全书》收书总数的十分之一。作为胡思敬辑刻《豫章丛书》的"即兴"之作，这部《钞目》附于《豫章丛书》之末，另有单行之本，皆未署编纂者名氏。江西省图书馆所藏单行本一册，末页边栏外有"崇仁华澜石编"六字手迹，不知何人所书。考《崇仁县志》（民国），华澜石名焯，号持盦，澜石为其字。其人为光绪二十一年（1895年）进士，授编修，后留学日本，归国后寓居南昌，曾协助胡思敬创设退庐图书馆及编刻《豫章丛书》。又钞目扉页摹刻手写体书名，落款署"持盦题"，当系华氏手迹。据此数端判断，《钞目》应是华焯所纂。

《钞目》的编纂缘起，如卷端《例言》所称，原为编刻《豫章丛书》时用作访求遗书的津逮。今日换一种眼光看它，不啻为江西先哲献给中华思想文化宝库的一份礼单。尽管乾隆编纂《四库全书》有禁毁、阉割、篡改等恶劣行径，江西先哲遗书难逃厄运，明末清初间的许多著作被剿灭（据统计不下200种；据雷梦辰《清代各省禁书汇考》，江西奏缴禁书17次，共计452种，为各省之最），但著录和存目于《四库全书》的历代著作，毕竟仍存大体，精华犹在。因此《钞目》所录诸书，仍然堪称江西先哲著作的代表和缩影，显示江西先哲著作在中华古典文献中的重要地位。江西素称文献大邦，宋以下秉笔之士充闾盈朝。见于载录的著作究竟有多少？迄今未见专门汇总之书。据称较为完备的光绪《江西通志·艺文略》，其载录之书将近11000种。虽然官方修志一时涉猎，必多遗漏，更有清末之书未及网罗，然而已是相当可观。不过，这万余种著作当中有从来未曾行世，或虽曾行世而久已失传者。唯其如此，《四库全书》所著录和存目的千余种遗书弥足珍贵。遗憾的是，存目之书居其大半。检视前些年出版的《四库全书存目丛书》，多种未见其踪，想必人间已无遗存，思之怅然。《诗》云："天实为之，谓之何哉！"

《钞目》卷次依《四库总目》经、史、子、集四部之序，部各一卷。部下设类，类下设属；同类之书，著录者居前，存目者在后，凡此俱遵《四库总目》。以《四库总目》核验《钞目》，知后者并非单纯抄录，而是兼有考订。它纠正了《总目》中的一些错误记载。例如，《尚书·纂传》作者王天与为安福人，《四库总目》误以其别号梅浦为邑里，载为"梅浦人"；《黄洛邨集》作者黄宏纲邑里为"雩都"，《四库总目》误作"鄠都"；《妙贯堂馀谭》作者裘君宏，《四库总目》误作"裘若宏"；《濯旧稿》作者汪俊，《总目》误作"王俊"等，这类错误，多被《钞目》所纠正。《四库总目》中的一些不确切记载，《钞目》加以落实。比如，《西畴常言》作者何坦，《四库总目》载其邑里为"盱（旴）江"，《钞目》落实为广昌；《兰畹清言》作者郑仲夔，《四库总目》载其邑里为"江西"，《四库总目》落实为上饶等，这些都是值得称许的。但《钞目》也有不惬人意处。譬如一些条目中关键性文字有讹误或遗漏，以及《四库总目》中的误载尚有未经发现者等。且漏钞之书多达数十种。此外，误钞也有若干种。补救这些疏失，正是今番整理的任务。

《钞目》行世二十余年，有重订《四库著录江西先哲遗书钞目》问世，附载于吴宗慈主修的民国《江西通志稿·艺文略》之末。重订《钞目》的最大特色，是每种遗书下尽可能载列其传世版本，以及诸家书目著录情况，从而给读者指示一条考辨版本源流、寻求佳椠善本的途径。此外，删除若干误钞之书，增补若干漏钞之书，这些都是功劳。可增补过滥，甚或失察致误，又成一病。例如，《史部地理类》增补江西地方志多种，其署名撰修者皆非江西籍；《拯荒事略》作者欧阳玄为元代湖南浏阳人，因其祖籍吉州永丰（一作分宜），而将其书载入；元初名臣刘秉忠为邢州人，祖籍瑞州实为辽、金之瑞州（今辽宁绥中），雍正《江西通志》误认作宋之瑞州（今高安）而为之立传，使清儒钱大昕在其《十驾斋养新录》中留下"喷饭满案"之诮，《重订钞目》不察，仍将刘秉忠的两种著作补入。

乡籍地名的辨认，实为《钞目》考订工程的一大难题。同名异地现象，在《钞目》诸书作者籍贯中多处遭逢。其中有本省范围者：如"南康"一名，或指南康府（宋为南康军），治所即今星子；或指南康县，属赣州府。又如"建昌"一名，或指建昌府（宋为建昌军），治所即今南城；或指建昌县，即今永修。县名"永丰"，有广信府之永丰，即今广丰；有吉安府之永丰，至今沿用旧名。有涉及外省者：如新昌（今宜丰），浙江有同名之县；新城（今黎川），山东有同名之县；东乡，四川有同名之县；安仁（今余江），四川、湖南皆有同名之县。诸如此类，极易混淆。上举诸例，多又涉及古今地名变异问题。此外尚有地名别称问题，省内外迁徙或行政区划变更所衍生的籍里认定问题等（典型如北宋李觏，南城、黎川、资溪三县旧县志均为其立传），还有人名混同问题。凡此种种，交互纠缠，设下重重迷障，非熟于典故，细心考求，鲜有不出差错者。《钞目》和《重订钞目》在这方面略欠功夫，给今番整理留下许多难题。

此外，还有一个特殊问题。《重订钞目》从事之时（20世纪40年代后期），婺源已从安徽划入江西。按情理说，应考虑将《四库全书》所著录和存目的婺源先哲遗书，用适当的方式补入《钞目》，但执事者没有这样做。今番弥补这一缺憾，原拟将《四库全书》所著录和存目的婺源先哲遗书总计102种循序补入，一如其他补录条目，继而又恐有损《钞目》的历史面貌，悖于整理典籍须尊重历史、尊重原著的通则。思忖再三，乃将其别为"补编"，题为《四库著录婺源先哲遗书钞目》，附于编末。这样处理实出于不得已，尚望君子鉴谅。

以下是关于整理方式和文字表述的几项说明：

第一，《钞目》原有条目中，凡文字讹夺均予补正，并当条加按语说明。其记载有误，或有遗漏，或含混不实，及有异说可存疑待考等，均不改动原文，仅用按语说明。鉴于有的条目原有"案"语，凡新增按语均标明"谢按"，以免混淆。第二，《钞目》中误收的条目，仅加按语说明，不予删除，以昭慎重。所加按语，标明"谢按"。第三，遗漏的条目，循序补入，并于书名之上用括号标"补钞"二字，以示区别。补钞之书作者朝代为清朝者，遵《钞目》体例写作"国朝"。除少数补录条目无须解释外，一般补钞条目加按语说明补钞的依据。第四，不问原有条目、补钞条目，其按语中频繁征引之书，书名用简称，计有如下数种：《四库著录江西先哲遗书钞目》简称《钞目》；《重订四库著录江西先哲遗书钞目》简称《重订钞目》；《四库全书总目》简称《四库总目》，其提要简称《四库提要》。又《江西通志》指刘绎主修的光绪《江西通志》；《江西通志稿》指吴宗慈主修的民国《江西通志稿》。第五，遗书作者邑里之名，多有不同于今名而使人常感觉生疏者，如上文所举新昌（今宜丰）、安仁（今余江）诸例。为方便一般读者，凡此等地名均加按语说明今名或其大致所在。其地名用字之异，如新喻今作"新余"，"雩都"今作"于都"之类，人多知晓，无烦解释。

（原载江西省高校古籍整理领导小组整理，胡思敬、陶福履《豫章丛书》集部十二，江西教育出版社，2008 年 12 月第 1 版）

《民国诗话丛编》校点抉疵

张寅彭先生主编的《民国诗话丛编》（本文简称《丛编》）2002 年由上海书店出版社排印行世。《丛编》收入民国学者所著诗话 37 种，多为流传不广的旧本，更有未经成集单行的自订本或稿本。此举承前传后，彰幽拯湮，嘉惠学子，厥功不浅。精装六册，煌煌列架，授课之余通读一过，颇有收获。书中除通常句点外，凡人名、地名、书篇名等均标专名线，大是好事。然亦不无遗憾：标点错漏及错别字等时有所见，随手录得百数十条。这些疵误在 350 万字的巨编中虽然比例甚微，但若贻误读者则其弊非小。因此不敢为贤者讳，试择其尤，类列指说，庶几举一反三，人我知戒。

（一）人名误标漏标例

（1）陈衍《石遗室诗话》卷七录宋芸子诗：

便是堕车闻鼓死，石城犹胜褚渊生。

《石遗室诗话》卷一九录林希村诗：

愁杀石城闲草木，当年亲见褚渊生。

按：据《南史·褚裕之传附彦回》，南朝宋明帝大臣褚渊，字彦回，与袁粲共受遗诏辅幼主苍梧王（即后废帝），其后褚渊背主拥立齐高帝萧道成，袁粲则谋诛萧道成而被害。时人鄙薄褚渊，传语云："可怜石头城，宁为袁粲死，不作彦回生。"（见《资治通鉴·宋纪十六》末句为"不作褚渊生"）上引宋、林二人诗句即用其典，"生"字不当标专名线。

（2）《石遗室诗话》卷一〇录丁传靖诗：

怎怪孙曾思北伐，安阳门第亦胡尘。

按：诗为绝句，总题为《南归杂咏》，此首当为途经河南安阳所作。前两句云："相公节钺镇漳滨，昼锦堂开烂漫春。"显然咏北宋名相韩琦。韩琦相州安阳人，曾以节帅身份判相州，州在漳河之滨，故曰"镇漳滨"；州治后圃建昼锦堂，欧阳修为作《相州昼锦堂记》（见《欧阳文忠·居士集》卷四〇）。引句中"孙曾"犹云孙辈、曾孙辈，指其曾孙韩侂胄。宋宁宗开禧中，韩侂胄发动北伐，兵败身戮（见《宋史·韩侂胄传》），故仅云"思北伐"。"孙曾"属称谓语，不当标专名线。

（3）《石遗室诗话》卷一五录林寿图诗：

将军宗正祝兹侯，安刘之子兵各主。

按：据《史记·绛侯周勃世家》，汉文帝为抗御匈奴入侵，令宗正刘礼、祝兹侯徐厉、河内太守周亚夫皆为将军，分别驻军霸上、棘门、细柳。又据《史记·高祖本纪》，汉高祖临终嘱咐："周勃厚重少文，然安刘者必勃也。"诗用其典，句中"祝兹侯"为专名，应标线。"安"字不当标线。"安刘"谓安绥刘氏，即捍卫汉朝。周亚夫为周勃之子，故云"安刘之子"。

（4）《石遗室诗话》卷一九录吴子修诗及注：

百花一潭近，万竹四松齐。（原诗小字注：四松，万竹公诗。）

按：诗言杜甫成都草堂事。考浦起龙《读杜心解》及所附《少陵编年诗谱》，成都草堂在百花潭近旁。代宗宝应、广德间，杜甫避乱携眷离成都流寓梓州。迨乱定返草堂，乍见堂前所栽四株小松，喜作《四松》诗，有句云："入门四松在，步屧万竹疏。"据此，上引诗句及注文中"万竹"非专名，不当标线。又注中"公"指杜甫，"万竹"下当施逗号。既与"万竹"并举，即"四松"亦不当标为诗题，字下逗号应改作顿号。

（5）《石遗室诗话》卷二一叙及福州小西湖宛在堂之肇建：

明高瀫傅汝舟创以祀明以来诗人（下略）。

按：高瀫、傅汝舟是二人，皆明中叶侯官隐士，为当地"十才子"之首（见朱彝尊《静志居诗话》卷一一）。句中误标为一人，而以"瀫傅""汝舟"为名与字。又《四库全书总目·石门诗集提要》及民国《福建通志·文苑传》，高瀫名俱作"瀫"，当出校记存异或辨正。

（6）《石遗室诗话》卷二一录陈左海诗：

江左才华存孝绰，石渠高议见长宾。

按：句中"长宾"为人名，应标专名线。典出《汉书·儒林传》："林尊，字长宾，济南人也，事欧阳高，论石渠。"

（7）《石遗室诗话》卷二一再录陈左海诗：

身游冀雍荆梁惯，才压封胡遏末奇。

按："才压"句用《晋书·谢万传附诏》事：东晋谢安家族中，一时年少卓异者有诏、朗、玄、渊四人（其中"渊"名史家避讳改为"泉"或"川"），四人小字分别为封、胡、羯、末，故有"封胡羯末"之称。四字当分别标线。"遏"为"羯"之讹，当校正。

（8）《石遗室诗话》卷二四就陈弢庵一首题名公手札之诗作评说：

盖致咎于册末一二公，而以夷甫相况者（下略）。

按：陈弢庵诗中有"事功""沈陆"语，即上引文句中"夷甫"当指晋朝空谈误国不尚事功的典型王夷甫（名衍），二字应通标一线。《世说新语·轻诋》载：桓温北伐途中远望中原，慨然兴叹："遂使神州陆沉，百年丘墟，王夷甫诸人不得不任其责！"

（9）《石遗室诗话》卷三〇录李审言诗：

莲苏桐稻誉贻厥，那得文度依膝前。

按："莲苏"下有小字注文："青主孙名"。"青主"当即清初隐士傅青主（名山）。傅青主有孙名莲苏，见其《霜红龛集》。揣诗意，与"莲苏"并列的"桐稻"，当指同时名士朱彝尊二孙，一名桐孙，一名稻孙。朱彝尊为二孙作《名孙说》，文见《曝书亭集》卷六〇。句中"桐""稻"应分别标专名线。

（10）魏元旷《蕉庵诗话》卷二录章梫诗：

昌平王赵义声高，不减唐林与谢翱。

按：诗题为《明季杂咏》，"昌平"句下小字夹注："王政行、赵一桂皆营葬明思陵者"。据此，下句"唐林"当指宋末义士唐珏、林景熙（"熙"亦作"曦"），二字应分别标专名线。元初奸僧杨琏真伽盗掘南宋帝陵，唐、林二人收掩宋帝残骨，植冬青树为标志，分别赋《冬青行》《冬青花》诗记其事，详厉鹗《宋诗纪事》（卷三一）引《辍耕录》、《宋诗纪事》卷七五引《遂昌杂录》。

（11）陈诗《尊瓠室诗话》卷二：

（宣统三年）九月，江藩、樊增祥以时艰委印去。

按：句中"江藩"应是称呼樊增祥官衔，不当标线点断。据汪国垣《近代诗人小传稿》，樊增祥清末曾任江宁布政使。布政使俗称"藩台"，故称"江藩"。"江"为地名，字下可保留专名线。

（12）《尊瓠室诗话》录夏映庵诗：

引杯华颙曾何语，开径羊求有不忘。

按：寻绎诗意，前句当用西晋张华、裴颙事，后句当用西汉羊仲、求仲事。张华字茂先，官至司空；裴颙字逸民，官至尚书左仆射，二人皆善清谈。《世说新语·言语》载："裴仆射善谈名理，混混有雅致；张茂先论《史》《汉》，靡靡可听。"羊仲、求仲皆隐士，世称"二仲"。王莽时杜陵人蒋诩免官归乡，闭门高卧，舍中辟三径，唯"二仲"从之游（见《初学记》卷一八引《三辅决录》）。诗中"华"与"颙"、"羊"与"求"应分别标线。

（13）孙雄《诗史阁诗话》录易哭庵诗：

谁知赤心独眼龙，祗畏玉面胭脂虎。

按：诗题为《观小叫天演珠帘寨杂剧》。《珠帘寨》演唐末晋王李克用侍姬劝李克用出兵救唐事，即诗句当为李克用而发。考《旧五代史·唐武皇本纪》，李克用父国昌，原名赤心；李克用称雄一时，以其一目微盲，军中呼为"独眼龙"。诗中"赤心""独眼龙"当分别标专名线。

（14）赵熙《香宋笔记》录颖人诗：

家父颂诗怀仲甫，带佗兵法匹兒良。

按：句中"家父""带佗"均人名，应标专名线。《诗经·小雅·节南山》有"家父作诵，以究王讻"句，笺疏谓"家父"是其字（朱熹《诗集传》谓"家"为氏，"父"为名），其人为周幽王时大夫。"家父颂诗"即"家父作诵"（"颂"与"诵"通）。带佗为战国名将，其名与"兒良"并列，见贾谊《过秦论（上）》。

（15）赵炳麟《柏岩感旧诗话》卷一录赵启霖诗：

东枚词翰乔，南董罪言申。

按：诗句自写经历。据陈灞一《新语林·政事》，赵启霖登进士授翰林编修，迁御史，因弹劾亲贵而罢官。句中"东枚"当指汉武帝文学侍臣东方朔、枚皋。二人才性相近，《史记》《汉书》中每相提并论，

《文心雕龙·谐隐》亦称"东方、枚皋"。句意谓当年如东方朔、枚皋，忝为词翰。"东""枚"当分别标线。

(16) 赵炳麟《柏岩感旧诗话》卷一载作者诗：

半闲定第承殊宠，王气销沉事可嗟。

按："半闲"当指宋末奸相贾似道，应标专名线。贾似道自号"半闲老人"，见其《悦生随抄序》（见《说郛》卷一二）；其西湖葛岭别墅有半闲亭，见田汝成《西湖游览志馀》卷五。诗后作者解释云："半闲指奕劻"，即借贾似道比拟清末被指为权奸的庆亲王奕劻。

(17) 海纳川《冷禅室诗话》"贺寿慈"条列清末书法名人"同光四家"名氏，内有：

赵文恪公光陈、子鹤尚书孚恩（下略）。

按：考《清史列传》，清末大吏赵光卒谥文恪；陈孚恩字子鹤，历官兵、吏等部尚书。据此，当于"陈子鹤"三字下标专名线，"陈"字下顿号应移在"光"字下。

(18) 夏敬观《学山诗话》录袁昶诗：

汉中米贼全烧堞，帐下萧娘尚册勋。

按："萧娘"下夹注："梁临川王宏"。考《南史·梁宗室宏传》：梁临川王萧宏督军伐魏，半途畏懦不进，筹议退军，左卫将军吕僧珍赞同。于是魏军赠萧宏以妇女衣饰，作歌云："不畏萧娘与吕姥，但畏合肥有韦虎。""韦虎"谓梁将韦叡，韦叡曾领军伐魏，攻取合肥。（见《南史》）。诗句中"萧娘"为谑号，应标专名线。又注文："梁临川王宏"，校点者误以"梁临川""王宏"为人名，分别标线。

(19) 王逸塘《今传是楼诗话》第四二六条述及粤中越华书院：

桂林 陈莲史山长，以天中、节燕诸生，命赋新松。

按：旧时以五月初五日为天中节（见吴自牧《梦梁录》卷三）。句谓陈山长于天中节设宴款待书院诸生（"燕"同"宴"），命诸生以"新松"为题赋诗。校点者误标"天中""节燕"为人名。

（20）《今传是楼诗话》第五一〇条录袁枚送别刘墉诗：

道公逐李斯，不许少留逗。

按：据《诗话》及袁枚诗意，此诗背景为：刘墉督学江南，寓居江宁的袁枚颇为"正人君子"所訾诋，一时谣传刘墉将驱逐袁枚回杭州原籍。事实上并非如此，袁枚反而受刘墉赏识，故刘墉卸任时袁枚作此诗送别。句中"公"指刘墉，"李斯"借指作者。"道公"犹云"传说您"，句中误标为人名。

《今传是楼诗话》同一诗：

能为李横冲，何妨伏不斗。

按："李横冲"为唐末枭雄李嗣源异称，标线应及"冲"字。李嗣源早年为晋王李克用养子，所部号"横冲都"，故有"李横冲"之称（见《旧五代史·唐明宗纪》）。"伏不斗"为东汉儒者伏湛绰号，应标专名线。伏湛为人清静，与世无争，人称"伏不斗"（见《后汉书》卷三十七）。二句劝办事果敢的刘墉不妨稍事忍让。

（21）郭则沄《十朝诗乘》卷八：

滇督杨公名时获谴（下略）。

按：据前后文，此叙雍正时事。考《清史稿·疆臣年表》及《杨名时传》，雍正三年十月，杨名时代云贵总督，次年十月因事获谴，罢总督。句中误标"杨公名"为名氏。

（22）《十朝诗乘》卷一二录邓嶰筠诗：

厥初岳岳黄门公，桓典立朝骢马鞚。

按：二句赞颂乾隆初年给事中曹谔庭（名一士），后句言其刚直无畏，犹如汉末直臣桓典。灵帝时桓典为侍御史，常乘骢马。以其执法不避势要，京师贵倖畏惮，传语云："行行且止，避骢马御史！"（见《后汉书》卷三十七）诗用其典，"桓典"当标专名线。

（23）《十朝诗乘》卷一六录翁心存诗：

二郎神传蜀守子，八角庙报番君功。

按：诗题为《赛神曲》，咏豫章城（今江西南昌）端午节赛神风俗。句中"番君"是神号，应标专名线。据《汉书·吴芮传》，秦时吴芮为番阳令（"番"同"鄱"，"番阳"即今江西鄱阳），得民心，号为"番君"。"八角庙"为其祀庙，亦当标专名线。

（24）《十朝诗乘》卷二〇录朱培源诗：

贝州生缚王则献，稿街悬首申常刑。

按：此当咏北宋王则事。据《宋史·明镐传附王则》，仁宗时贝州小校王则聚众起义，事败被俘，槛送京师支解。句中"献"谓槛送入京，误标入名中。

（25）《十朝诗乘》卷二一录李孝笙诗：

伏波横海今何在，回首榑桑铜柱标。

按：句中"伏波""铜柱"用东汉马援事，"横海""榑桑"用西汉韩说事。据《史记·卫将军骠骑列传》及《汉书·韩王信传附韩说》，汉武帝元鼎五年，都尉韩说从大将军卫青击匈奴，以功封龙额侯。后坐酎金失侯，复以待诏为横海将军，击破东越，封按道侯。"横海"为称号，应标专名线。

（26）《十朝诗乘》卷二四录李桃源诗：

毕良史与廖莹中，指挥狎客承下风。

按："毕良史"为人名，当标专名线。据徐梦莘《三朝北盟会编》卷二〇六，两宋之际毕良史以贩卖古董著称，绰号"毕偿卖"。其人常趋走于宋高宗御前，身份与宋末贾似道清客廖莹中相似，故以二人并称。

（27）《十朝诗乘》卷二四录黄孝纾诗：

疾风知劲草，器之真铁汉。

按：二句咏清末民初不识时务的忠臣、遗老刘廷琛，用宋人刘安世典。刘安世字器之，元祐大臣，章惇、蔡卞当政时清洗"元祐党人"，刘安世被流放岭南春州、循州等七州烟瘴之地，历时三十年，始终不屈，当时号为"铁汉"（见《宋史·刘安世传》）。句中"器之"应标专名线。

（28）刘衍文《雕虫诗话》卷五录蒋宰棠诗：

众觉须眉异，相尊黄绮侪。

按：句中"黄""绮"应分别标线。"黄"即夏黄公，"绮"即绮里季，二人皆汉初隐士，"商山四皓"中人物。见《史记·留侯世家》及司马贞《索隐》。

（二）地名误标漏标例

（29）《石遗室诗话》卷一〇录丁传靖诗：

良乡塔影望中遥，往日邮程第一宵。

按：此为作者《南归杂咏》七首第一首，句中"良乡"是地名，漏标专名线。据《清史稿·地理志》，良乡县属顺天府，在京师西南七十里，正是"往日邮程第一宵"处。今为北京市大兴区良乡镇。

（30）《石遗室诗话》卷一五：

歼寇于粤之嘉、应州者。

按："嘉应州"为旧时广东地名，即今梅州市，三字当通标一线，不当顿断。据《清史稿·地理志》，嘉应州治原为程乡县，雍正中改名升为直隶州，辖长乐、兴宁等四县。粤中别无"嘉（州）""应州"。

（31）《石遗室诗话》卷二二录顾印愚诗：

长路尚迁花石戍，全家拟向翠微峰。

按："花石戍"为地名（"戍"谓城堡、营垒），今称"花石"，在湖南湘潭市西南。杜甫有《宿花石戍》诗，即其地。三字漏标专名线。

（32）《蕉庵诗话续编》录"壇儿"诗：

十载重来感万端，临春结绮思空系。

按："临春""结绮"皆楼阁名，漏标专名线。据《陈书·皇后传》史臣魏徵附述，南朝陈后主于光照殿前建临春、结绮、望仙三阁，自居临春阁，所宠张贵妃居结绮阁。诗句借二阁影指清末京师"王孙池馆"。

（33）《柏岩感旧诗话》卷二：

（民国初年，王壬秋受命为清史总裁，岁糜俸银二万余。）时人比之汉初平间 蔡邕。

按：句中"初平"为汉献帝年号，"间"谓期间，校点者似误以"平间"为蔡邕乡贯而标专名线。考《后汉书·蔡邕传》，传主系陈留圉县（今河南杞县）人氏，中平、初平间被董卓强征入朝，位高望重。当于"初平"二字下标专名线。

（34）《学山诗话》录袁昶诗：

碣石夜飞捷户牝，玉河朝罢入烽云。

按：句中"碣石"山名，"玉河"水名，均应标专名线。碣石山在河北昌黎县西北，毗邻山海关，为战略要地。（见顾祖禹《读史方舆纪要》卷一〇、卷一七"碣石山"条。）玉河即玉泉，源出京西玉泉山，流入昆明湖。（见孙承泽《天府广记》卷三五、引朱长春《玉泉山记》）诗咏庚子事变，碣石山、玉河皆兵燹所及。

（35）《十朝诗乘》卷二一录杨叔峤诗：

羯胡终伏命，龙额会封侯。贰负尸仍梏，休屠像早收。

按："龙额"为西汉侯国名（见《汉书·地理志（上）》）。西汉韩说击匈奴有功，封龙额侯（见《汉书·韩王信传附韩说传》）。"休屠"为西汉县名（见《汉书·地理志下》）。汉时匈奴有休屠王，霍去病伐匈奴，获休屠王祭天金人（即佛像）（见《史记·匈奴列传》）。据谭其骧主编的《中国历史地图集》，龙额国在今山东禹城东南，休屠县在今甘肃武威北。上引诗句用韩说、霍去病典故，二处地名应标专名线。

（36）沈其光《瓶粟斋诗话》续编卷三：

（王巨川）家居上海之引翔镇 夏屋渠，渠花木掩映。

按：推寻词句，"夏屋渠"非地名，不当标线。应在"引翔镇"下和"夏屋渠渠"下施逗号。"夏屋渠渠"乃成语，出自《诗经·秦风·权舆》，形容房屋宏敞。

（37）吴宓《空轩诗话》录徐英诗：

宏农姊妹总温柔，虢淡秦浓各自由。

按："宏农"为一处地名，二字不当分别标线。诗句咏唐玄宗时杨贵妃姊妹。据乐史《杨太真外传》（见《说郛》卷一一一），杨贵妃原籍弘农华阴，后徙居蒲州永乐。清人避高宗讳，改"弘"为"宏"，故诗中作"宏农"。考《中国历史地图集》，东汉弘农郡治在今河南灵宝县北，华阴为其属县之一，隋唐弘农郡属县均无华阴。《杨太真外传》所载杨贵妃原籍，当虚指地望，不足为凭。

（38）钱仲联《梦苕庵诗话》第三四八条：

噶礼携资财与伊子移居河西。务奸诈凶恶，请正典刑。

按：此为康熙时大贪官噶礼被革去总督后，其母叩阍控告其罪恶的控辞。考地名辞典，"河西"一地无论泛指山西、陕西一线，抑或作为州县，均在边远地区，距清朝京师甚遥。噶礼身为满洲贵族，革职后理应在京闲居，即使为转移资财而迁徙他处，亦不必远走"河西"。揣度情理，其迁徙处当是天津武清西北的河西务，该地为漕运重镇，距京师不远。引句中当标"河西务"为地名。此名至今沿用。

（三）篇名误标漏标例

（39）蕉庵诗话》卷四：

（卢耿诗）与绍唐、市汉作意各有在，此更沉痛。

按：《诗话》先引卢耿感时之诗二首，然后与胡绍唐（名思敬）同类作品相比较而有此言。考胡思敬《退庐诗集》，卷四有《市汉阻风感念近事凄然有动于怀》七绝二首，当即句中所谓"市汉作"。"市汉"为地名。据《嘉庆重修一统志》，江西南昌县南六十里章江滨设市汉巡司，当即其地。但引句中"市汉"宜标篇名波浪线，"市汉作"即"《市汉》之作"，"绍唐"二字下尤不当施顿号。

（40）黄节《诗学》论范成大诗：

其他如西江有单鹄行河豚叹，则杂长庆之体。

按：考范成大《石湖诗集》，卷一有《西江有单鹄行》《河豚叹》二题。句中误标为一题。"豚"为讹字，亦当校正。

(41)《今传是楼诗话》第二三四条：

元和 韩桂舲司寇對还读斋诗稿（下略）。

按：韩桂舲名崶，道光初为刑部尚书（俗称司寇），见《清史稿》。句中误以人名阑入诗集名。

(42)《十朝诗乘》卷一六录黄蓉石诗：

绮籍耻登南部记，丽词羞唱后庭花。

按：据诗意，"南部记"应是书名《南部烟花记》的约称，当标为书名。该书作者为唐人冯贽，书中多记陈后主、隋炀帝与宫女事。

(43)《瓶粟斋诗话》三编卷三录陈式金诗及注：

龙眠图画孝经真，艺苑流传拱斗辰。（原诗小字注：龙眠、孝经图为吾家第一品……）

按："龙眠"当指北宋画家李公麟。佚名《宣和画谱》卷七有李公麟小传，传主号龙眠居士，《画谱》列其绘画（御府所藏）107件清单，内有《孝经相》一件。据此，上引诗句和注文中"龙眠"浪线应改为人名直线，注文"龙眠"下不当施顿号。

(44)《梦苕庵诗话》第七六条录金兆蕃诗：

罗织焚椒一卷成，录中罪状知多少。

按：据诗意，"焚椒"应指书名《焚椒录》，应标浪线。《焚椒录》为辽人王鼎所撰，记辽道宗懿德皇后被构陷事（见《四库全书总目·史部杂史类·焚椒录提要》）。后句"录"亦为《焚椒录》之简称，当标书名浪线。

（四）断句不当例

(45)《石遗室诗话》卷四：

（萧穆）每自提篮入市市物，居停，某公坐马车遇之，（中略）令仆下代提。

按："居停"谓居留、栖止，推寻句意，当与"某公"相连。"居停某公"，言其寓所主人，犹云"居停主人"（参见《辞源》"居停"条）。"居停"下不当施逗号。

（46）钱振锽《名山诗话》卷二：

西京 富郑公园中凌霄，花挺然独立（下略）。

按："凌霄花"为花名，不当点断。考《本草纲目》，凌霄即紫葳，又有瞿陵、鬼目等别名，藤本蔓生，岁久茎干硬化，可大如杯碗，故能挺然独立。

（47）《名山诗话》卷二

凡师友知戚二百许人自磔死、丛箭死、以下死法三十有八，考终者惟三十七人。

按：梳理文脉句节，"丛箭死"下不当顿，"二百许人""以下"二处俱当逗。

（48）《十朝诗乘》卷一二：

明张差之，事可鉴也。

按：前文叙嘉庆十年宫中厨役陈德作乱，大臣王文端（名杰）入宫面奏，谓必有幕后主使，引句为其结束语。寻究文意，二句当合为一句。所谓"明张差之事"，指万历中蓟州男子张差夜间持梃潜入太子寝宫行刺事（见《明史·王之寀诸人传》），与陈德事相似，故引以为戒。句中"明""张差"俱应标专名线，句中逗号应剔除。

（49）《十朝诗乘》卷一九：

（京师李光庭）家法严内外，每移居，必先设转桶，媒姬、领佣、妇者辄曰："转桶，李家不可往。"

按：寻思文意，"领佣"下顿号和"转桶"下逗号均须剔除，语句方协畅。据下文李光庭《转桶》诗，转桶大约是其家装设在内外宅隔墙上的可转动的圆木桶，用于内外宅之间传递物品，而又做到男女"授受不亲"。以其家法如此之严，故媒婆和领仆妇上门寻主雇者相戒不往，而称其家为"转桶李家"。旧时街坊人家若有某项特别之处，往往被称为"某某家"，其俗由来已久。如北宋汴京就有"杜金钩家""大鞋任家"等（见孟元老《东京梦华录》）。又句中"李"字为姓氏名，应标专名线。

(50)《十朝诗乘》卷二〇：

嘉善绳诸生、严诸生挟愤与抗，遂言于政府，罢留美诸生，悉遣归国。

按：前文叙南丰吴嘉善被清廷派驻美国，任清帝国留学生监督，即断句应作："嘉善绳诸生严，诸生挟愤与抗"（下略）。句中"绳""严"二字非专名，不当标线。

(51)《梦苕庵诗话》第八五条录沈乙庵诗题，中云：

八月初二，便皆闭，腹涨欲死。

按：既云"皆闭"，应是"二便"，即大便、小便，"二"字下逗号应移在"初"字下。称大小便为"二便"，古医书上常见。如清初名医喻昌所著《寓意草》和《医门法律》中，就有"询其二便""二便略通""二便闭结"等语。

（五）文字讹误例

(52)《石遗室诗话》卷二七引杨万里《颐庵诗集序》：

昔暴公潜苏公，苏公刺之。

按：句中"潜"字不可解。考杨万里《诚斋集·卷八三·颐庵诗稿序》，知"潜"为"谮"之讹。暴公、苏公均周朝卿士，"暴公谮苏公"语出《诗经·小雅·何人斯》小序。

(53)《诗史阁诗话》录易顺鼎诗：

少牢祭庙囊盛矢，生子当如李鸦子。

按：据"生子"句后所附校记，"李鸦子"原文作"李亚子"，校点者断定"亚"为讹字而改为"鸦"。凭据是李克用（唐末晋王）别号"鸦儿"（见《新五代史·唐庄宗纪》）。考钱易《南部新书》卷一〇：

李克用长子存勖，十一岁随父征讨王行瑜，昭宗称赞道："此子可亚其父。"于是人呼为"李亚子"。据此，原文"生子当如李亚子"，谓当如李存勖。上句"少牢祭庙囊盛矢"，正谓李存勖父仇已报，志得气盛（见欧阳修《新五代史·伶官传序》）。校点者知有"李鸦儿"，不知有"李亚子"，遂致误校误改。

（54）《瓶粟斋诗话》续编卷二，评说樊增祥"古书静坐常思误"句：

用北齐书 邢邵传语。

按：考《北齐书》列传，传主名邵，知句中"邵"为讹字。"邵""邵"二字音同义别，不可混用，说详张自烈《正字通》。又《诗学渊源》卷八"北魏三才"条，"邢邵"名凡四见，字皆讹。

（55）丁仪《诗学渊学》卷八"萨都刺"条：

萨都刺字天锡，别号直斋，雁门人。

按：条目和文句中"刺"字均为"刺"字之讹，考顾嗣立《元诗选》小传可知。萨都刺属蒙古人，其名为译音字，亦作"萨都拉"，取义为"结亲"（或作"济善"）。（见《四库全书总目·雁门集提要》）

（56）《十朝诗乘》卷首俞陛云序：

奏凯河东之日，范杲陈章。

按：人名"杲"为"杲"之讹。范杲宋初文臣，《宋史》有传。厉鹗《宋诗纪事》卷二引《渑水燕谈录》：太祖收河东，范杲叩马献诗云："千里版图来浙右，一声金鼓下河东。""陈章"当言此。

（57）同书卷二二录文廷式挽李文正（鸿藻）诗：

远猷逊谢安，谅节符卞壶。

按：人名"壸"为"壶"之讹。卞壸为东晋大臣，历事元帝、明帝、成帝，位至尚书令，立朝有风节，敢褒贬（见《晋书》本传）。李鸿藻历仕咸丰、同治、光绪三朝，位至协办大学士，忠直敢言，有似卞壸，故云"谅节符卞壸"。"壸""壶"二字形相似，音义迥异，不容混淆。

治学心印——文史与地域文化研究

（58）王蕴章《然脂馀韵》卷四：

（清初）女史赵子惠，名昭，寒山隐君宧光女孙。

按：人名"宧光"为"宧光"之讹。赵宧光字凡夫，晚明吴县（今苏州）人，未仕，隐居苏州城西寒山之麓，著有《寒山杂著》等（据朱彝尊《明诗综》卷七二"赵宧光"条）。

又《石遗室诗话》卷八载屠寄诗集名《结一宧诗》，"宧"字亦系"宧"字之讹。"宧""宧"二字音义各别，形似易混，要当留意。

以上是阅读《民国诗话丛编》时所发现的校点（主要是标点）方面的一些失误。罗列至此，长长吐了一口气。"五一"休假，人皆出游，我独留守陋室广会书中之"客"。"嗟尔远道之人胡为乎来哉？"静言思之，所列诸条如果出自一套通俗读物，以时下"无书不错"的风气，也许不值得大惊小怪。今者出自一套层次较高的学术文献，事关古籍整理，则不容漠然视之。书中凡主编、校点、覆校皆一一开列名氏，《自序》言丛书编成，付印"费时亦几近十载"，说明从事者是认真负责的。可是书中疵颣又如此明显，一些失误只要稍稍查阅工具书便可避免。

[原载《江西教育学院学报》（社会科学）2004年第4期。文中"（一）人名误标漏标例"部分（21）、（28）条为发表后新增，故（21）条后目次循序变动]

为《后汉书·梁鸿传》辨一字

中华书局标点本《后汉书·逸民列传·梁鸿传》载，东汉章帝时关中隐士梁鸿途径洛阳，作《五噫之歌》云："陟彼北芒兮，噫！顾览帝京兮，噫！宫室崔嵬兮，噫！人之劬劳兮，噫！辽辽未央兮，噫！"章帝"闻而非之，求鸿不得"。梁鸿改姓易名，与妻孟光偕隐齐鲁间，后卒于吴。

《五噫歌》收入朱东润先生编选的《中国历代文学作品选》（所据为百衲本《后汉书》），所加解题言"章帝看到此诗，很不满，下令访拿他"，梁鸿为此而改易姓名隐居齐鲁。林庚、冯沅君二先生主编的

《中国历代诗歌选》亦云"《五噫歌》为汉章帝所不满，曾下令寻求他"。照此说法，乃是一场未遂诗祸，然而颇有可疑之处。其一，据《后汉书·肃宗孝章帝纪》，章帝秉性宽宏，好儒术，即位以来征辟隐逸，废除苛法，平反冤狱，减轻赋役，诸般举措甚得人心。在这种政治环境中，似不应有捉拿诗人之举。有"长者"之称的章帝以一首抒情小诗的缘故捉人治罪，不合情理。其二，据《后汉书·梁鸿传》，梁鸿志行高逸，声名远播，权势之家都想要他做女婿。这正是章帝求之不得的贤士，何至于一诗之故被下令捉拿？其三，《五噫歌》的内容诚如朱先生选本解题所言："揭示统治者的奢侈，嗟叹人民的劳苦"，感慨极深。但语气却平和，没有多大刺激性，似亦不至于激祸。

考《太平御览》卷五七二引《三辅决录》，谓梁鸿作歌，章帝"闻而悲之"，又沈德潜《古诗源》引《后汉书》（版本不详）亦作"闻而悲之"。据此，通行本《后汉书》"闻而非之"语中"非"字当系"悲"字之讹。章帝闻《五噫歌》而生悲悯（悯百姓或兼悯作者志怀），因而访求为民请命的梁鸿（甚至可能要授以官职），梁鸿为了躲避征访而改易姓名隐居他乡。这样解读合乎事势情理，诗祸之说也就从头冰释了。

［原载《江西教育学院学报》（社会科学）2000 年第 2 期］

《清史稿·艺文志》误植一例

中华书局标点本《清史稿·艺文志》"子部·谱录类·植物动物之属"载列《花部农谈》一种，作者焦循。本人对此存有异议。焦循《花部农谈》是一部戏曲论著，全书一卷，内容探讨清中叶流行于扬州的若干地方戏剧目，与动植物谱录全不相干。乾隆以来，花花杂杂的地方戏勃然兴起，与传统的昆曲争奇斗妍。士大夫囿于偏见，强分雅俗，称昆腔为"雅部"，而将新兴的京腔、秦腔、弋阳腔、梆子腔、罗罗腔、二簧调等地方戏曲贬称为"花部"或"乱弹"（可参读吴长元《燕兰小谱》、李斗《扬州画舫录》）。书名"花部"即撷取这一流行术语。所谓"农谈"("谈"字或写作"谭"),据作者自序,意为农夫之谈,是自谦的说法。编志者眩于书名,以致误植。循名责实,该书似当移置"集部·词曲类·南北曲之属"。

（原载《文献》1994 年 4 期）

《清稗类钞》人名标点摘误

《清稗类钞》是集清代野史笔记之大成的一部类书,民初徐珂编纂。1984 年中华书局出版的该书标点本,笔者偶尔发现几处人名标点有误,摘出如下:

《考试类》"各项特科之得人"条:"康熙戊午举博学宏儒,得彭少宰、孙遹等五十人。"按:"彭少宰、孙遹"实为一人,不当点断为两人。据《清史稿·选举志》,该科一等第一名为彭孙遹;据同书列传,彭孙遹官至吏部右侍郎,故称"少宰"。

《性理类》"程山学派"条,述清初南丰学者谢文洊"与及门甘京、封濬危、龙光、曾日都、汤其仁、黄熙,时号'程山六子'"。按:句中"封濬危、龙光"应作"封濬、危龙光",又"曾日都"应作"曾曰都",见陈康祺《郎潜纪闻》及《江西通志》列传。

《经术类》"汪绂初呓语说经"条,述乾隆中婺源学者"汪绂初"嗜经成癖,病中呓语犹讲说经文,条末说明:"绂初,名煊。"按:据《碑传集》《清史列传》相关传记,汪氏初名煊,后改名绂。标点者误以"绂初"为字,且用作条目,堪发一噱。当然,条目若系原书所拟,则标点者负失考之责。

又《狱讼类》"庄廷鑨史案"条引骈句:"长山血刃而锐士,饮恨于沙燐;大将还而劲,卒销亡于左衽",两处逗号误施,当分别移在"长山血刃""大将还"处。同类"陈恪勤诗案"条,将"雪艇""尘鞅"两首七律混为一首,顺便指出。

[原载《江西教育学院学报》(社会科学) 2003 年第 2 期]

《五石斋文史札记》标点摘误

《中国典籍与文化》2002 年第 1 期登载邓瑞整理的《五石斋文史札记》连载（三），《札记》作者为北京大学已故著名教授邓之诚先生，发表时整理者作了标点。近日阅读一过，发现几处标点有误，摘出如下：

第 89 页："《卖恩赐图书集成》《拟卖诰封律定罪奏》"推寻文意，应通作一题："《卖恩赐图书集成拟卖诰封律定罪奏》"，意谓《古今图书集成》是钦定之书，又出于皇帝恩赐，今受赐者私下出卖，应照拟出卖诰封的律条定罪。

第 89 页："借《功顺堂丛书》，略翻无事，为《福斋随笔》记上元侯"（下略）按：清人韩泰华著《无事为福斋随笔》，收入《功顺堂丛书》中。故应作："借《功顺堂丛书》，略翻《无事为福斋随笔》记上元侯"（下略）。

第 90 页引述《魏书·李崇传》："谓皇迁中县垂二十，祀城隍，严固之重阙，砖石之工，埤堞显望之要，少楼榭之饰。"按：考《魏书》原文，李崇上表请求修复洛阳城池、官廨等，谓自孝文帝迁都中原以来，至今将近二十年，城隍、埤堞废圮，亟待修治。故应作："谓皇迁中县，垂二十祀。城隍严固之重，阙（缺）砖石之工；埤堞显望之要，少楼榭之饰。"

第 90 页："世哲弟，神轨时，云见幸帷幄。"按：《魏书·李崇传》附崇长子世哲，又世哲弟神轨，谓李神轨获灵太后宠遇，势倾朝野，时人侧目。故应作："世哲弟神轨，时云见幸帷幄。"

又同页引述《魏书·崔亮传》："《崔亮传》自可观，书于市"。考《魏书》原文，崔亮从兄崔光劝崔亮投附权要李冲，谓李冲家中多书，可借以自学。崔亮不欲，谓自可观书于书肆。故应作："《崔亮传》：自可观书于市。"

同页引《崔亮传》下文："奏于张方桥，东堰穀水造水碾磨数十区。"考《魏书》原文，"张方桥"处不应点断，应删除逗点。

［原载《江西教育学院学报》（社会科学）2004 年第 1 期］

《千家诗新释》献疑一则

石一丁先生《千家诗新释》（巴蜀书社 1990 年初版）注释简明，不负"千家"。暇时赏玩，偶见释文可疑者一处，略申鄙见。

书中唐玄宗《幸蜀西至剑门》五言律，前三联写剑阁之险峻及銮舆度越情状。末联："乘时方在德，嗟尔勒铭才"，注文有云：

乘时，趁此时；嗟尔，赞叹；勒铭，刻石记功。史载东汉窦宪追击北匈奴，登燕然山，曾刻石以记功绩。这里用"勒铭才"称赞那些随侍在身旁的诸大臣，言下之意自己有可铭的功德。

鄙意即以为末联是诗人感叹语，上句当用吴起对魏文侯"在德不在险"之典（见《战国策·魏策一》）叹惜古来乘时而起割据蜀中之辈恃险不恃德，句中略有修德自勉之意。下句当用张载剑阁勒铭之典（张载《剑阁铭》见《文选》卷五六），嗟叹剑阁徒具勒铭之材（即仅堪勒铭不堪设险）。句中"尔"字，当释作"你"，即指剑阁，非助词。石先生释文所云燕然勒铭事，全与剑阁无涉。细味全联，诗人兴叹自勉之外，并无他意。试想此诗作于罹安史之难、狼狈西狩途中，诗人罪己惟恐不及，岂能有炫德心情。

［原载《江西教育学院学报》（社会科学）2000 年第 2 期］

"老骥伏枥"释文质疑

曹操《步出夏门行·龟虽寿》诗中有"老骥（或作"骥老"）伏枥，志在千里；烈士暮年，壮心不已"数句，表达作者不甘迟暮奋发进取的"老骥"精神，传诵千古。

"老骥伏枥"当作何解？高校文科沿用多年的《中国历代文学作品选》（上海古籍出版社出版）注云："骥因年老力衰，故伏于槽中。"字面看去，此注不差，故照此讲授，历有年所。后读《汉书·李寻传》，传主对策有云："马不伏历"（"厉"同"枥"），不可以趋道；士不素养，不可以重国。颜师古注："伏历，谓伏槽历而秣之也。"《盐铁论·散不足》有"夫一马伏枥，当中家六口之食，亡丁男一人之事"，又杜甫《高都护骢马行》诗有"雄姿未受伏枥恩"句，始觉选本释文不妥当。"老骥伏枥"当谓骥虽年老，犹被豢养，未遭遗弃。联系下句，作"努力加餐饭"理解似亦可以。曹公好读书，诗中"伏枥"语虽不敢遂断为取自李寻策，要当有所自，是一书面惯用语。

[原载《江西教育学院学报》（社会科学）2001年第1期]

古书校勘与注释

古书流传日久，便有不同的抄本或印本。俗话说"字经三写，'乌''焉'成'马'"，字句讹误，在所不免。宋时某教官从《周易》出题考试诸生，问："乾为金，坤亦为金，何也?"诸生愕然不解。原来教官所用《周易》是个陋本，书内误将"坤为釜"刻作"坤为金"。陶渊明《读山海经》诗中有"刑天舞干戚"之句，宋人曾纮误从陋本，竟读作"刑天无千岁"。古书不经校勘，实在误人不浅。况且后世忌讳，许多书籍遭人为删改，若不加校正，为害尤甚。

校勘书籍，当然应当寻求讹误较少的善本作依据。若无善本可求，就只有"自我作故"，另找旁证。此事最要慎重，否则弄巧成拙。北齐学者颜之推有句名言："观天下书未遍，不得妄下雌黄。"唐代文学家韩愈之子韩昶身为校书官，却把史传中本来不误的"金根车"改作"金银车"，吃亏就在读书不多。清人王鸣盛校读十七史，作序自称除用善本对勘外，"又搜罗偏霸杂史、稗官野乘、山经地志、谱牒簿录，以暨诸子百家、小说笔记、诗文别集、释老异教，旁及于钟鼎尊彝款识、山林冢墓、祠庙伽蓝、碑碣断阙之文，尽取以佐证"。必须这样，才不至于妄校擅改。

古书经名家校正，字句虽然无误，但要是不作注解，仍可能留下许多闷葫芦，让人读不通，解不透。打开这种闷葫芦，便是注释者的责任。其中难处，清人杭世骏序《李太白集辑注》中的一段话说得明白。杭氏云："作者不易，笺疏者尤难。何也？作者以才为主，而辅之以学，兴到笔随，第抽其平日之腹笥，而纵横曼衍，以极其所至，不必沾沾獭祭也。为之笺与注者，必语语核其指归，而意象乃明；必字字还其根据，而佐证乃确。才不必言，夫必有十倍于作者之卷轴，而后可以从事焉。""十倍于作者之卷轴"，当首先包括作者的全部著作。欧阳修读《诗经》的毛传、郑笺，发现不少纰漏。由于没有读遍毛、郑的其他著作，无从取得证据，他最终不敢贸然修订。再如陆游不敢为苏东坡的诗集作注，也无非是自问无"十倍于作者卷轴"。欧、陆的临事而惧，当使一般下笔轻率的笺注者有以自省。

正因为注释之难，劳苦功高的笺注家就和呕心沥血的著作家一样受人敬重。古代典籍中，如《左传》杜预注，《三国志》裴松之注，《世说新语》刘孝标注，《水经》郦道元注，《汉书》颜师古注，《文选》李善注，《资治通鉴》胡三省注，都堪称注家典范。但是劳苦者不一定功高。汉儒注经，累数万言注释经文中的三个字；清人注前代诗集，字字硬求来历，烦琐征引，诸如此类，徒劳无益，甚至有害。至于不厌其烦地为自己的诗集作注，借以炫耀学问，像明清的某些文人那样，就更要不得。

（未刊稿）

第一编　文献学研究

第二编

《绰号异称辞典》节选

《绰号异称辞典》前言

本书收集历史人物绰号、异称的一部类书，同时又是一部工具书。所谓绰号、异称，是指名、字、自号之外的特别称谓，是他人所施加的。绰号与异称并没有截然的界限，严格说来，绰号也是一种异称，或者说是异称的一部分。鉴于人们熟于"绰号"而疏于"异称"，姑且分标并列。一般说，绰号较鄙俗，单纯表印象者居多；异称较端雅，含品评意味者居多。比如，孔子之称"东家丘"，称"孔大头"，不妨认作绰号；称"圣之时者"，称"至圣老师"，则认作异称。

绰号、异称所反映的，是少数人乃至社会公众对单个或群体特定人物的认识与评价。这种认识与评价或深刻，或肤浅；或全面，或片面；或正确，或错误；或含善意，或含恶意，或无所用心。就其性质与效用而言，有褒美的，有讥贬的，有戏谑的，有无所谓褒贬戏谑的。不管哪种情况，通常都非常醒目而传神，给人留下极其深刻的印象。诸如"一钱太守""三旨相公""鹅鸭谏议""虾子和尚""半截严嵩""双料曹操"之类称号，摄取其人某一特点，加以夸张、定型，便成一幅幅绝妙的肖像漫画，令人一见称奇，久久难忘。千百称号汇为一书，展卷见人，可亲可敬、可伤可叹、可笑可鄙、可憎可恶的人物奔趋眼底，让读者轻松之余生发感想，消遣之中有所收获，这就是编者的主要用意。

绰号、异称不仅是人物风神的表现，而且在一定程度上是历史风云和社会情况的反映。书中许多称号是在特定的历史背景下产生的，千百称号犹如千百面小镜子，举凡天下治乱、朝代更替、典章文物、国计民生、官风士习、间阎细故等，点点滴滴，都可借以觇察。一般读者可以从书中获得多方面的人文历史知识，从事学术研究的也有可能从中发现一些有用的线索。书中称号分类编辑，有关人物与知识分门别类，方便读者选择阅读、归纳比较，是此书的一大特色。

孔子提倡"正名",后代有学者感叹"一名之立,旬月踟蹰"。人的名号何尝不是如此,起名造号历来是一门学问,一项艺术,绰号、异称也不例外。书中许多称号用字简捷而准确,巧妙而生动,富于艺术性,值得探讨总结,取其精华,以丰富现代语言艺术。常见词典中于人物绰号、异称收录不多,此书将在这方面大有弥补。别处"踏破铁鞋无觅处"的称号语词,也许可以在这里"得来全不费功夫"。

然而,编者纂辑此书却是费了功夫的,为之多年钻故纸堆,参考了前人载录称号的一些专书,对诸多记载作了考辨,修正了其中的错误,从而使本书在趣味性、知识性与工具性之外,增添了些许学术性。在体例上,此书创新多于借鉴,基本上是自出心裁,为此大费周折。人生有限,学问无涯,编者深感才力绵薄,涉猎不广,思辨不精,期望博雅君子不吝赐教,而今后能有订补的机会。

(选自《绰号异称辞典》,江西高校出版社,1999 年 1 月第 1 版)

言谈举止

1. 天下辩士

战国时,楚国夏邑(今湖北武汉东南)陈轸善谈辩,历仕齐、楚诸国。曾游说于秦,秦惠王誉称为"天下之辩士"。(见《战国策·秦策一》及高诱注)

2. 天口骈

战国时,齐人田骈好谈辩,善游说,曾游于稷下。齐人有"天口骈"之称,言田骈"不可穷其口若事天"。(见《文选》卷三六任昉《宣德皇后令》注引刘向《七略》)

田骈著《田子》二十五篇,属道家书。(见《汉书·艺文志》)

3. 咄咄郎君

三国时,吴国名士诸葛恪年少而善于辩论,话锋随机应变,无人可敌。其父诸葛瑾为豫州牧,部下某别驾奉命至京,席中与诸葛恪相遇,

呼为"咄咄郎君"。(见《世说新语·排调》)

诸葛恪字元逊,琅邪阳都(今山东沂南)人,仕至大将军、太傅。为人躁竞,刚愎自用。

4. 斤车御史

宋仁宗时,御史席平奉诏决狱,事毕上殿奏覆,称罪犯"已从车边斤"("车边斤"即"斩"字)。时人称为"斤车御史"。(见魏泰《东轩笔录》卷一二)

5. 许我

宋仁宗时,有方士许某(佚名),其言谈应酬未尝自称名,无论贵贱少长,人前皆自称"我"。时人呼为"许我"。(见沈括《梦溪笔谈》卷一八)

6. 朱万拜

宋理宗时,宰相贾似道擅政,两浙转运使朱浚每奉札子禀事必以"万拜覆"三字署尾,以示敬谨。时人讥称为"朱万拜"。(见罗志仁《姑苏笔记》)

朱浚字深源,徽州婺源(今江西婺源)人,朱熹曾孙,尚理宗公主。宋亡,与公主饮药死。

7. 扬公

元初大将塔本,伊吾庐人,随太祖征战,积功至行军都元帅,所至惠爱百姓,禁士卒妄杀。又好称扬他人之善,人呼为"扬公"。(见《元史·塔本传》)

8. 画眉京兆

汉张敞字子高,京兆杜陵(今陕西长安东北)人。有吏才,宣帝时拜京兆尹,为政赏罚分明。其为人率略,无威仪,乃至为妻画眉。京师传为话柄,谓"张京兆眉怃"("眉怃"谓眉样姣好,或写作"眉妩")。(见《汉书·张敞传》)

后世有"画眉京兆"之称。(见《颜氏家训·书证》王利器注引郝懿行语)

9. 过海和尚

唐天宝末，扬州高僧鉴真渡海至日本传播佛法，其弟子称之为"过海和尚"。（见李肇《唐国史补》卷上）

10. 望火马

宋皇祐、嘉祐间，士人谋求禄位钻营成风，终日奔走逐逐于权贵之门。时人讥称为"望火马"，又讥称为"日游神"（此号本为道教神名）。（见吴处厚《青箱杂记》）

11. 折竿主簿

宋人程颢绰号。（见褚人获《坚瓠续集》卷四）

程颢字伯淳，河南（今河南洛阳）人，嘉祐进士，授鄠县主簿，改上元主簿。后历官太子中允等，与弟颐以理学著称。据朱熹《明道先生行状》（《伊洛渊源录》卷二）载，程颢为上元主簿时，见县人持竿粘飞鸟，遂折其竿，教人勿为。此后乡人子弟不敢畜鸟兽，不令而行。"折竿主簿"之号当由此而来。

12. 三照相公

南宋初年，范宗尹拜相，年仅三十许，体肤肥白如玉，每日晨起、裹头、戴巾皆揽镜自照，时号"三照相公"。（见庄季裕《鸡肋编》卷中）

范宗尹字觉民，襄阳邓城（今湖北襄樊）人，宣和进士，有才智，为政多私，屡遭论劾。后罢相，出知温州，退居天台而卒，得年三十七。

13. 瞌睡军机

清咸丰间，工部左侍郎杜翰奉命"在军机大臣上行走"。一日随诸军机大臣入对，跪在后，不觉昏昏入睡，良久始为同列察觉推醒。时人讥称其"瞌睡军机"。（见徐珂《清稗类钞·讥讽类》）

杜翰字继园，山东滨州人，道光进士，咸丰三年至八年入值军机，后得罪革职。

（选自《绰号异称辞典》上编《言谈》《举止》江西高校出版社，1999 年 1 月第 1 版）

政　声

（一）勋望

1. 小周公

清初文士魏禧以三国蜀相诸葛亮比于周初辅臣周公（姬旦），誉称为"小周公"。（见《魏叔子文集·日录》卷三《史论》）

2. 江左夷吾

东晋名相王导字茂弘，琅琊临沂（今山东临沂北）人。西晋末为琅邪王（即晋元帝司马睿）谋士，辅佐琅邪王开辟江南，草创东晋中兴大业。元帝即位后，王导为宰辅，名士桓彝、温峤皆比之于春秋齐桓公辅臣管仲（名夷吾），誉称为"管夷吾"（见《晋书·王导传》及同书《温峤传》）。后世遂称为"江左夷吾"。（见彭大翼《山堂肆考》卷一〇三）

3. 救时宰相

（1）唐代名相姚崇初名元崇，陕州硖石（今河南三门峡市）人，下笔成章，科举出身，历相武后、睿宗、玄宗，处事明决，善于应变，执政后期臻于政通人和，朝野清宁。紫微舍人齐澣称誉为"救时宰相"（见《资治通鉴》卷二二一）。后世亦称"救时宰相"。（见褚人获《坚瓠续集》卷四）

（2）明代名臣于谦字廷益，浙江钱塘（今杭州）人，七龄时有僧人预言其将为"救时宰相"。及长，登进士第，官至兵部尚书。土木堡之变，英宗为瓦剌所俘，于谦扶立景帝，撑住危局，指挥京师军民击退来犯之敌。英宗复辟，被诬杀。后平反，赠太傅。（见《明史·于谦传》）

（二）刚直

1. 汲直

汉武帝时大臣汲黯为人方直，切谏无忌讳，世号"汲直"。（见《汉书·贾捐之传》及注引张晏语）

汲黯字长孺，濮阳（今河南濮阳）人，历官主爵都尉，列于九卿。曾当面讥责武帝多欲，不可能效法尧舜。武帝为之变色罢朝。兴叹云："甚矣！汲黯之戆也！"汲黯在朝，武帝与群臣皆敬惮，故数番出为郡守。卒于濮阳太守任。

2. 格佞

东晋末年，御史中丞郑鲜之性刚直，不阿权贵。宰相刘裕读书不多，所发言论义理浅陋，众人多依违容忍。郑鲜之则深相诘难，必待刘裕理屈词穷而后已。时人称为"格佞"（似言其阻隔谄佞）。（见《宋书·郑鲜之传》）

郑鲜之字道子，荥阳开封（今河南开封）人，晋末有意结纳刘裕。后仕于刘宋，官至尚书右仆射，甚见恩宠。

3. 杨雕

五代后周御史中丞杨昭俭立朝刚直，敢于搏击权倖，时号"杨雕"。（见马永易《实宾录》卷八）

杨昭俭字仲宝，京兆长安（今陕西西安）人，后唐进士，历仕数朝，宋初以工部尚书致仕。《实宾录》载号主为后蜀御史中丞，今据《宋史》径改。

4. 冷面寒铁公

明代周新字志新，广东南海（今广州）人，洪武中以太学生出仕。永乐间为监察御史，峭直敢言，多所弹劾，贵戚震惧，称之为"冷面寒铁"。京师人家呼其名恐吓小儿，小儿奔匿。后为浙江按察使，忤权倖，遭诬杀。广东巡抚杨信民抚恤其妻，称周新为"当代第一人"。（见《明史·周新传》）

彭森撰《冷面寒铁公传》。（见凌迪知《万姓统谱》卷六一《周新小传》）

5. 陈一扫

明永乐中，浙江定海（今镇海）陈宪登进士第，授监察御史，巡按江西，纠劾不避豪势，扫除一切积弊，时号"陈一扫"。（见雍正《浙江通志》卷一九〇）

（三）明决

1. 了了令史

南朝宋大将军、彭城王刘义康于尚书中寻找"了了令史"（了了，聪明能干之意），征得仓部令史戴法兴等五人，遂以戴法兴为记室令史（见《宋书·戴法兴传》）。后世亦称戴法兴为"了了令史"。（见褚人获《坚瓠续集》卷四）

戴法兴，会稽山阴（今浙江绍兴）人，后历官南台侍御史兼中书通事舍人，得宠擅权，前废帝时赐死。

2. 入铁主簿

北齐大臣许惇为人清识敏速，通达政事，早年为司徒主簿则以明断著称，人称"入铁主簿"。仕至尚书右仆射。（见《北史·许彦传附许惇》）

3. 真盐铁

宋太宗时，陈恕为盐铁使，革除宿弊，筹计精明，太宗深为器赏，亲笔题殿柱云："真盐铁陈恕。"（见王君玉《国老谈苑》卷二）

陈恕，字仲言，洪州南昌（今江西南昌）人，太平兴国进士，仕至参知政事。

4. 曾开门

宋仁宗时，曾公亮以端明殿学士知郑州，有善政，尤能禁戢奸盗，郡寇悉窜他方。境内路不拾遗，外户不闭，时号"曾开门"。（见史梦兰《异号类编》卷三）

曾公亮字明仲，泉州晋江（今福建泉州）人，进士出身，仕至宰辅。

5. 王方便

南宋绍兴中，御史王刚中出巡福建。平民张松茂与邻女金媚兰私通，被获到官。王刚中有成全之心，命二人赋诗达意。诗成俱佳，遂判二人为夫妻。时人称为"王方便"。（见褚人获《坚瓠二集》卷二）

王刚中字时亨，饶州乐平（今江西乐平）人，进士出身，历官中书舍人等。

6. 铁脚鸡

南宋节帅印习隐，太学生出身，善治文书，决事判笔如飞，号"铁脚鸡"。（见盛如梓《庶斋老学丛谈》卷四）

印习隐似应印应飞。印应飞字德远，通州静海（今江苏南通）人，历官淮东总领、知镇江府等。

7. 王一火

明王克复字师仁，福建福清人，天顺进士，累官江西布政使。明习法律，善决狱。在江西，积案疑狱决扫一空。吏民呼为"王一火"，言其决狱之速如火之焚物。又称"王隔壁"，言其于案情洞察无遗，如在案发现场隔壁耳闻目睹。（见雍正《福建通志》卷四三）

8. 半餐太守

晚明郑怀魁为处州知府，听讼明敏，民间称为"半餐太守"，言半餐饭之久则可当堂决断毕讼。（见《嘉庆一统志》卷四二九）

郑怀魁字辂思，福建龙溪（今漳州）人，万历进士。

（四）仁慈

1. 召父

汉元帝时，召信臣为南阳太守，爱民如子，亲自下乡劝农，倡修水利，禁止婚丧奢靡，罢斥游闲公子。于是一郡大治，吏民呼为"召父"，死后立祠祭祀。（见《后汉书·召信臣传》）

召信臣字翁卿，九江寿春（今安徽寿县）人，以明经甲科出仕，历宰二郡。所至为民兴利，务在富民。仕终少府。卒于任。

2. 杜母

汉光武帝时，杜诗为南阳太守，性节俭，为治清平。在郡七年，诛暴除奸，兴水利，拓田地，创制水力风箱，冶铸农具，百姓丰衣足食。郡人比之于召信臣（见"召父"），称为"杜母"。（见《后汉书·杜诗传》）

杜诗字君公，河内汲县（今河南汲县）人，以郡功曹起家，历官县令、都尉。后在南阳因事被征，病死。家贫，官府为治丧。

3. 有脚阳春

唐代名臣宋璟爱民恤物，朝野赞誉，称为"有脚阳春"，言其所到之处如阳春煦暖万物。（见王仁裕《开元天宝遗事》卷四）

宋璟邢州南和（今河北南和）人，登进士第，历官贝州、杭州、相州刺史，睿宗、玄宗朝拜相。为人端凝，有风节。

4. 万家生佛

宋司马光为相，德惠及人，世称"万家生佛"。（见程登吉等《幼学故事琼林》卷一）

5. 洪佛子

宋宣和中，洪皓为秀州司录，适逢水灾，以救荒自任。时有浙东纲米漕运经秀州，洪皓倡议截留赈灾，郡守不允。洪皓锐志救民，愿独自承担截留纲米之责，以一身换秀州十万人生命。百姓感之切骨，号为"洪佛子"。（见《宋史·洪皓传》）

洪皓字光弼，饶州鄱阳（今江西波阳）人，政和进士。建炎间出使金国遭拘留，历时十五年。南归后受秦桧迫害，贬死岭南。

6. 无牢万父

明湖广京山（今湖北京山）万安为处州知府，立心简直，政尚宽厚，明敏善决狱，以致监牢空虚。民间称为"无牢万父"。后奉诏去职，父老赴京借留，获准连任。（见雍正《浙江通志》卷一五七）

（五）清廉

1. 清白吏

东汉名臣杨震以"清白吏"自持，不谋私利，子孙常蔬食步行。长辈故旧劝其为子孙置产业，杨震不听，表白云："使后世称为清白吏子孙，以此遗之，不亦厚乎？"（见《后汉书·杨震传》）

杨震字伯起，弘农华阴（今陕西华阴）人。生于世家，自少好学，年五十始仕，安帝时官至司徒、太尉，以直言见忤，遭宦官诬陷，免官自杀。

2. 百纸参军

唐杜暹为婺州参军，秩满将归，州吏赠纸万张（当地产纸）杜暹唯受百张。时人比于汉刘宠（见"一钱太守"），号为"百纸参军"。（见萧良有等《龙文鞭影二集》卷上）

杜暹濮州濮阳（今山东鄄城）人，明经出身，开元中拜相。

3. 埋羹太守

明洪武末，王琏为宁波知府，自奉俭约。某日菜肴有鱼羹，则以为享用过奢，训责其妻不忆当年食草根时，命撒埋鱼羹。时人号为"埋羹太守"。又有给事中某氏来请托私事，王琏大呼"撒茶"（示意逐客），某氏惭愧而退。于是又有"撒茶太守"之号。（见朱国桢《涌幢小品》卷一三）

王琏字器之，山东昌邑（或云日照）人，以荐出仕。燕王起兵"靖难"，王琏造兵舰对抗，被执，释归卒。

4. 捣谷郎中

明李山如字伯伟，浙江鄞县（今宁波）人，永乐中以税务人才授鸿胪寺序班，累迁兵部郎中。忤上官致仕归。历仕四十余年，清苦一节。既归，家贫，自捣谷为炊，时人称为"捣谷郎中"。（见蒋学镛《鄞志稿》卷六）

5. 长斋御史

明朱裳字公垂，沙河（今河北沙河）人，正德进士，累官右都御史，总理河道，卒于官。早年家贫苦学，出仕后俭苦砺节，常食青菜，连旬无肉。曾为御史巡按山东，有"长斋御史"之号。位至卿僚，还乡守制，居无宾堂，土壁席门。（见李贽《续藏书》卷五〇《熊绣传附朱裳》《古今图书集成·人事典·称号部》）

6. 二不公

明万历中，范景文为东昌府推官，自署其门云："不受嘱！不受馈!"时人称为"二不公"。(见梁维枢《玉剑尊闻》卷二)

范景文字梦章，河间吴桥（今河北吴桥）人，万历进士。仕至东阁大学士，明亡投井死。

7. 赵双砚

明浙江临海赵某（佚名）为肇庆知府，有廉声。秩满仅携二砚（当地产砚）而归，时号"赵双砚"。(见姚之骃《元明事类钞》卷一一)

8. 升米刘

明刘学诗字全言，江西新昌（今宜丰）人，为衢州推官，俭约自持，日炊米一升。时号"升米刘"。(见何良俊《四友斋丛说》)

9. 驴车尚书

清道光中，戴敦元为刑部尚书，曾于大雪中穿雨罩当街雇驴车赴部办事。车夫初不知其为大官，及至刑部衙门方悟，惊惶欲逃，戴敦元强付与车钱。于是京中皆呼为"驴车尚书"。(见陈康祺《郎潜纪闻三笔》卷一一)

戴敦元字金溪，浙江开化人，乾隆末年进士，卒于刑部任所。居官清介自持，处高位如寒素。

（六）贪秽

1. 铜臭司徒

东汉大臣崔烈，涿郡安平（今河北安平）人，生于高门，历官郡守、九卿。灵帝开鸿都门悬榜标价出卖官爵，崔烈请托灵帝乳母程夫人，以半价五百万钱买得司徒。心有未安，问其子崔钧："外间议论如何？"崔钧禀道："议者嫌大人铜臭。"崔烈怒，举杖击钧（见《后汉书·崔骃列传附崔烈》）。后世遂称崔烈为"铜臭司徒"。(见萧良有等《龙文鞭影》卷一)

2. 四尽太守

南齐鱼弘历官南谯、盱眙、竟陵等郡太守，性奢侈，恣意享乐。侍妾百余人，不胜金翠之饰；服玩车马，穷一时之新奇。自言其为太守，郡中有四尽："水中鱼鳖尽，山中獐鹿尽，田中米谷尽，村里人庶尽"（皆为其挥霍、摧残殆尽）。宣称："丈夫生如轻尘栖弱草，白驹之过隙。人生但欢乐，富贵在何时"（见《南史·鱼弘传》）。据说当时之人讥称其为"四尽太守"。（见袁玉骝《中国姓名学》第五章）

鱼弘为襄阳（今湖北襄阳）人，后仕于梁，累官至永宁太守，卒于任。

3. 饿虎将军、饥鹰侍中

北魏宣武帝时，侍中、领右卫将军元晖与侍中卢昶皆得宠，二人朋比为奸，贪婪无耻。时人称元晖为"饿虎将军"，卢昶为"饥鹰侍中"。（见《魏书·元晖传》）

元晖字景袭，北魏宗室。后迁吏部尚书，公然标价卖官：大郡太守绢帛二千匹，次郡一千匹，下郡五百匹。仕至尚书左仆射。

卢昶字叔达，范阳涿郡（今河北涿州市）人，仕终雍州刺史。

4. 眼中钉

五代后晋藩镇赵在礼以贪酷著称，历官所至广置产业，积财巨万。出帝时，为北面行营马步都虞侯，驻守宋州，横征暴敛，百姓怨恨。及改调永兴，宋州百姓奔走相告云："眼中拔钉，岂不快哉！"即视之为"眼中钉"。不久，奉诏复职，强令民间每人出钱一万，号"拔钉钱"。（见旧题冯贽《云仙杂记》卷九）

赵在礼字千臣，涿州（今河北涿州市）人。国亡，受辱于契丹，愤惧自缢死。

（七）酷暴

1. 屠伯

（1）西汉酷吏严延年字次卿，东海下邳（今江苏睢宁）人。宣帝时，历官涿郡、河南郡太守，为政疾恶殊甚，决狱专断而残忍。在河南时曾于冬月传集属县囚犯，全数论死，流血数里。郡中号为"屠伯"。后坐"怨谤"罪弃市。（见《汉书·严延年传》）

（2）西晋酷吏苟晞字道将，河内山阳（今河南焦作东南）人，依附于东海王司马越，拜征东大将军、开府仪同三司、领青州刺史。在青州以严刻为功，日有所戮，流血成河。民不堪命，呼为"屠伯"。后进位大将军、大都督，为石勒所杀。（见《晋书·苟晞传》）

2. 白面夜叉

唐末海盐（今浙江海盐）人高澧割据湖州，残忍嗜杀，好饮人血，境内行人绝迹。又曾征兵三千，有怨言者召入寺中便杀。所杀将及一半，余者溃逃，遂大索而戮。僧人如纳据说能预知，早年则称高澧为"白面夜叉"，民间传说高澧为"夜叉精"。后为吴越王钱镠所灭。（见吴任臣《十国春秋》卷八六）

3. 杨剥皮

五代时王延政据建州称帝，属僚杨思恭为户部尚书，迁仆射、录国事。杨思恭系建阳（今福建建阳）人，上任后增重山泽垅亩之税，鱼盐果蔬税额加倍。百姓怨怒，呼为"杨剥皮"。（见路振《九国志》卷一〇）

4. 马一棍

清初，平西王吴三桂部将马某（佚名）驭下酷厉，每一微过责罚下属，一棍则毙人性命。时号"马一棍"。（见刘献廷《广阳杂记》卷四）

（八）专擅

1. 跋扈将军

东汉顺帝时，外戚梁冀拜大将军，专横跋扈。顺帝崩，梁冀定策立冲帝。冲帝即位百余日崩，定策立质帝。质帝年方八九，性聪慧，知梁冀骄横。在位年余，朝会时称梁冀为"跋扈将军"。梁冀闻言深恨，即日毒杀质帝，复定策立桓帝。（见《后汉书·梁统传附梁冀》）

梁冀字伯卓，安定乌氏（今宁夏固原东南）人。数十年间，其家族贵宠无俦（参见《家族》类"三后梁氏"），至梁冀则所谓"富拟王府，势回天地，言之者必族，附之者必荣"（当时太尉黄琼疏语）。后为桓帝所灭，梁冀自杀。

2. 站的皇帝

明正德初，宦官刘瑾得宠擅权，臣僚媚事唯谨。每上朝时，刘瑾站立于武宗右侧，群臣皆向之作一揖。于是市井军民无不称刘瑾为"站的皇帝"，武宗为"坐的皇帝"。（见谢蕡《后鉴录》卷中、徐应秋《玉芝堂谈荟》卷三）

（选自《绰号异称辞典》上编《政声》，江西高校出版社，1999年1月第1版）

辞章技艺

（一）才艺赏评

1. 文圣

孔子谥号。见《位衔》类。

刘勰《文心雕龙·征圣》篇谓孔子裁定《六经》，"精理为文，秀气成采；鉴悬日月，辞富山海"。此数语堪充"文圣"注脚。

2. 古文之祖

唐宋古文家厌弃时文（骈体文），倡导古文（单行散体之文），推《左传》为古文之源。清代学者章学诚遂尊称《左传》作者左丘明为"古文之祖"。（见《章氏遗书》卷九《与汪龙庄书》）

3. 辞赋英杰

刘勰《文心雕龙·铨赋》篇称战国末及两汉辞赋名家十人为"辞赋之英杰"。十人为：荀况、宋玉、枚乘、司马相如、贾谊、王褒、班固、张衡、扬雄、王延寿。

4. 赋家之圣

清人程廷祚赞赏战国楚文士宋玉《高唐赋》《神女赋》《风赋》诸作，谓其文"穷造化之精神，尽万类之变态，瑰丽窈冥，无可端倪"，称许为"赋家之圣"。（见《青溪集》卷三《骚赋论中》）

5. 文中之雄

明人姚福论文，称司马迁为汉代"文中之雄"。（见周晖《续金陵琐事》卷下）

6. 文奸

魏武帝曹操善诗文，尤工乐府诗。明代学者杨慎赏其诗才，而嫌其素有奸名，遂称为"文奸"。（见《丹铅总录》卷二一）

7. 百代文宗

唐太宗御撰《晋书·陆机陆云传》，盛赞西晋名士陆机、陆云文才，誉为"百代文宗"。其言云："（二陆）文藻宏丽，独步当时；言论慷慨，冠乎终古。高词迥映，如朗月之悬光；叠意回舒，若重岩之积秀。千条析理，则电坼霜开；一绪连文，则珠流璧合。其词深而雅，其义博而显，故足远绍枚、马，高蹑王、刘，百代文宗，一人而已。"（见《晋书》卷五四）

8. 一代词宗

（1）南朝名士沈约工诗文，史家称誉为"一代词宗"。（见《梁书·任昉传》）

沈约字休文，吴兴武康（今浙江德清）人，历仕宋、齐、梁三朝，梁初官至尚书令，高才博学，名冠当世。或誉为"当世词宗"（见《梁书·王筠传》）。

（2）唐代名相张九龄工诗文，史家称誉为"一代词宗"。（见《旧唐书·韦陟传》）

此外，《汉书·叙传》称司马相如之赋"蔚为辞宗"；《陈书·徐陵传》载陈后主诏称徐陵"业高名辈，文曰词宗"。

9. 算博士

初唐文士骆宾王作诗好记数字，如"秦塞重关一百二，汉家离宫三十六"；"且论三万六千是，宁知四十九年非"之类。时人讥称为"算博士"。

骆宾王为婺州义乌（今浙江义乌）人，高宗时历官主簿、侍御史等。后参与徐敬业讨武后之举，事败不知所终。有才名，为"初唐四杰"之一。

10. 七绝圣手

唐代诗人李白、王昌龄擅长七言绝句，清潘德舆《养一斋诗话》称二人为"七绝圣手"。

（二）书画雅兴

1. 古文之祖

传说仓颉始创文字，后世因称为"古文之祖"。（见张怀瓘《书断》卷上）

古文，此即古文字，指先秦文字。

2. 大篆之祖

传说周宣王太史籀创造大篆，作书十五篇以教学童，故后世称为"大篆之祖"。大篆又称籀文，故亦称"籀文之祖"。（见张怀瓘《书断》卷上）

3. 小篆之祖

传说秦丞相李斯创造小篆，故后世称之为"小篆之祖"。（见张怀瓘《书断》卷上）

4. 隶书之祖

传说秦下杜人（今陕西长安南）程邈为狱吏，获咎幽拘于云阳，在狱中创造隶书，故后世称之为"隶书之祖"。（见张怀瓘《书断》卷上）

5. 章草之祖

传说汉元帝时黄门令史游创造章草，故后世称之为"章草之祖"。（见张怀瓘《书断》卷上）

章草，草书之一体，由隶书变化而来。其字解散隶体，保留波磔，不连写，可用于章奏，故称。

6. 草书之祖

传说东汉名士张芝创造草书，故后世称之为"草书之祖"。（见张怀瓘《书断》卷上）

7. 行书之祖

传说东汉末年刘德升（字均嗣）创造行书，故后世称之为"行书之祖"。（见张怀瓘《书断》卷上）

8. 飞白之祖

传说汉末名士蔡邕见役夫以垩帚作字，甚悦，因而创意造飞白书，故后世称之为"飞白之祖"。（见张怀瓘《书断》卷上）

飞白，其字笔划露白，似枯笔所扫，常用于题写匾额。梁武帝评蔡邕飞白书"飞而不白"。（见李绰《尚书故实》）

9. 山水画祖

东晋顾恺之善画人物、山水，名垂画史。论者谓中国古代原无单独作山水画者，顾恺之始辟山水画一门，因此有"山水画祖"之称。（见沈子丞《历代论画名著汇编·晋以前之绘画概述》）

顾恺之字长康，小字虎头，晋陵无锡（今江苏无锡）人，仕至散骑常侍。元黄公望称其"圣于画"，"开百代绘事之宗"（《元诗选二集》卷十四《顾恺之秋江晴嶂图并序》）。世传顾恺之有"三绝"：才绝、画绝、痴绝。（见《晋书·顾恺之传》）

10. 丹青宰相

唐初画家阎立本官拜右丞相，后世遂称为"丹青宰相"。（见郎瑛《七修类稿》卷二四）

（三）音乐戏曲

1. 梨园领袖

元杂剧大师关汉卿多才多艺，既有创作天才（所编杂剧有六十余种），又能"躬践排场，面敷粉墨"，名高一代。钟嗣成《录鬼簿》为关汉卿所作赞词，称之为"驱梨园领袖，总编修师首，捻杂剧班头"。今人径称为"梨园领袖""编修师首""杂剧班头"。（见顾学颉《元明杂剧》）

2. 伶圣

晚清京师名伶程长庚技艺超群，咸丰、同治以来有"伶圣"之誉。（见徐珂《清稗类钞·优伶类》）

程长庚字玉山，安徽潜山人，专演老生，曾供奉内行廷。参见"独叫天"。

3. 伶界大王

晚清京师名伶谭鑫培，湖北江夏（今武昌）人，唱老生技艺精湛，冠绝一时，有"伶界大王"之称。曾供奉内行廷，为内务府幼伶教习，光绪中叶为春台班主。（见徐珂《清稗类钞·优伶类》）

4. 独叫天

晚清名伶程长庚起初技艺未精，受观众嘲笑，遂闭户苦练三年。功成后登台演《昭关》，扮伍子胥，开喉一鸣惊人，观众皆起立致意，狂叫动天。主人进酒祝贺，呼为"叫天"。从此，"叫天"之名盛传京师，记掌故者号之为"独叫天"。（见徐珂《清稗类钞·优伶类》）

（选自《绰号异称辞典》上编《辞章》《技艺》，江西高校出版社，1999年1月第1版）

第三编

《三千年文祸》节选

《三千年文祸》二版自叙

《三千年文祸》初版面世于 1991 年，到如今历时 10 年。初版付印时写了一篇短文附于书首，题为《书首缀语》，全文如下：

13 年前，我从赣南"红土地"上的一个小山村考入省城读研究生，学的是古代文学专业。3 年中我泛览了大量文史书籍，并对其中的文字狱记录特感兴趣。无意识地札录过一些。毕业后，适逢《鲁迅全集》重新出版。这正是多年以来梦寐以求的一套书，曾读过它的一批单行本，一直未能忘怀。于是筹钱买了一套，在斗室里细细地读，孜孜地抄。《鲁迅全集》中的书信部分，一九三三年六月十八日《致曹聚仁》有这样一段话："中国学问，待从新整理者甚多，即如历史，就该另编一部。古人告诉我们唐如何盛，明如何佳，其实唐室大有胡气，明则无赖儿郎，此种物件，都须褫其华衮，示人本相，庶青年不再乌烟瘴气，莫名其妙。其他如社会史，艺术史，赌博史，娼妓史，文祸史……都未有人着手。"这段话沉甸甸地落在我肚里，不自量力，由此萌发编一部"文祸史"的念头。从那以后，我开始有意识地搜寻"文祸史"材料，九阅寒暑，最后与爱人万芳珍合作写成这本不像样子的读物。

本书所写"文祸"，泛指各类语言文字之祸，主要为通常所说的文字狱及疏谏之祸、科场案等。疏谏之祸与科场案过去也有人视为文字狱，本人不想在这里谈论其界说。书中所纂辑的"文祸"事件无虑数百起，所占时域自夏朝末年至清朝末年，算来三千余年，所以名书"三千年文祸"。所据材料大部分采自正史（"二十五史"和《资治通鉴》等），也有的采自野史笔记。事属草创，执笔维艰。为了对读者负责，所有材料均尽可能加以核实，有时为一句话、一个数字而反复推敲，检视多种书籍文献。虽然尽了心，毕竟力微负重，绠短汲深，采择不全、考辨不精、体例未善、论述欠当之处，自知难免，恳切祈请读者批评指教。

现在读这篇《缀语》，有些话为之汗颜。如云"所有材料均均尽可能加以核实"，不说古今悬隔，万无今人"核实"古案的可能，即使仅从书本上"核实"也难以做到。不过，《缀语》毕竟交代了此书的写作缘起和内容的大致范围，所以不嫌词费移录于此。

10 年来，承蒙读者爱好，此书累计印行数万册，报刊亦见赞许文字。大概不至于是敷衍之作，总是有人愿读。我自己却不大满意，而且陆续发现一些纰缪，材料、观点方面的和文字表述方面的都有。对照《缀语》说过的话，真该写一篇长长的《自讼》才是。这回改版重排，凡已发现的纰缪当然都做了修正，此外还补充了若干内容。字句不如意者则随处更改或重拟，力求明切顺当。行文中古代人名用字有繁体或异体不宜简化、改易者，则仍存其旧，庶免淆乱。"对读者负责"虽然谈何容易，但始终是我的不懈追求。旧时乡中谚语云："打死一只老虎，卖一辈子膏药。"意思是只要猎得一虎，便可用作招牌，一辈子靠出卖虎骨膏药之类过日子；至于膏药是真是假，可就难说了。

《三千年文祸》一书的出版，对我来说也许不亚于"打死一只老虎"，但我不想一辈子卖"文祸"膏药。不过书能改版重印，毕竟机会难得，曾经考虑是否该写一篇堂堂皇皇的序言。记得 20 年前初读顾颉刚先生的《古史辨自序》，那长达 6 万字（原稿据说 10 万字）的篇幅中，作者详述平生治学经历和辨伪理论，生活琐事、治学甘苦和时事背景等种种情状错杂其中，娓娓叙来，极其生动感人。我由此知道天下竟有这样的序文，知道序文原来可以这样写。20 年过去了，偶然重睹这篇名文，心想何不效仿顾先生，"心中想到什么就写什么"，造一篇"有生以来最长最畅的文，胸中郁勃之气借此一吐"呢？可是很快便放弃了这一想法。不说别的，因为回顾自己的所谓治学经历，实在觉得可怜。至于专门而系统的学术理论，则更无从谈起。

又曾想，是否可以就书中内容，写一篇专门"辨章学术，考镜源流"的"前言"，就像时下许多博雅君子刊布大著那样。可是仔细想来，也行不通。因为这本书写的"文祸"包罗万象，连"正名"都很困难。

当初曾设想专写典型的文字狱，即别无背景单纯因诗文著作而得祸的案件。后来发现许多案件并不单纯。而且谤议、疏谏乃至科场之类案件中更有大量的"准文字狱"，不宜弃而不顾，于是一并纳入"文祸"范畴。这样，本书所写的"文祸"就兼有语言文字之祸、思想言论之祸、文人士大夫之祸等多重含义，是一个"模糊史学"的范畴。另外，为了帮助读者扩大视野、加深认识，书中又附加若干反面的或边缘的材料，这就更加模糊了。试想这样一本"名不正、言不顺"、内容庞杂的读物，岂堪"辨章""考镜"？总之，自传式的长序或论文式的前言都和我无缘，这篇改版开场白姑且题为"自叙"吧。"叙"者，随意叙写之谓也，非敢效苏东坡之以"序"为"叙"。倘若有好求甚解之人，硬要啃"文祸"的核桃，诸如："文祸"究竟有多少名色？其根源何在？对人类文明有何危害？各历史朝代的"文祸"有何共性和个性？三千多年来是如何演进的？等等，不妨参考此书，自求解答。

2001 年夏日

谢苍霖草于北窗下

（选自《三千年文祸》，江西高校出版社，2015 年 10 月第 3 版）

先秦谏谤祸案

谏诤祸与谤议祸是古代文祸的最初表现。

谏诤是臣民公开向君主、长上提出批评或建议，谤议（或称"诽谤"）是臣民私下对君主、长上的批评指责。二者施受关系相同，但表达方式有异。动机目的也有区别，谏诤以纠正事体为主，谤议以宣泄感情为主。

谏诤和谤议本来是下情上传的好事，明智的统治者把它看作国家的福音，求之唯恐不得，千方百计提供方便，让人们畅所欲言。可是，昏昧的统治者却不能容忍，于是成为祸胎。传说夏末关龙逢和商末王子比干等人死于谏，这可能是中国历史上最早的一批谏祸。社会文明日进，人们思智日开，文祸的历史也在演进，周朝有厉王弭谤事件，春秋晚期又有少正卯和邓析的"邪说"案。总的说来，先秦三代文祸事例稀少，典籍记载简略。由于年代邈远，文献不足，往往一事多说而难辨真假。

为了凸现造祸者的专愎愚蠢，不妨借圣贤开明事迹作开篇。

（一）圣贤求谏纳谤佳话

1. 谏鼓、谤木及其他

传说中的尧、舜、禹和商汤王、周武王，被公认为古代帝王的最高典范，他们准备了各种设施，让人们发表谏言谤语。有关记载散见于经传、诸子，颇有出入。比如，《大戴礼记·保傅》："于是有进善之旌（北周卢辩注：尧置之），有诽谤之木（卢注：尧置之），有敢谏之鼓（卢注：舜置之）"；《管子·桓公问》："尧有衢室之问，下听于人也。舜有告善之旌，而主不蔽也。禹立谏鼓于朝，而备讯矣。汤有总街之庭，以观人诽也。武王有灵台之复，而贤者进也"；《尸子》："尧有建善之旌，舜立诽谤之木"；《吕氏春秋·不苟》："尧有欲谏之鼓，舜有诽谤之木，武王有戒慎之铭。"

据诸家注释，"进善之旌"悬挂在大路上，让提意见的人站在旌下陈说；"诽谤之木"是借用桥梁柱头（一说是桥梁边板），让人书写批评意见❶；"敢谏之鼓"是供谏者敲击的大鼓，犹如后世的登闻鼓❷；

---

❶ 据崔豹《古今注·问答释义第八》，"诽谤之木"即后世的华表，以横木交柱头而成，形似桔槔，立于大路上。又称表木，是王者纳谏的标志，也是路标。秦予废除，汉修复。

❷ 封建王朝悬鼓于朝堂外，臣民上书许击鼓登进而上闻，故名登闻鼓。其事始于魏晋，《通鉴》：魏世祖悬登闻鼓以达冤人。《世说》：东晋元帝时，张闿私作都门，早闭晚开，群小患之，诣州府诉不得理，挝鼓，公车上奏其表。又《晋书·范坚传》：邵广二子挝登闻鼓乞恩。又《魏书·刑罚志》：世祖阙左悬登闻鼓，人穷冤则挝登闻鼓。又《隋书·刑法志》：高祖诏四方词讼有冤屈县不理者，令以次经郡及州仍不理，乃诣阙申诉，有所惬听，挝登闻鼓。《唐会要》：显庆五年，有抱屈人赍鼓于朝堂诉，遂令东西都各置登闻鼓。宋朝特设登闻鼓院，有专职官员监守。宋王林《燕翼贻谋录》云：唐有理匦使，五代以来无闻。太宗皇帝淳化三年五月辛亥，诏置理检司，以钱若水领之。其后改曰登闻院，又置鼓于禁门外，以达下情，名曰鼓司。真宗景德四年五月戊申，诏改鼓司为登闻鼓院，登闻院为检院。应上书人并诣鼓院，如本院不行，则诣检院，以朝官判之，判院之名始于此（四库本《说郛》卷二一）。宋王得臣《麈史·睿谟》载，宋太祖时，有民击登闻鼓求亡猪，太祖手诏忠献赵公曰：今日有人声登闻来问朕觅亡猪，朕又何尝见他猪耶？然与卿共喜者，知天下无冤民（四库本《说郛》卷二一）。明清两代登闻鼓设在通政使司。

"戒慎之鞀"是供谏者摇响的小鼓,因为谏言可使受谏者"戒慎",故名。"衢室""总街之庭"和"灵台",应该都是听谏场所。

《淮南子·氾论训》又载禹以五音听治,也就是以五音惊堂以听纳五类谏言。其文如下:

> 禹之时,以五音听治,悬钟、鼓、磬、铎,置鞀,以待四方之士。为号曰:教寡人以道者击鼓,谕寡人以义者击钟,告寡人以事者振铎,语寡人以忧者击磬,有狱讼者摇鞀。当此之时,一馈而十起,一沐而三捉发,以劳天下之民。此而不能达善效忠者,则才不足也。

《鬻子·禹政》所载类同:"禹之治天下也,以五声听,门悬钟鼓铎磬,而置鞀,以得四海之士。"将教谕告语之言铭刻于簨簴。

《水经注》更将纳谏的历史上溯到黄帝,书中"谷水"条注文有云:

> 昔黄帝立明堂之议,尧有衢室之问,舜有告善之旌,禹有立鼓之讯,汤有总街之诽,武王有灵台之复,皆所以广设过误之备也。

以上种种记载,未必都是事实。诸家说法的参差出入,说明得自传闻,不可遽信。但是有一点可以确信无疑,即人们对谏净谤议的重视,并且希望统治者有完备的听纳制度。这一点,在正经的史书上也得到反映。比如,《左传·襄公十四年》记师旷之言:

> 天生民而立之君,使司牧之,勿使失性。有君而为之贰,使师保之,勿使过度。是故天子有公,诸侯有卿,卿置侧室,大夫有贰宗,士有朋友,庶人、工、商、皂、隶、圉皆有亲昵,以相辅佐也。善则赏之,过则匡之,患则救之,失则革之。自王以下各有父兄子弟以补察其政,史为书,瞽为诗,工诵箴谏,大夫规诲,士传言,庶人谤,商旅于市,百工献艺。故《夏书》曰:"道人以木铎徇于路,官师相规,工执艺事以谏。"正月孟春,于是乎有之,谏失常也。天之爱民甚矣,岂其使一人肆于民上,以从其淫,而弃天地之性?必不然矣。

《国语·周语》记邵公之言:

故天子听政，使公卿至于列士献诗，瞽献曲，史献书，师箴，瞍赋，矇诵，百工谏，庶人传语。近臣尽规，亲戚补察，瞽史教诲，耆艾修之，而后王斟酌焉，是以事行而不悖。

如果所言不虚，那么如此完备的纳言制度，足以使统治者万无一失了。

从以上引文看，上古无专职的谏官，而人人都有谏责。但据一些文献记载，上古已有类似后世谏官的职位。比如，《尚书·舜典》载，舜命龙（人名）为"纳言"。注家说，"纳言"为"喉舌之官"，其职责是"听下言以纳于上，受上言宣于下"。又《周礼·地官》载有"保氏"之官，其职责之一是"掌谏王恶"。《地官》还有"司谏"之官，其职掌为"纠万民之德而劝之朋友。正其行而强之道艺，巡问而观察之，以时书其德行、道艺、辨其能而可任于国事者。以考乡里之治，以诏废置，以行赦宥"。另外，《韩非子·外储说左下》载，管仲自言犯颜极谏不如东郭牙，请求齐桓公立东郭牙为"谏臣"。

一般认为，谏官之设始于汉代的"谏议大夫"。自汉代始，时有诏求直言、征直言之士、开直言极谏科等举措，记载在历代帝王的功德簿上（仅《古今图书集成·皇极典·听言部》所集录的自汉文帝至明世宗的求言诏令就有255道）。传说中的谏鼓、谤木之类，也有人付诸实施，如新莽、晋元帝、梁武帝。虽然有许多措施是勉强做作，毕竟道义无亏，不可厚非。

主动求谏纳谤是明智之举，被动听受和容忍，不加罪于进谏造谤之人，如周武王对待伯夷、叔齐那样，也是值得称道的。

据《史记·伯夷列传》，伯夷和叔齐是孤竹君二子，父死，二人互让国君之位，以至于相偕逃离本土，投周文王。适逢文王死，武王不待父葬便率义师伐纣。伯夷、叔齐出面拦阻，牵住武王的车马，责备他不孝不仁。两人的行为显然悖于天下大势和人心趋向，干扰了武王的义举，但武王没有伤害他们。后来两人隐居首阳山，"义不食周粟"，采薇充饥，将要饿死时作歌咒骂武王"以暴易暴"，武王仍予宽容❶。

2. 子产不毁乡校

春秋时期容纳谤言最著名的是郑国政治家子产。郑简公时，子产曾为执政，推行一系列改革措施。国人一时适应不了，作歌咒骂他说："取我衣冠而褚之，取我田畴而伍之，孰杀子产，吾其与之。"（《左传·襄公三十年》）子产默默忍受着，没有采取报复行动。三年后改革见效，国人得到好处，改而歌颂他。

当改革尚未见效时，又发生"不毁乡校"的感人故事。《左传·襄公三十一年》载：

郑人游于乡校，以论执政。然明谓子产曰："毁乡校何如？"子产曰："何为？夫人朝夕退而游焉，以议执政之善否。其所善者，吾则行之；其所恶者，吾则改之，是吾师也。若之何毁之？我闻忠善以损怨，不闻作威以防怨。岂不遽止？然犹防川，大决所犯，伤人必多，吾不克救也。不如小决使道，不如吾闻而药之也。

子产开放言路，允许人们议政，史称"立谤政"，这是他实行的改革措施之一，也是改革获得成功的因素之一。这方面，他比后来秦国的政治家商鞅要豁达明智得多。

秦孝公时商鞅执政，主持变法革新，不允许国人议论。新法实行之初，许多人有怨言。新法见效后，这些人改而称赞。本是民性之常，商鞅却说："这些都是败乱教化的人。"下令把他们迁到边远地方居住，以示惩罚。商鞅的统治法则就是要人民缄口结舌，国家法令正确也罢，不正确也罢，只管绝对服从，不得议论。后来韩非也是这种思想，而且更加走向极端。商鞅、韩非的死于非命，与他们主张"缄口"独裁之治是密切相关的。他们的一些做法和主张，实在不近人情。

---

❶ 据《史记·伯夷列传》，伯夷、叔齐最终饿死首阳山，而《论语·季氏》篇仅云"饿于首阳之下"，未云饿死。又《论语》载伯夷、叔齐"不念旧恶，怨是用希"（《公冶长》篇），"求仁而得仁，又何怨"（《述而》篇），似不至于作怨歌。现代疑古派顾颉刚等人怀疑《史记》所载不可信（参阅《古史辨》第一册有关书信）。

（二）暴君拒谏弭谤罪迹

1. 桀纣拒谏诛忠

与圣贤的开明做法相反，昏君暴主对待谏诤和谤议的唯一手段是诛杀与禁缔。这类事例中，最早的是夏朝亡国之君桀诛杀关龙逢的传说。记录这一传说的有《庄子》《荀子》《韩非子》《吕氏春秋》等，均不及《韩诗外传》与《新序》之详。《韩诗外传》卷四载：

> 桀为酒池，可以运舟，糟丘足以望十里，而牛饮者三千人。关龙逢进谏曰："为人君身行礼义，爱民节财，故国安而身寿也。今君用财若无尽，杀人若恐弗胜，君若弗革，天殃必降而诛必至矣。君其革之。"立而不去朝。桀囚而杀之。

《新序·节士》所记字句稍异，大意相同。

关龙逢据说是桀臣，王符《潜夫论·志氏姓》作"豢龙逢"，《韩非子·人主》篇说桀"伤其四肢"。这件事如果属实，那么可能是最早的一例谏祸了，而且前人历来是这样看的。但它只载于晚出的子部书，使人不敢深信。《尚书·汤誓》写夏桀横征暴敛，滥用民力，人们指着太阳诅咒他："时日曷丧，予及汝皆亡。"却没有写他拿诅咒者治罪。再说"酒池""糟丘"的说法也过于夸张。清代学者崔述评说道："古者人情质朴，虽有荒淫之意，非若后世秦始、隋炀之所为者。且桀岂患无酒，而使之可运舟、望十里，欲何为者？此皆后世猜度附会之言。"（见《夏考信录》卷二）但既然历来把"龙逢之诛"看作最早的谏祸[1]，不妨录以存疑。

---

[1] 古代最早的谏祸，尚有尧诛鲧与共工的传说，见《韩非子·外储说右上》："尧欲传天下于舜，鲧谏曰：'不祥哉！孰以天下而传之于匹夫乎？'尧不听，举兵而诛，杀鲧于羽山之郊。共工又谏曰：'孰以天下而传之于匹夫乎？'尧不听，又举兵而诛共工于幽州之都。于是天下莫敢言无传天下于舜。"此事不见于其他典籍，且与《尚书》中《舜典》《洪范》二篇所载鲧与共工事迹不合，当属寓言。又明邹维琏《读史杂记》有云："按《疏仡纪》，栗陆氏为政，傲慢自用，其臣东里子谏而被杀；炎帝之世，诸侯夙沙氏叛，其臣箕文谏而被杀。此非忠谏杀身之始乎？则死谏非始于龙、比。"其事尤不可考，自难凭信。

前人向来以夏桀为第一号暴君，与之并称的是商纣。纣是典型的独夫，他拒谏诛忠几乎到了疯狂的地步。据记载，纣沉湎酒色，穷奢极欲，设酒池肉林，让男女裸体狂饮，聚敛天下以奉一己。臣民怨怒，诸侯反叛，纣用酷刑镇压，甚至有"炮格之法"。大臣九侯（一作鬼侯）把女儿献给他，此女不喜淫，纣发怒把她杀害，而将九侯剁成肉酱。鄂侯为此事与纣争辩，被杀死做成肉干。西伯昌听说后私下怅叹，纣把他囚禁在羑里。微子、箕子、王子比干等人屡谏，纣一概不听。于是微子逃亡，箕子佯狂为奴。王子比干舍命强谏，纣发怒说，"听说圣人之心有七窍"，竟挖出比干心脏作验证。这个独夫民贼的最终下场是王朝灭亡，本人自焚而死。

2. 周厉王弭谤

周朝君主中专横暴虐的典型有厉王、幽王。二人都聚敛无度，招致国人怨谤，而厉王独有弭谤一手。《国语·周语》记载他的弭谤事实如下：

厉王虐，国人谤王。邵公告曰："民不堪命矣。"王怒，得卫巫，使监谤者。以告，则杀之。国人莫敢言，道路以目。

王喜，告邵公曰："吾能弭谤矣，乃不敢言。"邵公曰："是障之也。防民之口，甚于防川，川壅而溃，伤人必多。民亦如之，是故为川者决之使道，为民者宣之使言。……民之有口，犹土之有山川焉，财用于是乎出；犹其原隰之有衍沃也，衣食于是乎生。口之宣言也，善败于是乎兴。行善而备败，其所以阜财用衣食者也。夫民虑之于心而宣之于口，成而行之，胡可壅也？若壅其口，其与能几何？"

王不听，于是国莫敢出言，三年乃流王于彘。

厉王派遣特务（卫巫）监视国人，制造恐怖以消弭谤言，可谓钳舌有术。时人敢怒不敢言，"道路以目"，说明他的钳舌术获得成功，也说明他已经坐在火山口上，而他还自以为得计。最后火山爆发，国人把他流放到彘（今山西霍县）。据学者说，这是中国历史上最早的一次民众起义。禁谤的遭流放，造谤的获胜利，这在文祸史上是难得的快心事。

然而，厉王发明的特务"监谤"之法则流毒千古，造孽无边。三国时曹操、孙权所设"校事"，唐武后时酷吏所设"告事"，肃宗时宦官李辅国所设"察事"，宋神宗时新党所设"逻者"，高宗时秦桧所设"逻卒"，及明锦衣卫、东厂的"检校""缉事"之流，无一不是"卫巫"的幻形之鬼。以"察子"为例，郭廷海（一作郑延晦）《广陵妖乱志》"吕用之"条载，唐末，高骈镇广陵，召募府县阴狡兔猾的有罪停废胥吏百许人，"厚其官佣，以备指使。各有十余丁，纵横闾巷间，谓之察子。至于士庶之家，呵妻怒子，密言隐语，莫不知之，自是道路以目。有异己者，纵谨静端默，亦不免其祸。破灭者数百家，将校之中，累足屏气焉"。

3. 陈灵公诛泄冶

《韩非子·说疑》篇区别往古进说献言之臣，其中有"疾争强谏以胜其君"，虽身首异处而不顾的一类，列六人，即夏关龙逢、商王子比干和春秋时期的随臣季梁、陈大夫泄冶、楚大夫申胥、吴大夫伍子胥。此外，《史记·晋世家》载晋大夫伯宗好直谏而为晋厉公所杀。季梁、申胥（学者认为应当是葆申）、伯宗三人得谏祸事不见于《左传》，《左传·成公十五年》载伯宗被杀是"三郤"家族谮毁所致。

泄冶之诛在鲁宣公九年（公元前600年）。据《左传·宣公九年》，陈灵公和大夫孔宁、仪行父与寡妇夏姬（大夫御叔妻）私通，三人穿着夏姬的贴身亵衣相戏于朝堂。泄冶谏道："国君和卿大夫当着大庭广众淫逸，百姓就没有好样可学了，而且为此弄得名声不佳。主上还是把那件内衣收起来吧。"陈灵公把泄冶的话告诉孔宁、仪行父，结果在二人请求下杀了泄冶。

而刘向《说苑·君道》篇却写泄冶被杀是由于造"妖言"。据载，陈灵公"行僻而言失"，泄冶多次劝谏而不见听，便私下议论了一大通国君当谨言慎行的道理，预言陈灵公"不亡必弑"。陈灵公听说后，把泄冶当作"妖言"犯杀头。

《说苑》记前代事往往"独此一家"，学者多持怀疑。其写泄冶之死明显不同于《左传》，不知有何根据，录此存异。

《说苑·尊贤》篇又叙及泄冶被杀的直接不良影响，即导致邓元（应是陈国贤士）离陈而去。此事又见于《大戴礼·保傅》和贾谊《新书·杂事》，应属可信。至于陈灵公最终被弑，则可看作拒谏诛忠的大报应。据《左传》，事情发生在泄冶被诛的第二年：

陈灵公与孔宁、仪行父饮于夏姬处，灵公戏言夏姬之子徵舒相貌似仪行父，仪行父说也似灵公。徵舒怒不可遏，待灵公离去时把他射死。孔宁、仪行父逃奔楚国，徵舒自立为国君。

灵公如果当日听泄冶一言，何至于身死国乱。

4. 夫差杀伍子胥

吴王夫差杀伍子胥事，载《国语·吴语》，又见于《史记·伍子胥列传》。

伍子胥名员，楚大夫伍奢之子。伍奢以忠直为小人所忌，被楚平王囚杀。伍子胥逃于吴，受赐申地，故别称"申胥"，为吴王阖庐谋臣。吴与越交战，阖庐受伤死。子夫差继位后立志报仇，大败越国，却因胜生骄，失去了警惕。

越王勾践收拾残兵退驻会稽，通贿于吴太宰伯嚭，卑辞厚礼麻痹夫差，得以媾和，而心中蓄志复仇雪耻。伍子胥看穿勾践蓄谋，劝夫差乘胜灭越，夫差不听。夫差一心与齐国争雄，两次伐齐，伍子胥都加以劝阻，指出不灭越而伐齐是莫大的失策，夫差一概不听。伍子胥感到绝望，当奉使齐国之时将儿子托付给齐人鲍牧。太宰嚭乘机向夫差进谗言，说伍子胥心怀不满，里通外国。夫差说："你不说，我也早有疑心。"于是赐"属镂"之剑命伍子胥自刎。伍子胥愤怨结胸，临死对左右说："我死之后，在我坟墓旁种上梓树，长大后好做棺材（言下之意：吴国必亡，到时候夫差正用得上）。把我的眼珠子挖出来挂在国都东门上，让我亲眼看着越王灭吴。"夫差听说后大怒，把伍子胥的尸体装在皮袋里抛入江中。时为鲁哀公十一年（公元前484年）。九年后，勾践灭吴。夫差被俘，悔当初不听子胥之言，自刭而死。

如上所述，伍子胥之死直接原因是太宰嚭进谗言，但谗言生效却因夫差先有疑心，已不满于伍子胥的再三强谏。前人历来把这一事件举为谏祸，不是没有道理的。和一般谏祸不同的是：事由不是常见的批评君主失德（如骄奢淫逸）之类，而是谏正战略上的重大失策，事情直接关系到国家的生死存亡。因此，伍子胥之死可以说是最沉重的谏祸、最惨痛的教训。

（选自《三千年文祸》第一章第一、二节，江西高校出版社，2015年10月第3版）

汉武帝刑杀无辜

秦失天下，项羽、刘邦并起角逐。项羽用力，刘邦用智；项羽孤家寡人，刘邦驱策群才，双方争战八年，终见分晓。当项羽引兵入关，屠咸阳，焚宫室，志满意得，珍宝美女稇载而归的时候，有策士韩生劝他留在关中建帝王之业。项羽不听，说："富贵不归故乡，好比穿锦绣衣裳行夜路，有谁知晓呢！"韩生对人说："人们都说楚人'沐猴而冠'，果然不假。"项羽闻知，竟将韩生烹杀。这是楚汉之际士人因言得祸的一例。

刘邦跟项羽大不一样。他虽然有浓厚的流氓习气，动不动就骂人，但肚量颇宽，受得逆耳之言，不因语言过失加罪臣民。有一回，御史大夫周昌入宫奏事，正逢高祖搂抱戚姬耍笑，周昌知趣退下。不妨高祖从后面追上来，把周昌按倒在地，骑在他脖子上问道："我像哪号君主？"周昌没好气地说："陛下像桀、纣。"周昌一向有直谏的名声，有时又像"弄臣"，不管怎样，这句话显然说得过重。可是高祖毫不介意，还笑起来。以下惠帝、吕后、文帝都尚宽简，法禁疏略，刑狱较轻（只有少数事件例外）。文帝废除"诽谤妖言"之律，虚己纳谏，一再下诏求直言，被誉为"百世帝王之师"。景帝渐用酷吏，法网加密，但也未曾加罪言者。

武帝即位之初，还能继父祖的好传统，建元元年冬十月，"诏丞相御史……举贤良方正、直言极谏之士"，之后好大喜功，政风大变。他在许多方面都像秦始皇，如经营四方的雄才大略，求仙封禅的愚蠢举动等。所不同者：秦皇焚书坑儒，武帝崇儒好文；秦皇用刑依法，武帝任意兴大狱，杀人之多远远超过秦皇。元狩年间，淮南、衡山、江都三王谋反大狱相继而兴，株连被杀的有数万人。晚年的"戾太子"巫蛊事件滥杀数万人❶。民间盗铸钱币被杀的达数十万人。这些惨案都出于酷吏之手。

酷吏为治出于常人想象。义纵任河内都尉，用法严酷，郡中"道不拾遗"（若拾取遗物就要被诬为盗窃而治罪）。后来做定襄太守，一次杀400余人，一半是犯人，一半是探监的人，以致郡人"不寒而栗"。王温舒为河内太守，年底处决犯人因人数太多一时杀不过来，冬季过去后犯人可能被赦免，急得他叹怨说："要是让冬季延长一个月，我就能了结此事了。"这号杀人唯恐不多的酷吏却受武帝赏识和重用。

酷吏治狱无所谓法律，全看主子的脸色行事。有人批评酷吏杜周办案不遵守国家"三尺之法"（汉代法律写在三尺来长的竹简上，故称）。杜周理直气壮地说："'三尺之法'是怎么来的？君主认为该怎样办，写成条文就是法律。照当世君主的意思行事就是了，哪里有固定不变的法律呢！"他们办案也不必依据事实，捕风捉影、无中生有便可定罪。在这种恶劣作风下，刑狱毫无天理公道、国法王章可言。但酷吏们所打击的，主要是贵族、豪强和"盗贼"。士大夫慑于暴君酷吏的威焰，谨言慎行，不谈时事，语言文字之祸自然不容易发生。这方面也有血的教

---

❶ 巫蛊是汉代流行的一种迷信方术，即延请巫师用"蛊道"（咒语之类）邪术使人患病死亡。汉武帝晚年畏死而多疑，宠任酷吏江充，动辄以"巫蛊"罪名诛杀无辜，连丞相、公主也未能幸免。在这种恐怖气氛中，江充又制造了"戾太子"巫蛊事件。事主太子刘据（死后贬称"戾太子"）系卫皇后所生，母子二人与江充有嫌隙。江充害怕将来太子继位对自己不利，便挑拨太子与武帝的关系，进而设计陷害。武帝患病，江充奏称宫中有蛊气，于是掘地查蛊，结果在太子宫中掘得一桐木偶（江充使人事先埋下），指为蛊具。太子为了自卫，谎称江充谋反，发兵斩江充及其党羽，一时谣传太子造反。汉兵围攻太子，太子逃亡外地，途穷自杀，诸子被诛，卫皇后也自杀。时为征和二年（公元前91年），数万人死于这一冤案。事后武帝伤悔不已，族灭江充。

训，即博士狄山和大农令颜异之死。

1. 狄山死于和议

与匈奴的关系是西汉国防与边政的一大难题。高祖以来，汉对匈奴基本上采取和亲策略，然而匈奴并不如何看重甥舅关系，常有侵略行为。武帝即位后，匈奴入侵愈益频繁，连年在上谷、代郡等地杀掠汉吏民以至郡守。武帝数番命卫青、霍去病出击匈奴，大获全胜。匈奴单于远遁漠北，遣使求和亲。武帝召集群臣商议，有的主张和亲，有的主张"臣之"（使之投降臣服），众人意见不一。

博士狄山主张和亲。武帝问他所持理由，狄山抱守"兵者凶器"的古训，列举高祖以来各朝用兵的弊害，说武帝"举兵击匈奴，中国以空虚，边民大困贫"，所以"不如和亲"。

武帝不悦，转问御史大夫张汤。张汤深知主子心思，表示反对和亲，讥狄山"愚儒无知"。狄山不让，反唇斥张汤"诈忠"，说张汤治淮南王、江都王诸狱，"以深文痛诋诸侯，别疏骨肉，使蕃臣不自安"。

这时武帝沉下脸对狄山说："我派先生到边境去主管一郡，先生能使匈奴不入侵该郡吗？"狄山是老实人，回答说："不能。"武帝又问："主管一县呢？"狄山仍回答说："不能。"武帝又问："负责一处塞堡呢？"狄山明白，如果再答"不能"，就将下狱治罪，便硬着头皮说："能。"

武帝于是派狄山到边境去把守一处塞堡。狄山毕竟是文弱书生，全无武略，到边境一个多月便被入侵的匈奴人割去脑袋。

狄山得祸的原因，首先，和亲之议与武帝意志相左。武帝凡事喜欢称大居尊，他是毫不犹豫主张对匈奴"臣之"的。其次，狄山当面斥责张汤"诈忠"，激怒了武帝。张汤当时是武帝最宠信的酷吏，可以说冒犯张汤就是冒犯武帝。最后，狄山的话在武帝听来有"诽谤"的意味。比如，称武帝伐匈奴致使国内空虚、边民贫困，称张汤治诸王之狱"别疏骨肉，使蕃臣不自安"，这些话都可以被认为隐含讥刺。后来在昭帝盐铁会议上，就有人提到狄山死于"讪上"（参阅《盐铁论·论诽》）。

武帝否定了和亲之议，后来派遣丞相长史任敞到匈奴执行"臣之"的使命，结果被匈奴扣留。事实证明，"臣之"的方针是行不通的。退一步说，就算狄山的意见不对，也不必对一书生之官穷逼不舍，借刀杀人。这一事件中，霸道之主那居高临下咄咄逼人的威势，足以使满朝文武心寒胆裂。此后群僚上朝噤若寒蝉，武帝越发骄恣。

2. 颜异死于"腹诽"

武帝连年对匈奴用兵，国库空虚，庶民贫困，民间私铸钱币之风盛行，导致币制紊乱，通货膨胀。汉廷于是实行币制改革，于元狩四年（公元前 119 年）发行两种新货币，一种是白金（银与锡的合金），一种是皮币。制造皮币的原料是皇家上林苑中白鹿之皮，做成的皮币呈正方形，边长一尺，上绘彩色图案，一张皮币法定面值抵钱 40 万。白金用于流通，发行一两年就废止了。皮币面值过大，不适于流通，实际上成为王侯宗室使用的一种礼币。

皮币发行后，武帝向大农令颜异征询意见。颜异认为，王侯宗室朝贺所献苍璧才值钱数千，而垫在底下的皮币反而值 40 万，本末倒置，殊不相称。他其实是反对制造这种脱离价值规则的空头货币。皮币是武帝和他的宠臣张汤设计出来的，武帝本希望得到颜异的支持，如今却遭反对，于是怀恨在心。恰逢有人因别的事控告颜异，武帝便命张汤受理此案（此事很可能从头就是有意安排）。张汤本来就和颜异有私隙，他秉承武帝旨意，一心要置颜异于死地。调查得知：颜异曾与客人交谈，客人说起朝廷政令多有不便，颜异"微反唇"，即嘴唇略微动了动（王先谦《汉书补注》云："颜异闻客语，不敢应，而仓卒自禁，不觉微笑而唇褰耳"），张汤据此上奏，说颜异身列九卿，见政令不便不向朝廷奏告，而私下"腹诽"（心中诽谤），于是处以死刑。时为元狩六年（公元前 117 年）。

史书没有为颜异立传，上述事件简单记载在《史记·平准书》和《汉书·食货志》中，很不显眼。但在当时颇受关注，在昭帝盐铁会议上，颜异（和狄山）之死曾是与会者讨论的内容之一。"丞相史"一方认为颜异（和狄山）"处其位而非其朝，生乎世而讪其上"，死有余辜。"文学"一方则对颜异（和狄山）之死深表同情。

由颜异事件而产生的"腹诽之法"，其危害甚于秦朝诽谤律。秦诽谤律须是有其言方可认定为"诽谤"，而"腹诽之法"不必有其言，只要看表情（势必连表情也不必看）就可以指为"诽谤"，从而为诬告和陷害大开方便之门。此其一。秦诽谤律所打击的主要是布衣士人，而"腹诽之法"拿臣僚开刀，因而直接对官场风气产生不良影响。《史记·平准书》就叙及：颜异被诛后，"公卿大夫多谄谀取容矣"。此其二。《史记·平准书》又记载：颜异事件后，酷吏治狱有"腹诽之法比"，即比附定罪。比附定罪是造成冤滥的重要原因，在文祸史上为害甚烈，而这一弊害是从颜异事件发端的。此其三。

（选自《三千年文祸》第三章第一节，江西高校出版社，2015 年 10 月第 3 版）

武则天即位前后的谏祸

1. 皇后废立事件

唐王朝继隋而兴，高祖、太宗记取隋炀帝愎谏亡国的教训，虚心纳谏，君明臣良，天下大治号称贞观。太宗临终作《帝范》12 篇，语重心长地向嗣君传授修身治国的体验。然而高宗不肖，在位昏昧柔懦，一切都听从宠妃武氏摆布。

永徽六年（655 年），在武氏（时为昭仪）策划下，高宗废王皇后，改立武氏为皇后。此事遭到元老派大臣褚遂良、长孙无忌和韩瑗等人的强烈反对。商议废立之时，尚书右仆射褚遂良坚持认为王皇后无罪，不当废，说武昭仪曾经侍候过先帝，不宜立为皇后。他争得急，把笏板放在殿阶上，摘下朝冠叩头至流血，负气说："把笏还给陛下，让我归田吧。"因此被贬为潭州都督，后改桂州，再贬爱州刺史，死于贬地。侍中韩瑗上书为褚遂良申辩，被诬与褚勾结共谋不轨，贬为振州刺史，死于贬地。太尉、同中书门下三品长孙无忌被诬谋反，流放黔州，被逼令自杀。

褚遂良等人的贬死是唐立国以来第一场严重谏祸，此后将近20年无人敢直谏，高祖、太宗数十年间培养起来的谏诤风气至此一扫而光。武后与佞相许敬宗、李义府辈作威作福，群僚敢怒不敢言，偶有言者，立遭贬黜。显庆元年（656年），侍御史王义方疏劾李义府"凭附城社，亏蔽日月，请托公行，交游群小"，语句激烈，被加以"毁辱大臣，言词不逊"的罪名贬为莱州司户参军。在武后威慑下，连开国元老之一的李勣也唯唯诺诺，专说奉承话。有一回高宗问近臣："我虚心求谏，为什么无人进谏？"李勣讨好说："陛下处理政事很英明，所以群臣无事可谏。"直到永淳元年（682年）高宗在嵩山之南建造奉天宫，才有监察御史里行李善感上疏谏道："近年灾荒严重，正是陛下惕然反省以感召上天消除灾患的时候，可是陛下反而大造宫室，兴役不休，天下臣民都感到失望。"高宗既没有停止工役，也没有处罪李善感。这件事传开以后，人们感到稀罕，都说是"凤鸣朝阳"，以为是难得的好兆头。

2. "罗织"与"耐谏"

高宗崩，中宗继位，武后以太后身份临朝听政，经历几度废立，终于篡唐称帝，改国号为周，帝号屡更为"则天大圣皇帝"。

武则天是历史上稀有的女性，她有强烈的帝王欲，也有相当厉害的权术手段，善于随着局势的变化更改政策，有目的地调整各方关系。即位之初，她为了笼络人心，下令铸造了一个结构特别的大铜匦摆放朝堂上，以收受臣民书状。铜匦隔作四格，颜色不同，各开一门。东面一格称作延恩匦，专供谋求官职的人投献诗赋文章；南格称招谏匦，专收议论时政的书章；西格称申冤匦，专收申诉状；北格称通玄匦，专收关于阴阳灾变和军事策谋之类文字。特设理匦使主管其事，投状人必须以副本呈理匦使。凡投状人行迹诡异或所言之事难以实行者，不予受理。被受理的书状分别情况，或呈奏朝廷，或转交有司。这一前所未有的设置一直延续到唐末。它虽然没有多大的实际意义，毕竟在形式上发展了古来谏鼓、谤木之类，是武则天的一大创造。

自从发生徐敬业举兵造反的事件后，武则天觉得士大夫靠不住，基本策略从笼络利用转为打击迫害。她任用酷吏大兴冤狱，派遣大批"告事"人员侦察士大夫言行，鼓励臣民告密。酷吏动辄以"谋反"罪陷人入狱，严刑逼供。用刑的残酷无以复加，仅大枷的名号就有所谓"定百脉""喘不得""突地吼""著即承""失魂胆""实同反""反是实""死猪愁""求即死""求破家"等，令人不寒而栗。被捕者难以忍受酷刑，诬栽什么就承认什么，只求速死。于是牵连攀引，大批无辜者陷入刑网，违心地承认"谋反"。当时把这种现象称作"罗织"，认为比汉末的"党锢"还要惨毒。从宗室贵族、公卿大臣到一般士庶，成千累万的无辜者死于"罗织"。后来武则天感到"罗织"得差不多了，就把酷吏周兴、来俊臣、王弘义等人杀的杀，贬的贬，以平息天下怨气。

当"罗织"风肆虐之时，许多人往往因言谈不注意，被告密者和酷吏抓住片言只语作把柄，任意诬陷而罹祸。给事中徐彦伯出于对无辜罹祸者的同情，作《枢机论》告诫世人。文章借用《易经·系辞》文"言行，君子之枢机，枢机之发，荣辱之主也"为题，推阐孔子的"慎言"观，认为言语"可以济身，可以覆身"，劝人们守口如瓶。这篇文章的问世说明当时言祸的严重。（类似的观点也见于《鬼谷子·权篇》："故口者，几关也，所以闭情意也……古人有言曰，口可以食，不可以言，言者有讳忌也，众口铄金，言有曲故也。"董仲舒《春秋繁露·立元神》："君人者，国之元，发言动作，万物之枢机，枢机之发，荣辱之端也。失之毫厘，驷不及追。"）

武则天最恼恨别人不承认她的称帝资格而劝她退位，凡有这方面言论的，不管大臣、布衣，必定遭殃。宰相裴炎、刘祎之言谈中流露要她退位还政的意思，武则天借别的事把他们处死。地官尚书魏玄同被诬散布要她归政的言论，赐死于家。

垂拱二年（686年）九月，雍州新丰县（今陕西临潼东北）一场风雨雷电过后，突然冒出一座高20丈的山（可能是地震所致），周围形成300亩大的池沼，池中现出"龙""凤"形状。武则天一向讲迷信，认为是天降祥瑞，应当庆贺，就把这座山命名为庆山，把新丰县改名为庆山县，各地纷纷上章祝贺。荆州布衣俞文俊却上书说："地气不和才会冒出山丘。陛下以女主居阳位，刚柔倒置，所以地气阻塞，产生灾变。陛下当作'庆山'，我认为无'庆'可言。"武则天大怒，把俞文俊流放岭南，后来把他处死在流放地。

对于一般批评意见，只要不涉及帝位问题，武则天多能忍受，但听而不纳，只当耳边风，高兴时表示赞同，甚至给予奖励，不高兴时也不加罪。这种态度可以称之为"耐谏"，其实是一种和缓的拒谏方式。这方面的事例很多，典型的如右补阙朱敬则的一次进谏。

她派遣存抚使到各地考察人才、安抚百姓，存抚使回来后荐举了一大批士人。她不问贤愚全部授以京职，高等的为试凤阁舍人、给事中，其次为试员外郎、侍御史、补阙、拾遗、校书郎等。当时有人编了几句顺口溜讽刺授官之滥，其辞云：

补阙连车载，拾遗平斗量。

攫推侍御史，碗脱校书郎。

（攫，晾晒谷物之耙；碗脱，工匠造碗，脱胎于同一模子，碗脱，极言其多。）

被荐举的士人中有个叫沈全交的，在这首顺口溜后面续了几句：

评事不读律，博士不寻章。

糊心存抚使，眯目神圣皇。

御史纪先知侦获，劾沈全交诽谤朝政，建议先处杖刑，然后交法司治罪。武则天却大笑说："如果你们这些人荐举不滥，何必怕人家讽刺呢。"命释放沈全交，免予治罪。事情就这样一笑了之，至于"糊心"的存抚使如何处分，授官过滥现象如何补救等，则一概不提，自己"眯目"也不作自我批评（人们认为她有意滥授官职以收买人心）。

做了十多年皇帝，年老多病的武则天感到疲倦了，渐渐有退位当太后、恢复大唐国号的意思，一向讳莫如深的帝位问题也允许议论了。大足元年（701年），冀州武邑（今河北武邑）布衣苏安恒到长安投匦上书，劝武则天退位。武则天特地召见，让招待他吃饭，还说了些表扬鼓励的话。过了两年，苏安恒再次上书劝武则天退位，说如果不传位于太子，"何以教天下母慈子孝"，"焉能使天下移风易俗"，"将何圣颜以见唐家宗庙"，说"臣愚以天意人事，还归李家"（见《旧唐书·忠义·苏安恒传》）。书奏上，没有反响，还是"耐谏"的老办法。

又两年，武则天终于退位，中宗第二次继位。历时 15 年的武周王朝宣告结束，大唐帝国经历这场灾难性危机之后，等待它的又是一天乌云。

（选自《三千年文祸》第九章第二节，江西高校出版社，2015 年 10 月第 3 版）

乌台诗案

乌台诗案是发生在元丰年间的一场典型的文字狱，事主苏轼因诗获罪，经办此案的御史台俗称乌台，故有此称。苏轼号东坡居士，故又称东坡诗案。

苏轼字子瞻，眉州眉山（今四川眉山）人，英才俊发，诗文有盛名，嘉祐间与弟苏辙同榜举进士，历官内外，是新法的主要反对者之一。熙宁四年（1071 年），苏轼为权开封府判官，殚精竭虑写成一篇 7400 余字的《上（神宗）皇帝书》，列举自古以来君主辅相在治国纲纪方面的利弊得失，证明"国家之所以存亡者，在道德之深浅，而不在于强与弱；历数之所以长短者，在风俗之厚薄，而不在于富与贫"。针对初兴的变法风潮，文中提出九个字的救世方略："结人心，厚风俗，存纪纲"。他还当面告诫神宗："但患求治太速，进人太锐，听言太广"（见《宋史·苏轼传》）。苏轼的言论从根本上否定变法，不啻为保守派反对新法的纲领和宣言，因而招致王安石的极大不满。

时值进士考试，苏轼发策问"晋武平吴以独断而克，苻坚伐晋以独断而亡；齐桓专任管仲而霸，燕哙专任子之而败，事同而功异"。原因何在？这道策问题影射王安石鼓励神宗独断专任，将败坏国事。王安石越加恼怒，唆使御史谢景温搜集材料劾奏苏轼，结果一无所获。苏轼自知不宜留在汴京，请求外放，获准出任杭州通判，三年后移知密州，又三年权知徐州。

元丰二年（1079 年），苏轼移知湖州。到任后按规矩上谢恩表，即《湖州谢表》内有这样几句：

皇帝陛下天覆群生，海涵万族，用人不求其备，嘉善而矜能。知其愚不适时，难以追陪新进；察其老不生事，或能牧养小民。（《经进东坡文集事略》卷二五）

也许作者无意，然而读者却有心。当时王安石已二度罢相，退居金陵养怡晚年。已经蜕化变性的变法派仍然得势，御史台一班鹰犬之臣尤为嚣张，随时注意反对派的言论举动，伺机出击。于是，御史中丞李定（即前文所叙奏邸狱的发难者）和监察御史里行舒亶、何正臣从这篇《谢上表》中摘出"追陪新进""老不生事"等句，指为讽刺朝中"新进"喜欢"生事"，是侮慢朝廷。又从苏轼在杭州等地所作的大量诗文中找出许多所谓"讪上骂下""公为诋訾"的篇章字句，一并于当年（元丰二年）七月具本参奏。

据宋人朋九万所辑《东坡乌台诗案》，李定等人搜集的"谤讪"文字有 60 余处，分布在数十篇作品中。这些作品牵涉到与苏轼有文字来往的 20 余人，一时名流如苏辙、司马光、曾巩、黄庭坚、刘攽等人俱在其中，所幸除苏辙外未受株连。

指为"谤讪"的诗篇中，有的写民间疾苦，反映新法的弊病。比如，《山村绝句》五首的第二首反映盐法之弊云：

老翁七十自腰镰，惭愧春山笋蕨甜。

岂是闻韶解忘味？迩来山中食无盐。

第四首反映青苗法之弊云：

杖藜裹饭去匆匆，过眼青钱转手空，

赢得儿童语音好，一年强半在城中。

案发后，苏轼解释前首诗的用意云："意言山中之人饥贫无食，虽老犹自采笋蕨充饥。时盐法峻急，僻远之人无盐食用，动经数月。若古之圣贤则能闻韶忘味，山中小民岂能食淡而乐乎？以讥讽盐法太急也"

（见《东坡乌台诗案》，下同）。解释后首云："意言百姓虽得青苗钱，立便于城中浮费使却。又言乡村之人一年两度夏秋税，又数度请纳和预买钱，今此更添青苗、助役钱，因此庄家子弟多在城中不着次第，但学得城中语音而已，以讥讽朝廷新法青苗、助役不便也。"此类解释应是真心话，有关诗篇的确属讽刺之作。

许多即兴之诗，与时事并无关系，作者未必别有深意，也被指为"谤讪"，被迫作出解释。比如，《和述古冬日牡丹四绝》中的一首：

一朵妖红翠欲流，春光回照雪霜羞。

化工只欲呈新巧，不放闲花得少休。

苏轼解释道："此诗讥当时执政。以'化工'比执政，以'闲花'比小民，言执政但欲出新意擘画，令小民不得暂闲也。"

又如《八月十五日看潮五绝》其四：

吴儿生长狎涛渊，冒利忘生不自怜。

东海若知明主意，应教斥卤变桑田。

前二句，自释："谓主上好兴水利，不知利少害多。"后二句，自释："言此事之必不可成，讥讽朝廷水利之难成也。"

许多应酬赠答之诗流露消极情绪，本是文人常态，也被掇拾入罪。如《初到杭州寄子由二绝》：

眼看时事力难胜，贪恋君恩退未能。

迟钝终须投劾去，使君何日换聋臣？

《赠莘老七绝》：

嗟余与子久离群，耳冷心灰久不闻。

若对青山谈世事，直须举白便浮君。

诸如此类，都被指为"谤讪"，苏轼被迫作了供认。比如，承认《初到杭州寄子由二绝》是"讥新法事烦难了办也"（胡仔《苕溪渔隐丛话》），《赠莘老七绝》"意言时事多不便，不得说也"（厉鹗《宋诗纪事》）。

此外，李定、舒亶等人还搜获一部杭州坊间刻印的《苏学士钱塘诗集》，当作罪证缴上，说苏轼到处题诗刻书，"鼓动流俗"。

御史台题本参劾获准，有诏逮问苏轼。七月底，使者皇甫僎领二卒到达湖州，径入州衙拘捕苏轼。苏轼乞准与家人诀别，然后随使者出城登舟而去，长子苏迈随行服侍。八月底，一行抵达京师，苏轼囚在御史台监狱中。御史台每隔数日派人提审一次，严词逼问。苏轼起初只承认《山村绝句》是咏时事，不承认其余文字是讥讽，后来经不住长期折磨，被迫对所有"罪诗"作出违心的解释。屈认"有此罪愆，甘伏朝典"。政敌们一心要把他置于死地，苏轼自己也感到案情重大凶多吉少，作《狱中寄子由》诗二首分别诀别人世和胞弟子由（即苏辙）。第二首写道：

> 圣主如天万物春，小臣愚暗自忘身。
>
> 百年未满先偿债，十口无归更累人。
>
> 是处青山可埋骨，他年夜雨独伤神。
>
> 与君世世为兄弟，更结人间未了因。

兄弟诀别之情充塞字里行间，读了使人凄然泪下。

苏氏的悲观是有理由的。《宋史》载，苏轼自湖州赴狱，亲朋皆绝交。道经扬州，鲜于侁时知扬州，往见，台吏不许通。有人劝他："公与轼相知久，其所往来文书，宜焚之勿留，不然，且获罪。"侁曰："欺君负友，吾不忍为，以忠义分谴，则所愿也。"因僚属告发，罢主管西京御史台（见《宋史·鲜于侁传》）。一时腥风血雨，亲朋不敢也不能与苏轼有接触，同情者动辄获罪罢官。李定之流是要彻底孤立苏轼，欲置其于死地而后快。

不料事情出现转机。据说诗文托狱卒传出得达御览，神宗大动恻隐之心。他本来就没有杀苏轼的意思，对那种"字字论心术"的做法颇不以为然。例如，苏轼有一首咏双桧的诗云：

凛然相对敢相欺？直干凌云未要奇。

根到九泉无曲处，世间惟有蛰龙知。❶

宰相王珪特地把这首诗进呈，解释说："圣上飞龙在天，苏轼埋怨不被知遇，所以求地下蛰龙，这是大逆不道。"神宗驳斥说："文人诗句怎能如此推论？苏轼咏桧和我有什么相干？"章惇在一旁调解道："龙未必专指天子，做臣子的也可以称龙。"神宗赞同说："自古人臣称龙的并不少，东汉有'荀氏八龙'，诸葛孔明号'卧龙'难道都是天子吗？"说得王珪哑口无言。

不但神宗不忍，连重病在身的曹太后也关心苏轼的命运，嘱神宗"不可以冤滥致伤中和"。朝班中吴充、王安礼等人和罢相的王安石也分别上章申救，有的说自古大度之主不以言语加罪于人，有的说圣世岂可杀才士。于是案件于当年年底从轻了结，比附投匿名书律条给予苏轼的处分是：责授检校尚书水部员外郎、黄州团练副使，本州安置，不得签书公事。苏辙从坐，由签书南京判官谪监筠州盐酒税，其他与苏轼有文字来往致牵累者均予宽免。

乌台诗案大要如上，其中详情细节异说纷纭，尚待考辨。

郑侠之狱和乌台诗案是熙宁、元丰间的两起大狱，二者都是诏狱。所谓"诏狱"，顾名思义是按皇帝诏命执行的重案，唐人或称为"制狱"，后世也称作"钦案"。《文献通考·刑考六》云：

诏狱盛于熙、丰之间，盖柄国之权臣藉此以威缙绅……其事皆起于纤微，而根连株逮坐累者甚众。盖其置狱之本意自有所谓，故非深竟党与，不能以逞其私憾。而非中以危法，则不能深竟党与，此所以滥酷之刑至于轻施也。

中国古代文字狱几乎都是诏狱。实际操纵者有时是皇帝，如清代，

---

❶ 此诗载于苏轼诗集，题为《王复秀才所居双桧》。王复，钱塘人，居候潮门外，院中有双桧。宋人笔记所摘引，末句文字稍异。比如，王定国《闻见近录》作"此心惟有蛰龙知"；叶梦得《石林诗话》作"岁寒惟有蛰龙知"。又《闻见近录》载王珪讦奏此诗，是在苏轼谪居黄州时。此据《石林诗话》。此案又见清张鉴《眉山诗案广证》。

在宋代则主要是权臣。正如《宋史·刑法志》所言："名曰诏狱，实非诏旨也。"

（选自《三千年文祸》第十一章第二节，江西高校出版社，2015年10月第3版）

高启《上梁文》惨案

明初文坛上有三位众所仰慕的人物，即宋濂、刘基和高启。宋濂、刘基的主要成就在散文，高启的主要成就在诗歌。三人仕历和地位有差别，但结局都不得好死。宋濂作为"开国文臣之首"，官至侍讲学士，数十年受明太祖礼敬，致仕后却因孙子宋慎名列胡惟庸谋反逆案，以七十高龄安置茂州，途中病死。刘基是太祖的主要谋士，论功不亚于汉初张良，封赏却仅为伯爵（封"诚意伯"），被淮西权贵所抑，悒悒而卒，人们怀疑是胡惟庸把他毒死。高启死于文字狱，下场尤惨。

高启字季迪，长洲（今江苏苏州）人，居府城北郭，与王行等人投契，号"北郭十友"，又称"十才子"。高启博学善咏，与杨基、张羽、徐贲齐名，有"吴中四杰"之誉。张士诚据吴称王，广召士人，高启不受笼络，避居吴淞江边的青丘，因号青丘子。洪武初应荐参与修《元史》，授翰林编修，洪武三年擢户部右侍郎。他自陈年少不堪重任，坚辞不受职，归青丘教书度日。他这种不愿合作的政治态度，太祖当然不会无动于衷。可以说，祸根就是从这里埋下的。

洪武五年（1372年），高启友人魏观出任苏州知府，把高启接进城里朝夕聚谈欢酌。张士诚当年在苏州称吴王，改府治为王宫，而把知府衙门迁到低洼狭小的都水行司衙门内。太祖平吴，平毁张士诚王宫，府衙却仍在低洼狭小的新址。魏观上任后，自作主张在原址重建府衙，上梁时依照风俗举行祷祝仪式，请高启写了一篇《上梁文》，内有"虎踞龙蟠"等套语。魏观仇家得知，便抠住"虎踞龙蟠"等字句上告，诬称魏观有称王称帝的野心。太祖命御史查明题参，魏观因此被诛。高启坐罪腰斩，尸体大卸八块。时为洪武七年（1374 年），高启仅 39 岁。

同时被杀的还有王彝。王彝字子常，原籍四川，寓居嘉定，有文名，也被征修《元史》，与魏观、高启相善。魏观做知府时也经常请他写些应时文章，案发后株连罹难。

高启之诛据说还与一首宫体诗有关。那是一首题画诗，即《题宫女图》。诗云：

> 女奴扶醉踏苍苔，明月西园侍宴回。
>
> 小犬隔花空吠影，夜深宫禁有谁来？

诗是高启在朝修史时所作。传说太祖灭陈友谅后，秘密收纳陈友谅姬妾，被宰相李善长的子侄所窥觎，有所染指，中菁之事暧昧。诗意或许为此而发，最后一句可理解为：宫禁森严，有谁敢来？也可理解为：莫不是有谁来过？不管怎样理解都似乎含有讽刺意味。而且即使不含讽刺，描摹宫廷秘事也是违背礼教的行为。齐梁以后，宫体诗逐渐衰落并成为诗歌的禁区，唐朝尚能宽容，宋以下是决不能容忍的。据说太祖知道高启作有这首《题宫女图》诗，当时隐忍未发。《上梁文》事起，旧恨加新怒，因而有腰斩肢解的酷刑。

明初因宫体诗得祸的还有监察御史张尚礼。他作了一首《宫怨》诗云：

> 庭院沉沉昼漏清，闭门春草共愁生。
>
> 梦中正得君王宠，却被黄鹂叫一声。

诗意并无讽刺，但因描摹后宫之事而激怒朱元璋，终被下蚕室而死。又礼部侍郎朱同给某宫女题诗，后来此宫女非正常死亡，查出朱同题诗事，朱同赐自尽，凡与此宫女有文字瓜葛的都被处死。

（选自《三千年文祸》第十四章第二节，江西高校出版社，2015 年10 月第 3 版）

查禁"诽谤"运动

明成祖虽然篡位成功，毕竟做贼心虚，害怕臣民议论，于是在清"奸党"、设文禁的同时，又发动一场查禁"诽谤"（即私议"靖难"事变）的运动。他把洪武末年一度废置的特务机构锦衣卫重新装备起来，用酷吏纪纲为指挥使，派出爪牙到处查办"诽谤"案。迁都北京以后又增设东厂，与锦衣卫表里配合，人称"厂卫"。

当时鼓励人们告密。山阳（今江苏淮安）布衣丁钰（一作丁珏）告发当地数十起"诽谤"案，甚至诬告乡人赛社聚会为妖乱，致数十人诛死，以此被破例擢任刑科给事中。奖一励百，一时告讦成风，人心惶惶。某地有人告发"诽谤"，竟引被告之母为证。某典仗率兵丁到安庆采办木料，放纵兵丁抢掠民家资财，害怕家主告状，遂诬陷家主"诽谤"，捆送刑部狱。所幸真相大白，被诬者释放，典仗和兵丁抵罪。

永乐三年（1405年）二月，刑部尚书雒金因奏事言涉"怨诽"，被诛。

永乐初年，盱江（今江西广昌、南丰、南城一带）人胡子昂因诗祸下锦衣卫狱，可能也与"诽谤"有关。同时在狱的还有瞿佑。瞿佑字宗吉，钱塘（今浙江杭州）才士，洪武中历官训导、教谕。永乐初擢为周王府右长史，因奉命撰榜文颁布府、县，属僭越，于永乐六年（1408年）下狱，后与胡子昂皆获释。记事者多言瞿佑因诗祸下狱，似不确。

成祖查禁"诽谤"的运动贯彻他在位的始终，永乐四年、十七年都曾颁诏申严"诽谤"之禁，直到仁宗继位的洪熙元年才有诏解除此项禁令。

在查禁"诽谤"的风头上，朝官上疏进谏须格外小心，最好是有话不说，否则很容易被加上"诽谤"罪名。众官别的都能忍耐，唯独对迁都北平一事激愤不已，认为违背太祖定下的制度，关系重大，有人便豁出来了。永乐十五年（1417年），河南参议陈祚与左、右布政使周文褒、王文振联名上疏反对迁都，结果三人同时罢官，谪为太和山佃户。

永乐十九年（1421年）正月，明廷正式定都北平，并保留旧京，称南北二京。同年四月，北京新建的奉天、华盖、谨身三大殿发生火灾，成祖依例下诏求直言。百官应诏上书，许多人对时政提出批评，认为不该迁都。成祖都当作"谤讪"，处罪了一批人，并下诏严禁议论迁都。主事萧仪因上书言辞激烈而被杀，下狱的有侍读李时勉、侍讲罗汝敬，远谪交趾的有给事中柯暹和御史郑维桓、何忠、罗通、徐瑢等。这是永乐时期最严重的一次谏祸。明诏求直言而公然诛谪应诏直言者，这在谏史上是非常恶劣卑鄙的事件。明太祖悍然为之于前，成祖继之于后，应该在谏史上大书一笔。

成祖为人强悍，用法严酷，不喜臣下直谏，一如太祖。刑科给事中陈谔性直敢谏，奏事声如洪钟，成祖呼为"大声秀才"。有一回因谏诤激怒成祖，成祖命人在奉天门外挖一深坑，把陈谔埋在坑中，只露出头部，过了七日才准予释放，仍让他做给事中。陈谔后来又因直谏得祸，罚在象房做苦工，被成祖撞见，觉得怪可怜的，便再次给他赦罪复官。

（选自《三千年文祸》第十四章第四节，江西高校出版社，2015年10月第3版）

《留都防乱公揭》事件

崇祯帝诛除宦官势力，终崇祯之世宦官为害不烈。但是宦官势力仍在窥测时势，伺机报复，《留都防乱公揭》事件就是此辈的最后一逞。

天启中，工科给事中阮大铖因私憾与"东林党"作对，投靠魏忠贤，官迁太常少卿。崇祯二年（1629年）定"阉党"逆案，阮大铖被划入第五等治罪，判3年徒刑输赎为民，终崇祯之世废斥不用。他寓居南京，招纳游侠谈兵说剑，企图引起朝廷重视，好让他东山再起。然而，以"东林党"接班人自命的复社文士对此不能容忍。崇祯十一年（1638年）八月，在前礼部郎中周镳的策动下，社中翘楚顾杲、陈贞慧、吴应箕等拟就一份《留都防乱公揭》（"留都"或作"南都"，即南京），与社友杨廷枢、黄宗羲等142位名士签名其上。这份长达1500余字的传单指阮大铖为"逆党余孽"，揭露并声讨其"幸乱乐祸，图度非常，造立语言，招来党类，上以把持官府，下以摇通都耳目"，及叫嚣翻案、贪赃挟骗等种种罪行。文末宣誓云：

呆等读圣人之书，附讨贼之义，志动义慨，言与祸俱，但知为国除奸，不惜以身贾祸。若使大铖罪状得以上闻，必将重膏斧锧，轻投魑魅。即不然，而大铖果有力障天，威能杀士，呆亦请以一身当之，以存此一段公论，以寒天下乱臣贼子之胆，而况乱贼之必不容于圣世哉！

（见谢国桢《明清之际党社运动考》）

《公揭》一问世，立即轰动南京，人们争相传抄，然而明廷毫无反应。崇祯帝被农民起义军和清军逼上了绝路，无暇顾及阮大铖之类小小穷寇。阮大铖则是又恨又怕，从此闭门谢客，唯与前右佥都御史马士英同病相怜，等待时机。

崇祯十七年（1644 年）三月，李自成起义军攻占北京，崇祯帝自缢，明王朝宣告灭亡。同年五月，福王朱由崧在南京建立南明弘光王朝。马士英、阮大铖恃拥戴之功，分别任大学士、兵部尚书，操纵着这个小王朝的生杀大权。报复的时机终于到来，马、阮之流大肆排陷正人，迫害异己：把大学士姜曰广攻下台，以党附姜曰广的罪名将周镳等人下狱处死；密造黑名单《蝗蛹录》《蝇蚋录》，策划将《公揭》的签名者诛除净尽。吴应箕等人闻讯逃亡，顾呆与黄宗羲被捕。不久，清军攻入南京，仅满周岁的弘光王朝覆灭。顾、黄乘乱逃出，后与吴应箕诸名士投入抗清战争，有的献出了生命。马士英逃出南京后被清军捕杀。阮大铖降清，充当清军入闽的引路狗，倒毙在仙霞岭上。历时八九年的《留都防乱公揭》事件至此方彻底了结。

（选自《三千年文祸》第十六章第一节，江西高校出版社，2015 年10 月第 3 版）

《苏报》案

"戊戌变法"惨败，证明改良主义道路行不通。于是资产阶级革命党人加紧活动，创办报刊，鼓吹革命排满，组织会党，发动武装起义。在革命运动如火如荼的同时，立宪派也加紧宣传活动。光绪三十三年，梁启超在日本东京发起成立政闻社，国内立宪派积极响应。行将灭亡的清王朝垂死挣扎，残酷镇压武装起义，缉捕革命党人，取缔革命派乃至立宪派的宣传组织活动，接连发布有关诏令：

光绪二十六年（1900 年）闰八月，令北方五省严密缉捕会党；

光绪三十一年（1905 年）十月，令各省督抚严密缉捕革命党人；

光绪三十三年（1907 年）十一月，有诏严禁学生干预政治，禁止在京师集会演说和请愿；

光绪三十四年（1908 年）七月，令各省官吏查禁政闻社；

宣统二年（1910 年）正月，有诏禁止军人聚众演说；同年十二月，传谕各省禁止学生集会请愿。

以上是公开诏令。至于秘密诏令，更不知多少。直到武昌起义发生后，清廷始颁诏开放党禁，赦免戊戌以来所有政治犯，允许革命党人组建政党。清王朝随即宣告灭亡。

清廷对付资产阶级革命运动，既有武力镇压，也有思想镇压。思想镇压的最大事件，是光绪二十九年（1903 年）发生于上海的《苏报》案。

《苏报》创刊于光绪二十二年，报馆设在上海租界。它原是一份普通的营业性报纸，后来由倾向维新的陈范接办，有意识地宣传改良主义思想。光绪二十八年蔡元培在沪上发起成立中国教育会，创办爱国学社以招纳爱国学生，培养革命力量，这些活动得到《苏报》的支持。

光绪二十九年四月，《苏报》馆聘请革命党人章士钊为主笔，中国教育会的蔡元培、章太炎、吴稚晖等人为撰稿人，《苏报》于是成为革命党人的宣传阵地。这时邹容所著《革命军》在租界出版。这部二万余字的通俗读物标目有七：绪论、革命之原因、革命之教育、革命必剖清人种、革命必先去奴隶之根性、革命之大义、结论。自署"革命军中马前卒"的作者，满怀激愤揭露清王朝压迫、剥削人民的罪恶，剖析民众麻木、驯顺等病态，呼吁国人迅速醒悟，"仗义群兴革命军"。书中称革命"至尊极高，独一无二"，是"天演之公例，世界之公理"。作者设想革命成功之后建立一个"中华共和国"，并为这个共和国预拟25条政纲。总之，《革命军》不啻沉沉冬夜之末的一声春雷，极大地唤起人们的革命激情。出版后人们争相传阅，短短数年间在租界重印20多次犹供不应求，据说僻远地方卖10两银子一部。《苏报》热烈迎接《革命军》的问世，在其"新书介绍"栏中载文高度评价，称其"笔极犀利，文极沉痛，稍有种族思想者读之，当无不拔剑起舞，发冲眉竖。若能以此普及四万万人之脑海，中国当兴也勃焉"。光绪二十九年五月十四日，章士钊以"爱读《革命军》者"的笔名，在《苏报》刊出《读〈革命军〉》一文。次日，《苏报》又发表章太炎的《序革命军》。这些文章与《革命军》同声高呼，号召国人迅速觉醒推翻满清王朝，情词慷慨激昂，具有强大的鼓动力。

接着，《苏报》又摘要发表章太炎《与康有为论革命书》。这封长书驳斥康有为在海外发表的《答南北美洲诸华裔论中国只可行立宪不可行革命书》，文中直书德宗御名，讥其无能，有"载湉小丑，未辨菽麦"之语。按照封建礼法，这是对皇帝的莫大冒犯，是不可饶恕的"大不敬"罪行。

清朝地方政府对邹容、章太炎等人的宣传文字当然不会置若罔闻，情况早已奏报朝廷。清廷命两江总督魏光焘和上海道袁树勋等查禁《苏报》，秘密逮捕邹容、章太炎及报馆有关人员。可是报馆设在外国人居住的租界内，邹容、章太炎等人也寓居租界，是清政府管不到的地方。租界内驻有各国领事馆及诸领事馆共同组成的领事团，还有外籍居民选举董事组成的工部局。工部局独立管理租界内刑警等事务，不受清政府约束。清廷派江苏候补道俞明震与领事团及工部局交涉捕人事务，费尽周折领事团总算同意了，但工部局不同意。清廷只得充当原告向租界内的会审公廨起诉，控告邹、章等人"诬蔑朝廷，谋为不轨，大逆不道"，同时继续与工部局疏通关系。会审公廨由租界内外的中国和外国人员组成，名义上受上海县政府管辖。因此，清廷的投诉是中央政府和在它统治下的臣民打官司，而请地方法庭作裁决，堪称一大笑柄。

光绪二十九年闰五月初五，清政府终于与领事团和工部局达成协议：封闭报馆，捉拿有关人员并在租界内执行司法程序。次日，章太炎和报馆职员程吉甫等五人被捕，关押在租界巡捕房。先已逃出租界的邹容激于义愤，于初七自动投案入捕房。《苏报》馆被封闭，爱国学社也被迫解散。

对于邹容等人的最后处置，清廷要求引渡回国，按本国法律判刑。外国人操纵下的会审公廨坚持要按外国的法律处置，双方均不退让。光绪二十九年十一月，会审公廨所设额外公堂（即特别法庭）在清廷策动下强行判决邹容、章太炎永远监禁，其他被捕者或予释放，或继续羁押。这一判决遭到领事团的强烈反对，于是次年（1904 年）四月改判章太炎三年监禁，邹容两年，二人刑满驱逐出境，其余一律释放。《苏报》案至此结束（参阅张篁溪《苏报案实录》，载资料丛书《辛亥革命》一）。

光绪三十一年（1905 年）二月，邹容瘐死狱中，离出狱日期仅差70 日。邹容原名绍陶，字蔚丹，四川巴县（今重庆）人，早年研习经史，后留学日本，与同志钮永建共创中国协会，返国在上海加入爱国学社，是革命党人中的青年先锋，卒年 21 岁。

章太炎于三十三年（1907 年）五月刑满出狱，孙中山派人把他接到日本。章太炎名炳麟，字枚叔，太炎是其号，原籍浙江余杭。他早年从名儒俞樾治经学，后赴上海任《时务报》撰稿人，从此投身政治。戊戌政变时被清廷通缉，所著《訄书》因激烈宣传革命排满思想而被列为禁书。爱国学社成立后，章太炎入社执教，与邹容结为师友同志，邹容的《革命军》就是在他的指导下写成的。两人被捕后，章太炎作《狱中赠邹容》诗勉励邹容。诗云：

> 邹容吾小弟，被发下瀛洲。
>
> 快剪刀除辫，干牛肉作餱。
>
> 英雄一入狱，天地亦悲秋。
>
> 临命须掺手，乾坤只两头。

诗中"快剪刀"一联记录邹容在日本的事迹，"英雄"句以下表达革命志士慷慨无畏的气概情怀和两人生死相依的友谊。

章太炎、邹容力倡革命，与主张立宪改良的康有为、梁启超始同路终异趋。他们的得祸也有区别：章、邹是因著文宣传革命而入狱，《苏报》案是带有浓厚政治色彩的文祸事件；康、梁是因参与变法运动而遭通缉，但二人又是宣传家，所著文字被禁毁，因此康、梁之祸是兼有文祸成分的政治事件。总而言之，康梁文字之禁和《苏报》案是清代文祸史上最后两件大事。

（选自《三千年文祸》第二十一章第三节，江西高校出版社，2015 年 10 月第 3 版）

第四编

文史研究

骈文的兴衰与功过

豫章故郡，洪都新府；星分翼轸，地接衡庐。襟三江而带五湖，控蛮荆而引瓯越。物华天宝，龙光射牛斗之墟；人杰地灵，徐孺下陈蕃之榻。

这是王勃《滕王阁序》开首的一段。这篇文章的句子两两相对，被称为属对之文或对偶之文，又称骈俪文、骈偶文，通称骈文。"骈"字的原意是两马并驾，"俪"（有时作"丽"，意思相同）"偶"都是成双成对的意思。南朝至初唐，骈文的基本句式为四言和六言。对偶的方式通常有四四相对，六六相对，或者四六复句对四六复句，六四复句对六四复句。例如，《滕王阁序》中"老当益壮，宁知白首之心；穷且益坚，不坠青云之志"，"屈贾谊于长沙，非无圣主；窜梁鸿于海曲，岂乏明时"，因此又称作"四六文"，它是骈文的典型样式。柳宗元《乞巧文》用"骈四俪六，锦心绣口"形容佞人以言辞取悦于人，骈文这个名号大概就是从这里化生出来的。

说明两点：

其一，"骈文"是个笼统的名号，意指与"古文"（唐宋古文家对散体文的称呼）对举的一种文章样式，而不是文章分类学中的一种体裁。用骈体形式所写的文章，不管是什么体裁，都可以称作骈文。明白这一点，当看到把辞赋、书序、传论诸体举为骈文时，就不至于迷茫不解。

其二，古文、骈文的概念，不是任何时代所有人都作同样的认识。况且骈文中夹杂散句，古文中夹杂俪语的现象相当普遍，同一篇作品，有人视为骈文，有人视为古文。明白这一点，当我们读《古文观止》，看到里面收录了骈体的《归去来辞》《北山移文》等作品，也就不必莫"明"其妙。至于今天的一些选本，如朱东润氏主编的《中国历代文学作品选》，也把骈文作品列入散文类，那是受全书体例的限制，不便另辟一类的缘故。对诗词、戏曲、小说而言，骈文是可以归到散文类去的。

与格律诗一样，骈文也是中国文学的特产。那么，它是怎样产生的呢？中国文人大都有历史考据癖，凡事喜欢寻根讨源，祖宗越古越好。于是有人把骈文的历史追溯到《尚书》《周易》《左传》等先秦古籍，从中找出一些对偶的句子，如句中之对的"进德修业""存亡得丧"（见《周易·乾卦·文言》），句间之对的"罪疑惟轻，功疑惟重""满招损，谦受益"（见《尚书·大禹谟》），以为这是骈文的起源。但是，这些毕竟是零星的句子，只可称骈句，不得称骈文，而且是"无心插柳"——大家知道，方块汉字天生容易凑对。汉代以后，人们才开始"有意栽花"。我们从贾谊《过秦论》、邹阳《狱中上梁孝王书》读到司马相如、扬雄、班固、蔡邕、曹植等人的辞赋文章，便感觉里头的"骈"味和"作"味越来越浓。文学史告诉我们：两汉是骈文的酝酿时期，魏晋是骈文的成熟时期。不过，很难找出一两篇作品充作它刚好成熟的标志。因为这种文体没有像律诗那样严格的格律，以作精确的测量，而且它还在演进之中。至六朝，骈文臻于极盛，上至朝廷高文典册，下至私人短札小束，以至学术性的皇皇巨著，如葛洪《抱朴子》、刘勰《文心雕龙》，都用骈体撰写。风会所趋，举世滔滔，几至于无文不骈，形式上也日就精巧。只有历史著作仍取散文形式，然而也往往"编字不只，捶句皆双，修短取均，奇偶相配"（刘知几《史通·叙事》），沈约《宋书·谢灵运传论》就是一篇典型的骈体史论。相比之下，北朝于政教严切，文风较为朴实，骈文的市场较小。就著述而言，号称北魏"三大奇书"的《颜氏家训》《水经注》与《洛阳伽蓝记》，就没有一部用骈体的。

六朝骈文大盛有其独特的历史背景和社会原因。永嘉之乱，晋室南迁，北方士大夫随同渡江，与江南士大夫结成一个庞大的士族阶层，士族与皇族始终保持亲密关系，在政治上经济上占取优越地位。尽管动乱迭起，朝代频繁更替，士人往往遭受横祸，但士流身价不变，幸运地还登上皇帝宝座。沧海横流，山河分裂，似乎不是人力所能挽回的，上流社会的人们逐渐恬安于江南一隅，开初尚有闻鸡起舞、中流击楫的志士，到后来真是"新亭对泣亦无人"，都沉溺在声色狗马、山水风月之中。中国历史上几个著名的浪子皇帝就出在这段时期。于是玄学、佛学交替流行，儒家的道统衰微到极点。魏晋以来崇尚文学的风气，这时化作玩弄文学的习尚。人们不但不提"修辞立诚""立言不朽"的宗旨，而且宣扬"文章且须放荡"（见萧纲《诫当阳公大兴书》）。什么《鸡九锡文》《修竹弹甘蕉文》《咏内人昼眠》《咏美人观画》……各类游戏文学、色情文学纷纷出笼。帝王贵族、文人士夫把舞文弄墨当作人生的最大事业，穷老尽气，孜孜以求。"一字惬当，一句清巧，便神厉九霄，志凌千载，自吟自赏，不觉更有旁人"（见《颜氏家训·文章》）。不计功利，不负责任，不问良心，不顾羞耻——完全是个"为文学而文学"的时代。必须指出，批评家论文、选家选文往往只注重形式技巧、忽略思想内容，客观上助长不良风气。

应运而兴的骈文和律诗就是这个时代"纯文学"的两种极端形式。它们的基本特征是字句的对偶和声韵的协调。沈约、周颙等人所发明的"四声""八病"规则，既适用于律诗，也适用于骈文。所不同者，律诗句式限于五言七言，骈文则四言六言为多，五言七言亦不拘，律诗必须一韵到底，骈文通常换韵。

骈文的又一个特征是多用典故，讲究词藻富丽。用典有两种情况：一是融化经典语句；二是援引古事。无论哪种情况，都可以整用，也可以零用；有明用，也有暗用；有正用，又有反用。用得多的，短短四五十个字的一件便笺就埋伏七八个典故。这常常是阅读骈文的"拦路虎"。词藻的堆砌常见于颜色、金玉、珍禽奇兽、香花异草等方面，同类词汇排列起来，犹如一角字典。这是从两汉大赋学来的笨法子，其实大可不必。

骈文的这三个要素（或者说三个标准），即字句对仗、字音平仄相对和用典藻饰，是在它成长过程中逐渐加强的。早期骈文比较质朴、自然，至南朝、初唐事事苛求而达极致。一般地说，这三个要素符合于美学、心理学、修辞学和音韵学的原理。例如，对偶，根据汉字一字一音、一字一义的特点，运用了美学上对称的法则，还运用了心理联想的方法。《滕王阁序》中"天宝"对"物华","地灵"对"人杰","人杰地灵"又对"物华天宝",造句者已充分运用了旁通联想,阅读者将产生更多遐想,而不仅仅是徐稚和张华的故事。适当用典则使文章含蓄、凝练、博深、典雅,有时还可以把某种"只可意会,不可言传"的微妙感情传递给读者。《滕王阁序》"冯唐易老,李广难封"数句,明明是作者自己发牢骚,只因盛筵高会,不便发作,却借古人故事遮掩,好似在为古人鸣不平,读者自然心领神会。"言之无文,行之不远",看来文章的"作"法还是值得讲究的。骈文的三要素只要掌握好分寸,就可以造成文辞典赡、声调铿锵的"美文"。有些场合,如朝廷的制诰、官府的书判、军幕的檄移,骈文尤见其长。例如,骆宾王《代徐敬业传檄天下文》指斥武则天窃位篡唐,号召天下举义勤王,雄文劲采,超迈千古。文末写道:

> 班声动而北风起,剑气冲而南斗平。暗鸣则山岳崩颓,叱咤则风云变色。以此制敌,何敌不摧;以此攻城,何城不克。……请看今日之域中,竟是谁家之天下!

这般慷慨激昂的言辞,如今很难做传神的翻译。如果用散体文写,就很难达到这样的水平。无怪乎历史上的大檄,从陈琳的《讨曹操檄》、祖君彦的《讨炀帝檄》到洪秀全的《讨满清檄》,无不例外地采用骈体。

回顾文学史,骈文在它的发展过程中产生了许多脍炙人口的作品。就拿人们责难最多的南朝来说吧,任昉《王文宪集序》,沈约《谢灵运传论》,庾信《哀江南赋并序》,鲍照《芜城赋》《登大雷岸与妹书》,傅亮《为宋公至洛阳谒五陵表》,孔稚珪《北山移文》以及吴均、陶宏景诸人的一些短笺,就很有特色。南朝负盛名的骈文家徐陵、庾信,作品风靡一时,被称作"徐庾体"。它与律诗的"永明体"(产生于齐武帝永明年间,故有此称),可以推为南朝诗文最有影响的代表。总而言之,骈文的成就虽次于诗歌古文,但同样是中国古典文学的瑰宝,它对文学的艺术性进步是有着主要贡献的。

事物的优点往往与缺点相联系。骈文的三要素如果掌握不好，就将成为严重束缚思想内容并且损害外在美的三条绳索。这就要说到骈文的弊病，人们谈得较多的一个方面。有人把骈文的缺点总结为四条：①不便于表达思想感情；②不适于叙事；③不易表现作家的个性风格；④失去自然、朴素之美（见张世禄《中国文艺·变迁论》第二十章）。这可以说抓住了骈文的主要弱点。骈文是一种摆花架子的文章，容易给人以空虚以至虚伪的感觉。《六朝文絜》收有南朝女作家刘令娴的一篇《祭夫徐敬业文》（她的丈夫徐悱字敬业）：

> 惟君德爱礼智，才兼文雅。学比山成，辨同河泻。明经擢秀，光朝振野。调逸许中，声高洛下。含潘度陆，超终迈贾。二仪既肇，判合始分。简贤依德，乃隶夫君。外治徒奉，内佐无闻。幸移蓬性，颇习兰薰。式传琴瑟，相酬典坟。辅仁难验，神情而促。雹碎春红，霜雕夏绿。躬奉正衾，亲观启足。一见无期，百身何赎。呜呼哀哉！生死虽残，情亲犹一。敢遵先好，手调姜桔。素俎空干，奠殇徒溢。昔奉齐眉，异于今日。从军暂别，且思楼中；薄游未返，尚比飞蓬。如当此诀，永痛无穷。百年何几，泉穴方同。

这篇文章是骈文中的僻体，通篇四言为句，除开头十句为一韵外，其余都是八句一换韵。文中盛称徐悱的才学，叙写夫妻生活的始终，表达对丈夫的哀悼和思念之情，从写文章的角度看，没有什么可议论的。但是从抒情的角度观察，就很让人怀疑：丈夫新死，正是孀妇痛不欲生的时候，纵能秉笔为文，应是以文代哭，悲不择言。或者痛定思痛，如泣如诉，比韩愈《祭十二郎文》、袁枚《祭妹文》应该是有过而无不及，岂有心思雕章琢句做文章？据说黄侃先生读了这篇文章后深为不满，尤其反感于"雹碎春红，霜雕夏绿"二句，认为作者对丈夫没有深厚感情。黄先生的看法也许过激了一点（其实是当时风尚所致），但不也说明骈文不便于抒情，以至害人不浅吗？

抒情如此，叙事说理何尝不是如此。人们每苦于《文赋》《文心雕龙》难读难解，试想如果用散文写成，那该是多么痛快的事。相反，

《颜氏家训》二十篇如果用骈文写，那么当时上流社会许多琐屑而有意义的故事，后人就无从知道。

然而，文章是由人驾驭的。常言说，文如其人。阅历丰富、感情深厚的作者，不管写什么文章，散文也罢、骈文也罢，总有打动人的地方。怕就怕"金玉其外，败絮其中"，甚至连败絮也没有，结果是哗众而不能取宠。有人批评齐梁文学"连篇累牍，不出月露之形，积案盈箱，唯是风云之状"（见李谔《上隋高祖请革文华书》）。大量骈文失败的主要原因正在于此。庾信生当乱世，身居异族，他的《哀江南赋》直写时事和自己的经历，虽有铺张之嫌，但笔底隐藏着沉痛，仔细品味，哀壮动人。江淹《别赋》《恨赋》写尽世间离愁别绪和人生怨恨，却与己无涉，读着总觉得隔一层。这就是"为情造文"与"为文造情"的区别。人们常把南朝骈文当作形式主义文学的代表，但如果把过错都推在骈体这种形式上，那是不够公正的。

南朝骈文不惬人意的再一个原因是太多太滥，不问什么场合，不管什么用途，动辄"骈四俪六"，陈陈相因，怎么不令人讨厌。总之，齐梁文风贻讥于世，骈文应该承担一定的责任。

骈文的泛滥腐蚀着文风世道、国势皇运。当南朝的君主溺在其中，迷不知返的时候，北朝的统治者开始认识到它的危害。西魏文帝大统十年（544年），执政的宇文泰、苏绰首倡复古，提出用佶屈聱牙的《尚书》典诰体代替流行的骈文。苏绰自做表率，模仿《尚书》体裁为文帝写了一篇祭庙的《大诰》。这种文章太古奥、太陈旧了，曲高和寡，难以推广。一次矫枉过正的古文运动就这样不了了之。

过了四十年，即将统一全中国的隋文帝深不满于当时文风，下令"公私文翰，并宜实录"，取缔华而不实的文章，并把一个违令的地方官治了罪。随后李谔上书请端文体、正文风。不过，这些举动收效甚微，说明行政干涉的手段并非万灵。继文帝而立的炀帝一反乃翁之道，放任自流。他自己酷爱南朝宫体诗，上好下甚、文风士习一如齐梁。此外，著名学者王通也曾有心复古，当然也没能挽回一代颓风。

进入初唐，江山虽然换了新主人，文学却依恋旧时代，尽管多少有一些转变（如王绩、"四杰"等人的诗歌），大体上还是"齐梁世界"（政治变革和文学变革不同步的现象，在中外历史上屡见不鲜）。一代文豪陈子昂有感于此，深致慨叹：

文章道弊五百年矣！汉魏风骨，晋宋莫传，然而文献有征者。仆尝暇时观齐梁间诗，采繁竞丽，而兴寄都绝，每以咏叹。窃思古人，常恐逶迤颓靡，风雅不作，以耿耿也。（见《与东方左史虬修竹简序》）

这篇私下谈诗的序，实际上是唐代文学革新（打着复古的旗号）运动的号角，不过在当时无人响应。陈子昂的众多知己不在他生前，而在他死后。盛唐李白、杜甫等一群优秀诗人登上诗坛，彻底清除了齐梁诗风的影响，鸣响了真正的"唐音"。骈文的地位跟着动摇，中唐韩愈、柳宗元等古文家应时而起，打着恢宏儒道的旗帜兴复古文，创立了一种"文从字顺"的新风格散文，终于打破了数百年来骈文垄断文坛的局面。北宋欧阳修、苏轼等人继之而起，巩固和扩大了唐代古文运动的成果。从此，散体文牢固地占领文坛，成为社会性的通用文体。唐宋古文运动的成功，从政治上说，是科举制度下庶族地主阶级的胜利，骈文的告退标志着贵族门阀制度的结束。从贵族文学（辞赋骈文）到庶族地主阶级文学（诗词古文），再到庶民大众文学（戏曲小说），这就是从汉魏六朝到唐宋，从唐宋到明清的文学发展大势。

骈文的黄金时代过去了，然而骈文的历史没有终结。一种泛滥八代、风行五百年的文体，必将留下根深蒂固的影响，虽然经过唐宋古文运动的扫荡，不再能卷土重来成大气候，但也有过几次小小的回潮：

一见于南宋的启札。士大夫"岁时通候，仕官迁除，吉凶庆吊，无一事不用启，无一人不用启。其启必以四六……惟以流丽稳贴为宗，无复前人之典重，沿波不返，逐变为类书之外编，公牍之副本，而冗滥极矣"（《四库全书总目提要》卷一六三《四六标准》提要）。

再见于明代的表判。表是上奏皇帝的章表，判是审理案件的判词。为之者"剿袭皮毛，转相贩鬻，或涂饰而掩情，或堆砌而伤气，或雕镂纤巧而伤雅"（《四库全书总目提要》卷一八九《四六法海》提要）。这也难怪，唐代以下，骈文是科举考试和官场应酬的工具之一，求官做官的人不学会几句骈文滥调就寸步难行。就是古文家也不免写骈文，好之者代不乏人。

骈文既然实用化、庸俗化，与文学日渐疏远，所以明代文人标榜复古，仅限于诗歌古文的领域。清代文人的复古是全面的，并有相当成绩，诗歌古文都出现过"复兴"。骈文的"复兴"便有所谓"八大家"即袁枚、邵齐焘、刘星炜、吴锡麒、孔广森、曾燠、孙星衍、洪亮吉八人。吴鼒编了一部《国朝八家四六文钞》，收录八人作品。《国朝八家四六文钞》未收的骈文家还大有其人，陈维崧、胡天游、汪中之辈，人们认为不在"八家"之下。曾燠《骈体正宗》也专收清人作品，目的在扩大骈文的影响。清人骈文有所谓汉魏体、晋宋体、齐梁体、唐宋体，从这些名目可以约略窥见清人的复古倾向和骈文的历史进程。在理论方面，阮元等人排斥古文，竭力为骈文争正宗地位。阮元撰《文言说》《文韵说》为骈文张目，引起了一场"文""笔"之争。李兆洛选《骈体文钞》，时限上至战国下至隋，未免失之宽滥，反映了他的骈散合一、二者并重的主张。此外，许梿《六朝文絜》也是一部很有影响的骈文选本。这些文集的编选说明清人对骈文的重视。

（原载《函授教学》1987年第4期）

论柳宗元抒情文

唐宪宗嗣位之初，参与"永贞革新"的"二王""八司马"或杀或贬❶，"八司马"之一的柳宗元被贬为永州司马，后擢柳州刺史，死于

---

❶ 唐顺宗永贞间，被称为"二王""八司马"的一群朝官试图革新朝政，采取一些措施抑制大官僚和宦官的势力，史称"永贞革新"。不久唐顺宗病死，继位的唐宪宗翻永贞之案，一举清洗"二王""八司马"集团。"二王"即翰林学士王叔文和左散骑常侍王伾，王叔文被杀，王伾贬死。"八司马"为朝官韩晔、陈谏、凌准、韩泰、刘禹锡、柳宗元、程异和韦执谊（或有李景俭、无韦执谊）。八人皆贬为边远州郡司马，故称"八司马"。

职守。贬官以来，柳宗元在哲学与政治、历史与现实诸领域沉思冥索，彻悟之余鸣发一系列议论文。他的胸中更蓄积无尽的爱憎与哀怨，并在人物传说和山水游记、赠序诸作中有所发泄，而发泄最为集中、最为强烈的是以抒情为主的寓言、辞赋、杂文和一些书信、祭文。

先说寓言。柳宗元的寓言文多取动物设言，描述生动，寓意深刻，历来脍炙人口。代表作《三戒》包括三个短篇❶，借三种动物讽刺三种人：

《临江之麋》写临江有人猎得一头小麋，养在家中。家中群犬慑于主人，不得不"与之俯仰甚善"，然而"时啖其舌"，垂涎已久，麋竟憭然不知。三年后麋独自出外与别处群犬相戏，被群犬咬食。显然，这是讽刺那托庇主子而得意忘形，既不自知又不知人之辈。

《黔之驴》写一头"庞然大物"的驴子被好事者带入贵州山区，遇上一只从未见过驴子的老虎。老虎经过几次试探，知道对手技穷无能，便将它咬死，饱餐而去。这是讽刺那徒有其表，实无才干，却要卖弄之辈。

《永某氏之鼠》写永州某氏因生肖属鼠而敬鼠如神，家中群鼠乘机肆虐，后来换了宅主，群鼠被除灭无遗。这是讽刺那一时得宠于昏主，纵恣为恶之辈。

有人认为《三戒》表现作者对参加"二王""八司马"集团的悔恨，说三种动物是影射同党。这种见解恐难以服人，因为通观柳宗元贬官后的全部文字，找不出他对参与革新的真正悔恨。又有人认为麋、驴、鼠分别影射宦官、朝官和藩镇。此说看去似乎"合辙"，其实也属附会。作者自序写道：

吾恒恶世之人不推己之本，而乘物以逞，或依势以干非其类，出技以怒强，窃时以肆暴，然卒迫于祸。有客谈麋、驴、鼠三物，似其事，作《三戒》。

所言如此，足见讽刺是真，"落实"却难，也不必。

这三则寓言的讽刺手法是非常高明的。作者笔下的动物栩栩如生，故事叙来娓娓动听，而那动物多被贬予丑陋的本性，那故事则包含辛辣的讽刺。作者如果不在序中说破，读者一时不易觉察。既经说破，再读那故事，不由发出会心的微笑，深深叹服其讽刺之妙。

与《三戒》相似的作品有《蝜蝂传》：

蝜蝂者，善负小虫也。行遇物，辄持取，卬其首负之。背愈重，虽困剧，不止也。其背甚涩，物积因不散，卒踬仆不能起。人或怜之，为去其负，苟能行，又持取如故。又好上高，极其力不已，至坠地死。

这是多么可憎而又可怜的形象。必须指出，作者在这里并非泛泛讽刺，而是针对当时大大小小的贪官污吏。文章后半部分写道：

今世之嗜取者，遇货不避，以厚其室，不知为己累也，唯恐其不积。及其怠而踬也，黜弃之，迁徙之，亦以病矣。苟能起，又不艾。日思高其位，大其禄，而贪取滋甚，以近于危坠。观前之死亡不足戒。

那"日思高其位，大其禄"的是什么人，不言而喻。唐代自安史之乱后，吏治败坏，贪污成风。据史书记载，德宗时宰相元载伏法，"籍其家，得钟乳五百两……胡椒至八百石，它物称是"❶；死于"甘露之变"的宰相王涯❷，贪权嗜禄，积财巨万，家中仅所藏书画便与皇家不相上下。事变之时，兵士拥入其家抢劫财物，整日不能穷尽，书画被剔取衮轴金玉后抛弃途中❸。百僚之长的宰相如此赃污，一般官吏可想而知。官吏贪污，社会风气必然被毒化，柳宗元《哀溺文》《招海贾文》等篇就是为针砭贪财嗜利之风而作。

《三戒》《蝜蝂传》这类寓言的特点是把动物人格化，借动物故事

---

❶《新唐书·元载传》，中华书局，1975年，第4714页。

❷ 晚唐宦官专权，掌神策军，与朝官对峙。文宗大和九年十一月，宰相李训等诈称左金吾厅后石榴有甘露降，请帝临视，更召宦官首领仇士良等往验，欲乘机聚歼宦官。因事不密，宦官反扑，大诛朝官，李训、王涯等四员宰相罹难，史称"甘露之变"。

❸《新唐书·王涯传》，中华书局，1975年，第5317页。

治学心印——文史与地域文化研究

讽刺某些人，表达对他们的鄙视和憎恶，篇末往往有抒情式的议论，所以文章虽以叙述与描写为主，却可以归在抒情一类。上举几则寓言都写得生动有趣，富于幽默感，属于"冷嘲"式的作品。柳集中另一些寓言趣味稍逊，抒情则尤为直接而强烈，属于"热讽"式的作品，典型的有《憎王孙文》和《骂尸虫文》。

《憎王孙文》以王孙与猿作比较。王孙是一种个体较小的猴子，它的天性表现是"躁以嚣，勃净号呶，咭咭彊彊，虽群，不相善也。食相噬啮，行无列，饮无序，乖离而不思；有难，推其柔弱者免。好践稼蔬，所过狼藉披攘。木实未熟，辄吃咬投注。窃取人食，皆知自食其嗛。山之小草木，必凌挫折挽，使之瘁然后已"，简直是天地间第一等可恶的动物。猿则"仁让孝慈"，行为表现处处与王孙相反，可是却遭受王孙欺负。对比之下，越发显出王孙的可憎。于是作者比附人事，毫不掩饰地写道：

王孙兮甚可憎。噫，山之灵兮，胡独不闻？猿之仁兮，受逐不校，退优游兮，惟德是效。廉、来同兮圣囚，禹、稷合兮凶诛。群小遂兮君子违，大人聚兮孽无余。

文中王孙以喻"群小"，猿以比"君子"；"君子"即作者所党，"群小"即其政敌，不待言而自明。

《骂尸虫文》是由道士的一种妄说引起的。据道士说，"人皆有尸虫三，处腹中，伺人隐微失误，辄籍不已。日庚申，幸其人之昏睡，出馋于帝，以求飨。以是人多谪过、疾疠、夭死"。尸虫实无其物，柳宗元也未必信其有，但是世上有些人却很像传说中的尸虫。柳宗元说他当年"很忤贵近，狂疏缪戾，蹈不测之辜"，以至"群言沸腾，鬼神交怒"，"诋诃万端，旁午构扇，尽为敌仇，协心同攻，外连强暴失职者，以致其事"❶；贬官后，"谤语转移，嚣嚣嗷嗷，渐成怪民。饰智求仕者，更晋仆以悦仇人之心，日为新奇，务相喜可，自以速援引之路。而仆辈坐

---

❶《柳河东全集·寄许京兆孟容书》，四库备要本。

益困辱，万罪横生，不知其端"❶。可见他深受"尸虫"之害，攻击他的"尸虫"远不止三条。他借题作文，痛斥"尸虫"，希望天帝把这些卑劣的害人虫收拾干净。

这两篇寓言的正文采用骚体（有人称作变骚），序为古文。同类作品还有《斩曲儿文》《宥蝮蛇文》《逐毕方文》等。这些文章的共同特点是情词激烈，作者的憎恶之情凸现在题目上。

在中国文学史上，寓言起源较早，先秦诸子著作如《孟子》《庄子》《韩非子》等，都有较多寓言，只是随文拟设，喻说哲理，没有单独成篇的，且多为人物寓言。汉魏以后出现独立成篇的寓言，仍以人物为主，或枯燥说教，或流于嘲戏，成就不大。直待柳宗元的作品问世，寓言才获得新的生命，成为抒情文学的一个分支，受到士大夫的普遍关注。《三戒》一类作品，代代有人仿作，但很少有人超越它的。柳宗元的寓言有三点特出之处：

其一，主题严肃，讽刺性强。作者身处忧患，赋性严冷，文不妄作，不戏作，每一篇寓言都有深刻的讽刺意义，笔下的丑恶事物足以使世间类似之人"对号入座"。

其二，描摹生动，文学性强。如《黔之驴》篇写驴在山下："虎见之，庞然大物也，以为神。蔽林间窥之，稍出近之，慭慭然莫相知。他日，驴一鸣，虎大骇，远遁，以为且噬己也，甚恐。"舍柳宗元，无此传神之笔。

其三，体裁多样，善于变化。柳集中寓言二十余篇，有古文体，有辞赋体。或正文为辞赋，序文为古文。有的正文之前附小序，正文之末附议论。从题目看，有"文"，有"赋"，有"传"，有"说"，有"对"，或不作标示。

以上三点正是后人难以逾越之处。

作为抒情文学，柳宗元的寓言几乎是专门嘲讽别人的。至于自我嘲

❶《柳河东全集·与萧翰林俛书》，四库备要本。

讽，即是非寓言的辞赋和一些杂文（有的近似寓言）的主题。如《佩韦赋》《惩咎赋》《闵生赋》《囚山赋》《乞巧文》《对贺者》《起废答》《答问》等篇。这些文章或号呼，或吁叹，或虚拟事状，或假设宾主，自嘲自怨，喋喋呶呶，别具一种情调。举《惩咎赋》为例。文作于永州，题目"惩咎"为惩诫过咎之意。文中历叙许国之志、获咎之故与南行之悲，最后表示不畏天命，愿抱守"大中"之道老死蛮荒。其言有云：

> 哀吾生之孔艰兮，循《凯风》之悲诗。罪通天而降酷兮，不亟死而生为？逾再岁之寒暑兮，犹贸贸而自持。将沉渊而陨命兮，讵蔽罪以塞祸？惟灭身而无后兮，顾前志犹未可。进路呀以划绝兮，退伏匿又不果。为孤囚以终世兮，长拘挛而轗轲。

这般心声酷似《离骚》。作者追慕屈原，深好楚辞，过湘江时曾作《吊屈原文》以寄慨。《惩咎赋》与《吊屈原文》等九篇骚体抒情文均收入朱熹《楚辞集注》所附《楚辞后语》中，是《后语》中收文最多的一家。

此外，柳宗元的书信也多抒情之笔。他是个很不幸的人，所受打击除仕途政治方面的，还有家庭身世方面的。贞元以来的十余年间，他丧父丧母，失妻失女，迭遭火灾，更罹疾病，独宦异乡，身边既无子息又无兄弟，孤苦伶仃，困厄万端。元和四年（813年），他从永州给父亲的挚交许孟容修长书一封，即文集中的《寄许京兆孟容书》。这位京兆尹曾经想援救他，后又"赐书诲谕"，《寄许京兆孟容书》便是对其"赐书"的回复。书中除去不多的几句客套话，都是炽热的肺腑之言。作者自谓早年"以中正信义为志，以兴尧舜孔子之道、利安元元为务"，结识"负罪者"王叔文辈，希望"共立仁义，裨教化"。不料得罪贵近，群小协心同攻，遭此远谪。人穷返本，此时他首先想起地下的先人，想起传宗接代的大事，"每当春秋时飨，子立捧奠，顾眄无后继者，茕茕然，欷歔惴惕，恐此事便已。摧心伤骨，若受锋刃"。他又念及先人遗留的一点产业，由于无人管理，存亡不可知。真是"立身一败，万事瓦裂，身残家破，为世大僇"，以至于"当食不知辛酸节适，洗沐盥漱，动逾岁时，一搔皮肤，尘垢满爪……"哀哀叙来，声泪俱下，至为感人。书中接着列举自古以来贤人才士受诬害而能自救或获救于人的事迹，言外之意，不难窥察。最后自言"神志荒耗，前后遗忘"，"每读古人一传，数纸已后，则再三伸卷，复观姓氏，旋又废失"。作者当时不过37岁，竟如此衰惫。对照韩愈说他先时"俊杰廉悍，议论证据今古，出入经史百子，踔厉风发，率常屈其座人"❶，不禁令人怃然。这篇文章情词凄切，催人泪下，可与司马迁《报任安书》和佚名冒作《李陵答苏武书》并读，写法上明显受前者影响。书信一体由来已久，它可以叙事，可以说理，尤适于抒情。大抵给亲属、知己写信，无所顾忌，不装架子，真性真情自然流露，因此多动人之笔。当时是私人往返，后来公诸社会，便是传世佳文。柳宗元文集中像这篇《寄许京兆孟容书》，以及《与李翰林建书》《与萧翰林俛书》等篇，都是千古不磨的抒情之作。欧阳修主修《新唐书》，惜墨如金，却于柳宗元列传中收入长文四篇，其中一为《寄许孟容书》，一为《与萧俛书》，赏爱之意便是最高评价。

书信之外，《祭吕衡州温文》也是一篇难得的抒情名作。吕温是柳宗元极相得的僚友，据说是"二王""八司马"集团中最具雄才大略的人物。唐宪宗"清党"时吕温正好奉使吐蕃，幸免于斥逐。后来得罪权贵，贬为道州刺史，元和五年（814年）改衡州刺史。次年卒于官，"年不逾四十"，殊可叹惋。祭文中写道：

呜呼，积乎中不必施于外，裕乎古不必谐于今，二事相期，从古至少，至于化光（按：吕温字化光）最为太甚。理行第一，尚非所长，文章过人，略而不有，素志所蓄，巍然可知。贪愚皆贵，险很皆老，则化光之夭厄反不荣欤？所恸者志不得行，功不得施，蚩蚩之民，不被化光之德；庸庸之俗，不知化光之心。斯言一出，内若焚裂。海内甚广，知音几人？自友朋凋丧，志业殆绝，唯望化光伸其宏略，震耀昌大，兴行

❶《韩昌黎先生集·卷三二·柳子厚墓志铭》，四部备要本。

于时，使斯人徒，知我所立。今复往矣，吾道息矣！虽其存者，志亦死矣！临江大哭，万事已矣！穷天之英，贯古之识，一朝去此，终复何适！

柳宗元这场哭剜心泣血，非同寻常。永贞事变后，他自知"万事瓦裂"，不可能东山再起，所以把昌大志业"利安元元"的一线希望寄托在吕温身上。如今吕温早早辞世，不啻晴天霹雳。他哭吕温，不仅是哭私谊，而且是哭共同的事业和理想。

柳集中祭文有二十余篇，多数是应酬之作，不怎么感人。《文心雕龙·哀吊》篇说："原夫哀辞大体，情主于痛伤，而辞穷乎爱惜……必使情往令悲，文来引泣。"这段话"情""辞"并举，似乎没有区分主次。其实，刘勰的意思是以情为主，辞从情出，也就是他一再提倡的"为情造文"。《祭吕衡州温文》感人之处就在于情深。一般应酬文情不深，自然辞不哀。

在唐代古文家中，柳宗元是一多愁善感之人，他的各体文章或多或少都有抒情的意味，而本文所举寓言、辞赋、杂文、书信诸体中抒情之作尤多。厄运伴随他的后半生，故文中所抒多为憎恶与哀怨之情，表现一种冷峻、凄郁的抒情风格，与韩愈热烈、雄畅的风格形成对比。文如其人，果然不假。

［原载《江西教育学院学报》（社会科学）2000 年第 2 期］

论柳宗元游记

唐顺宗永贞元年（805 年），以王伾、王叔文为首的一群资历较浅的朝官，发动了一场针对大官僚、宦官集团的政治改革，史家称为"永贞革新"。然而仅仅历时半年，这场革新运动就被继位的宪宗彻底平息了。王叔文被杀，王伾贬死，追随他们的八位骨干同时贬为远州司马，史称"二王""八司马"事件。

柳宗元字子厚，河东（今山西永济）人。在这次事件中，柳宗元被贬为永州（治所即今湖南零陵县）司马，是所谓"八司马"之一，十年后迁柳州刺史，最终死在柳州。政治上的迫害扼杀了这位志士的远大抱负，乃至摧灭了他的生命，但在文学方面却成全了他，使他成了一位杰出的文学家。

柳宗元的文学成就是多方面的，诗歌之外，人物传记、山水游记、杂文寓言都有流传千古的佳作。比较而言，他的散文作品中最受世人欣赏的莫过于山水游记，历来褒柳的也好，贬柳的也好，无不为之倾心。柳宗元的游记为什么有这样大的魅力呢？要回答这个问题，不妨先读他的一篇《至小丘西小石潭记》。文不长，照录如下：

> 从小丘西行百二十步，隔篁竹，闻水声，如鸣佩环，心乐之。伐竹取道，下见小潭，水尤清冽。全石以为底，近岸卷石底以出，为坻为屿，为嵁为岩。青树翠蔓，蒙络摇缀，参差披拂。潭中鱼可百许头，皆若空游无所依。日光下澈，影布石上，怡然不动；往来翕忽，似与游者相乐。
>
> 潭西南而望，斗折蛇行，明灭可见。其岸势犬牙差互，不可知其源。坐潭上，四面竹树环合，寂寥无人，凄神寒骨，悄怆幽邃。以其境过清，不可久居，乃记之而去。
>
> 同游者吴武陵、龚古，余弟宗玄；隶而从者，崔氏二小生，曰恕己，曰奉壹。

这篇游记所描写的不是名山胜景，而是荒僻之地小小一泓石潭，竹树、藤蔓、水石、日光、游鱼都是极寻常的自然景物，然而正是这些寻常景物吸引着读者。仔细品味，文中所描写的环境是多么幽静，景致是多么清新。久困尘嚣的士人一旦身临其境，观看着"往来翕忽"的游鱼，聆听着"积鸣佩环"的泉声，该是何等的心旷神怡。纵使无缘身造其地，品读如此妙文，也足以洗心涤虑，获得莫大的享受。晚清"湘乡派"古文家曾国藩读书心得曾说：

> 国藩尝好读陶公及韦、白、苏、陆闲适之诗，观其博览物态，逸趣横生，栩栩焉神愉而体轻，令人欲弃百事而从之游，而惜古文家少此恬适之一种。独柳子厚山水记破空而游，并物我而纳诸大适之域，非他家

所可及。❶

当然，有这种感受的并不止曾氏一人。柳记的魅力正是这种超尘出世般的清幽、恬适风格，吸引着古今不少的读者。

柳集中的山水游记总共有十多篇，都是贬官以后所作，大都作于永州。其中最负盛名的是"永州八记"，上举《小石潭记》就是"八记"之一。其余七篇是《始得西山宴游记》《钴𬭁潭记》《钴𬭁潭西小丘记》《袁家渴记》《石渠记》《石涧记》《小石城山记》。八记风味大略相似，一脔知鼎，不必一一论列。

柳宗元对永州山水是赞美的。《游黄溪记》写道："北之晋，西适邠，东极吴，南至楚越之交，其间名山水而州者以百数，永最善。"从"永州八记"看，那里的风光景物的确有独特的诱人之处。"司马员外置同正员"（柳宗元"司马"一职的全称）又是个挂名的闲职，柳宗元无事可干，乐得"入深林，穷回溪""攀援而登，箕踞而遨"（见《始得西山宴游记》），整日徜徉于林泉峰谷，似乎很惬意。可是在另一些场合，他又视永州为畏途，当栖游瞻顾之际不胜凄苦。在《与李翰林建书》中写道：

永州于楚为最南，状与越相类。仆闷则出游，游复多恐。涉野有蝮虺大蜂，仰空视地，寸步劳倦。近水即畏射工沙虱，含怒窃发，中人形影，动成疮痏。时到幽树好石，暂得一笑，已复不乐。

他甚至将永州山水看作禁锢自己的监狱（见《囚山赋》），把出游比作囚徒的"放风"，"譬如囚拘圜土，一遇和景出，负墙搔摩，伸展支体"（见《与李翰林建书》）。类似这样的话头不止一处，与赞美永州的言论相比较，简直不能相信同时出于一人之笔。

为什么会有这种矛盾心情呢？这个问题只能从柳宗元当时的处境和心情寻找答案。古话说"世有陶唐，方有巢许"。意思是世事太平，隐士才做得安稳。反之，如果天下多事，当然山中人亦不得高枕。陶渊明

---

❶《曾文正公全集》文集《复吴广文敏树书》。

高卧北窗，自称"羲皇上人"，看他"采菊东篱下，悠然见南山"，何等悠闲自得，可是早就有人看出他胸中并不平静。何况在柳宗元那个时代，像柳宗元那样的志士，岂能真正"恣情山水，放浪形骸"？他从激烈的政治斗争中败下阵来，孤零零地来到数千里外的永州做一闲官，胸中塞满了屈辱愤怨。而永州也并非世外桃源，政敌们对他的攻击和诬蔑就像一群令人讨厌的苍蝇，追踪而至，形影不离（这一点，只要读读他在永州写给知己的书信就可以明白）。在这种境况下，他哪能有发自内心的游兴？他的出游作记，不过是"选择了一种为他的政敌们侦察视线所不及的对象——山水，作为他集中的创作劳动的对象，来强制转移他的愤怒悲哀抑郁的情绪"●。就这样，并无山水癖的柳宗元却和山水交上了朋友。与世无争的草木泉石给予了他精神上的某种慰藉，使他暂时忘却世情，从而运用娴熟的文笔挥洒出一篇篇优美的小品，作为对"朋友"的酬答。

可是，他的内心深处总是阴晦寒冷的，当他想到政治上的失败，想到人生的不幸，他便忧郁了，原先觉得可爱的山水也变得可怕。他的"愤怒悲哀抑郁的情绪"常常不知不觉地流露于笔下，有时用佳山水的被遗弃比况自己的被贬黜，如《钴鉧潭西小丘记》；有时借责备造物主的不公平影射世道的不公平，如《小石城山记》；有时多情地给山朋水友安上"愚"名，绕弯子讽刺人事的奸诈，如《愚溪诗序》。凡此种种，好似晚明张岱的《西湖七月半》，使人在读游记的同时，看到了游山水的人，看到了那人的内心世界，从而获得更加丰富而深刻的感受。这是柳宗元游记文的又一魅力。

移官柳州以后，柳宗元似乎游兴大减，模山范水之作仅见三篇，有一篇还是应酬的，质量上也远逊于永州诸记。其原因可能是公务繁忙，加上体质、精力不如以前，心绪也不比以往好，所以不独游记，其他种类的文章也写得很少。他在柳州只活了四年，47岁便早早去世。

● 黄云眉，《柳宗元文学的评价》，齐鲁书社，1980年，第112页。

山水游记是柳文中最引人注目的一类，欣赏、研究柳文的人都喜欢在这类作品中多下功夫。诚然，柳宗元的游记文造诣深，有其创造性的写法，形成了独特的风格。大致说来，柳记有以下特点。

首先，短小精粹。柳记一般三五百字一篇，因此被称为小品。篇幅短则画面集中，便于突出某一景物，作重点描写，如《钴鉧潭记》的溪水，《钴鉧潭西小丘记》中的石头，《小石潭记》的游鱼，《袁家渴记》的草木等。各记描写重点不同，便防止了面目雷同的毛病。文短易精，短小精粹则容易诵读记忆，适于反复把玩，不致因众多名物和道里方位等弄得枯燥烦琐，兴味索然。画家画竹往往只画几片尖叶、几个枝节，观众所喜爱的正是这区区数节。柳记的惹人喜爱，恐怕也是这个道理。

其次，布局井然。篇幅短小，景物布局就方便得多。读柳宗元的游记，先是好像跟随作者一道游山观水，边走边看，越看越有兴味。一路游完后，凝神回眸，又觉得是面对一幢小巧精致的山水画。画面有主景，有次景，有远景，有近景，东西南北，上下左右，历历分明。虽然不是尺幅千里，一木一石错落有致，区隅之间亦见匠心。

再次，气韵生动。不善写景的人下笔滞板，往往把充满活力的自然风物写得气索神零，大煞风景。写景高手的柳宗元则不然，他善于灵活地变换手法，在静态中表现动态，创造出生动有味的画面。比如，《钴鉧潭西小丘记》写乱石：

其石之突怒偃蹇、负土而出、争为奇状者，殆不可数。其嵚然相累而下者，若牛马之饮于溪；其冲然角列而上者，若熊罴之登于山。

写纵目所见：

由其中以望，则山之高，云之浮，溪之流，鸟兽之遨游，举熙熙然回巧献技，以效兹丘之下。

再看几处泉水描写，都是先闻其声，而清音各异。或"如鸣佩环"（见《小石潭记》）；或"幽幽然，其鸣乍大乍细"（见《石渠记》）；或"投以小石，洞然水声，其响之激越，良久乃已"（见《小石城山记》）。循声求泉，形神兼得。最精彩的莫过于《小石潭记》中的游鱼描写，寥寥数笔画出一幅鱼乐图，意趣之妙不亚于齐白石笔下的虾。南齐谢赫论画有"六法"之说，其中最重要的一法是"气韵生动"。作文与绘画有相通之处，柳宗元可谓深谙此法。

最后，景中含情。柳宗元是一位多愁善感的文人，他的各类文章都或多或少带有抒情的意味，游记也不例外。其方法通常是在景物描写之末来几句喃喃自语，或寄伤感、鸣不平，如《钴鉧潭西小丘记》；或兴遐想，释旷怀，如《始得西山宴游记》。这是显露的。此外还有隐晦的，作者的感情深深埋藏在景物描写之中，必须仔细玩味才能觉察出来。比方说，柳记中写得最多的是石头，写得最奇绝的也数石头。读《钴鉧潭西小丘记》，但见那巨石"突怒偃蹇"，一派桀骜不驯的样子；读《小石城山记》，那积石竟自成城堡壁垒之形……他的笔下几乎无石不奇。石的名目有积石、秀石、流石、怪石、诡石、美石等，随形赋名，不一而足。从这里，有人就悟出作者是"借石之瑰玮以吐胸中之气"❶。的确如此。曹雪芹一部《石头记》就写一块傲世的顽石，其实是写他自己。柳宗元写尽永州的怪石，同样是写他自己。

末了简单说说柳宗元游记的修辞工夫，即字句的锤炼和润色。柳记句子简短，散句为主，兼用偶句。句短字少，内容却并不寡薄，这就要求锤炼。柳记中"萦青缭白"（见《始得西山宴游记》）、"纷红骇绿"（见《袁家渴记》）、"树益状，石益瘦"（见《游黄溪记》）、"嘉木立，美竹露，奇石显"（见《钴鉧潭西小丘记》）之类短句，一字一境，意蕴丰富，对偶工整，当是出自千锤百炼。再如，《钴鉧潭西小丘记》所用"谋"字：

枕席而卧，则清冷之状与目谋，潜潜之声与耳谋，悠然而虚者与神谋，渊然而静者与心谋。

通常施于人的"谋"字，作者别出心裁地用于物（具体的与抽象的），以物拟人，变被动为主动（本该说：目见清冷之状，耳闻潜潜之

---

❶ 茅坤，《山晓阁选唐大家柳柳州全集》卷三。

声），化无情为有情，一字之妙，叹为观止，若是庸手，选用"合""接"之类字眼，便见逊色失神。

柳宗元游记的这些成就和特色，使它在散文史上占有重要地位。在散文这个大家族中，游记文起源较迟，而孕育过程又特别漫长。如果从先秦神话式的《穆天子传》（写周穆王巡游事，略同游记）算起，至东汉才出现马第伯的《封禅仪记》（近似游记）。魏晋南北朝时期，随着山水诗的兴起，近似游记的作品逐渐增多，出现了王羲之《兰亭集序》、鲍照《登大雷岸与妹书》、郦道元《水经注》等一批作品，艺术上日趋成熟。但这些作品体裁上并非专门，作者描写山水尚在有意无意之间。散文史第一个专门写作游记，使游记体裁获得独立地位的，应当推柳宗元。第一个为游记"美文"树立典范，造成深远影响的，也应当推柳宗元。从他以后，凡写山水游记的，或多或少总是受其作品濡染沾溉。因此，称柳宗元为游记文学之祖，决不过分。

[原载《江西教育学院学报》（社会科学）1993 年第 3 期]

柳宗元议论文管窥

唐代文坛上，柳宗元为一大家，与韩愈齐名，后人每视为幸事。然而他的仕途生涯却很不幸：永贞元年（805 年），以礼部员外郎参与王叔文倡首的朝政革新活动，旋遭失败，贬为永州司马；十年后，改柳州刺史；又四年，卒于任。患难出文章。他的散体文流传至今的有 400 余篇，题材广博，体式完备，其中议论、游记、寓言之文尤为特出。笔者曾撰文彰表其游记文学成就❶，今就其思想载体的议论文字略作评述。

柳宗元是唐代有数的思想家之一，目光敏锐，识见超拔，心有所守，志无所屈。贬官以后，他写了一系列论著，探索天地、宇宙奥秘，评论古今人事得失，以此发抒胸中郁积，从思想领域继续政治领域的斗争。这些论著所涉及的范畴较广，属于哲学方面的有《天说》《天对》

---

❶ 谢苍霖，《论柳宗元游记》，《江西教育学院学报》1993 年第 3 期。

《非国语》《贞符》等；属于政治方面的有《封建论》《六逆论》《断刑论》《时令论》《桐叶封弟辨》《晋文公问守原议》等；属于文学方面的有《答韦中立论师道书》《报袁君陈秀才避师名书》《杨评事文集后序》等。这是大致的区分。有的论著包含多项论题，涉及不同范畴，自不可拘泥。

作为思想家，柳宗元在哲学认识论上初步确立了朴素唯物论思想，这首先表现在对天地、宇宙起源的认识上。

天地、宇宙是怎样产生的？又是怎样变化的？这是自古以来人们极感兴趣而又困惑不解的问题。由于社会生产力及其所决定的人们认识能力的低下，先民不能解释种种自然现象与社会现象，于是构想了许多神话，以为神灵创造了世界。一些思想较活跃的人则对此发出疑问，战国时期楚国逐臣屈原就写过一篇奇文——《天问》，就天地、宇宙、历史、神话的种种传说提出一百多项疑问。时逾千年，没有人能够解答这些疑问，唯独柳宗元敢于作《天对》，尝试破除这一连串千古之惑。

《天问》开篇提出关于远古之初的几个问题："遂古之初，谁传道之？上下未形，何由考之？冥昭瞢暗，谁能极之？冯翼惟象，何以识之？明明暗暗，惟时何为？阴阳三合，何本何化？"大意考问：远古开端的情形是谁传述的？当天地未分，上下混沌、无昼无夜、无形的元气充满空间、宇宙中或明或暗之时，人们是如何认识它的？若说阴阳二气掺和而生万物，请问何者为本原？何者为演化？

柳宗元效仿《天问》语言回答说："本始之茫，诞者传焉；鸿灵幽纷，曷可言焉？曶黑晰眇，往来屯屯，庞昧革化，惟元气存，而何为焉？"大意是说：远古开端的情形，是诞妄之人传述下来的；关于巨神（开天辟地）的传说，幽远纷杂，不可征信；混沌、朦胧之中，宇宙万物将形未形之变化，全是元气的存在与运动，并非外力所为。这等于否定了神灵创造世界的神话。那么，所谓"元气"又是什么呢？这可以从他的《天说》中找到答案："天地，大果蓏也；元气，大痈痔也；阴阳，大草木也。"即是说，元气也好，天地也好，阴阳也好，都与果蓏、痈痔、草木无异，是客观存在的物质。由此可知，柳宗元已经初步认识到"世界是物质的""物质是运动的"。在哲学史上，这种认识被称为"元气自然论"。

柳宗元的朴素唯物论思想不仅表现在对天地、宇宙起源的认识上，而且更集中表现在对天人关系的认识上，即对"天命论"的批判。自殷商以来，统治者大造"天命论"，谓天有意志，它主宰人世的一切；谓己"受命于天"，代替天行使权力。柳宗元《天说》则肯定天地、元气与阴阳的物质性，指出天没有意志，它与人事之间不存在必然的联系，不可能对人们赏功罚罪，人们"功者自功，祸者自祸""欲望其赏罚者大谬；呼而怨，欲望其哀且仁者，愈大谬"。这是对"天命论"的致命一击。

《非国语》几乎是一部批判"天命论"的专著。它由 67 篇短篇组成，采用读后感的形式，着重批判《国语》中涉及天人之际的种种荒谬言论。例如，《国语》中认为地震（"川竭山崩"）是天对人的责罚和警告，预兆将改朝换代。对此，柳宗元反驳云："山川者，特天地之物也；阴与阳者，气而游乎其间者也，自动自休，自峙自流，是恶乎与我谋？自斗自竭，是恶乎为我设？"（《非国语·三川震》）这类批驳在《非国语》中随处可见，使全书闪耀着朴素唯物论思想光辉。《非国语》传世以来，唯心论者疾之如仇，作《非〈非国语〉》者不乏其人。宋人苏轼也是《非国语》的反对者，文中攻击云："柳子之学，大率以礼乐为虚器，以天人为不相知云云。虽多，皆此类尔。此所谓小人无忌惮者"❶。这番言论只能表明说话者自己思想守旧，无损于柳宗元之为进步思想家。

的确，柳宗元批判"天命论"之类邪说是无所忌惮的。他的言论处处针对现实，甚至针对最高统治者。安史之乱以后，大唐国势江河日下，而"祥瑞"之类却蒸蒸日上，今天是这里贺"嘉瓜"，明天是那里

---

❶《东坡续集·卷五·与江惇礼秀才书》。

献"白鹊"，正如刘知几所言："德弥少而瑞弥多，政愈劣而祥愈盛"❶。柳宗元身为人臣，不得不奉承这类把戏，上过一些贺表，但思想深处是厌恶的。动笔于永贞、完成于永州的《贞符》，是专门解释"休符"（即"祥瑞"）的一篇文章，他在文前小序中痛斥汉儒董仲舒等人的天人感应之说，称其"类淫巫瞽史，诳乱后代"，指出帝王"受命不于天，于其人；休符不于祥，于其仁"❷。文中告诫最高统治者："黜休祥之奏，究贞符之奥，思德之所未大，求仁之所未备，以极于邦理，以敬于人事。"此外，《时令论》《断刑论》反对把政事与时令硬相配合（如所谓"赏以春夏，刑以秋冬"），指出其荒谬性及危害。他认为："圣人之道，不穷异以为神，不引天以为高，利于人，备于事，如斯而已矣"（见《时令论上》）。这些言论实际上是教训迷信"祥瑞""天命"的宪宗皇帝。

柳宗元还进一步揭示"天命论"宣扬者的政治用心，在《断刑论》中明确指出："古之所以言天者，盖以愚蚩蚩者耳。""愚蚩蚩"即愚弄民众，说的是"古者"，用意却在影射当时。作为封建时代的"获罪之臣"，能有如此胆识，可贵可敬。东汉王充以后，用朴素唯物论思想和大无畏精神抨击"天命论"的，舍柳宗元无第二人。学者认为，柳宗元之所以一贬再贬、客死穷荒，主要原因就是他的这种不趋时媚主的批判精神❸。

然而必须指出，柳宗元不可能是彻底的唯物论者，他的哲学思想中仍有不少唯心论的成分。他信奉佛教（尽管他力图将佛教纳入儒教的轨道），写过不少关于佛教的文字。他的文章中也有记载神异的，如《龙马图赞》《寿州安丰县孝门铭》等。这是时代的局限。所幸柳宗元朴素唯物论思想锋刃，并不局限于哲学领域的斫杀，而是更辟用武之地，即

❶ 张振佩，《史通笺注·第八卷·书事》，贵州人民出版社，1985 年，第 310 页。

❷ 此处"人"当释为"民"。唐人避李世民讳，往往以"人"为"民"。

❸ 郭豫衡，《中国散文简史》，北京师范大学出版社，1994 年，第 4 编第 8 章。

对政治制度的解剖，其突出成果便是《封建论》。这篇文章详细考察了封建制（即诸侯分封制）的沿革，得出"封建非圣人意也，势也"的著名结论。所谓"势"，指一种社会政治制度所由产生和发展的内在动力与必然趋势。这个结论在一定程度上否定了圣贤创造历史的传统谬见，其意义不可低估。

《封建论》的问世不是偶然的，它与现实政治有密切关系。封建、郡县之争由来已久，自秦始皇废封建、设郡县以来，这一争论就没有停止过。进入唐代，太宗时曾经争论过一次，柳宗元时代问题又再度提出。当时藩镇割据有似封建，而为害更甚于封建，如果予以姑息，就等于承认割据的合法性。柳宗元有鉴于此，故著论反对恢复封建制，主张加强中央集权的郡县制。文章分析了封建制最初产生及得以承袭的原因，衡量了两种制度的利弊得失，指出封建制的危害不仅在于分裂国家、破坏统一，而且在于"继世而理"（即权位世袭），使"不肖者"有可能居统治地位，虐害人民。他一向主张国家应当由贤能者来管理，因为只有贤能者才能为人民谋利益。他指出时政"失不在于州，而在于兵"，救治的办法是"善制兵，谨择守"。所谓"善制兵"，就是控驭拥有兵权的藩镇；所谓"谨择守"，就是择用贤能之人为地方守臣。

要做到"谨择守"，就必须废除魏晋以来的门阀制度的残余。为此，他写了《六逆论》，主张从贤、不肖的角度去考察《左传》所载"六逆"中的三逆，即"贱防贵、远间亲、新间旧"❶。他认为如果"贱""远""新"的是贤人，"贵""亲""旧"的是不肖者，那么"贱防贵、远间亲、新间旧"就不是"逆"，不但无害，而且是"理之本"，应该大大提倡。他还写了《晋文公问守原议》，讽喻君主"择守"时不可轻信宦官之言（《桐叶封弟辨》也有类似用意），这也是"谨择守"的意思。

---

❶ 另外三逆为"少陵长、小加大、淫破义"，俱见《左传·隐公三年》。柳宗元于"少陵长"等三逆无所非议，表明其思想局限性。

以上是柳宗元关于统治阶级内部关系的政治主张，至于统治阶级与人民的关系，柳宗元更有超出时辈的进步思想。他贬官以后，与下层民众的距离缩小了，耳闻目睹民间疾苦，深切感受到地方守令"为天子牧民"责任重大。在《送宁国范明府诗序》中，他借范传真之口说道："为吏者，人役也，役于人而食其力，可无报耶？"在《送薛存义之任序》中，他告诫薛存义说："凡吏于土者……盖民之役，非以役民而已也。凡民之食于土者，出其什一佣乎吏，使司平于我也。"

所谓"人役""民之役"，用现在的话说就是"人民公仆"。这是柳宗元政治思想中最富于人民性、最进步的地方。不过，它归根到底是为了维护统治阶级的根本利益，因而其进步意义是有限度的。有人称这种思想为"唯民主义"（或曰"唯民至上""人民本位主义"）❶，似有拔高、失真之嫌。

作为富于社会责任感的士大夫，柳宗元关注着社会生活的每一个角落，凡是他认为违礼背道，有伤风化的人与事，便加以议论抨击。他的朋友吕恭为桂管防御副使，治下有人丧父，那孤子为了表现孝道，便实行"寝苫枕块"的古礼，结庐居墓侧，还谎称筑坟时掘得西晋永嘉"石书"，又有"植松乌攫"之异，以此证明孝感上天。吕恭信以为真，准备上奏朝廷，为孝子求施奖。柳宗元从吕恭来信得知此事，特地复信戳穿"永嘉石书"和"植松乌攫"的谎言，指出"庐于墓"之举"饰且伪"，假孝子是"大中之罪人"，绝不可受奖❷。

当时士大夫中有一等人不学无术，遇事缄默无所是非，"无之不言而似有之"，像个忠厚长者的样子，因而受人敬重。柳宗元在《与杨京兆凭书》中认为这是一种崇尚虚伪的坏风气，说那种假长者好比泥块木头，毫不值得敬重。

有功不受赏，历来被视为高尚，为人们所颂扬，柳宗元却不以为

---

❶ 章士钊，《柳文指要·通要之部》，中华书局，1971年。

❷《唐柳河东全集·与吕侍御恭论墓中石书书》。"大中"指正大、中庸之道。

然。在《非国语·董安于》篇中，他批评逃赏的董安于，言其"自洁"行为不利于国家，无足取。这一批评隐含对"饰且伪"行为的鄙薄。

人们崇拜圣贤，往往加以神化，把他们的外貌说成稀奇古怪，如伏牺牛头、女娲蛇身、孔子"面如蒙俱"之类。柳宗元不能容忍这种加在圣贤身上的"饰且伪"，在《观八骏图说》和《与杨诲之第二书》中明白宣称圣贤也是人，他们的外貌与凡人没有区别。

上述小议论，主旨都在批判"饰且伪"，同样体现了作者的朴素唯物论思想。柳宗元"以礼乐为虚器"，遇事好循名责实，所以有人把他列为名家。❶ 其实，若论家门，他的思想是儒家为"体"，其余诸家为"用"。

柳宗元的议论文还有相当部分是关于文学的，诸如文学的职能效用、内容与形式的关系，以及作家的艺术修养与品德修养等，都是他着重议论的话题。

关于文学的职能效用，柳宗元认为"文之用，辞令褒贬，导扬讽谕而已"（见《杨评事文集后序》）。"褒贬""讽谕"就是劝善惩恶、扶正去邪，以裨补政治教化，与同时代白居易的诗歌主张基本相同。此外，《答韦中立论师道书》又标举"文者以明道"的主张，即以文学为"明道"的工具。这个"道"，就是他一再宣扬的"圣人之道""尧舜孔子之道"。曾经有人认为柳宗元另外发明了一个"中正"之道（或别称"中""大中""中道""中庸"等），说它不同于儒家的"圣人之道"❷。其实二者并无实质性区别，只要阅读他的《说车赠杨诲之》及有关书信便可明了。

"褒贬""讽谕"和"明道"之外，柳宗元也不反对写点俳戏文字以娱悦人生，这便是他的《读韩愈所著〈毛颖传〉后题》所表达的意见。可以说，这是一种比较"开放"的文学观，《非国语·新声》篇也有类似看法。

---

❶ 章学诚，《校雠通义》卷一。
❷ 上海师范大学，《柳宗元诗文选注》，上海人民出版社，1974 年。

关于内容与形式的关系，柳文中未见直接的正面的论述，只是批评了三种错误倾向。第一种倾向是单纯追求形式美，而忽视思想内容，为文"苟为炳炳琅琅，务采色，夸声音"。这是作者对早年为文的自我检讨，见于《答韦中立论师道书》。第二种倾向是追求形式美，用以推销有毒害的思想内容。即为文"务富文采，不顾事实，而益之以诬怪，张之以阔诞，炳然诱后生而终之以僻"。这是他对《国语》的评价，见于《答吴武陵论非国语书》。他认为此等文章好比"以文锦覆陷阱"，简直是存心坑害读者。第三种倾向是虽有好的思想内容，但忽略形式，缺乏文采，结果是"言而不文则泥"（《答吴武陵论非国语书》），以致"立言而朽"（《杨评事文集后序》）。

批评以上三种错误倾向，柳宗元的正面主张也就可知，即内容与形式并重，追求二者完美谐和。

关于作家修养，《报袁君陈秀才避师名书》倡言"文以行为本，在先诚其中"，告诫袁君陈"志于道，慎勿怪、勿杂、勿务速显，道苟成则靡然尔，久则蔚然尔"。这里说的是思想品德的修养。至于艺术创作修养，则《答韦中立论师道书》表述最为完整。文中写道：

吾每为文章，未尝敢以轻心掉之，惧其剽而不留也；未尝敢以怠心易之，惧其驰而不严也；未尝敢以昏气出之，惧其昧没而杂也；未尝敢以矜气作之，惧其偃蹇而骄也。抑之欲其奥，扬之欲其明，疏之欲其通，廉之欲其节，激而发之欲其清，固而存之欲其重，此吾所以羽翼乎道也。本之《书》以求其质，本之《诗》以求其恒，本之《礼》以求其宜，本之《春秋》以求其断，本之《易》以求其动，此吾所以取道之原也。参之谷梁氏以厉其气，参之《孟》《荀》以畅其支，参之《庄》《老》以肆其端，参之《国语》以博其趣，参之《离骚》以致其幽，参之《太史公》以著其洁，此吾所以旁推交通而以为之文也。

这段话论及创作态度、风格锤炼与艺术借鉴等诸多问题，有破有立，目标明确；说的是个人体验，却具有普遍的指导意义，可与韩愈《答李翊书》并读。

至此，柳宗元议论文的思想蕴藏大端披露无遗。柳宗元之所以号称思想家，正是得力于这些议论文。但他又是文学家，他的议论文具备鲜明的艺术个性。约略而言，其特征有以下数端：

其一，有的放矢，富于战斗性。不管论题属于什么领域，都不是漫无边际地发空论、唱高调，而是针对现实，有为而作，且多数为辩驳、批判之文，攻邪破惑，火药味浓。时事议论自不必说，即使在距离现实较远的哲学、历史范围，他也有法子"把对历史的批判变成对现实的批判，把对神学的批判变成对政治的批判"❶。

其二，重拳出击，中其要害。既是战斗性论文，就必须找准对方要害，出以重拳，方能致其死命。柳宗元议论文正是如此，文中那致命的重拳，往往就是中心论点。例如，《封建论》自始至终紧扣"封建非圣人意也，势也"这一中心论点，而对方的要害正是"封建是圣人之意、先王之法，万万不可变更（三国曹冏的《六代论》和西晋陆机《五等论》就坚持这一论点）。击中了这个要害，封建制的主张者大旗已倒，必然全线溃败。又如《断刑论》，人们之所以主张"赏以春夏，刑以秋冬"，是因为背后有至高无上的"天"在撑腰。文中指出："古之所以言天者，盖以愚蚩蚩者尔。"一句话揭穿了对方的老底，砸断了对方的脊梁骨。

其三，征引广博，说服力强。柳宗元读书功力深，谙于历史掌故，做论文好旁征博引，借古说今。这一点，《封建论》表现最显著。该文通篇从历史事实出发，无论立论、驳论、正面、反面都不离史实，所以得出的结论令人信服。此外，《读韩愈所著〈毛颖传〉后题》《与韩愈论史官书》《与杨凭书》等篇也征引丰富。韩愈《柳子厚墓志铭》称其"议论证据今古，出入经史百子"，并非虚誉。

其四，结构紧凑，笔锋犀利。柳宗元议论文多数为短篇，窄幅中却往往设置许多层次和曲折，显得非常紧凑、精悍，辩驳文字更显得锋芒逼人。这里有一个典型的例子：

---

❶ 吴文治，《柳宗元简论》，中华书局，1979 年，"哲学论著"部分。

《国语·齐语》载：天下诸侯知桓公之非为己动也，是故诸侯归之。桓公知诸侯之归己也，故使轻其币而重其礼。故天下诸侯罢马以为币，缕綦以为奉，鹿皮四箇。诸侯之使垂橐而入，稇载而归。

《非国语·轻币》非议云：桓公之苟能吊天下之败，卫诸侯之地，贪强忌服，戎狄缩匿，君得以有其国，人得以安其堵，虽受赋于诸侯，乐而归之矣，又奚控焉？悉国之货以利交天下，若是耶，则区区齐人，恶足以奉天下？己之人且不堪矣，又奚利天下之能得？若竭其国，劳其人，抗其兵，以市伯名于天下，又奚仁义之有？予以谓桓公之伯不如是之弊也。

这个短篇针对《齐语》原文，层层剥皮，四个问句一气呵成，语势咄咄逼人。它如《桐叶封弟辨》《晋文公问守原议》，长篇如《封建论》，都有这个特点。

一般说来，柳宗元的议论文说理深刻，精细有余而气势不足——篇幅较长的《封建论》《答韦中立论师道书》较有气势，可视为例外。有些篇章甚至流于琐碎、牵强。例如，《非国语》中有的地方就过于吹求，一些小事无关宏旨，大可不"非"；《天对》中有些"对"或者强作解语，或者没有什么意义。这类议论，给人以"好辩"与"强聒"的感觉。然而毕竟瑕不掩瑜，柳宗元的议论文自有其不朽的价值。

[原载《江西教育学院学报》（社会科学）1998年12月第19卷增刊]

白居易闲适诗中的"知足"心

唐宪宗元和十年（815年）冬，初贬江州（今江西九江）的白居易第一次自编诗集，标立名目将前此所作近800首作品分置四类。据其同时所作《与元九书》叙述，他将"美刺兴比"之作即现实主义诗篇，称为"讽谕诗"；"退公独处，或移病闲居，知足保和，吟玩情性"之作，称为"闲适诗"；"事物牵于外，情理动于内，随感遇而形于叹咏者"，称为"感伤诗"；"五言、七言、长句、绝句，自一百韵至两韵者"，称为"杂律诗"。通览其全集，其实感伤、杂律二类中也颇有

"吟玩情性"的作品。可以说，讽谕和闲适是白居易前期诗歌的两大主题，而以前者为主，后者居次。至其晚年吟咏，则大半为闲适诗篇。

诗歌史上有一种"两截子"现象，即诗人前后期作品有明显差异，思想内容乃至艺术风格几乎断为两截，之所以如此，多因作者经受重大变故，从此改变了人生。白居易正是典型的"两截子"诗人，其人生转捩是元和十年（815年），因忠愤言事，自左赞善大夫贬为江州司马。这年腊月，他从贬所致书挚友元稹倾吐郁结，表白自己的人生宗旨："穷则独善其身，达则兼济天下"❶。通观白居易的一生，"独善""兼济"二语可谓道尽，但作为前提的"穷""达"却似乎正好相反。贬江州之前，他居官虽不达，却忧国忧民，志在"兼济"，大力写作"美刺兴比"的讽谕诗，希望当权者"救济人病，裨补时阙"，但也颇有"知足保和，吟玩情性"即"独善其身"的闲适诗篇。居江州三年，此后擢迁刺史，历典名郡，晚岁官至刑部侍郎，太子少傅，渐入"达"境，而诗咏则趋于平和恬淡，"闲适有余"，无复当年为国分忧，为民请命的激情。文宗大和三年（829年）春，诗人因病免刑部侍郎，授太子宾客分司东都，从此闲居洛阳（一度任河南尹），以至殁世。大和八年作《序洛诗》，自言在洛五年间作诗432首，"除丧朋、哭子十数篇外，其他皆寄怀于酒，或取意于琴，闲适有余，酣乐不暇，苦词无一字，忧叹无一声"❷。夫子自道，晚年白居易已是十足的闲适诗人。

用白居易的话来说，做闲适诗人必须有两个基本条件，即"先务身安闲，次要心欢适"（《白氏长庆集》卷八《咏怀》）。白居易在洛官位虽高，却是闲职虚衔，无公务之劳，坐享俸禄，衣食无忧。当时朝班与宦官斗争虽烈，他却身在局外，宠辱不及，所以能够"身安闲"。至于"心欢适"，则在于个人心性修养。白居易觉得一条保持心情欢适的诀要，即"知足"。正如《序洛诗》所云："本之于省分知足，济之以家

---

❶《孟子·尽心上》，通行本后句作"达则兼善天下"。

❷《白氏长庆集·卷六十一》，上海商务印书馆，民国八年初次影印本。本文所引白居易诗文均出此本，以下引录夹注所属卷次与篇名，集名从略。

给身闲，文之以觞咏弦歌，饰之以山水风月，此往而不适，何往而适哉！"他的闲适诗有一特点，即好纪年岁、述秩俸。如："身为三品官，年已五十八"（见《偶作二首》）；"位逾三品日，年过六旬时"（见《残春咏怀赠杨慕巢侍郎》卷六六）；"寿及七十五，俸沾五十千"（见《自咏老身示诸家属》卷七一）。这类诗句，宋人洪迈《容斋五笔》录出百余处，认为是作者"为人诚实洞达"的缘故。为人诚实洞达，其实也就是能"省分知足"，唯其洞达人生，能反省"命分"，故能事事知足。唯其知足，故能闲中得适。品读白居易的闲适诗，尤其是涉及个人待遇享受之处，无不令人感受到一颗强劲搏动的"知足"之心，前后期作品莫不如此。前期，如早年为翰林学士，居长安新昌坊，作《松斋自题》（卷五）云：

> 非老亦非少，年过三纪余。
>
> 非贱亦非贵，朝登一命初。
>
> 才小分易足，心宽体长舒。
>
> 充肠皆美食，容膝即安居。
>
> 况此松斋下，一琴数帙书。
>
> 书不求甚解，琴聊以自娱。
>
> 夜直入君门，晚归卧吾庐。
>
> 形骸委顺动，方寸付空虚。
>
> 持此将过日，自然多晏如。
>
> 昏昏复默默，非智亦非愚。

后期，如分司东都时居履道里，作《偶吟二首》其二云：

> 晴教晒药泥茶灶，闲看科松洗竹林。
>
> 活计纵贫长净洁，池亭虽小颇幽深。
>
> 厨香炊黍调和酒，窗暖安弦拂拭琴。
>
> 老去生涯只如此，更无余事可劳心。

值得注意的是，诸如"充肠皆美食，容膝即安居"，"活计纵贫长净洁，池亭虽小颇幽深"，以及"随宜饮食聊充腹，取次衣裘亦暖身。未必得年非瘦薄，无妨长福是单贫"（见卷五七《自咏》）之类随处可见的吟哦，都是以不足为满足，并非事事美满而后知足。有这般"知足"心，即使遭遇不顺心甚至厄难之事，也能退一步想，泰然处之。诗人中年谪贬江州，前途渺茫，谪所举目无亲，所咏却道："此地何妨便终老，匹如元是九江人。"（见卷一七《九江春望》）暮年多病，人不堪其忧，诗人却道："家无忧虑身无事，正是安闲好病时。"（见卷六八《病中五绝》其二）初得外孙是女孩，在那个时代本是憾事，诗人却道："怀中有可抱，何必是男儿。"（见卷六七《小岁日谈氏外孙女孩满月》）以不足为满足，或者说，从不足中寻求满足，这是白居易"知足"心的一大特征。

陈寅恪先生著《白乐天之思想行为与佛道关系》文，认为"乐天之思想一言以蔽之曰知足"❶。若论闲适诗，此言固确当不移，以言非闲适诗则未必皆当。陈先生文章接着指出，白居易的"知足"源自老子的"知足不辱"，此外"亦因处世观物比较省悟而得之"。所谓"比较省悟"，是说与不如己者相比而省悟。比如，大和八年（834年）作《吟四虽》（卷六二）有云：

> 年虽老，犹少于韦长史；
>
> 命虽薄，犹胜于郑长水。
>
> 眼虽病，犹明于徐郎中；
>
> 家虽贫，犹富于郭庶子。
>
> 省躬审分何侥幸，值酒逢歌且欢喜。
>
> 忘荣知足委天和，亦应得尽生生理。

会昌六年（846年）《六年立春日人日作》（卷七一）有云：

> 年方吉、郑犹为少，家比刘、韩未是贫。
>
> 乡园节岁应堪重，亲故欢游莫厌频。
>
> 试作循、潮、封眼想，何由得见洛阳春。

---

❶《元白诗笺证稿·附录（乙）》，文学古籍刊行社排印本，1955年。

以上二首均作于洛阳，诗中所言不如己的人物，都是作者所交游的官僚士大夫，"循、潮、封"则分别以州名指代当年谪贬该地的宰相牛僧孺、杨嗣复和李宗闵，开成三年（838年）作《醉吟先生传》（卷六一），亦云："吾生天地间，才与行不逮古人远矣，而富于黔娄，寿于颜回，乐于荣启期，健于卫叔宝。幸甚、幸甚，余何求哉！"

至于脱离具体人物对象的泛泛之比，诗中尤多。如《把酒》（卷六二）有云：

> 勿言未富贵，久忝居禄位。
>
> 借问宗族间，几人拖金紫？
>
> 勿忧渐衰老，且喜加年纪。
>
> 试问班行中，几人及暮齿？

《喜入新年自咏》（卷六九）有云：

> 销磨岁月成高位，比类时流是幸人。
>
> 大历年中骑竹马，几人得见洛阳春？

《夏日闲放》（卷六九）有云：

> 资身既给足，长物徒烦费。
>
> 若比箪瓢人，吾今太富贵。

俗云"比上不足，比下有余"，白居易比下不比上，专与不如己者比，怎能不知足。这是他涵养"知足"心的一大诀要。

在"朝露贪名利，夕阳忧子孙"（《秦中吟·不致仕》卷一）的中唐群僚中，白居易的"知足"心是十分可贵的。而且不独知足，甚至知愧，元和五年（810年），白居易为翰林学士兼京兆府户曹参军，作《秋居书怀》诗（卷五）有云：

> 况无治道术，坐受官家禄。
>
> 不种一株桑，不锄一垅谷。
>
> 终朝饱饭食，卒岁丰衣食。
>
> 持此知愧心，自然易为足。

开成四年（839年）作《春日闲居三首》（卷六九），其二有云：

又问俸厚薄，百千随月至。

又问年几何，七十行欠二。

所得皆过望，省躬良可愧。

会昌二年（842 年）作《妻初授邑号告身》（卷一九），有云：

我转官阶常自愧，君授邑号有何功？

以上是一般性的感愧。更有感人至深的即耳闻目睹士庶饥寒而引发的愧疚，表达这种愧疚的诗篇主要是早年讽喻之作。如元和二年（807年）为周至尉时目睹贫妇携子拾麦穗充饥的情景，作《观刈麦》诗（卷一）扪心自问道：

今我何功德，曾不事农桑。

吏禄二百石，岁晏有余粮。

念此私自愧，尽日不能忘。

元和八年（813 年），诗人守母丧居故里下邽。严冬腊月，村农衣不蔽体犹外出劳作，夜间无衾不得眠，愁坐槁棘火旁御寒待旦。诗人为作《村居苦寒》诗（卷一）表达同情，反顾自己衾裘暖身，"幸免饥冻苦，又无垅亩勤"，因而"念彼深可愧，自问是何人"。

这种根于仁爱的"知愧心"，也常常流露于晚年诗篇。如大和七年（833 年）为河南尹，作《岁暮》诗（卷六十二）云：

惨澹岁云暮，穷阴动经旬。

霜风裂人面，冰雪摧车轮。

而我当是时，独不知苦辛。

晨炊廪有火，夕爨厨有薪。

夹帽覆长耳，重裘宽裹身。

加之一杯酒，煦妪如阳春。

洛城士与庶，比屋多饥贫。

何处炉有火？谁家甑生尘？

如我饱暖者，百人无一人。

安得不惭愧，放歌聊自陈。

第四编 文史研究

在封建时代，官僚知足不贪，做本分官，食本分禄，已是难能可贵。至于贫民饥寒，滔滔者天下皆是，所谓"神仙难救世间苦"，"干卿甚事"？何愧之有？而白居易却自问："今我何功德，曾不事农桑。"道是"念彼深可愧，自问是何人"，何其可敬的良心官！这颗良心，当来自他"兼济天下"的宏愿。这一宏愿，在其人生前期表现非常强烈。后期虽然陡然跌落，一念犹存，不曾泯灭。在杭州刺史任上，他在赠送贫士萧悦、殷尧藩新裘衣的同时，作诗表示要用法度作面料，仁爱作絮料，若得在郡五年，将做一领无形的大裘，展覆全体杭州之民。大和五年（831年）在河南尹任上，诗人新制一领绫袄，作《新制绫袄成感而有咏》（卷五八），有云：

> 百姓多寒无可救，一身独暖亦何情。
>
> 心中为念农桑苦，耳里如闻饥冻声。
>
> 争得大裘长万丈，与君都盖洛阳城。

后又新缝一件布裘，作《新制布裘》（卷一）有云：

> 丈夫贵兼济，岂独善一身。
>
> 安得万里裘，盖裹周四垠。
>
> 稳暖皆如我，天下无寒人。

这些诗篇借一物之微表现"兼济"之志，其博爱精神不亚于杜甫的"安得广厦千万间，大庇天下寒士俱欢颜"。有"兼济"志，方有"知愧心"。能知愧，必能知足。知足是知愧的起点，知愧是知足的极致。从积极意义上说，"知足"心根源于"兼济"志。这就是白居易此类诗篇的深刻昭示。

当然，换一角度考察，诚如陈寅恪先生所指出的，白居易的"知足"心来源于老子"知足不辱，知止不殆"的思想。再者，佛家的人生虚无，世相空幻的观点，也给予白居易巨大影响。白居易晚年虔诚事佛，自称"在家出家"，其"知足"心往往打上佛门烙印。诗人置身党争激烈、政局反覆的官场，身受江州之贬，佛道二家教旨自是避祸自慰的良方。流露在诗篇中，最典型的如元和十四年（819年）《江州赴忠州至江陵已来舟中示舍弟五十韵》（卷一七）有云：

险路应须避，迷途莫共争。

此心知止足，何物要经营。

玉白泥中洁，松经雪后贞。

无妨隐朝市，不必谢寰瀛。

但在前非悟，期无后患婴。

多知非景福，少语是元亨。

晦即全身药，明为伐性兵。

昏昏随世俗，蠢蠢学黎甿。

鸟以能言缚，龟缘入梦烹。

知之一何晚，犹足保余生。

通篇演绎老庄遁世避祸思想，消极之至。此外如"祸福回还车转毂，荣枯反覆手藏钩"（见《放言五首》其二）："权门要路是身灾，散地闲居少祸胎"（见《闲卧有所思二首》其二）："进退是非俱是梦，丘中阙下亦何殊"（见《杨六尚书频寄新诗（下略）》）："相府潮阳俱梦中，梦中何者是穷通？他时事过方应悟，不独荣空辱亦空"（见《寄潮州继之》）。此类诗句散布集中，显示诗人"知足"心的消极面。这一消极面的形成，除受佛老思想影响外，更由官场现实的教训所致。诗人早年作《寓意》五首（卷二），其一有云：

赫赫京内史，炎炎中书郎。

昨传征拜日，恩赐颇殊常。

貂冠水苍玉，紫绶黄金章。

佩服身未暖，已闻窜谪荒。

亲戚不得别，吞声泣路傍。

宾客亦已散，门前雀罗张。

富贵来不久，倏如瓦上霜。

权势去尤速，瞥若石火光。

不如守贫贱，贫贱可久长。

传语宦游子，且来归故乡。

作者出仕数十年间，先后目睹"二王八司马"事件❶、牛李党争❷、晚岁又逢甘露事变❸，官僚旦夕荣辱升沉的景象已是习见惯闻。聪明的白居易笃守"独善"之志，不热衷于富贵权势，始终置身权力角斗场外，作冷眼旁观之人。虽与局中人有交往，也仅限于私交而不涉朋党。正如明人赵懽所言："素善李绅而不入德裕之党；素善牛僧孺、杨虞卿而不入宗闵之党；素善刘禹锡而不入伾、文之党"❹。总之，在中晚唐的险恶官场中，白居易知足知止，明哲保身，虽有消极之嫌，毕竟可谅，未可厚非。

必须指出的是，白居易的"知足"与儒家的"知天命"也大有关系。《尚书·尧典》云："不知命，无以为君子也。"孔子则自称"五十而知天命"（《论语·为政》），又说："君子有三畏，畏天命，畏大人，畏圣人之命。小人不知天命，不畏也"（《论语·季氏》）。所谓"知天命"，实质上也是一种知足，即满足于天命，听天由命。说具体些，便是孔子说的"死生有命，富贵在天"（《论语·颜渊》）。白居易诗文中所云"省分知足"（卷六一《序洛诗》）、"省躬审分"（卷六二《吟四虽》）、"知分心自足"（卷七《咏怀》）、"年长识命分"（卷七《白云期》），所谓"分""命分"，即指天命，"知分"便是"知天命"。天命有定，则人当知足，故白居易的"知足"说到底是对天命的认定，也与孔子"知天命"本质上相通。

孔子"五十知天命"，白居易的"知天命"却不自五十始。如前文

❶ 唐顺宗永贞年间，新用事的朝臣王叔文、王伾发起一场政治革新，企图打击宦官势力，革除朝廷积弊。年轻朝官刘禹锡、柳宗元等积极参与其事。不久，患重病的顺宗禅位于太子（宪宗），政局剧变，二王贬死，刘、柳等八人贬为边远州郡司马，史称"二王八司马"事件。

❷ 唐宪宗至武宗之世，朝班党争剧烈。宰相牛僧孺、李宗闵等为一党，对立面宰相李德裕为首一党。两派互相倾轧，势不并立，史称牛李党争。

❸ 唐文宗大和九年冬，宰相李训与节度使郑注密谋内外配合诛除宦官。李训预设伏兵，诈称左金吾仗院中石榴树夜结甘露，邀帝临观。宦官奉旨前往探险，闻幕后兵器声，事泄。宦官发难，李训、郑注等权要被诛灭十余家，死千余人，史称甘露事变。

❹ 赵懽，《樊林子·卷二》，《丛书集成初编》，上海商务印书馆排印本，民国二十四年至民国二十六年。

所述，他在五十岁以前就已萌发"知足"心。他以"居易"为名，"乐天"为字，当摘取《礼记·中庸》"君子居易以俟命"及《易经·系辞》"乐天知命故不忧"语，名和字都含有"知天命"的意思。据封建礼制，男子幼而起名，长成（20岁加冠）取字，都是父辈所为，则"居易"之名、"乐天"之字非白居易自取，却与其一生思想行为相吻合，可谓人如其名。如此说来，搏动在白居易闲适诗中的一颗"知足"心真是与名俱来、与字共存，岂不怪哉！

[原载《江西教育学院学报》（社会科学）2001年第3期]

《上阳白发人》浪诠

上阳人，上阳人，红颜暗老白发新。绿衣监使守宫门，一闭上阳多少春。

玄宗末岁初选入，入时十六今六十。同时采择百余人，零落年深残此身。

忆昔吞悲别亲族，扶入车中不教哭。皆云入内便承恩，脸似芙蓉胸似玉。

未容君王得见面，已被杨妃遥侧目。妒令潜配上阳宫，一生遂向空房宿。

宿空房，秋夜长，夜长无寐天不明。耿耿残灯背壁影，萧萧暗雨打窗声。

春日迟，日迟独坐天难暮；

宫莺百啭愁厌闻，梁燕双栖老休妒。莺归燕去长悄然，春往秋来不记年；

唯向深宫望明月，东西四五百回圆。今日宫中年最老，大家遥赐尚书号。

小头鞋履窄衣裳，青黛点眉眉细长。外人不见见应笑，天宝末年时世妆。

上阳人，苦最多：少亦苦，老亦苦，少苦老苦两如何？

君不见昔时吕向《美人赋》，又不见今日上阳宫人白发歌！

以上为白居易《新乐府》第七首，题为《上阳白发人》。

上阳人，即上阳宫宫女。上阳宫在洛阳，唐高宗建。唐朝建都长安，以洛阳为陪都，在那里建有宫殿苑囿，但皇帝不常临幸。"红颜"句说明所咏是老年宫女。"暗老"有青春悄逝、岁月无情的意思。"白发新"表明一头青丝频频白去，日有新霜，当已老态龙钟。

"绿衣监使"即穿绿衣的宫监，负责管理皇宫事务，其品级不高（六七品），按规定穿绿色制服。宫女名义上是皇帝的侍女，换句话说就是候补的小老婆，因此宫监责任重大，如果宫女有走失，就要处重罪。隋代李渊爵封唐公，镇守太原。他的儿子李世民与晋阳宫（隋朝行宫之一，在太原）副监裴寂设谋，私送宫女侍候李渊，以此胁迫他不得不起兵反隋。所以宫女一旦入宫，宫门一闭，即为终身监禁。"一闭上阳多少春"，正是感慨于此。那么唐朝帝王给宫女的待遇怎么样呢？且听这位"上阳白发人"的申诉：

玄宗末年选入后宫，其时年方二八，正是所谓"破瓜年纪"，天真烂漫，无忧无虑，对前途充满幻想，以为进了宫就能如"皆云"的很快就能得到君王的宠爱。关于她的姓名、籍贯、家世等，诗人没有交代，其实也不必交代，她是一个概括了的形象。一般情况下，宫女由皇帝派亲信到民间挑选，先规定一个年龄范围。据《十国春秋·后蜀·后主记》，五代时，后蜀后主孟昶大选宫人，限年13至20，民间骚然，多立嫁其女，谓之惊婚（见《十国春秋》卷四九《后蜀·后主纪》）。在其前的唐代，选宫女的年龄规定推测也应在13岁至20岁。在这个范围内的良家姑娘，其户主必须如实呈报，隐瞒不报的要问欺君之罪。有时因选的宫女太多，舆论的压力太大，便假借别的名义。例如，天宝末年派出去选宫女的官员，便打着采办花鸟的幌子，号称"花鸟使"。这位"上阳人"也许就是被"花鸟使"选入后宫的。

不要以为宫女身份尊贵、衣食丰厚，姑娘们都求之不得。读过《红楼梦》的，大概还记得其中"元妃省亲"的情节，那富贵荣华热闹排场的背后，隐藏着几许冷酷与痛苦！做了贵妃的尚且如此，一般宫女的遭遇可想而知。所以老百姓都把选宫女（明清人唤作选绣女）当作一场灾难。有时一声哄传，说某时要选宫女了，于是有姑娘的人家就忙不迭为女儿找婆家、争女婿，阴差阳错，乱配鸳鸯，不知闹出多少悲剧。《拍案惊奇》初刻中《韩秀才乘乱聘娇妻，吴太守怜才主姻簿》一回，就写了明代选绣女生出来的一场闹剧。真有被选中了的，一家子哭哭啼啼，悲悲切切，虽是生离，无异死别。他们心里明白：这一去再没有见面的时候。

"上阳人"离开娘家时，人们不让她哭。女孩子心软，应该是哭了。送行的亲人也应该是流了眼泪的，但却只能强压着。打从杨玉环一人得道、杨家鸡犬升天后，人们羡慕极了，说是"生男勿喜女勿悲，却看女作门上楣"。"上阳人"当时正值桃李年华，所谓"脸似芙蓉胸似玉"，似当有玉环之运的——顺便说几句，白居易惯用鲜花比喻美人，例如，《长恨歌》的"梨花一枝春带雨"，《盐商妇》的"两朵红腮花欲绽"，以及这里的"脸似芙蓉"，都很形象。但这里，他把女人的胸脯拿来形容，比作白玉，似有失雅之嫌，诗吻近乎轻薄，合得上"（元轻）白俗"之谥。但通观唐代时俗，习尚风流，李白之辈时以携妓入诗，白居易此处一笔，亦不足为怪。可是谁知道"承恩不在貌"，红颜的"上阳人"未曾见君王一面，就被杨贵妃打入冷宫。"遥侧目"即远远地斜着眼睛一瞥，活现出杨贵妃的妒相。

杨玉环原是唐玄宗的儿媳妇（寿王李瑁的妃子），不知怎么被公公看上了，让她先出家当了几年女道士，瞒天过海，天宝四年册封为贵妃（唐朝这类事在历史上是有名的）。这时她已二十七岁，按照那时传统的审美标准，已经是"徐娘半老"。但她善于卖弄，所谓"回眸一笑百媚生"（《长恨歌》），居然把六十多龄的唐玄宗弄得神魂颠倒。她受宠爱的程度，据《长恨歌》说是"春宵苦短日苦高，从此君王不早朝。承欢侍宴无闲暇，春从春游夜专夜。后宫佳丽三千人，三千宠爱在一身"，即所谓"专房之宠"。唐玄宗的后宫佳丽未必止三千（"三千"之类是古人惯用的虚数）——杜甫说是八千（见《公孙大娘弟子舞剑器行》）、史书上说是四万（见《新唐书·宦者列传》）。到底有多少人？谁也说不清楚，因为宫女人数向来是保密的。《周礼》郑玄注明："王之妃百二十人，后一人，夫人三人，嫔九人，世妇二十七人，女御八十一人。"这个"法定"人数，在唐时充其量不过是实际人数的零头。杨贵妃既集三千之宠，上阳人之遭"潜配"也就很自然。

"潜配"，说明是杨贵妃瞒着唐玄宗干的勾当，这样就为唐玄宗开脱了罪责。"为君讳"是做臣子的纪律，为宫人请命的白居易也不能例外。甚至李白也说过："总为浮云能蔽日，长安不见使人愁。"（见《登金陵凤凰台》）"一生遂向空房宿"一句有点问题："上阳人"（当然不止她一人）既然是被杨妃妒忌而发配上阳宫的，那么时间当在天宝末年，即安史之乱前夜。天宝十四年冬发生这场叛乱，玄宗逃往四川，二京相继失守。次年正月，安禄山在洛阳称"大燕皇帝"，下令把长安的朝宫、宦官和宫女都押到洛阳来，洛阳的一群无耻降将还为他打扫上阳宫（据李商隐《行次西郊作一百韵》及《资治通鉴》记载）。这么说，身居上阳的宫人一定不能幸免。可是在这首诗里，连暗示也没有，就跟没有发生这场大劫难一样。这或许是诗人一时疏忽。也可能是由于安禄山称帝的时间不长，对于"上阳人"的一生无足轻重。还有，诗中"杨妃"当是借作后宫专宠之人，文学毕竟不同于史学。

"宿空房"是诗人着力渲染的内容。秋天夜长难熬，就专写秋夜；"秋风秋雨愁煞人"，就专写秋雨打窗，正是"这次第，怎一个愁字了得"。春天昼长难熬，就专写白昼。不用说，牵动姑娘们怀春思偶的莺歌燕舞、双栖双飞，在她只觉得多余和讨厌，这是由于闻而益愁也；"老休妒"，是妒极而无复可妒了。前文"入时十六今六十"，轻轻巧巧的一句，到这里才领会到它的分量。四五十年光阴，她经历过多少个孤凄的日夜，被多少痛苦和怨悱所煎熬！无疑，唐时也有发放宫女之举，如有时遇上天灾，人们以为是宫女怨气冲天所致，朝廷奏章纷纭，"寡人"拗不过，因而象征性地释放一些年老多病的宫女，于是被当作莫大的德政加以宣扬。千百年来，人们关心她们，同情她们，写作了许许多多的宫怨诗篇，编造了许许多多生动的故事。

开元中，宫人奉命为边关将士缝制棉衣，有一宫女深情地题了一首诗，夹在里子上。诗是这样写的：

沙场征戍客，寒苦若为眠？

战袍经手作，知落阿谁边？

后来一个士兵得到这件棉衣，读了宫女的题诗，很受感动。事情通报上去，玄宗查出题诗的宫女，便把她赏配给那个士兵。

唐僖宗时，后宫韩夫人（夫人是宫女中较高的等级）戏题一诗于红叶上：

流水何太急，深宫尽日闲。

殷勤谢红叶，好去到人间。

红叶随御沟水流出宫墙，被一个姓于的书生拾得。于生产生了怜悯和爱慕，后来韩夫人因过失被逐出宫门，巧遇于生，两人终成眷属。

在唐宋小说笔记中，这类故事虽然不少，但"上阳人"却没有那样的好运气，"唯向深宫望明月，东西四五百回圆"。向，从也；东西，指月亮的东升西落。月亮每月一圆，四五百回圆（亏她记得清楚）就是四五百个月。不计年而计月，更显出时间的漫长，日子的难熬；不直写多少月而写月亮多次圆，暗示"上阳人"切望人事团圆的心情，也可以看作是反衬。当年的同伴先后死去，独她还活着，应是不幸中之万幸，又是万幸中之不幸。她虽然升了官，挂上"尚书"的衔号（宫女分许多等级，设女官各司其职，有时也把这些女官统称作尚书），但付出的代价太大了。所以"大家遥赐尚书号"一句，实际包含自嘲和愤慨的意味。"大家"远在长安，故称"遥赐"。

长住深宫的人，像装在罐头盒子里，对外面的世界一无所知。"入时十六今六十"，即从天宝末年到贞元年间。在这半个世纪中，大而国计民生，小而官风民俗，从婚丧嫁娶到衣着打扮，都有很大的变化。可她一身装束，仍是四五十年前做姑娘时的"时世妆"："小头鞋履窄衣

143

裳，青黛点眉眉细长"。一个白发老妇做这般打扮，本来就够滑稽的，何况外间早已变了花样，这真是双重的过时。难怪"外人不见见应笑"。但是此一"笑"其实是满蕴了无限的痛苦的，作者笔下，更有无穷的同情。

那么贞元前后的"时世妆"是什么模样呢？正好《新乐府》中有一首《时世妆》，道是"腮不施朱面无粉。乌膏注唇唇似泥，双眉画作八字低。妍媸黑白失本态，妆成尽似含悲啼。圆鬟无鬓堆髻样，斜红不晕赭面状"。爱美之心，人人皆有，人们的审美观因时而异，原也无可厚非；摩登男女赶时髦、追新异，服饰"一月三改，首尾未周，俄成古拙"（见姚最《续画品录序》），也是常有的事。不过，像这样涂"口黑"、画八字眉的时髦，却是少见。"服之不衷，身之灾也"，怀有世道人心之忧的人则认为不仅是身灾，而且是国祸。正史上郑重记载的所谓"服妖"，就被认为是国家乱亡的征兆。白居易写过"天宝末年时欲变，臣妾人人学圆转"（见《胡旋女》），写过"元和妆梳君记取，髻堆面赭非华风"（见《时世妆》），可见他的世道人心之忧是很深的。他写《新乐府》的动机之一，就是想挽回江河日下的世风。本诗写及"时世妆"应有此意蕴。

《新乐府》的特点之一是"首句标其目，卒章显其志"。所谓"首句标其目"，就是取首句作题目。题目下面附一句解题的话，以点明主题。这首《上阳白发人》的解题语是"愍怨旷也"。封建时代，男子过时未娶，称旷夫；女子过时未嫁，称怨女。这里的"怨旷"当然是偏义词。"愍"的意思是同情，"卒章显志"就是在诗篇的末章表明作者的爱憎和写作意图。《上阳白发人》是这样"卒章显志"的：

"上阳人，苦最多"，这一句造句平常，却包含深切的同情，是对上文的总结。"少亦苦，老亦苦"，"少苦"苦于没有爱情生活，没有婚配，苦于红颜暗老、青春难驻；"老苦"苦于没有家庭，没有儿孙，苦于独居寂寞。男婚女嫁、生儿养女，这是人类的天性，所以称夫妻家庭生活为天伦之乐。这一点，女性可能尤为敏感。粤赣客家语地区至今仍称妇女为"婆太人"，意味着女子嫁人指望的是做婆做太，子孙绵绵，晚年有人娱老养老以至送终。这一切，"上阳白发人"是绝对没有指望了。"少苦老苦两如何"，闭在深宫有谁知道她？有谁同情她？当年唐玄宗沉溺声色，曾有一个叫吕向的文人，写过一篇《美人赋》作讽谏，据说唐玄宗读了有所感悟。"君不见昔时吕向《美人赋》，又不见今日上阳宫人白发歌"。言下之意，《上阳白发人》就是今日的《美人赋》，他白居易就是第二个吕向。事实上，《美人赋》虚拟故事，雕琢章句，不脱赋家习气，讽谏的意思并不显豁。《上阳白发人》因人述事，因事立意，通俗明白。情词动人，才是真正的讽喻辞章。"君不见"的"君"，似乎又暗射君王。乐府歌行里出作这一声长呼，标志作者的感情达到顶点。作者要说的话都说完了，剩下的事情是让读者去回味，去思索：

> "上阳人"为谁而白发？
>
> 《上阳白发人》为谁而歌？
>
> ……

（原载《函授教学》1988 年第 2 期）

晚明小品文的情趣

小品这个词，本来是对佛经节本的称谓，后来有人用作笔记的标题，如《涌幢小品》，又用作一类短篇古文的标题。凡称为小品的古文，必须具备三个特征：①篇幅短窄；②内容琐杂；③文笔生动有趣，有较高的文学欣赏价值。鲁迅说："讲小道理或没道理，而又不是长篇的，才可谓之小品"（见《且介亭杂文二集·杂谈小品文》）。但如果只取①②两点特征，那么古代的小品文将是一片汪洋大海（仅笔记就够呛），显然不合情理。这是笔者的一点认识。

古文小品由来已久。鲁迅认为《史记》中的《伯夷列传》和《屈原贾谊列传》（除开所引骚赋）也是小品。此说很勉强。论小品文的一般从六朝说起：《世说新语》是人物小品集，陶宏景、吴均诸人的几篇短札是山水小品，《水经注》也可作山水小品读。唐代柳宗元的游记当

第四编 文史研究

然也是山水小品，他的寓言和皮日休、陆龟蒙等人的短论、寓言则是难得的讽刺小品。宋人笔记多，小品文也多，欧阳修、苏轼、王安石、黄庭坚等人都有出色的小品之作，苏、黄的尺牍尤为著称。

元末明初的古文家如宋濂、方孝孺诸子，大都是一本正经的人物，不屑于无关大道宏旨的小品。刘基的寓言是很不错的讽刺小品，但那是元末写的。朱元璋、朱棣杀伐立威，文人都是噤口结舌，哪有闲情作小品。此后文坛上刮起复古风，号召"文必秦汉"，不今不古的小品文自然不在话下。直待"七子"之流复不成古，一般人于四书五经读得发厌，于八股文写得作呕的时候，古文小品这才抬头。先是唐宋派巨子归有光开路，写了几篇小品味十足的传状碑志，接着徐渭、董其昌、李日华、汤显祖等人张大其军，公安派、竟陵派先后登坛，后继者王思任、陈继儒、张京元、李流芳、刘侗、张岱、祁彪佳、陈洪绶等人推波助澜，小品文至此达到高潮。明末陆云龙辑《皇家十六家小品》，全是晚明作品。二十世纪三十年代白话小说泛滥成灾之时，施蛰存辑《晚明二十家小品》，阿英（钱杏邨）辑《晚明四十家小品》，从这些丛书的书目就可以想见其时小品之盛。

晚明小品之盛。第一，应归功于复古派，是他们的没有出息才迫使人们寻找出路。第二，应归功于八股文这个无情无趣、面目可憎的怪物，是它逼得人们掉转笔头，别寻乐趣。第三，应归功于王门泰州学派所开展的"思想解放"运动。他们强调自我，尊重个性，蔑视传统，鄙视世俗，奇谈怪论，放言无忌（李贽最甚）。受其影响，文学评论家们提出了"本色"说主张（唐顺之、李先开），"童心"说（李贽），"性灵"说（袁宏道、焦竑），"趣味"说（汤显祖、袁宏道），都是前所未闻的新见解。与此同时，对通俗文学（戏曲、小说、民歌）的重视也达到最大限度。"文以载道"的时代过去了，转而张扬以文为趣，以文为乐。在这种文学空气中，"虽小道亦有可观"的小品文很快成为文坛时髦。纵观明清两代，小品文的作者大都是思想上或多或少离经叛道（起码是不那么尊经守道）的"性灵"人物，思想解放于文学革新的关系由此可见。第四，晚明小品文之盛还归功于明王朝的"世道隆盛"。"世之盛也，天下物力盛，文网疏，风俗美。士大夫闲居无事，相与轻衣缓带，留连文酒。而其子弟之佳者，往往荫藉南华、寄托旷达。居处则园林池馆，泉石花药；鉴赏则法书名画，钟鼎彝器。又以其间征歌选伎，博塞蹴鞠，无朝非花，靡夕不月，太史公所谓游闲公子饰冠剑，连车骑，为富贵容者，用以点缀太平，敷衍风物，亦盛世之美谭也"（见钱谦益《瞿少潜哀辞序》）。晚明小品就是上述风气的产物，也是这种风气的记录。它是典型的消闲文学，作者大多是兴趣广泛、生活放荡，多才多艺的"山人"，先仕后隐者有之，亦仕亦隐者有之，只隐不仕者亦有之，所以有人干脆把它称作"山人文学"。当明王朝内外交困，士大夫党争激烈，宗派社团角立纷攘之际，却有一群闲人以流连山水、摹写风月为能事。论地域，这些人大都是东南所产，尤以江浙居多。其中原因与"陪都"南京的设置大有关系。

论体裁，晚明小品主要是尺牍和游记。尺牍文又称短札，通常行于朋友好友之间，所用文字随随便便，不同于正正经经的书启。尺牍高手首推袁宏道。袁宏道的尺牍善于抒情，虽然是写给朋友的，也像写家书一样，有什么就说什么，毫不做作。《答王则之检讨》：

京中有苦有乐，家中亦有苦有乐。京中之乐在拜客，家中之苦在无客可拜；京中之苦在闭口不得，家中之苦在开口不得；京中之苦以眼目为佛事，家中之苦以眉毛为佛事。两苦相较，未知孰优孰劣，惟兄自评定。

《与顾升伯修撰》：

别时匆匆，不及吐一语。因忆往昔踏月射堂，听歌曲水，共约此后当觅稻田厂一片地，为看花待月之所。曾未几时，而出处生死有同夏云，人生何事，可算得也！弟世情觉冷，生平浓习无过粉黛，亦稍轻减。即有时对清歌艳舞，亦如花鸟之寓目，自幸心中粗了，可以隐矣。六月内遍踏匡山，水石胜绝，自恨宿因不深，不得为此中净侣。至真州，遇三弟，备知兄近日行履。兄才识盖世，阅世已久，若于此事稍稍

第四编　文史研究

勘破，人间佳恶情态，真不值兄一笑也。

前篇含蓄风趣，后篇委婉曲折，皆如行云流水，读之不觉终篇，而且回味无穷。

他的游记像柳宗元的游记那样，有白描，有拟人，但不像柳记那样简洁、凄幽，别有一种温丽秀逸的风味，如《初至西湖记》：

从武林门而西，望保俶塔，突兀层崖中，则已心飞湖上也。午刻入昭庆，茶毕，即棹小舟入湖。山色如娥，花光如颊，温风如酒，波绫如绫，才一举头，已不觉目酣神醉。此时欲下一描写不得，大约如东阿王梦中初遇洛神时也。

此类游记给人的印象是：游者是才子，山水是佳人，如此非一。江浙一带，人称"山温水软"，读袁宏道的游记，方知其中况味。张岱评为郦、柳之后第三人（见《中郎研究》）。

中郎杂记亦令人爱不释手，如《山居杂记》：

病中无事，客亦不来。饭后散步城头，俯仰景色，应接不暇。轻云远去，数鸟徐来，人声四聚，笑语非明，一目两山，条枝可数。步倦归来，又月色溶溶矣。胸次悠然，乃从而歌之。歌曰：世情贫自少，岁月病偏多。倚栏看明月，盈盈上石坡。南邻好友闻余之歌，乃步月就余，促膝倾谈，夜分而去。此亦因病得闲之一乐也。

读后使人想起归有光《项脊轩志》中"三五之夜，明月半墙，桂影斑驳，风移影动，姗姗可爱"的一段描写和苏轼的《记承天寺夜游》，却又不像"脱胎"，更不是抄袭。

还有一篇《山居斗鸡记》：

一巨鹅与一小而美鸡斗。美鸡不支，童子助之。两书生笑曰：我未见人而乃畜类相搏以为事也。童子曰：较之读书带乌纱与豪家横族共搏小民，不犹愈耶？

很明显，这是一篇寓言式的讽刺小品。鲁迅说："明末的小品虽然比较颓放，却并非全是吟风弄月。其中有不平，有讽刺，有攻击，有破坏"（见《南腔北调集·小品文的危机》）。并非生活在明末而出世思想又非常严重的袁宏道，能写出这样的小品是极可贵的，可惜此类作品太少了。

明末游记小品首推张岱。张岱字宗子，号陶庵，山阴人。自称：

少为纨绮子弟，极爱繁华。好精舍，好美婢，好娈童，好鲜衣，好美食，好骏马，好华灯，好烟火，好梨园，好鼓吹，好古董，好花鸟，兼以茶淫桔虐、书蠹诗魔。劳碌半生，皆成梦幻。年至五十，国破家亡，避迹山居。所存者破床碎几，折鼎病琴，与残书数帙，缺砚一方而已。布衣蔬食，常至断炊，回首二十年前，真如隔世……称之以富贵人可，称之以贫贱人亦可；称之以智慧人可，称之以愚蠢人亦可；称之以强项人可，称之以柔弱人亦可；称之以卞急人可，称之以懒散人亦可。学书不成，学剑不成，学节义人不成，学文章人不成，学仙学佛学农学圃俱不成，任世人呼之为败子，为废物，为顽民，为钝秀才，为渴睡汉，为死老魅也已矣。(见《琅嬛文集》卷五《自为墓志铭》)

快人快语，令人叫绝。明亡后张岱隐居著书，以二十七年心力完成史巨著《石匮藏书》，另有著述多种，今存《琅嬛文集》《陶庵梦忆》和《西湖梦寻》数种。

张岱的游记和杂记，内容比袁记丰富得多，山水风月、杂楼酒肆、说书演戏、斗鸡走马、土货特产、风俗民情……举凡他所见的一切都一一在录，而且有一个感情基调：追念故国，怀恋乡土，时有悲伤，亦见讽刺。传诵人口的《西湖七月半》，称七月半之夜无月可看，只可看人，把游湖之人也分作五类，分别描述他们的俗态，每述完一类，结以"看之"。五个"看之"犹如五把无形的尖刀，自作者眼中掷出，直要戳穿他不能忍耐的种种世相。他认为这五类人都不是真正赏月之人，他们不配赏月。待俗人散尽以后，他这位高士才独自出而赏月。

《湖心亭看雪》以白描见长：

崇祯五年十二月，余往西湖，大雪三日，湖中人鸟声俱绝。是日，更定矣，余拿一小舟，拥毳衣炉火，独往湖心亭看雪。雾凇沆砀，天与云与山与水，上下一白，湖上影子，惟长堤一痕，湖心亭一点，与余舟一芥，舟中人两三粒而已。到亭上，有两人铺毡对坐，一童子烧酒炉正沸，见余大喜曰："湖中焉得更有此人！"拉余同饮。余强饮三大白而别。问其姓氏，是金陵人，客此。及下船，舟子喃喃曰："莫说相公痴，更有痴似相公者。"

如此雅兴，如此画图，令人恨不同时。

记中俊语妙论也使人难忘。比如，"人无癖不可与交，以其无深情也；人无疵不可与交，以其无真气也"（《陶庵梦忆》卷四《祁止祥癖》）；"少年读书如快刀切物，眼光逼注皆在行墨空处，一过辄了。老年如以指头掐字，掐得一个只是一个，掐得不着时只是白地。少年做文字白眼看天，一篇现成文字挂在天上，顷刻下来刷入纸上，一刷便完。老年如恶心呕吐，以手扭入齿哕出之，出亦无多，总是渣秽"（见《陶庵梦忆》卷六《噱社》记漏仲容语）。

与张岱同乡同时的王思任，为人好谑（自号谑庵），文章诙谐多刺。他的游记几乎是一边记游，一边指点评说，冷嘲、热讽、呵斥、谩骂无所不至，质问、反问的句子特别多，一篇《游北固山记》用了19个问句。此公一肚皮牢骚都想借游记发泄，不觉篇幅加长，已渐渐脱离小品本色。

晚明小品作家中，还有一位当时妇孺皆知的大山人陈继儒（字仲醇，号眉公，松江华亭人）。此人不愿做官，却好交结权贵，人又聪明，著书极多。《四库提要》载录他的著作达30种。然而有好些是抄袭之作，有的寥寥数条便算一种。在乾嘉学者眼中，这些著作从体例、内容到文字风格都已经小品化，所以《四库提要》多置贬词。他与汤显祖有一点私怨（汤曾题匾讽刺过他）。崇拜汤显祖的蒋士铨在杂剧《临川梦》中写了一首上场诗："妆点山林大架子，附庸风雅小名家。终南捷径无心走，处士虚声处处夸。獭祭诗书充著作，蝇营钟鼎润烟霞。翩然一只云间鹤，飞来飞去宰相衙"，着实把他挖苦了一顿。平心而论，陈继儒人品学问也许不怎么行，但也并非一无是处。张岱《快园道古》撮录他的一些言论："做秀才如处子，要怕人；既入仕如媳妇，要养人；

归林下如阿婆，要教人"；"任事者当置身利害之外，建言者须设身利害之中"……诸如此类，就不像是欺世盗名之言。

最后说说明清之交的李渔。

李渔号笠翁，浙江兰溪人，明末秀才。入清后他绝意仕途，专门从事戏曲小说的创作，还经营戏班子和书店，著有《十种曲》《芥子园画谱》《闲情偶寄》等。他也喜欢结交权贵，鲁迅把他看作"有帮闲之志，又有帮闲之才"的帮闲文人（见《且介亭杂文二集·从帮忙到扯淡》）。如果不求全责备的话，那么我同意林纾的看法："他是一个心裁独出、思想卓越的人，所以他对每个论题都贡献了一些新的观念。他是一个戏曲家、音乐家、美食家、服装设计家、美容家和业余发明家"（林纾《生活的艺术》）。我还想为他补充几个头衔：美术家、园艺家和养生家。读过他的《芥子园画谱》和《闲情偶寄》的人，该会有同感的。

《闲情偶寄》又名《一家言》，共有六卷，分作六部：词曲、声容、居室、饮馔、种植、颐养。其中《词曲部》是我国古代第一家系统性的戏曲理论，至今仍有重大的指导意义。此外各部亦事事有巧思，处处见新意（还附了许多插图），《一家言》的别称它是当之无愧的。从整体看，它是一部杂烩式的著作；单就一部分看，又自具完整的系统，虽然成系统，却又可以拆开来，当作散漫的小品来读。比如，《声容部》的一节：

妇人读书习字，无论学成之后受益无穷，即其初学之时，先有裨于观者。只须案摊书本，手捏柔毫，坐于绿窗翠箔之下，便是一幅画图。班姬读史之容，谢庭咏雪之态，不过如是，何必睹其题咏较其工拙，而后有闺秀同房之乐哉？噫，此等画图，人间不少，无奈身处其地，皆作寻常事物观，殊可惜耳。

又如《饮馔部·猪》：

食以人传者，"东坡肉"是也，卒急听之，似非彘之肉，而为东坡之肉矣。东坡何罪？而割其肉以实千古馋人之腹哉！甚矣，名士不可为，而名士游戏之小术，尤不可不慎也。至数百载而下，糕、布等物又以眉公而得名，取"眉公糕"，"眉公布"之名，以较"东坡肉"三字，似觉彼善于此矣。而其最不幸者，则有溷厕中之一物，俗人呼为"眉公马桶"。噫，马桶何物，而可冠以雅人高士之名乎？予非不知肉味，而于豕之一物不敢浪措一词者，虑为东坡之续也。即溷厕中之一物，予未尝不新其制，但蓄之家，而不敢取以示人，尤不敢笔之于书者，亦虑为眉公之续也。

这等文字暇时观览，是最好的消遣。当然，书中许多内容已经过时了，如《声容部》专门教人怎样挑选、打扮和调教姬妾，就使今天的读者很不习惯。

谈文说艺的，向来把李渔与同时代的金圣叹及乾隆时的袁枚、郑板桥作一路看。他们都是"性灵"派，而又各具独特的"性灵"，各有陶写"性灵"的小品。自袁宏道以下，小品文简直是"性灵"派作家的"专利"这是为什么呢？

（原载《高师函授》1989 年第 3 期，题为"晚明小品一瞥"）

序文种种

序是古人常用的一种文体。作为书序，有时又写作"叙"，也有称"纪"、称"解"、称"引"的。它经常是提挈书的内容，介绍撰述体例，或说明写作缘起，以帮助人们阅读理解。所以书不可无序，序不可不读。读书不读序，不是鲁莽，便是愚蠢。

书有序，大概从《毛诗序》开始。《毛诗》是《诗经》一种传本，传人是战国时的毛公。《毛诗序》据说是孔子的学生子夏和毛公合写的，但这种说法靠不住。有人把这篇序分而为二，开头几句，从"《关雎》，后妃之德也"至"用之邦国焉"为《小序》，其余部分为《大序》。《小序》说明《关雎》篇的主题，好比解题的话。《大序》揭示《诗经》大旨，提出著名的"六义""变风变雅"等观点。

人们又把《毛诗》每篇开头的解题文字都称作小序。从此，篇有篇序，成为一种通式。古来赋家、诗人和词客，往往在自己的单篇作品前加上一段小序。魏文帝黄初四年，鄄城王曹植与兄弟白马王曹彪、任城王曹彰同到京师会节气，任城王被文帝毒死，曹植的行动也受到监视。归藩途中，他写成《赠白马王彪》一诗，缀小序简述其事，表达他"愤而成篇"的心情，正是"未成曲调先有情"，令人读了感叹不已。南宋词人姜夔也是个善于写小序的人。他的名作《扬州慢》有一篇小序，是一章感染力极强的序曲：

淳熙丙申至日，予过维扬，夜雪初霁，荠麦弥望。入其城则四顾萧条，寒水自碧，暮色渐起，戍角悲吟。予怀怆然，感慨今昔，因自度此曲。千岩老人以为有《黍离》之悲也。

不知不觉把人引进一个悲怆凄凉的境界。再读正文，感受就更加深刻了。

白居易《新乐府》诗的小序，短到只有一句话。比如《新丰折臂翁》序云"戒边功也"、《卖炭翁》序云"苦宫市也"、《秦吉了》序云"哀冤民也"等。通篇意向，一语道破，作为解题文字是再精炼不过的。而长的篇序却达数百上千字，可以单独分离出来，当作一篇作品来读。例如，南朝庾信的《哀江南赋序》就是一篇有名的骈文。陶渊明的《桃花源记》，实际上也是一篇序，是《桃花源诗》的序，所以有的本子就作《桃花源诗并记》。这篇文字优美的记，无论文字篇幅和文学价值都大大超过了所序的诗，但人们并不嫌它喧宾夺主。至于书序，则有长得吓人的。近代梁启超曾应蒋方震之求，为蒋著《欧洲文艺复兴时代史》作序，这位天才文思喷涌，一发而不可收，几天内就写了六万左右字，几乎等于所序之书的篇幅。充作序言显然不妥当，只好改题为《清代学术概论》，成为一部有名的专著。还有顾颉刚，他用两个月时间为《古史辨》写了一篇长达十万字的序言，虽经删去数万，尚存六七万。序中畅述他的治学经历和心得。给人很多启发。若从序体论，则未免失之过长。

通常，无论书序篇序，都不宜过于冗长。清代学者颜炎武的巨著《日知录》，长达数十卷，自序却不过五六十字。全文如下：

愚少读书，有所得，辄记之。其有不合，时复改定。或古人先我而有者，则遂削之。积三十余年，乃成一编，取子夏之言，名曰《日知录》，以正后之君子。

这篇序言简意赅，最为难得。

另须指出，六朝以前，书序一般写在书末，是全书内容的一部分。比如，《史记》的《太史公自序》，《论衡》的《自纪》篇，《汉书》的《序传》篇，《文心雕龙》的《序志》篇。后来多与正文部分脱离，移置书首，而把写在书末的序称作后序。这种后序也可能是先已有序，意犹未尽，后来再写一篇。南宋的两篇名序——李清照《金石录后序》与文天祥《指南录后序》便是如此。因此一书而有两序。流传年代久的书，每刻印一次就加一篇序，以致有三序、四序，甚至更多。这种一书多序的做法，颇嫌多事。然而对于版本的研究，却是一利。

书序有作者自己写的，有别人作的。一般说，自序总比别人序好，因为"自家甘苦自家知"，写出来亲切有味，但求名心切的人，总是希望自己的著作加上一篇名人的序言，以扩大影响，增高身价。西晋左思《三都赋》写成后，求名士皇甫谧作序，被认为是第一个求人作序的人。《三都赋》问世后，人们争相传抄，竟使洛阳的纸价都变贵了，或许跟皇甫谧的序有些关系罢。明代文人最爱假面子，不管有才无才，活着的时候总要为自己编几本集子，请当世名人题写序文。有的刻一本集子，竟摆上二三十篇序。一些名人的文集，大半被这类序文占据了。

愤世嫉俗的人恰恰相反，他们既不替人作序，也不请人作序。"乾隆一怪"的郑板桥《十六通家书小引》写道：

板桥诗文，最不喜求人作叙。求之王公大人，既借光为可耻，求之湖海名流，必至含讥带讪，遭其荼毒而无可如何，总不如不叙为得也。几篇家信，原算不得文章，有些好处，大家看看；如无好处，糊窗糊壁复瓿复盎而已，何以叙为！

文如其人，老老实实的百十来字，胜于他人千言万语。

从另一方面说，为人作序也不是容易的事，顾炎武有句名言："人之患在好为序"。如果对书的内容没有透彻的了解便贸然操笔,哪怕是名人也难免被人讥笑。清初古文家魏禧,为梅文鼎《历算全书》作序,人们简直不知道他说些什么。清中叶的古文高手梅曾亮,序郝懿行《尔雅义疏》,也错讹百出。外行人强作解语,以致留下话端,可以作"好为人序"、妄为人序者戒。更不用说作违心之言,曲意奉承别人。

序这种题材虽然起源较早,使用广,演变也快,可是唐以前尚不被论家重视。《文心雕龙》探求了数十种文体的源流正变,却没有涉及序。萧统在《文选》中第一个把序列为一类,在《文选序》中也曾论及,可是语焉不详。宋以下方引起人们重视,至明代《文章辨体》和《文体明辨》,都对这种体裁作了专门的探讨。稍为留心的人可以发现,序是一种很活跃的文体,向来没有固定的"权限"。它可以记事,如前举《金石录后序》《指南录后序》,把家事、国事、天下事溶于一篇;可以写人,如韩愈《张中丞传后叙》,便是一幅传神的英烈画像。有的自序可视为自传,作者的家世、经历、思想、个性都写进去了;还可以立论,如正史中表志、纪、传的序论。大量的文学别集、选集和总集的序,则是研究文学理论的重要资料。前面提到过的《毛诗序》《文选序》,都在文学批评史上产生过巨大影响。

序在它的演进过程中产生了许多变种。六朝以来流行一种燕集序。吉日良辰,文士官绅们选一处佳境饮酒赋诗,照例留下一两篇文思雅致、词藻华丽的序。有的虽称诗序,但作者意在纪胜,不在述诗。王羲之《兰亭集序》、王勃《滕王阁诗序》、李白《春夜宴桃李园序》等,就是这类。

唐以下盛行赠别序。朋友分手,师生离别,常以序送行,成为俗套。韩愈最擅长这种俗文。但他的赠序变化多端,逞情结撰,往往借题发挥,变俗文为奇文。比如著名的"不平则鸣"说,便出自《送孟东野序》。

明代人又发明寿序。有人做寿了,亲戚故旧作序致贺,满纸谀词,愿意读的人是不多的。至于求人序寿,脸皮就更厚了。

此外还有形形色色的杂序。零散所见,有记游之序,如《游大林寺序》《三游洞序》见于白居易集；类似杂文的序，如《序饮》《序棋》，见于柳宗元集；欧阳修集中的《章望之字序》，是解释人的表字；苏轼集中的《圣散子后序》是记述一剂中药。

套用古人的一句话，真是"序之时义大矣哉"！

（原载《函授教学》1986 年第 4 期）

中国古代小说史要略

（一）小说的概念与地位

"小说"一词最早见于《庄子·外物》篇，意为破碎支离的"残丛小语"（语录、短文之类），其实是对孔、墨、杨诸子学说的贬称，与今天的小说概念无关。两汉学者把一些琐语末事的记录称为小说，以区别于堂堂皇皇的宏论奥学。例如，西汉刘歆的《七略·诸子略》中，以及东汉班固的《汉书·艺文志·诸子略》中，都有"小说家"一类。所列书目，大约近似于后来的笔记体小说。

中国古典小说的最早形式是文言的笔记体小说。在传统的图书分类（经、史、子、集四部分类法）中，它们有时被归在子部，有时被归在史部，界属含混不定。归在子部的，置于不入流的最末家。归在史部的，置于最末等"杂传""稗官"类。而后起的白话小说（如《水浒传》等），一向被学者排斥在"四部"（清人称"四库"）之外。在正统文人学者的眼光里，通俗小说竟至于不算著作。

（二）小说的分类

按语言特征，可分为文言小说和白话小说两大类。文言小说一般用笔记体，篇幅不长，如《世说新语》《聊斋志异》就是此类的专集。唐宋传奇多为单篇流传，非笔记体，也比较通俗。白话小说是通俗小说，如宋元的话本小说和明人的拟话本，以及明清诸长篇。有的夹杂较多的文言，如《三国演义》《拍案惊奇》等。

按篇幅长短，可分为短篇小说和长篇小说。这里提醒一点：中国古典长篇小说的主要形式（甚至可以说是唯一形式）是章回体。所谓章回体，就是按故事情节划分章节，标立题目。它起源于宋元的讲史话本，一个长篇分若干回讲完，故称回。章回体化长为短，它的最大优点是提示情节，使读者加深印象，同时便于创作和阅读。

按题材、内容分类，魏晋小说主要有志怪、志人（佚事）两类；唐宋传奇主要有灵怪、爱情、历史、义侠、佛道等门类；宋元话本主要有历史演义、恋爱、神怪、公案、征战等种类；明清小说主要有历史演义、英雄传奇、神魔故事、人情世态等种类。总而言之，古代小说主要有历史、神话、世情三大类。

（三）分期简述

1. 先秦——秦汉

为古代小说的准备期。传世名著《山海经》（里面的神话故事）和《穆天子传》可视为最早的神话小说。此外，为后世小说提供养分的还有：子部书，如《晏子春秋》《论语》《庄子》《韩非子》等；史部书，如《左传》《战国策》《史记》等。这些著作中的人物描写或寓言故事，启发了后世的小说写作。

2. 魏晋南北朝

志怪小说产生背景：长期的社会动乱，人命危浅，使儒术衰微，佛道二教盛行；两汉以来的谶纬迷信、灾变思想再度抬头，谈怪异、求冥福成为风气，文人学者不乏好事而记载之徒。流行书目主要有：《列异传》《博物传》（张华）、《搜神记》（干宝）、《拾遗记》（王嘉）、《续齐谐记》（吴均）。

佚事小说产生背景：乱世名士大批涌现，而蔑视礼法、思想放纵、行为怪诞是做名士的基本要求，所以形形色色的佚事特别多；东汉以来人物品评的制度和士人标榜的风气，使人们的注意力集中在这些逸事上面，好事者载诸文字，便成小说。著名专集有《笑林》（邯郸淳）、《西京杂记》（葛洪）、《语林》（裴启）、《世说新语》（刘义庆）等。

总而言之，此期小说篇幅窄小，故事情节不够完整，人物形象不丰满，各方面都显得粗糙、幼稚，因此，可以称为古代小说的形成期或幼年期。

3. 隋唐五代

"传奇"是人们对唐宋时一类文言小说的通称。这类学者多写奇行异事，是传播奇闻的，故称传奇。中唐文人提出"传奇"这一名号，含有贬义，表示不同于高雅、正经的古文。此外，宋元的说唱文学（说话、诸宫调）和南戏、北杂剧，以及明清的南曲剧本（如《牡丹亭》《桃花扇》等），都称作传奇，必须注意区别，不使混淆。

唐传奇的兴盛（高潮在中晚唐），主要原因有：科举制把大批士人集中到城市，与市民、商女打成一片，从中汲取了创作题材；士大夫应酬交往，往往以小说逞才斗艺，借以消遣，甚至作为显身扬名、"登龙门"的工具（投献"行卷""温卷"的材料之一）；前代笔记小说、中唐古文运动及佛道的流行，也直接促进了它的繁荣。

唐传奇的发展约可分为三期：前期（约相当于通常所说的初、盛唐）是形成期，主要是一些志怪作品，如《古镜记》《补江总白猿传》《游仙窟》；中期（约当中唐）是鼎盛期，作品数量大增，恋爱题材的《霍小玉传》（蒋防著）、《李娃传》（白行简著）、《莺莺传》（元稹著）、《柳毅传》（李朝威著）是其中最优秀的作品，此外，诫谕昏君的《东城老父传》（陈鸿祖著）、《长恨歌传》（陈鸿著），讽刺世态的《枕中记》（沈既济著）、《南柯太守传》（李公佐著）也堪称佳作；后期（约当晚唐）是衰变期，多数作品渐离生活，趋向虚构。或写武侠，如《虬髯客传》《聂隐娘》《红线》《昆仑奴》；或刺昏君，如《开河记》《迷楼记》；或宣扬迷信，如《裴航》《陶尹二君》等。此期出现了一批传奇专集，主要有《甘泽谣》《传奇》《原仙记》《灵异记》和《三水小牍》。

唐传奇题材广泛，风格多样（现实主义、浪漫主义和自然主义都有），许多作品情节新颖曲折，人物个性鲜明，语言精练优美，雅俗相得。这些成就标志古典小说已经进入成熟期。

4. 宋元时期

除了前已有之的笔记小说和传奇小说外，此期最重大的成就是话本小说的勃兴。

早在唐代，都市民间就有一种被称作"说话"的文艺形式，即由艺人当众讲说（或夹杂吟诵和演唱）故事。至宋代，"说话"尤为流行。形式上，有编成曲子弹唱的，称"诸宫调"（如元人撰《西厢记诸宫调》）；有以演讲为主，夹杂诗词吟诵的，称"诗话"（如《大唐三藏取经诗话》和明人撰《金瓶梅词话》）；也有单纯讲说的，称"平话"（如《五代史平话》）。内容上，有专门敷衍朝代兴亡的（称作"讲史"）；有专讲英雄征战的，有演说佛经故事的，有讲各类神、人故事的（宋人称为"小说"）。所谓"话本"，就是各类"讲话"的底本。由于"讲史"多用"平话"的形式，习惯上"平话"就成为讲史话本的专称，而"话本"则成为短篇白话小说的专称。

现存的宋元话本小说，主要见于《清平山堂话本》和《京本通俗小说》，优秀篇目有《碾玉观音》《志诚张主管》《错斩崔宁》《简帖和尚》《快嘴李翠莲记》《董永遇仙记》等。这些无名氏的作品表达了市民的思想感情，富于生活气息，文字通俗、口语化。宋元话本小说是小说史上第一批白话小说，亦即通俗小说。在它的影响和孕育下，明代产生了文人的拟话本小说，出现了长篇小说。总而言之，宋元时代是古典小说的俗化期。

5. 明清时期

是古代小说的集成期，无论长篇短篇、文言白话都在蓬勃发展，其中主流是长篇白话小说。长篇小说的高潮一在明代中后叶，一在晚清。明清小说繁荣的原因：一是宋元以来长期孕育的果实至此瓜熟蒂落（如《水浒传》《三国演义》《西游记》的问世）；二是部分文人改变了对小说的歧视态度，转而热情赞颂（如李贽、袁宏道、冯梦龙、金圣叹等人）；三是社会黑暗，世道沉沦，触发了失意文人的写作动机，供给了创作素材；四是随着社会生活的日益复杂和文化生活的日益丰富，各阶层民众的文学消遣需求激增。

明清长篇小说有如下类别。

一是历史演义类。明初《三国演义》是开山作，中后叶出现热潮，产生了《新列国志》《皇明英烈传》《隋史遗文》及多种断代史演义；清代有《隋唐演义》《说唐全传》等。民国初年蔡东藩《中国历朝通俗演义》（共十一种），可谓集大成。

二是英雄传奇类。《水浒传》开端，明人有《杨家将传》，清人有《水浒后传》《说岳全传》等。

三是神话类。《西游记》开端，独居上乘。逊一等则成神魔小说，如《封神演义》《西游补》《四游记》《三保太监下西洋》《平妖传》等。

四是世情类。主要有功过参半的《金瓶梅》，至佳无俦的《红楼梦》。层次较低的有才子佳人小说，如《玉娇梨》《平山冷燕》《二度梅》等。再堕落则成淫书，如《绣榻野史》《如意君传》和狎妓的《品花宝鉴》《花月痕》之类。

五是侠义公案类。主要产生于清代，如《儿女英雄传》《三侠五义》《小五义》《施公案》等。

六是讽刺类。《儒林外史》独居上乘，逊一等则有所谓谴责小说。李伯元《官场现形记》、吴趼人《二十年目睹之怪现状》、曾朴《孽海花》、刘鹗《老残游记》号称晚清四大谴责小说。

短篇小说方面。属于白话的有拟话本的"三言"（《喻世明言》《醒世恒言》《警世通言》，冯梦龙著），"二拍"（《拍案惊奇》的初刻、二刻，凌濛初著）。此外有《石点头》《醉醒石》等一批集子。属于文言的，有明人拟传奇的"三灯丛话"，即瞿佑《剪灯新语》、李祯《剪灯余话》、邵景詹《觅灯因话》。清人即以志怪的蒲松龄《聊斋志异》、纪昀《阅微草堂笔记》和袁枚《子不语》最著名。

（四）小说批评与小说理论

由于小说的兴起较晚，而作为小说主流的白话小说的主要对象是下层民众，学者文人对小说一向鄙视，所以古代小说批评和小说理论很不发达。唐传奇、宋话本那样优秀的小说，数百年来竟无人置喙。直到明代中后叶，随着文学思潮的革新，小说才受到一些文人士大夫的推崇。例如，王世贞称《史记》《庄子》《水浒》《西厢》为"四大奇书"；李贽称《水浒》为"古今至文"，为宇宙内五大部文章"之一（另四部是《史记》《杜诗》《苏东坡集》《李梦阳集》）"；金圣叹称《水浒》胜于《史记》，列为"六才子书"之一（另外五部是《离骚》《庄子》《史记》《杜诗》《西厢》）。他们纷纷为小说作序，有的还整理小说或评点小说。从此，人们关于小说的议论才增多起来，但多属于标榜的评语和随感式的言论，没有产生系统性的专著，连诗话、曲话式的专书也没有，几无理论可言。

《红楼梦》问世，"红学"开始产生，经过几代人持久不断地研究，终于形成精深的学问，小说理论总算进了一大步，不过已是近代的事情了。梁启超等人倡导"小说界革命"，发明了指导实践的新理论，小说理论又上了一层台阶，但已不属于古代小说的范畴。

（原载《高师函授》1990 年第 1 期）

明代士风訾议

士农工商，古称"四民"。士为"四民"之首，社会风气的好坏在很大程度上反映于士风的好坏。梁启超《新民说》列了一幅"中国历代民德升降原因表"，以东汉"民德"为最高尚，明代次之，表现为"尚名节"。他所说的"民德"，实际上指士风。所谓"尚名节"，如果指方孝孺、杨继盛和东林党一类人，大致不差。但在总体上，明代士风未必可嘉。史家向来以太祖、成祖为创业英主，宣、仁、孝三宗为守成之君。以成化、弘治为界，把明代历史分作两段，谓前期天下太平，风俗醇厚，后期国家多事，世风浇薄。这种见解有一定道理。明代士风基本与国运、世风同步，走的是一条下坡路。

以言官风，明初士人多不愿出仕（这与朱元璋的出身和作风有关），征辟士人如捕罪犯，后来便有"恋栈"的幕僚。成化间，大学士万安七十多岁了，还千方百计邀宠保位。宪宗示意让他自请致仕，他竟趴在地上苦苦哀求。到明末，士大夫甚至普遍隐瞒自己的实际年龄，为了迁升，庶官依附权臣，权臣巴结皇帝，上下谄佞成风。世宗迷信道教，大设斋醮，李春芳、严讷等人以善写青词而入阁，时号"青词宰相"。严嵩执政，儿子治事，以私宅为政府，家门如市。干谒的士大夫向门子低声下气递红包，受尽耻辱，始得进见行贿，出来还洋洋得意。魏忠贤身为宦官，目不识丁，"口衔天宪"，干儿义孙布满朝列，一时颂声交作，生祠遍布全国，有人甚至提议让他配享孔子。天顺以下，大贪官前后接踵：王振、李广、刘瑾、江彬、钱宁、严嵩……每一家的赃产都使人触目惊心。影响所及，守边的将帅以敛财、行贿为能事，时称"债帅"，奉节的使臣挟带商人同路，搭股做走私生意。

如上所述，明代中叶官风不正的突出表现是贪贿奔趋，其次是无休止的宗派斗争，它几乎贯穿所有重大事件的始终。比如，嘉靖初年的"大礼"之争，万历、天启间的"国本"之争、"妖书"案、"梃击、红丸、移宫"三大案，以及南朝几个小王朝的组阁等，都闹得不可开交。论其手段，伪造奏疏嫁祸于人的也有，写匿名信造谣毁谤的也有，街头张贴小字报的也有，堂堂官场，斯文扫地。朋党的结聚，或籍贯同乡，或科举同门，只要利害相关，不问"君子小人"。

以言学风，明太祖借重同姓，尊崇朱熹，奉《四书集注》为金科玉律，一字不得非议。成祖诏修"四书、五经"《大全》，解缙等人抄撮应差，错谬百出，毫无订正发明，此外更无经学可言。但明初学者毕竟在"遵闻行知""笃志力学"方面下了功夫，方孝孺等人的忠直，未必不是读经的效力。

正德以下，"王学"流传，学风大变，王守仁广收门徒，讲"良知"之学，以为"万物皆备于我"，学问不必外求。从此学者不必多读书，只要学会凡句"聋参哑证、瞎棒胡喝"的话头，就可以招摇过市，到处讲学。王门弟子几乎个个都是讲学狂：王畿致仕后，"林下四十余年，无日不讲学，自两都及吴楚、闽越、江浙，皆有讲舍，年八十犹周流不倦"。韩贞身为陶工，略识几个字，便"以化俗为己任，随机指点农工商贾，从之游者千余。秋成农隙，则聚徒讲学，一村既毕，又之一村，前歌后答，弦诵之声，洋洋然也"。罗汝芳做宁国知府，以讲会为治，"集诸生会文讲学，令讼者跏趺公庭，敛目观心，用库藏充馈遗"（见《明儒学案》）。不知这种"讲学"究竟有什么实效。张居正、魏忠贤前后毁书院、禁讲学，最后酿成党祸，在一定程度上可以说是讲学之徒有以招致。有人甚至认为明亡于讲学（犹如宋之亡于讲学）。

以言文风，明初诗文朴实纯正，宋濂、高启诸子无论文格、人格都居上流。继之而起的台阁派笔力虽弱，也还算平正，末流则归于庸腐。于是前后"七子"起而救弊，以"文必秦汉、诗必盛唐"号召天下，唐宋派别推出"八大家"做榜样。复古的成绩不大，虚浮矫激的习气倒是养成了。公安派看出复古没有出息，改而倡导"性灵"。毕竟"性灵"有限，其成就未必能超过复古派。

中晚明文学不仅在"复古"倒退，而且在堕落，许多文学样式变得庸俗、卑污了，如序文，以前很少有求人作序的事，此时求序借光、一书多序是常事。书序、婚序之外又有寿序，满纸谀词，俗不可耐，所以顾炎武有"人之患在好为人序"之戒。再如戏曲小说，它尽可以传奇，可以言情，此时却用它宣淫，《金瓶梅》就是典型，一般的小说也多色情描写。还用小说、戏曲搞影射、陷害。

立言著述，古人视为人生"三不朽"之一，态度严肃，功夫精苦，明人"著书"是家常便饭，人人都有"著作"，年年都订集子，数十篇无聊诗文就可以题为一集。八股文冒充著作，弄一部书评点一下也算著作。清人指出："明人学无根柢，而最好著书。"明代士大夫的空疏浅陋说来好笑：《大明一统志》竟把王安石《虔州学记》中"江南地最旷，大山长谷，荒翳险阻"几句，割取为"地最旷大，山长谷荒"，赵宧光作《说文长笺》，以陆龟蒙为陆九渊，以王禹偁为南朝人，自称"日华子"的李日华把韩愈《山石》诗当作赵孟頫诗，把韦应物《滁州西涧》当作杜牧作品。

既然"学无根柢"，为什么又偏要著书呢？因为书是传名的工具，有书就可以请名人参订、题跋。随便找一部晚明人的集子，总有若干"名公"品题。万历间沈晴峰刻《长水文钞》，列序文 28 篇。张自烈刻《四书大全辨》，开列参订者名氏竟达 486 人。不用说，有名人开路，自己也就成为名人。

著书而外，沽名的办法尚多。最简便的法子是起室名，取别号，标新立异，朝名夕改，有的人别号多达二三十个。

沽名术之最，是结社标榜。明初的"吴中四杰""闽中十才子"，以及中后叶的"七子""五子"之类称号，还不过是别人的一时标榜，其人没有什么组织活动。晚明东南各省的诗文、八股社，组织活动可就频繁了。组成复社之后，其规模之大，气势之盛，远远超过东汉、南宋的太学生运动。崇祯五年复社虎邱大会，各省赴会者数千人。复社领袖张采死，会葬者万人。复社运动自然有应该肯定的一面，但其多数成员的动机未必端正。颜之推说："上士忘名，中士立名，下士争名"（见《颜氏家训》）。晚明士人不但争名，而且窃名。

明代士风可訾议者很多，归纳起来有一条规律，即一般的文风士习随官场风气的变化而变化，而官场风气变化的枢机又往往系于一二专权的大臣。万历年间，南监司业刘应秋上疏说，嘉靖以来士风三变，"一变于严嵩的黩贿，而士化为贪。再变于张居正之专擅，而士竞于险。至于今，外逃贪黩之名，而顽夫、债帅多出门下，阳避专擅之迹，而芒刃斧斤倒持手中，威福之权，潜移其间，爱憎之的，明示之趋，欲天下无靡，不可得也"（见《明史·刘应秋传》）。这种"风自上变"的观点是有一定道理的。不过，他不敢再往上找根源，即从最高统治者的作风清算起。

武宗是有名的纵欲天子、儿戏皇帝，做厌了皇帝竟然自封"大将军、总兵官、太师、镇国公"，滑历史之大稽；住厌了宫殿住"豹房"，最后死在那里。世宗一意斋醮，神宗晏处深宫，皆数十年不见大臣。熹宗懦弱无能，庄烈帝举措躁狂，终致亡国。帝风如此，官风、士风怎么能不败坏？

朝廷制度对士风也有重大影响。比如，贪黩之风，顾炎武就曾经指出："今日贪取之风所以胶固于人心不可去者，以俸给之薄无以赡其家也"（见《日知录》）。明代官俸之薄，历代所无。洪武间定制正一品月俸八十七石，以下递减至九品，才得五石。有人计算，成化间一石只能折算十四五枚钱。这点官俸，养家活口都成问题。正德间，立朝数十年、官至极品的李东阳年老致仕，还得靠作字画出卖以支应家计。一般官吏穷到不能留客、无力归乡，甚至死不能葬的事，屡屡见于史籍。皇帝可以像行贿那样袖金私赠臣僚，可以例外施恩让少数人食双俸、三俸，就是不敢改变祖制增加官俸。

法制紊乱、机构重叠也是一弊。朱元璋取消宰相制度，全权独裁。后来内阁大学士成为事实上的宰相，名义上却还是皇帝的私人秘书。权力的过于集中，辅之以锦衣卫、东厂、西厂的特务手段，廷杖、荷校、镣足治事之类的非常刑法，以及用枚卜法选择大臣、用掣签法选择庶官之类的特殊选举，监察机构方面都察院和六科给事中两套班子，行政机构方面北京和南京两个中央，这种种不正常的现象，极大地瓦解了官僚队伍，刺激了士人的苟且心理，从而助长了不良风气。这些是士风不正的外因。

对士风的影响最为直接的还是科举制度。明代建立了比较完备的科举教育制度，在相对和平的环境里培植了无数士人。这些士人的唯一出路是通过考试做官，取舍的关键是几篇八股文，这样就把天下士人都驱赶到"八股文王国"里去了。八股文既不是真正的文章，又不是学术，清代士人只把它当作敲门砖，明人却把它当作"至文"，当作毕生事业，不断有人号召革新。前人所云"八股兴而文章衰""科举盛而儒术微"。

（见《明史·儒林传序》）实为势所必至。在这种考试制度下，不论已仕未仕，大都是不学无术，思想上没有真正接受儒家思想文化的洗礼，立身处世没有坚正的主心骨，从而造成整个官僚队伍和士人阶层凡庸鄙陋。被黜落的士人年年累积，越不得志，越要努力表现自己，在社会上争一席地位，晚明士人风潮的根源之一就在于此。总而言之，士人数量多，素质差，是士风不正的内在原因。

此外，城市经济的发展，市民阶层的壮大，对士风的外在影响也不容忽视。比如，市民的功利观和群聚性，就在士人活动中打下了深刻的烙印。梁启超《中国历代民德升降原因表》所列举的原因，有国势、君主、战争、学术、生计等项，几乎包括全部历史，当然不是本文的区区篇幅所能容纳的，只好从略了。

[原载《九江师专学报》（哲学社会科学版）1990 年第 2 期]

江西历史人物散论

（一）消长大势及其背景

据文献记载，中国历史舞台上的江西人物最早出现于汉代。可见隋唐以前，江西文明还不怎么开通，蒙昧之中人物寥寥，徐孺子和陶渊明是沉沉夜空里的两颗明星，为江西士风树立了标帜。

进入唐代，中国封建社会已是如日中天，文明炽盛，人才大备。江西大地却仍然一派熹微，王勃所颂扬的"人杰地灵"为时尚早。这个时期值得一提的有两人：钟绍京和郑谷。钟绍京赣县人（一作兴国人），中宗景龙间拜中书令，晋封越国公。唐代南方人拜相的，他是第一个；江西出了宰辅，更是破天荒。郑谷袁州（今宜春）人，一首《鹧鸪》咏出了名，在晚唐诗坛上颇有名气。这两个人物的产生不是偶然的。钟绍京是曹魏太傅钟繇的裔孙，先人避侯景之乱占籍江西。钟繇为书法名家，绍京不坠家声，世称"小钟"。据说当时皇宫匾额多出自他的手笔。

郑谷产于袁州，是因为韩愈在那里做过刺史，热心奖育人才的结果。蒙这位大师过化，袁州还出了科举史上江西的第一个状元卢肇。

江西人物的崛起是在宋代。征诸国史，《宋史》有传的江西籍人物达两百余位，里面不乏忠臣义士、名公巨卿、大学者、大文豪。晏殊、欧阳修、李觏、刘恕、王安石、曾巩、黄庭坚、周必大、杨万里、朱熹、陆九渊、文天祥、谢枋得……这些从社会中下层突然冒出来的人物，蔚然而成一代人望。至于方志所载，一般登仕版、能文章的，简直不可计数。可以说，如果没有江西人物，一部《宋史》将黯淡无光。

宋代江西人物的勃兴说明什么问题呢？说明中华文明的巨流自北往南的推进途中，高峰已经到了赣水鄱湖地带。天当其时，地逢其运，自有大批人物应运而生，久蛰思起，久伏思飞，必有众多才俊挺跃而兴。中华人物隋唐以前以北方人物为核心，宋以下以南方人物为核心，隋唐以前是武略型人物做中坚，宋以下是文才型人物做中坚；隋唐以前由高门贵族人物占上风，宋以下由寒家庶族人物居上游，这几个历史性的大转变，在一定程度上是以江西人物的崛起作为完成标志的，这个意义非同小可。

有人从宋代的政治、经济、文化教育等方面探求江西人物鼎盛的原因，诸如五代以来战祸较轻、生产事业发展、公私学校兴办等。这种宏观的分析当然是重要的，此外，微观、直接的考察也不可或缺。比如，人们的交往，人与人的关系，对于人物消长就大有影响。事物往往有其一而有其二，人物也是如此，常常是一两人引带出一群乃至一代人物。所谓"临川三王""南丰三曾""临江三孔""二刘""高安三刘""鄱阳三洪""金溪三陆"，以及晏殊父子、欧阳修门下、黄庭坚甥舅、马廷鸾父子，还有《宋元学案》所辟玉山、晦翁、象山等十个江西学案中的大批人物，为什么总是成群结队呢？无非是兄弟父子、师生戚属相处密迩，得耳濡目染之益，有切磋授受之便。黄宗羲云"学之盛衰，关乎师友"，人物盛衰何尝不是如此。

元朝统治者娴习弓马，不重人才，中华大地一片消沉。万马齐喑中，江西承前代遗烈，却出了几个诗文家。与许衡齐名而有"南吴北许"之称的理学大师吴澄，古文格高，世所钦服。人们称道的"延祐四大家"，江西独占三家，即虞集、揭傒斯和范梈。他们的作品无论在朝廷的高文典册中，还是在《元文类》《元诗选》等选本中，都属于上乘。世人鲜知的，如元末安福诗人周霆震，"身阅有元一代兴亡，当庚申末造吏贪将残、兵骄寇炽、生民流离涂炭之苦，身丁患难，一发之于篇什，视少陵'三吏''三别'，酸楚过之"（见彭元瑞《知圣道斋读书跋》卷二）。留下一部《石初集》，《四库全书总目提要》称之为"元末诗史"。

明代江西是达官显宦的高产地区。据《江西通志》选举表统计，明代进士88科，江西得士3200余人，婺源（当时属南直隶南京）还不在内。其中状元17人，榜眼、探花30余人，拜大学士、做首辅的17人，尚书、侍郎、翰林学士之类为数尤众，以至有"朝士半江右"❶的口碑。不过，这些科举途上的幸运者，未必都有真才实学。实事实功做一番事业，如抗倭名将谭纶、刘綎，治吴贤吏周忱、况钟这样的人物并不多。

明代士人务虚名、好标榜，"才子""名士"车载斗量。吉水解缙是妇孺皆知的典型才子，关于他的传说实在太滥了。他的最大贡献应是发起并参与主编《永乐大典》。临川汤显祖堪称真名士，所作《牡丹亭》传奇，可以笼盖一代风流。他的思想观念与李贽、徐渭、袁宏道等人颇有相通之处，在当时"正人君子"眼中是离经叛道的"狂怪"。可是，身后《临川县志》却请他做"理学"先生，真是一个历史的误会。

这一时期，真正的理学先生在江西倒也不少，吴与弼、胡居仁、娄谅、罗钦顺、邹守益、罗洪先、罗汝芳、李材之俦，或守程朱，或宗陆王，都是一代鸿儒，门人弟子遍布全省。在很大程度上，江西学风之盛，人物之众，就是他们带动起来的。

---

❶ 见钱谦益《列朝诗集小传·周叙传》。"江右"及下文"西江"都是江西的别称。

明清之际天下鼎沸，农民义军和清军已在翻天覆地，而明廷内部的宗派斗争却照样如醉似狂。江西士大夫在这段时期先后产生了三类人物：一类积极投入明廷的政治斗争，以邹元标、万燝为代表；一类以文化活动为主，有陈宏绪、艾南英等一大群文人；一类献身于抗清的军事斗争，就中数死守赣州的杨廷麟、万元吉等人最为壮烈。及至南明桂王政权覆灭，这些人物大都消歇了，抛下一群可怜的遗民，抱无涯之戚，遗终天之恨。有的躲进山林，如"勺庭先生"魏禧；有的佯狂市井，如"八大山人"朱耷；有的遁迹空门，如"也是和尚"邓凯。至此，两宋以来江西人物的繁盛宣告结束，嗣后日就衰落。

进入清代，论科举，世俗艳羡的进士、鼎甲人数已不及前代，跻身殿阁位望隆显的不过朱轼、裘曰修数辈。康熙十七年（1678 年）号称得人的"博学宏词"科，江西除魏禧托病不赴外，中式者仅两个半（其中一人寄籍湖北，姑且算半个）。论学术，江藩《汉学师承记》录 56 人，江西只江永一人（婺源籍，当时属安徽）；《宋学渊源记》录 39 人，只谢文洊、邓元昌、罗有高三人。论文学，号称极盛的乾嘉时期，仅得蒋士铨、曾燠、吴嵩梁数家。其余"四杰"❶"四子"❷"三盛"❸之流，多数人的小船没能驶出赣江。

论者谓清代江西人物凋零，文字狱为重要原因。的确，在最高统治者的淫威下，惩办一人，震动一省以至全国，文风士气必然为之疲苶。乾隆二十年（1755 年）新建胡中藻《坚磨生诗钞》案，乾隆四十二年新昌（今宜丰）王锡侯《字贯》案，吹求之苛，株治之严，足以震慑全省士心，谁还敢有所作为？但是，同样处在文字狱高压之下，受害最为酷烈的江浙地区，为什么却一直是人文渊薮呢？应是别有缘故。

从文化传统看，前人有言："一代之治即一代之学。"进一步说，一代之学即一代人物所从出，起码在文治时代是如此。宋明是理学昌明的

---

❶ 即周学健、帅念祖、潘安礼、龚梦晨，见光绪《江西通志》卷一四一龚梦晨传。
❷ 即"江西四子"，指蒋士铨、汪轫、杨垕、赵由仪，见光绪《江西通志》卷一四〇汪轫传。
❸ 即"武宁三盛"，指盛谟、盛镜、盛乐兄弟，见光绪《江西通志》卷一四〇盛谟传。

时代，而江西是理学的"故乡"，是周、程、朱、陆、王诸子的学术发源地或直接传道地，所以这两个朝代江西人物特盛。清代则汉学领先，汉学的老家在江浙，所以江浙人物特盛。不是江西士人不善于治汉学、搞考据，而是条件不具备。举其一端：治汉学非博览不可，这就要有丰富的藏书。江西的藏书家在宋代曾经与川、闽、浙匹敌，居全国前列，清代则远远落后于江浙。乾隆间敕修《四库全书》，江浙藏书家纷纷献书获赏，江西就不见献书之家。当时的江西巡抚海成又善于逢迎，查缴禁书格外卖力，首先发难掀起了一场全国规模的禁毁违碍书籍运动。江西文献经历一场空前浩劫，明清间许多人的集子就因此而毁灭。试问当学术发达的时代，文献不足，人物何从而出？

就地理环境言，江西地处内陆，道路闭塞，风气迟缓，有物产而欠流通，历史上没有形成如南京、扬州、杭州那样影响全国的大都会。人物交游，但见境内人出去，不见境外人进来。偶有至者，也多半出于不得已——不是受贬谪就是躲祸乱。千里赣江所得到的名人题咏，还不如金陵城内短短一道秦淮河。如果说，明清以前封闭的环境对于人物造就没有多大的妨碍，那么明清以来其危害就日渐严重了。最明显的例证莫过于近代：当海外新鲜空气吹来的时候，就不能如闽、粤、江、浙那样得风气之先，化育出一批叱咤风云的人物。试问当交往日益频繁的时代，环境闭塞，风气迟缓，人物何从而生？

综览江西历代人物，有几点值得注意。

（1）集中在"理学""忠节"两门。大半是儒文之士，能够"立德立言"，不能"立功"；"诚意、正心、修身、齐家"有余，"治国、平天下"则不足。

人物消长的主体背景是理学的进退。

（2）"立言"一项，蹈陈袭故的经注和浅薄无聊的诗文居多，真正益世、传世之言很少。文学方面，小说最为薄弱。据说江西理学空气浓厚，文人"夫子气"重，不善于写小说，恐怕未必。明正统间，吉水李昌祺官至布政使，政绩官声都很不错，只因为写了一本题为《剪灯余话》的笔记小说，身后就被取消进乡贤祠的资格。这件事很能说明问题。

文学而外，史部颇有名著，但集中在宋元两代。

（3）地域分布不均，过于集中在腹地的吉安、抚州及省会南昌等地区。一般说，越边远的地方人物越少。有些山区县份几乎是空白，读遍有关方志，没看几个可以称述的人物。

同时，一处地方的著名人物又往往聚集在几个著姓望族，如南昌的熊氏万氏，新建裘氏夏氏，吉水李氏，安福刘氏，宜黄黄氏，清江杨氏等。论贫富差别，江西民间素有"富不过万，穷不讨饭"的说法，论人物分布则大不然。

（二）乡贤与不肖

"十室之邑，必有忠信"。一郡一邑，必有若干名节德范可以充作人伦师表的人物，这些人被称为乡贤，或称乡先正、乡先达。他们生前也许穷窘万状，死后则歆享祭祀，备极尊崇，如"庐陵三忠"❶ "豫章二十四先生"❷ 之类。范围扩大一些，大凡方志上有传的都可以称乡贤。原来方志与国史不同，国史于人物强调善恶必传，以起到惩恶劝善的作用，方志则强调隐恶扬善，为了维护乡邦荣誉，恶事讳而不书，坏人是不给立传的。

可是既有乡贤，难免也有"乡不肖"。历史上江西颇有几个声名不佳甚至劣迹昭著的人物，如五代的宋齐邱，北宋的陈彭年、王钦若、夏竦，南宋的京镗、章鉴和明代的严嵩。编方志的对于这些人物，要么不写他们的阴暗面，要么干脆除名，不予记载。严嵩生前留意乡邦文献，热心纂修府志，死后县志、府志、省志都不给他立传，好像分宜没有这

---

❶ "庐陵三忠"有二说：一指欧阳修、杨邦乂、胡铨，以三人谥号都有"忠"字，见岳珂《桯史》卷一一；二指胡铨、周必大、文天祥，明人胡接辉有《三忠文选》，见《四库全书总目提要》卷一九三。

❷ 即宋元明三朝理学名儒罗从彦等24人，万历间祀于豫章书院，详《江西通志稿·文征》。

个人似的。这种"不承认主义"的做法实在不高明。既然天壤间存其人有其事，为什么不可以实事求是地记录下来，给以恰如其分的评价呢？多少年来，人们惯于议论严嵩做了多少坏事，居积了多少财宝。却很少有别具眼光的人，能够从历史背景，诸如当时的腐败政治，从宫廷、官场到市井的糜烂风气等方面，去辨析是非、探寻根源。也很少有人注意他早年读书钤山堂的一段历史，以及罢官后的境况。他的《钤山堂集》颇有可读之作，早就有人（甚至连他的政敌在内）认为不当以人废言。当年严于"世道人心"之防的《四库全书》不予著录，今天难道不可以从文学的角度加以介绍吗？

对于不肖者摒弃不录，唯恐有玷乡誉，对于名贤则广征博求，攀引唯恐不及，一冷一热，取舍任意，这是地方文献的通病。结果弄出许多错误，贻笑于人。这里举两则"笑话"。

南宋王质（字景文，绍兴进士，著有《雪山集》），《宋史·王质传》载："其先郓州人，后徙兴国。"从各方面考证，这个"兴国"应指当时的兴国军，治所在今湖北阳新，所以《湖北通志》载入列传。可是明代有人却误认作江西兴国县，把他列入"兴国四贤"❶中，有关的县、府志及省志都为他立传。光绪版《江西通志》虽然发现有问题，但出于爱惜乡贤的心理，只作了一些不痛不痒的考辨，传文仍予保留。王氏九泉有知，岂不笑煞。

元初刘秉忠（字仲晦）河北邢台人，祖籍辽金瑞州（在今辽宁省境内）。雍正版《江西通志》误认作江西瑞州（今高安）人，载入列传，因而引起后来四库馆臣的讪笑，认为已经隔了许多年代，就不必再把他拉回原籍。"不知江西之瑞州，本名筠州，至理宗朝始避讳更名。刘秉忠久居邢台，其先世居瑞州而仕于辽金，则是辽金之瑞州，非宋之瑞州矣"❷。一名之误，使五十步笑百步，又使后人笑五十步。

---

❶ 指钟绍京、王质、李潜、吕复四人，明人郭子章有《兴国四贤传序》，见吴宗慈《江西通志稿·文征》。

❷ 钱大昕，《十驾斋养新录·卷一四·江西通志》。

与此相反，前文提到的范椁，本是地地道道的江西清江人，向来没有异议的。不知是谁作俑，误作湖北清江（今恩施）人，至今一些大部头的文史书承讹不辨，亦是怪事。

以上是由地名不辨而致误，此外还有凭据祖籍而滥收的。按照通例，祖贯外省而在江西落籍的，当然算江西人。此中大有人物，举几个著名的。

欧阳修是欧阳询的子孙，曾巩是曾参的后裔，黄庭坚祖籍金华，周必大祖籍郑州，虞集本四川仁寿人，蒋士铨祖籍浙江长兴。还有宋明两朝留在江西的"天潢贵胄"，如赵汝愚、朱权等。他们当中虽然有人念念不忘祖先，写文章喜欢标置祖籍，但是没有人否认他们是江西人物。问题是祖籍江西的外省名人也往往拉回来做乡贤。例如，宋代的罗从彦（福建沙县人），元代欧阳玄（湖南浏阳人），明代夏原吉（湖南湘阴人），熊开先（湖北嘉鱼人），清初范文程（辽宁沈阳人）、周亮工（河南祥符人），江西有关方志都予立传。照此办理，近代湖南好一些人物，如魏源、曾国藩、陶澍、李元度、刘坤一等，也该载入《江西通志》。岂不令世人瞠目，史家吮毫？

祖籍问题的发生，主要有两个客观原因，即家口迁徙或政区变革，归根到底还是乡贤观念在作怪。说穿了，所谓"祖籍"，其实是一个费力不讨好的乱线球。一个人的祖籍既不容易最终确定，纵使确定了也没有多大意义。方志毕竟不是家谱，依据祖籍拉名人，总有一些穷极无聊的味道。

热衷于攀附名贤，必然产生同级志书上一人数传的怪现象。这里有跨省的，如上举罗从彦诸人，也有省内跨府县的，如五代陈岳，南昌、临江、吉安三府府志，以及南昌、新建、新淦、峡江四县县志都有传。又如曾巩，《南丰县志》已经传文煌煌，但据李缓考证，虽然曾巩的祖父占籍南丰，曾巩兄弟六人却生长于临川，所以《临川县志》也给他立一篇彪炳大传。

再如李觏，世居麻姑山阳，当系南城人，《南城县志》已有详传。

后来迁居新城（今黎川），于是《新城县志》也为他立传，不知有何根据，同时所修的《泸溪（今资溪）县志》也给他立传。三《志》在案，大有相持不下的势头。慕贤之心原可体谅，慕而至于争，致使典籍记载淆乱，人物籍属难明，就显得无谓甚至有害。"楚人亡弓，楚人得之"，都是大中华人物，何必你争我夺，一点"让贤"之心也没有。

中华人民共和国成立以后，由于行政区划的变革，原属安徽的婺源县政隶江西，从而为江西增添了一批人物，如著名学者朱熹、江永、汪绂、齐彦槐、余煌。这是关心乡邦人物的人们应在意的。

（三）硬、散及其他

江西士大夫的特征，有人总结为两个字：硬、散。硬表现为"倔强""峭直刚介""临大节而不可夺"……无非是"富贵不能淫，贫贱不能移，威武不能屈"罢。举世皆浊，独能高尚其志、清白其身的徐稚、陶潜，虽然没有惊天地、泣鬼神的举动，但外柔内刚、软中见硬的功夫是尽人皆知的。宋代以下，凡遇历史性的大事件，当存亡绝续的大关头，江西人物多能经受考验，表现凛凛正气，铮铮铁骨：

金人破建康，杨邦乂宁死不屈；元人灭宋，文天祥从容殉国；秦桧误国，胡铨奋身上章请诛此奸贼，虽遭贬谪而不悔，为了民族大义和国家命运，他们置个人生死荣辱于度外；

明成祖取代建文帝，宁殉故主不拜新帝的所谓"建文死事诸臣"，江西居多（15人），黄子澄、练子宁、胡闰、周是修诸人至于身死族灭。虽然是愚忠，"其愚不可及也"；

魏忠贤弄权，一些人趋附唯恐不及，一些人敢怒而不敢言，第一个出来揭发他的罪恶，因而被廷杖而死的硬汉是南昌人万燝。

诸如此类，事迹不同，意义各异，骨头硬则是他们的共同特征。苏轼有一篇《刚说》，表扬宁都人孙立节"刚而能仁"。孙立节不赞成王安石新法，因而遭受贬谪，在地方上为百姓做了好事。苏轼单单拈出一个"刚"字为题，说明他对江西士大夫的"硬"劲有深刻的印象。王安石变法成为众矢之的，但他毫不动摇，认准了的事就雷厉风行，百折不回地干下去。勇于任事，不为身谋，这种政治家的"大刚"远胜于匹夫之硬。当然，苏轼是不会为他作《刚说》的。江西的省河称赣江，"赣"的一个意思就是刚直。"赣江十八滩""赣石三百里"，这在东南各大川中是罕见的。江西边界武夷、南岭、罗霄、幕阜诸大山，山高谷深，陡峭多石。处在这样的山水围抱之中，人的性格自与别人不同，"硬"的成分要多一些。况且有众多理学家和忠臣义士的熏陶，欲其不硬，可乎？如李绂所云："西江山水，危峰驰溪，峭岸清澈，其钟于人也，多孤行匹出，以文采成一家之说。"

然而硬也是缺点：

言其缺点，则欠宏量而易僵裂。试与他省比较，无东南海滨人之油滑，然不及其活泼机敏；无西南人之强蛮，然不及其坚毅果敢；无北方人之粗鲁，然不及其豪爽重厚。❶

这番话很耐寻味。硬的物体容易折断或破裂，这是物理；赋性倔强、遇事只凭血气之刚的人，容易把事情弄僵，这是人理、事理。"赣"字只作"刚直"解是片面的，完全的解释应该是"刚直而愚"。

明人笔记载录周忱的一件逸事：

周文襄忱之抚江南最久，功最大，三吴人至今德之，然亦正谲兼用。时王振新建私第，文襄密令人规度其厅事立室广狭长短，命松江府织绒地衣以进。振铺之，不爽分毫，因大喜，凡有奏请，其批答无不如意，以此得便宜展布。❷

王振是炙手可热的大宦官，做了许多坏事。周忱身为方面大员，亲自筹划给这样的人送礼，本是极不光彩的事。然而，为了一方百姓的利益，他情愿屈志抑节，与之周旋，人们也并不因此而怀疑他的节操。所以"硬"要看用在什么场合，并不是唯"硬"至上。

---

❶ 周维新，《江西与江西人》，《江西文物》，1941 年创刊号。

❷ 沈德符，《万历野获编》补遗卷三"周文襄"条。

"硬"如上述,"散"又如何呢?外省人常常呼江西人为"江西老表",是昵是谑,随人体会。"老表"则是江西民间的通用呼唤语,"表"是亲戚的一类,说明江西人重乡谊。但在士大夫群里,却很不够"老表"味,无论在朝在野都比较涣散,各自独善其身,拉帮结派的现象不那么厉害。

说来冤枉,文学史上正式标榜的第一个宗派就叫作"江西诗社"或"江西诗派",黄庭坚是其领袖。实际上他并没有组织过什么诗社诗派,所谓"江西诗派"纯粹是南宋人标榜的。就算实有其派,"一祖三宗二十五法嗣",江西诗人也只占三分之一。"江西诗派"云乎哉?难怪清人杨希闵索性改组这个诗派,以陶潜为初祖,欧阳修、黄庭坚、虞集为三宗,各附若干江西诗人为羽翼,以求名实相副。

明代文人宗派最多,江西士子不能无染。据《列朝诗集小传》,明初官至吏部尚书的刘崧(泰和人),工于吟咏,一群江西诗人崇拜他,从而有"西江派"之称。大概器局有限,后来不大有人提起。"吴中四杰"有张羽,明中叶大名鼎鼎的前后"七子",江西无人参列。"后五子"有余曰德,"续五子"有朱多煃,这两个南昌诗人都是靠王世贞标榜。明初又有"江西十才子"❶,是一群并不出名的人物,不能与"闽中十子"之流抗衡。

明末复社兴起,江西士大夫列名《复社姓氏》的近300人(婺源未计入)。许多人并没有参与社事,好事者列入名单而已。江西境内则有黎章大社、吉州社、临江社、匡山社、则社、偶社、成社、蔚社、特社等文社,根据有限的资料,已不下三五十个。这些文社大都规模很小,是朋友间以文会友,专攻举子业的。豫章大社号称集通省十三郡精英,其实是空架子。摇旗呐喊的人物是南昌地区的万时华、陈宏绪、徐世溥和抚州地区的章世纯、罗万藻、陈际泰、艾南英等人。这些人都是八股

---

❶ 指李正叔、周伯宁、刘原善、辛敬、万石、杨伯谦、查和卿、周复、黄玠、张美和十人,见光绪《江西通志》卷一四四、卷一六二。

文高手，主张在八股文中复古，因而被外省人称为"江右派"或"豫章派"。

古文一门，元明之际也有"江右派"的提法，以吴澄为领袖，虞、揭、范诸人皆在其内。与它并峙的是以宋濂为首的"浙东派"，其势力可以想见，可惜后继乏人。清代号称古文复兴，"桐城派""湘乡派"先后风靡文坛，江西的古文家如鲁仕骥、陈用光、吴嘉宾辈，只能跟在别人后面沾些光彩。

文士有社有派，臣僚则有朋党。王安石当政，为推行新法起用了一批人才，攻之者便指为"新党"，其实王安石何曾缔结私党。明末朝士朋党大兴，门户之争空前绝后，一时有所谓齐党、楚党、浙党，连小小桂王朝也有吴党、楚党。其时立朝的江西人物为数不少，却不见有"江右党"。

清初江西遗民隐居山野，聚徒讲学，形成几个著名的团体，即宁都"易堂九子"❶，南丰"程山七子"❷，星子"髻山七子"❸。诸子志节学术大略相近，彼此互有来往，因此被称作"三山学派"。后来随着清廷专制的加强，这样的讲学集团也不复出现，统治者"分而治之"的目的，总算在文人士大夫阶层实现了。

总而言之，宋以下文人士大夫宗派团体名号繁多，真假难辨。江西人物虽然有厕身他人营垒的，有自张一军的，但"派性"总不如他省人物强，在全国的影响也较小，一言以蔽之曰"散"，还是可以的。"君子和而不同"，热衷于闹朋党、立宗派的，不是真正的"和"。真正的"和"建立在"不同"的基础上。朱熹主张读书格物以穷理，陆九渊却说"理"就在人们心中，不待外求。两人观点相左，曾有过激烈的争

---

❶ 即彭士望、丘维屏、魏际瑞、魏禧、魏礼、李腾蛟、林时益、彭任、曾灿，道光间有彭玉雯《易堂九子钞》行世。

❷ 即谢文洊、甘京、封濬、曾曰都、黄熙、危龙光、汤其仁，见光绪《江西通志·卷一五六·谢文洊传》。

❸ 又作"髻山七隐"，即宋佚、查辙、吴一圣、余晫、查世球、夏伟、周祥发，见光绪《江西通志·卷一四六·宋佚传》。

论，但互相推崇重，私交不坏，这便是"和而不同"。

"不同"就是有个性，不依附，自竖脊梁做人，自出心裁治学……王安石作了一篇《兵论》，稿子压在砚台下，被刘敞私下看过了。两人交谈中，刘敞开了个玩笑，把《兵论》的大意当作自己的见解说了出来。王安石以为自己议论雷同于人，便把文稿撕毁了。这就是王安石之为王安石吧。朱熹批评说："江西士风好为奇论，耻与人同，每立异以求胜。"（《朱子语类辑略》卷七）殊不知"好奇""立异"往往是人的可贵之处和成功的条件。考察江西历代人物，宋代群贤最有个性，最能立异，因此贡献最大。元代诸公逊一等，仍有相当建树。明清两代人物虽众，已近于千人一面，奇才难得，贡献也就有限。

[原载《江西教育学院学报》（社会科学版）1987 年第 3 期]

明清之际江西的古文家

文学史上常常有被批评家冷落的时段。拿江西文学史来说，人们总是在宋代文学这块沃土上反复耕耘，很少涉足大有佳境的明清文学。江西明清文学的佳境在哪里？不说汤显祖、蒋士铨的曲，解大绅、吴嵩梁的诗……表一表明清之交的几位古文家。为难的是，论古文却要从八股文说起。

（一）"江西四家"与艾南英

在八股文历史上，曾有过倾动一时的"江西四家"，亦称"临川四家"，即临川章世纯、罗万藻、陈际泰及东乡艾南英。晚明天启年间，四人先后中举，尔后都做过一官半职。唯一中进士的陈际泰是个作八股文的奇才，一天能作二三十题，一生所成多达万篇，创八股文"单产"最高纪录。

四人官运不济，八股文却行时，《四家合稿》风行海内，成为举子诵习揣摩的范文。据行家们说，要作好八股文，必须多读书，写好古文，所以明清两代的八股名家如归有光、袁枚之俦，无不博学能文。

《明史·文苑传》称艾南英"好学，无所不窥"，《四库提要》称陈际泰"根柢之正"，章世纯"好深湛之思"，罗万藻"所学具有原本"，指出了他们成名的基本条件。至于古文一道，则艾南英独擅胜场。他的《天佣子集》中，叙事如《前历试卷自叙》，议论如《答陈人中论文书》，都称得上是那个时代的"至文"。前篇是为自己的应试制艺所写的一篇序，备述为诸生时所受的屈辱，揭露科举制度的丑陋底幕，最为杰出。举其记秀才"岁考"的一节：

> 试之日，衙鼓三号，虽冰霜冻结，诸生露立门外，督学衣绯坐堂上，灯烛辉煌，围炉轻暖自如。诸生解衣露足，左手执笔砚，右手持布袜，听郡县有司唱名，以次立甬道，至督学前。每诸生一名，搜检军士二名，上穷发际，下至膝踵，裸腹赤踝，为漏数箭而后毕。虽壮者无不齿震冻慄，腰以下大都寒沍僵裂，不知为体肤所在。(见《天佣子集》卷三)

如此纤悉委曲婉转的记述，在正经的八股文献中是读不到的。它告诉人们：抡选人才的科举考试原来是这样摧辱人才，"唯有读书高"的士人原来是这样下贱。那穷形尽相的描写，别有用心的对比，以及行文所流露的悯伤与愤慨，处处牵动人情，触发人思，不知高出一般装腔作势的"古文"多少倍。

"四家"的成名不仅在于学问文章，还在于人为的标榜。那个时候，要在多如鲫鱼的文人中占一席地位，非标榜不可。标榜之一是结社。那时受江浙士风影响，江西各地涌现了一批大大小小的诗文八股社，可是不通声气，没有产生中坚。艾南英联络南昌地区的陈宏绪、万时华等人，结成一个豫章大社，试图与几社、复社抗衡，虽然没有成气候，"豫章派"的名声传开了。他们主张效法成化、弘治间的时文大家，用唐宋古文的精髓改造陈腐空疏的流行时文，与宗法汉魏的"云间派"（几社诸子）立异。标榜之二是选文。《四家合稿》风靡场屋，引得南京、杭州等地的书商争着请艾南英去评选时艺，这位名人也就义不容辞地挑起了指导后进的担子，逐逐奔走于江浙间。他所评选的《今文定》《今文待》，几乎垄断了当时的八股文市场。

谢国桢先生在其《增订晚明史籍考》中，隐隐把艾南英比作《儒林外史》里的马二先生。其实他们并不伦类，马二先生是迂腐的书呆子，而艾南英是才气纵横的豪士。《明史·文苑传》惜墨如金，却记载他七岁作《竹林七贤论》的事迹，以此说明他天资高，而且天生好辩论，所以长成后"负气陵物，人多惮其口"。的确，艾南英的好辩论是出名的，为此吃过不少亏。有一次在太仓弇州山园，艾南英与几社的陈子龙相遇，两人论文各抒己见，互不相让。酒后耳熟，艾南英使气骂座，陈子龙年少性烈，竟至动手。这次冲突加深了"豫章派"与"云间派"的裂痕，后来虽经张采斡旋，双方终始没有和好。复社人物一直把艾南英视为异端，《复社姓氏》把当时江西的所有名士都网罗进去，唯独排斥艾南英。

旁人每为艾南英抱不平，他自己则"气决敢任，不回挽于祸福，不惑易于毁誉"（见《天佣子集》卷首附陈焯评语）。他在《答杨淡云书》中写道：

今将明吾道，必使吾辈文章推而上之有祖有宗，与先辈大家合，又与圣贤合，然后推而下之有子有孙。若如今所推秽恶剿袭、空疏腐败，其为说也，推而上之无祖无宗，伊尹生于空桑矣；推而下之无子无孙，吾见斯人之不血食也。如是而犹欲谤弟，疑弟，此非待弟之过亦觉天下之小。三百年国家之功令，千余年圣贤之是非，为一辈无知者败坏至此，既无一人任之，任之者又从而谤之疑之，呜呼，甚矣！

艾氏俨然以儒家文统、道统的传人自居，立志要挽回一代颓风。"可怜无补费精神"，不待他完成拯救斯文的大业，明王朝的丧钟敲响了。顺治二年（1645 年），清将金声桓进军江西，开藩建昌（今南城）的益王朱由本起兵抵抗，艾南英与同郡揭重熙、进贤傅冠等人起而响应，募集了一支队伍。大事无成，艾南英逃亡福建，投靠唐王，授兵部主事，改广东道御史，不久卒于延平（今南平）。

关于艾南英的死，历来传说不一。《三藩纪事本末》等书作殉节，说唐王被清军俘虏，艾南英闻讯自缢于僧舍。与艾南英有文字之讦的张自烈（字尔公）言无其事（见《艺山文集》卷九《复李乾统书》），却拿不出证据。侯方域则云艾南英"死时殊不草草"，劝张自烈"宜为贤者隐"，把文集中攻击艾氏的文字刊除，且云"骄憨，千子之小疵；大节，士流所难言"（见《壮悔堂文集》卷三《答张尔公书》），分明以艾南英为殉节——易代之际文人多顾忌，故云大节难言。宋佚《江人事》作病死，亦无佐证。《天佣子集》卷首《年谱》说他有绝命诗三章，偏又不传。种种记载，颇难勘定。揆情度理，殉节之说较可信。艾南英生平最重名节，又生性坚执强固，平时文字议论尚不肯苟且，死生关头岂甘忍默？何况同时殉节延平的士大夫不止一二人，艾南英恰好在同时同地病死，未免太巧合了。

不管怎样，艾南英没有投降新朝，保全了晚节。当时江西颇有觍颜事清的士大夫，如南昌熊文举，仕明为吏部郎中；李自成破北京，他接受了"伪职"，南明弘光朝把他置于"从贼"诸臣之列；入清后官至兵部右侍郎，凭着他的诗名和交游，舆论没有怎样为难他。倒霉的是与他同邑的李明睿，本为明廷翰林，"从贼"接着降清，官礼部侍郎，旋以"失仪"削职，循海道南归，途径南京，与旧交阮大铖在城外酬饮数日，以此为士流所不齿。

（二）徐世溥与陈宏绪

李明睿见斥清议的又一原因，是有谋杀徐世溥的嫌疑。徐世溥字巨源，新建人，晚明诸生，盛有文名。他的朋友陈宏绪（字士业，新建人）称他"时艺之高古渊微、奇妙超忽，有目者孰不低徊叹异"❶，可是应试总不灵。崇祯末年他应征赴京，慷慨论天下事，得罪执政，拂衣而归，以此有"征君"之号。明亡后，他隐居新建山中。顺治八九年间，清廷修征辟故事，"巡按吴赞元亲式其门闾，又作手书遣推官持礼币往山中致之，不纳。推官去后，盗乘夜入其室，索其礼币，不知初未

---

❶《鸿桷集·卷一·徐巨源制艺序》。

尝受也。盗不之信,以火炙之,至死乃去"(道光《新建县志》卷四八《高士传》)。死于盗,这是人们一致的传说,作《徐巨源哀词》的钱谦益和陈宏绪都这么说。关于内幕详情则人各异词,县志所载为一说,赵翼《簷曝杂记》又载一说:

（李明睿回到南昌后,徐世溥经常讥刺他。）"一日,视太虚（明睿字）疾,太虚自言病将不起。巨源曰:'公寿正长,必不死。'诘之,则曰:'甲申、乙酉不死。则更无死期,以是知公之寿未艾也。'太虚怒,然无如何。巨源又撰一剧,演太虚及龚芝麓降贼,后闻本朝兵入,急逃而南。至杭州,为追兵所蹴,匿于岳坟铁铸秦桧夫人胯下。值夫人方月事,追兵过而出,两人头皆血污。"

这出刻毒的戏文流传民间,被龚、李知道并亲自看过演出,恨入骨髓。李明睿陡生杀机,派人伪装为盗,把徐世溥杀死。这则传闻据说得自蒋士铨,不知蒋士铨得自何人。编剧的事或许出于杜撰,徐讥讽李,李怀恨谋杀则有可能,因为徐世溥的确是言无忌讳、话多锋芒的人,而且李谋杀徐的传说由来已久。雍正间,南昌的在京官僚万承苍就此事请教熟悉晚明掌故的全祖望,全祖望辨无其事,所举理由如次:其一,"使巨源死于同里之怨家,不应牧斋（钱谦益）谋中竟不为微及之";其二,李某虽然大节有亏,尚不至于"显然灭裂行径";其三,如果李某要报复,为什么不乘兵荒马乱时下手,从而可以不露行迹,却待承平后举事,从而走漏风声❶?这三点推论虽然有一定道理,终究是揣测之词。根据另一些材料,也可以作肯定的推论。黎士宏跋徐世溥《榆溪逸稿》云:

徐巨源真南州高士,所为文章取适己意……然未免口角太峻,遂得奇祸。记丁酉入三山,携巨源新稿见周栎园先生,先生阅不两三叶,叹之再四,谓巨源恐不久人世。当时以为悬拟太过,及归途次建武,果得巨源恶信。

---

❶ 详《鲒埼亭集外编》卷四三《东万丈孺庐问徐巨源事实书》。

黎士宏、周亮工（号栎园）都是徐氏至交，所言当不诬。据此，可以断定他是因语言文字而致祸。仇家很可能是李明睿，只不过为躲避是非关系，黎民不明说罢了。钱氏《哀词》中只字不提，应是出于同样的顾忌，况且钱与李行径相似，更无颜面说人短长。还有一点，陈宏绪的文集最为完整，内有许多亡友之传，唯独无徐传，这是大大违悖情理的怪事。陈、徐同乡里，共砚席，数十年交好无间，难道一篇传文还当受不起吗？陈氏必有难言之隐。陈宏绪晚年与李明睿关系密切，两人时相过从，这可能就是他的难言之处。

徐世溥的古文，陈宏绪说"直逼昌黎"，遗文散落，无从验证。《榆溪逸稿》所收诸记则接近柳宗元。请看这篇《小涧记》：

> 自铜原出不数里，有声出于竹中，如是数百步，甚异之。既则延瞻岑径，亦有流泉，清迥修澈，委石成文，明细鳞鳞，若罾在沙。还顾来径，则丛篠明灭，夹生涧旁，叶交岸合，波缘沙隐，故声流竹际矣。其前则螺石沧涧，积沙成垅，平流有声；山泉遥应，递注迭鸣。前乃渐就山道，势高落迅，行疾响旬，分注田壆，涧水载鸣，畦畦相答，深可娱听焉。（见《逸稿》卷二）

这景致，这文笔，沁人心脾。自柳宗元《永州八记》以下，难得如此高古、舂容的山水小品，可惜埋没于残稿中，鲜为世人所知。

徐世溥"口角太峻"不知比柳宗元的"踔厉风发"相去几何，他所流传的议论文极少，幸亏有一部《江变纪略》可以略窥一斑。这本册子是他当年的笔记，记顺治五年金声桓"反正"事件。金声桓本是左良玉部下，降清后入据江西，自恃功大，不满于清廷给他的副总兵头衔，因而在南昌发动反清"复明"的叛乱，硬拉前明大学士姜曰广（新建人）入伙以资号召，封姜氏为"太子太保、吏部尚书兼兵部尚书"。事败后，姜曰广投偰家塘死。设身处地说句公道话，姜氏本无可厚非。《江变纪略》却深致讥刺，什么"姜太保"，什么"国家中兴之喜，师相再造之功"，处处冷嘲热讽。即此一端，可以看出徐世溥的为人。

与徐世溥相反，陈宏绪天性宽宏，与人无忤。他事实上是当时江西文坛领袖，以长者风度煦化群士，推奖侪辈不遗余力。但他的推奖往往过分慷慨，如称徐世溥为"今之韩退之"，称豫章社中诸子"高者永叔，次或子固、介甫"❶。既然这样大方，向他求序借光的人就踵接肩摩。他照例有求必应，有应必丰，明明是烂时文，他也称之为"经国大业"，说"我明之时艺，将与汉晋齐梁隋唐宋元之著作并耀天壤"❷。然而陈宏绪绝不是没有分晓的乡愿。他读书很多，天分又高，"一夕所闻，十吏兼书不能给，于典故、律令、星象、舆图、兵农、谱牒之学无不贯穿"（徐世溥《石庄集序》）。在他的十六种著作中有三卷《寒夜录》，里面颇多醒人之语。如论文："文愈短愈要曲折，所谓一尺之树更不可令有一寸之直"；"作手正要痴黠相生，无痴处亦不足见文心之巧"；"韩昌黎《答李翊书》，妙处全在之、乎、者、也、矣、焉，与几个虽然、如是、抑将字，手欲舞而腕随之，如微风扬雪，袅袅不下"（见《寒夜录》卷上），都是深思有得之言。他的古文虽然没有哗众之作，却有极珍贵的纪实文字。且读下面二则实录：

> 崇祯丙子，先之大浸，继之商贩不至，终之剽掠遍告，遂死者相枕藉。孝廉周维斗世家荷湖，邻有某者，老儒也，颇礼义自防。是岁馆谷不继，瓶罄数日矣，谋假贷，不可得，则谋鬻妻。妻闻而悲号，矢与殉。老儒乃挈其子女沉于渊，妻从之，一时共尽者五人。

> 罗紫虚曰："予乡死者得三人事滋异。乡插秧时，凡馌彼南亩者，例以其余饷同井。有老姑与二稚妇相倚，其子以乞食他适。某氏以插秧之馌贻老姑，姑则已先至其家索饱矣。某厌之，曰：'曷归以饱余馌'。姑觉而归。二稚妇饥，误以其姑且饱于某氏也，尽啖前所贻者。姑归而泣曰：'老命乃如是！'遂雉经死。二稚妇骇曰：'姑之死以我二人之一啖也！'亦雉经死。"（见《石庄初集》卷六《丙子纪事》）

发生在南昌的这两幕惨剧，应该是明末民生的一幅缩影。为历史留下这

---

❶《鸿桷集·卷一·徐巨源文集序》《鸿桷集·卷一·徐巨源制艺序》。
❷《恒山存稿·卷一·经国大业序》。

幅珍贵缩影的，是一位没有史责的文士；古文向来是为古文家传名的，这一回却为无辜的乡人称屈，文字工拙无论，就凭这个，陈宏绪无愧于古文家的称号。

陈宏绪的父亲仕明官至南京兵部尚书，有清正之声。父子俩别无嗜好，唯喜藏书，在东湖边造了一所"见山楼"，蓄书数万卷，为江右书林巨积。清军入城，陈宏绪避居西山，平生藏书和文稿毁于铁蹄。崇祯末，陈宏绪曾以荐举做过几任地方官，明亡不复出，终老于家。由于受刺激太多，他晚年思想变得消极，渐向佛门求归宿。《寒夜录》中"自古英雄豪杰掀揭自负，只是自闹一场而已"之类言论，使人感到惋惜。

（三）王猷定与魏禧

王猷定，字于一，南昌人。他的父亲王时熙官至太仆寺少卿，是东林党内重要人物，积愤而死。王猷定自幼跟随父亲，见惯世面，养成狂放的性格，乐交游而不喜举业。明亡，他徙居扬州，以遗老自居，一时名流如黄宗羲、顾炎武、屈大均、杜濬辈，都跟他交往。长期寓居落得晚景凄凉，以至卖文度日，"贾人子朝投千文，暮索其庆吊之辞，于一或待以举火，辄勉应之"❶，最后死于杭州寺中，友人为他料理后事。

王猷定"身长八尺，貌魁梧，意气豁如。胸中无城府，见同人，虽倾盖如久要。议论风发，谈天下事如观手中菴摩罗果，纤细举似，不失毛发"；"有洁癖，一匙一盏，非手涤不入口。所爱博山、焦尾，窃寐怀抱中，拂拭未尝假仆婢"❷。这些记载表现了他的名士风流。文如其人，王猷定为文狂怪恣睢，从内容到形式都打破传统古文的框套。他的《四照堂集》中的得意文字，如《孝贼传》写窃棺葬母的小偷，《义虎记》写救人患难的猛虎，《李一足传》记为父报仇的孝子，《汤琵琶传》记潦倒风尘的艺人，无一不深于情奇于文。这些奇奇怪怪的传记，都是伤

---

❶ 康范生，《与周减斋书》，周亮工《尺牍新钞·卷七》。
❷ 韩程愈，《王猷定传》，《碑传集·卷一三六》。

心人别有怀抱。他描写"汤琵琶":

> 尤得意于楚汉一曲，当其两军决战时，声动天地，屋瓦若飞坠。徐而察之，有金声、鼓声、剑声、弩声、人马辟易声，俄而无声。久之，有怨而难明者为楚歌声，凄而壮者为项王悲歌慷慨之声、别姬声，陷大泽有追骑声，至乌江有项王自刎声，余骑蹂践争项王声。（见《四照堂集》卷八）

"识曲听其真"，这番声乐描写所反映的，表面是楚汉厮杀的历史场面，底里是明清搏斗的当代风云，项王的悲歌慷慨即作者的痛哭流涕。黄宗羲赞扬《汤琵琶传》等篇为"近日之铮铮者"，守旧的古文家却嫌它"文不雅驯"（汪琬语），"伤品"（彭士望语）。

大抵王猷定的古文长于叙事，具史家之才而不失文人本色。他关心故国文献，曾有私修明史之愿，可惜未能实现。作为文人，他多愁善感，蒿目时艰，感伤之情常常不择文而发。他在一篇代笔的《罗夫人六十寿序》中写道：

> 大江以西非所称一都会耶？而廿年以来蚍于百战，庐舍为墟，蒿莱可隐，存者不能自植，流者不能复归，一望萧然，余烽残烟，飞鸟为之徘徊矣。（见《四照堂集》卷六）

伤时之情溢于言表，惨目之象动人心魄。一代文人就在这样的艰难时世里呕心沥血，写作血泪的篇章。其时江西的遗民文学家，大致有两种类型，一类消极怀旧，一类积极图新。王猷定是前一类型的代表，后一类型的代表，当推一位年辈较晚的"遗少"，即宁都魏禧。

遗民的特点是所谓"不死亦不降，不任亦不遁"，魏禧正是这样。明亡时他不过是诸生，不曾做官食禄，"死"和"降"似乎轮不到他。他结庐翠微峰，与彭士望等人结成"易堂九子"，当初是避兵祸，并非遁世，后来便有数回远游。远游的目的，据他自己说是"广己造人"（见《魏叔子文集》卷六《上郭天门老师书》），即结交朋友、培养后进。"广己造人"的目的是什么？他没有说。总之，他是以天下为己任的，但对于新朝则坚决"不任"，所以早年弃举业，晚年辞"鸿博"。

那么，魏禧有反清复明的企图吗？在苍黄反复的起初，容或有之，后来大局已定，他在宁都等地设馆课徒，也就不反对他的门人出去应试了。邓之诚先生认为魏禧的历次远游都是与各地志士谋划恢复的大计（其说详见《清诗纪事初编》），这在《魏叔子文集》里是找不到证据的。当时的遗民如顾炎武、屈大均、朱彝尊、李因笃等人，都曾云游天下，但很难说他们在搞颠覆活动，可见是一时风气。也许邓先生另有所据，况且史学家又别具眼光，兹不具论。

在为人方面，魏禧的可贵之处很多，尤为突出的是待人真诚，所谓"一腔热血，亦欲一用，非用于君，则用于友"（见《文集》卷五《复六松书》）。他与同堂诸子老老实实修身砺行，讲学论文，关系异常融洽，一扫晚明文人吵吵嚷嚷的坏习气。其时南丰有"程山七子"，星子有"髻山七子"，与易堂遥相呼应，"易堂之经济，程山之理学，髻山之气节"，一时传扬海内。推考其实，程山宗师谢文洊是个纯粹的理学先生，埋头于心性之学，"程山之理学"不假；髻山领袖宋佚曾编辑过一册《江人事》，表彰殉明抗清的江西人物，此外并无特别的气节表现。至于"易堂之经济"，如果是指《叔子文集》中《救荒》《变法》《封建》等策论，那不过是儒生应试的腐谈，毫无"经济"可言。魏禧又有《左传经世钞》《左氏兵谋》等著作，也未必有裨经邦济世。魏禧的成名决不靠此类"经济"滥调，而在于他的志节和文章。

今人论魏禧古文，每以《大铁椎传》为叙事之冠。仔细读他的文集，觉得《丘邦士传》更为优胜。丘邦士名维屏，是魏禧的姊夫，"九子"之一。他无师自通，精明算学，方以智与他布算，至有"神人"之叹，此外却无多少事迹。如果照一般传文格式，自少至老平铺直叙，就没有多少可读的内容。作者脱落俗套，撷取传主几个生活片断，随机安排，突出其个性，顿使人物传神，文章生辉。不妨略举数节，以见其妙：

尝绝饮，姊属邦士借米邻家，久不至。使人瞯之，则袖手立塘塍上，看往来行人。姊别借米，炊即熟，使人请邦士食。邦士食竟，亦终无一言也。

性静默，与人对数日不发一言，不识者以为村老，尝不与拱揖。有问之者，日夜娓娓不倦，至争辩事理，辄高声气涌，面发赤，颔下筋暴起如箸。尝与争辩时文体制尽善及继统者，必为之予至座中人皆罢酒，声震山谷，鼾睡者悉惊寤不为止。

先是，淮海阎氏以椿茧一匹，将书求为其妻铭墓，未作也。死之先日，邦士命家人取茧出，曰："以付冰叔，还淮安阎氏。"（见《文集》卷一七）

通过几件琐事，便把一个安贫守素，耿介不苟的贫士形象烙印在读者心中。作者犹以为不足，于传后缀附一断：

广东陈恭尹为彭士望言：吾游罗浮，经绝壁人所不到处，仰视有"邦士"二字横勒丹壁，盖不得其解云。

照传文常规，这一段应是作者议论，却记述一件神鬼莫测的传闻，既巧妙地照应了传中"神人"之语，又表达了作者的"高山仰止"之情，设思之奇，摇曳之妙，深得史迁遗意。

有人认为魏禧的古文长于议论，这种看法也符合实际。他的议论不主雄博，不贵锋势，特重见识，而且主要在论文方面。如"为文须关系天下""有用于世"之说，作家须"积理""练识"之说，文贵"真气""特识"之说（见《俞右吉文集序》诸篇），这些精辟见解，历来被论文之家所看重。但是能言者未必能行，他反对写无用之文，文集里却颇有浮文浪墨。例如，彭士望一个三四岁的小儿子在易堂玩了几天，临走时魏禧送他一柄小刀，特意作一篇赠序记这件事。自有赠序以来，再没有这样的便宜文章。魏禧的志节、言行与同时代的顾炎武颇有相近相通的地方，独恨《魏叔子文集》收录过宽，而《亭林文集》又择存过严，两家各有所失。但与其失之宽，不如失之严。

"九子"中彭士望、丘邦士亦以古文著称，可惜作品散佚过多，难窥全豹。此外，新建杨痒、欧阳斌元、丰城杨维休、宜春张自烈、临川傅占衡、陈孝威、陈孝逸、南城徐芳、陈允衡、吉水李陈玉、泰和萧士玮、萧孟昉，安福康范生，永新贺贻新，贵溪郑日奎，上饶曾文饶，德化（今九江）文德翼、黄师云，于都易学实，以及瑞金杨以任、罗有高等人，都是这一时期的诗文高手。他们与"四家""九子"及徐世溥、陈宏绪、王猷定诸人，在明清之际的动乱岁月里撑柱着江西斯文。时代赋予他们的共性、个性，以及他们曾在历史上的行履、文章，尚待考辨论定。愿有更多的人读其书，诵其文，论其世，知其人。

［原载《江西教育学院学报》（综合版）1988 年第 1 期］

艾南英是非辨述

明代文苑宗派林立，风气多变。《明史·文苑传序》胪述有明三百年文学的源流演变，以"准北宋之矩矱"的钱谦益、艾南英与"撷东汉之芳华"的张溥、陈子龙作结束。这四个人中，艾南英是非最多，不辨明这些是非，就写不好明代文学史的最后一页。

艾南英字千子，号天佣子，江西东乡人。他十八岁进学，二十四岁就抚州府试，与临川章世纯、罗万藻、陈际泰并列榜首，这就是后来在八股文历史上享大名的"江西四家"。艾南英中举是在天启四年，在这以前，他多次应试落榜，积愤难平，于是把历次被考官黜落的应试时文编成一本《历试文》，满怀怨悱写了一篇《自叙》，倾诉应试的苦楚，文中写道：

予七试七挫，改弦易辙，智尽能索。始则为秦汉子史之文，而闱中目之为野；改而从震泽、昆陵、成、弘先正之体，而闱中又目之为老，近则虽以公、谷、孝经、韩、欧、苏、曾大家之句，而房司亦不知为何语。每一试已，则登贤书者虽空疏庸腐、拙稚鄙陋，犹得与郡县有司分庭抗礼，而予以积学二十余年，制艺自鹤滩、守溪下至弘、正、嘉、隆大家，无所不究，书自六籍、子、史、廉、洛、关、闽百家众说，阴阳、兵、律、山经、地志、浮屠、老子之文章，无所不习，而顾不得与空疏庸腐、稚拙鄙陋者为伍。每一念至，欲弃举业不事，杜门著书，考古今治乱兴衰之故，以自见于世，而又念不能为逸民以终老。嗟乎，备

第四编　文史研究

尝诸生之苦，未有如予者也！

考试衡文本来就没有固定的标准，何况撞在盲试官手里。只为一念之差，明明知道是苦酒，他偏要喝；自己喝够了，还引导别人喝。

研究八股文的，通常把明代八股文分作四期，以明初至成化、弘治为正宗，正德、嘉靖为极盛，隆庆、万历为糜烂，天启、崇祯为变革。艾南英就是启、祯间变革八股文的旗手，他号召效法成、弘大家，扫除万历以来"秽恶剽袭、空疏腐败"的文风。他把"四家"的时文编成一部《四家合稿》，又评选二百年来的名家时文为《今文定》《今文待》，借以指示津渡，引导后进，由此声名大震。当时南昌万时华，新建陈宏绪、徐世溥，清江杨廷麟及瑞金杨以任等人都以八股文著称，在外省人眼中，他们是所谓"豫章派"，这些人都是八股迷，艾南英说，"今之制艺必与汉赋、唐诗、宋之杂文、元之曲共称能事于后世"（见《金正希稿序》），与李贽的议论如出一辙。在今天看来，这种看法当然是可笑的，但八股文毕竟是一种影响广泛的文章体裁，研究文学史的不应该简单的一笑了之。

明清古文与时文的互相影响、互相渗透是有目共睹的事实，所以明清间人论文，常常把古文、时文打成一片。陈宏绪总结"豫章派"时文的特点："本之经以深其源，参之史以究其变，博之欧、苏大家以荡其气。"（见《李平叔文序》）这就与古文的标准没有区别了。深于时文的人都认为，要作好时文，必须精通经史，作好古文，所以明清两代的古文名家，如归有光、唐顺之、方苞、袁枚之俦，无一不是八股高手。艾南英认为时文的败坏，根源在人们不读书，因此主张"通经学古"。又认为"制举业之道与古文常相表里，故学者之患，患不能以古文为时文"（见《偶社序》）。为了革新时文，他号召振兴古文。他既以作时文、选时文出名，也以作古文、论古文蜚声，其古文手段也表现在上述《自叙》中。请读"秀才岁试"一节：

试之日，衙鼓三号，虽冰霜冻结，诸生露立门外，督学衣绯坐堂上，灯烛辉煌，围炉轻暖自如。诸生解衣露足，左手执笔砚，右手持布袜，听郡县有司唱名，以次立甬道，至督学前。每诸生一名，搜检军士二名，上穷发际，下至膝踵，袒腹赤踝，为漏数箭而后毕。虽壮者无不齿震冻慄，腰以下大都寒冱僵裂，不知为体肤所在。遇天暑酷烈，督学轻绮阴凉，饮茗挥箑自如。诸生什佰为群，拥立尘坌中，法既不敢执扇，又衣大布厚衣，比至就席，数百人夹坐，蒸薰腥杂，汗淫浃背，勺浆不入口。虽设有供茶吏，然卒不敢饮。饮必朱钤其牍，疑以为弊，文虽工，降一等。盖受困于寒暑者如此！

这段文章，叙述是客观的，语气也算平静，没有《聊斋志异》和《儒林外史》那样的浪漫虚幻和嬉笑怒骂，可是毕竟掩不住言外的悯伤与愤慨。那穷形尽相的描写，把秀才的斯文外衣和科举考试的神圣面纱撕得干干净净。一边是乞丐、囚徒一样的相公，一边是堂皇而坐、怡然自得的老爷，两下对比，贱者愈见其贱，贵者愈见其贵。再进一层，贵者忘其当年之贱，全无恻隐之心，贱者垂涎于眼前之贵，全无羞耻之心，原来科举制度下的士大夫竟是这样一群麻木不仁的人。"成则为王，败则为寇"这一可怕的法则，竟然显现于科举试场。可见，其行文之直，用意之深，非高手不能为。

从古文的家数说，《自叙》篇无所师法，只是直抒胸臆，快意累累，意尽便止，《天佣子集》中几篇传世名文，除此篇外，如《答陈人中论文书》《答夏彝仲论文书》，都直吐情愫，不事依傍，其他亦多放言无忌。这是艾文的基本特征——是优点，也是缺点。有人便嫌他的文章"有太史之雄慨，无骚人之幽深"（文集附李匡山评语）。尽管如此，不失为晚明一家。黄宗羲是致慨于明末文集之陋，独推许四部文集，其中一部就是《天佣子集》。

在古文理论方面，艾南英于汉代，钦仰司马迁；于唐宋，推崇八大家，尤推欧阳修；于明代，服膺归有光、唐顺之诸子；他不满于王世贞、李攀龙及其追随者。《答夏彝仲论文书》云：

今之王李，其文无法，其句甚鲜，其究也甚腐。吾尝取其稿观之，掩卷而观其题，辄能测其中所用官名，所用地名，所起所收若何，什不爽一。后生小子不必读书，不必作文，但架上有前后《四部稿》，每遇应酬，顷刻裁割便可成篇。骤读之，无不鲜华浓丽，绚烂夺目，细按之，一腐套耳。

这段话可以看作明代人对前后"七子"及其追随者最强烈的声讨和最彻底的清算，连乾隆间把艾南英视为眼中钉的四库馆臣，也不得不在《四库全书总目提要》中引录"后生小子"以下一段，认为"其指陈时弊，可谓切矣"。

《明史·艾南英传》称："始王、李之学大行，天下谈古文者悉宗之，后钟、谭出而一变。至是，钱谦益负重名于词林，痛相纠驳。南英和之，排诋王、李不遗余力。"《文苑传序》还让他们并排坐在"淮北宋之矩矱"的板凳上。影响所及，郭绍虞的《中国文学批评史》也为他们开了一个专节。观《初学集》《有学集》，钱谦益"纠驳"王、李的言论虽多，却并不激烈，至多不过说，"如弇州《四部》之书，充栋宇而汗牛马，即而视之，枵然无所有也"，远不及艾南英议论的淋漓痛快。钱氏早年学王、李，到四十岁才觉悟，转而排王、李；与艾南英虽然岁齿相近（长艾南英一岁），但一为朝士，一为布衣，地位相去悬殊。从两家文集看，他们既未谋面，亦无文字交往，找不出一丝倡和的迹象。虽然在排斥王、李，宗尚欧、曾和主张通经学古方面两人观点一致或接近，但所论范畴有别。艾南英论时文为主，兼论古文，很少论及诗歌，钱谦益论诗为主，兼论古文，很少论及时文。

艾南英论文也讲"气"，《陈兴公湖上草序》云："古之至文未有不以气为主者。今吾将以浑朴之气救天下之为文者。"也讲"法"，《答陈人中论文书》云："不佞极推宋大家之文，以其有法；而其稍病宋大家之文，亦因其过于尺寸铢两毫厘不失乎法。"又讲"雅""洁"，《答夏彝仲论文书》云："每见六朝及近代王、李崇饰句字者，辄觉其俚。读《史记》及昌黎、永叔古质典重之文，则辄觉其雅，然后知浮华与古质则俚、雅之别也"；《偶社序》云："文必洁，而后浮气敛，昏气除，情理以之而生焉。""文以气为主"是韩愈以来的常谈，论文讲"法"也是宋以下的老调子，艾南英并无新的发挥。唯独"雅""洁"二字是他发明的一剂新药，用以救治"伪书杂学""俚语巷说"拼凑为文的时弊。郭绍虞很看重这两个字，认为艾南英开了桐城派文论的先河。

艾南英拯救时文有一套完整的步骤，即时文与古文两路并进，论文与选文双管齐下；论文有破有立，选文有塞有导。在时文方面，他先选《戊戌房书删定》作反面教材，再选《今文定》《今文待》作正面样板。他比喻说，"犹用药者，先用大黄芒硝泻去肠胃积秽，然后以参术正其元气"。在古文方面也是如此，他选了《历代诗文选》《皇明古文定》为"当世劝"，又选《文剿》《文腐》《文妖》《文冤》《文戏》为"当时戒"，《文剿》收生吞活剥、断章取义的抄袭之文，《文腐》收拙劣的模仿之文，《文妖》收标新立异、离经叛道之文，《文冤》收谀墓欺世之文，《文戏》收游戏、滑稽之文，分门别类，煞费苦心。这些选本虽然没能传下来，但艾氏的超识和创造之功是不可埋没的。

艾南英早年以编《历试文》、评《四家合稿》而闻名。后来，既然中进士无望，艾南英便以选时文为业，常年奔波于南京、苏州、杭州等地。《明史·文苑传》说他"负气陵物，人多惮其口"；《四库提要》则称"南英之身，无日不叫嚣跳踉，呶呶然与天下辩"。虽是贬词，却是实话。好辩论是艾南英最突出的个性特征，由此招致许多人事上的是非，也由此辨明许多道理上的是非。

崇祯元年秋天，在太仓王世贞故居弇州山园，四十六岁的艾南英与"云间派"领袖、二十一岁的陈子龙初次相遇，酒酣论文，艾南英批评对方以至"使气骂座"。陈子龙心高气傲，不能忍耐，竟"直前殴之"，这就是震动艺林的"弇园事件"。后来有人认为双方"具独主所见，不肯雷同，诚艺林盛事"，事实上大损斯文，由此伤了两地人士的感情。唯一的收获是引出艾南英几篇著名的论文，即上述的《答陈人中论文书》《答夏彝仲论文书》与《再答夏彝仲论文书》。

《答陈人中论文书》长达三千字，它以逐条驳斥的方式全面阐述了与陈子龙的分歧，归结起来就是："不佞方由韩、欧以师秦汉，而足下乃谓不当舍秦汉而求韩、欧；不佞方以得秦汉之神气者尊韩、欧，而足下乃以窃秦汉之句字者尊王、李。"一方喜浮华，尊《文选》，贬斥朴实、平淡的宋文；一方与之相反。双方似乎是门户之争，没有是非可言。其实不尽然。《文选》虽然选录了许多好作品，但总体上有重形式轻内容的倾向，是齐梁文风的产物，陈子龙在"七子"风行的时候标榜《文选》、崇尚浮华、追随王、李，是十足的"俗士"。后来他大概觉察到自己的不是，所以与艾南英论战的书信一篇也不保留。嗣后随着阅历的增长，俗士变奇士，洗尽铅华，显出纯真，才产生好的作品，以至做了明代诗歌的殿军。两相比较，艾南英的过错在于措词过度尖刻，讽刺、挖苦无所不至，未能开"堂堂之阵"，竖"正正之旗"。《书》中云："愿足下闭户十年，尽购宋人书读之。然后议宋人未晚也"；"愿足下迟迟其论，足下学至震川、文至震川时，驳之未晚，今恐尚悬绝"；"足下骄稚豢养，不能远从明师，足下之乡有娄子柔、陈仲醇两公……足下备赟往请为师，得其一言，昼夜思之，思之无越畔，然后读书十年，徐徐与不佞论文未为晚也"，这些话就不是长者对后生应有的口吻。而他同时写给挚友夏允彝的信，谈同样的问题，就客气得多。

与"云间派"携手的"娄东派"，即复社领袖张溥、张采等人，也与艾南英辩论不休。双方从论文的分歧发展到社团的对立。当时文人结社成风，江浙最盛，江西次之。艾南英在北京会试时，曾与张溥、夏允彝等人结过燕台社；此时江西境内则有滕王阁社、杏花楼社、江天阁社、悬黎社、东湖社、则社、蔚社、葵社、益社、特社、吉州社、偶社、合社、禹门社及临江社等。后来，艾南英和万时华等人发起，联合江西诸社为豫章大社，"南英执其牛耳"，与复社抗衡。可是再后社中人物及通省名士却被汇集到复社中，唯独艾南英被排除于外。张采任临川知县时，有心拉拢陈际泰、章世纯等人，说是要消除"夤园事件"给江西士人所造成的阴影，暗地里周钟（复社领袖之一）等人却在挑拨陈、章等人与艾南英的关系。章果然中计（因艾曾批评过他的时文），他从此单独刻印自己的作品，与艾"为仇为险，两人失和"。艾南英对复社人物这种"以临川攻临川"的伎俩非常愤慨，但无可奈何。

当时宜春张自烈流寓江浙，与吴应箕、杨廷枢、张采等人亲如兄弟，后来也成为复社领袖之一。艾与他都评选时文，两人互相攻击反目。艾南英讥责张自烈抄袭他的文字，说他受复社指使，"以豫章攻豫章"，张自烈讥责艾南英学术"暗陋""坚僻悍傲"。年代久远，文献不足，难明双方反目究竟，但论态度，南英自不必言，张自烈也是出名的辩者，生就一副不饶人的脾气，正是"楚则失矣，齐亦未为得也"。

好辩论未必是坏事，是非不辩不明，真理不辩不出，所以"君子必辩"。但是使性负气、刺刺不休地穷辩则为一病，一旦与乡贯性质的或社团性质的宗派斗争纠缠一起，其症候就益发严重。如果说好辩论是艾南英的疵病，那么也是那个时代传染给他的。艾南英青年时代，曾受教于乡先正汤显祖，颇得汤显祖器重。汤显祖那"宁为狂狷，勿为乡原""一世不可余，余亦不可一世"的人生态度，深深地影响了这位东乡才子，同时代吉水李邦华有句名言："宁为偏枯之学问，不作反复之小人"，准确反映了当时江西一部分文人士大夫的褊狭气质。

艾南英由于好辩论而多是非，一举一动都在人们的注意和议论中。崇祯七年（1634年），艾南英会试落榜，发生过一次报复阅卷官的事情。其始末原委，《制义丛话》引李调元的说法是：

艾千子领遗卷，知落项水心房，首篇止句读四行而罢。艾遂序刻七艺，大意谓士子三年之困，不远数千里走京师，而房官止点四行，弃置不顾，此岂有人心者乎？刊本四出，项声誉顿损，大恚恨。

《丹午杂记》则云：

江西举人艾千子，会试场中代某作文，主试项煜批艾文"肤"，某文"腐"，士子传为笑，谓艾与某"夫妇"也。艾大怒，因刻文稿，痛诋项于序中以泄忿。

《坚瓠四集》又作：

崇祯甲戌会元，乃金坛李竹君青。时艾千子不第，自刻遗墨，赘以题解，并摘元卷中疵语，欲揭之。礼部主司闻之大恐，谋于吕匪庵一经

第四编 文史研究

先生，以任礼部郎，磨勘乃其职也。匪庵曰："溧阳陈百史尚未出都，速将百金赖其文，代刻元稿传送，此事可解。"主司如言刻成，千子见之心服，急毁前文，其事乃寝。

同一件事便有三种不同的记载。照前一说，艾南英是出于不得已。照后二说，艾南英的形象就有些不妙。杨士聪《玉堂荟记》把这件事同早年刻《历试文》作《自叙》的事合在一起议论说：

> 艾南英江右四大家之一，中甲子乡试，刻《历试草》称已备历诸生之苦。何人不然？何足为异？至其自比古人缔造艰难，将述以贻子孙，比拟非伦，其器量可知也。申戌会试，入项水心煜房中。榜后自刻其卷，痛诋主司。项甚患之，而无可如何。嗟乎，得失偶然耳，八股活计中夸甚英杰？即居然一夜郎王，不足道也，况未必乎！

杨士聪与艾南英同时，是"春风得意"的过来人，高姿态地说几句"器量可知""夸甚英杰"之类的话头，不足为异。可是陈际泰却说《自叙》一出，"天下爱其痛快，每先试艺而传诵之"。既然天下传诵，必定唤起了众人的共鸣，得到普遍赞许，从而说明杨士聪是存心毁谤。

艾南英身上的是非，许多就是这样被人为地制造和强栽。毁之者捕风捉影，百计媒孽，连旁观者都感到人言可畏。他自己则"气决敢任，不回挽于祸福，不惑易于毁誉"。在《答杨淡云书》中写道：

> 今将明吾道，必使吾辈文章推而上之有祖有宗，与先辈大家合，又与圣贤合，然后推而下之有子有孙。若如今所推秽恶剿袭、空疏腐败，其为说也，推而上之无祖无宗，伊尹生于空桑矣；推而下之无子无孙，吾见斯人不血食也。如是而犹欲谤弟疑弟，此非待弟之过，亦觉天下之小。三百年国家之功令，千余年先圣之是非，为一辈无知者败至此，既无一人任之，任之者又从而谤之疑之，呜呼甚矣！

这番话的口气，简直比"文起八代之衰"的韩愈的口气还要大。《寄万茂先书》又称："兄以弟为不度德量力则可，以为弟不苦心救世则不可。"有人认为"'苦心救世'，四字便是一部《天佣子集》自序，并可当东乡一生房选、社刻总注"。艾南英高出流辈的地方正在这里。然而风衰俗敝的世运，岂是一个书生所能挽回的？艾南英的"苦心救世"，徒留得救世苦心而已。

艾南英早年"志在经世，留心故府典章，凡兵农、礼乐、刑政、河渠、屯田诸务，亹亹洞晰于胸而贯注于手口"，后来见经世无门，转而以言论救世；救世无成，已届暮年。他带着人们口诛笔伐带来的累累伤痕归居故乡，著书自遣，犹关心地方大事，上书郡县论城守，论马役。顺治初年（1644 年），清军入江西，建昌（今南城）益王约集四方义士抗拒，艾南英与族人艾命新即家响应，募集刘琦等三十六人献血盟誓，拉起了一支七八千人的队伍。大事无成，清将金声桓以书招降，游说万端。艾南英答书称："无文山之家而浪思起义，有渊明之里而不敢归耕"，于是潜逃福建，投唐王陈《十可忧疏》，除兵部主事，改广东道御史，擢兵部右侍郎。顺治三年（1646 年）八月，唐王在汀州被执，南明隆武朝亡。与此同时，艾南英卒于延平（今南平）兴福寺。罗万藻"哭而殡之"。据说有遗嘱"死后不葬清朝土地"，棺木吊在寺树上。二百年后迁葬城北官山上。

艾南英生前是非纷纷，死后总算清静了几十年，可是至乾隆间修《四库全书》，忽又成为笔伐的对象，《天佣子集》在康熙间曾数回翻刻，至此被列为禁毁书。清朝统治者为了"世道之防"，不惜诛及九泉，把艾南英做了笔伐的靶子，使艾南英的是非又添了一重话题。

"丈夫岂有盖棺时，是非万年说未休。"有感于人们的笔伐和明末文苑的纷纭，特为艾南英辨述是非如上。

（原载《九江师专学报》1988 年第 3 期）

复社名士张自烈

明末复社活跃着一群声名显赫的文人学士，内中有一个气性刚鲠的江西才子，名叫张自烈。

张自烈，字尔公，号芑山，宜春人，生于万历二十五年。他五岁破蒙，十八岁进学，数十年寒窗苦读，可是无如命何，从十九岁至四十六岁十次参加乡试都落榜。是他不善于作八股文吗？不是的。且看他劲头十足地评选八股范文：《甲戌文辨》《丁丑文辨》《皇明历科程式》《四书程墨文辨》……出了一本又一本，分明是精于此道的行家。别人得了他的指引，早就做举人中进士了，可他自己却总是在监生这一级台阶上攀登。原因在哪里？原来他生性跅弛不羁，自幼"操觚为文放恣纵横，辞必已出"，对于关系到科名成败人人诵习唯谨的"宋诸儒训故"和"有司尺度"，他竟"踔跃不顾"，好几回考试都是未终卷掷笔而出，这怎么能得中呢。科场的痛苦跋涉使他认识到"制义取科名不合道"，于是"上下宋诸儒语录，复贯涉史学，务适用"（见《艺山文集》卷二十二《自撰墓志名》），致力于著书论世。天启间，他愤于魏忠贤乱政，博采汉唐史料，编成一本《宦寺贤奸录》，准备伏阙献上，不久阉党垮台，其事不果。崇祯时，他感于朝廷用人不公，辑录古今官吏选举考课法成万言书，进京呈献、散发，得到人们好评。为了从根本上救治世道人心，又用十多年功力编就一部《四书大全辨》，对永乐年间钦定的《四书大全》痛加驳正，吁请当局刊行。此外，他还著有《理学辨似录》《理学精义录》《圣学殊同录》，史学方面有《党戒录》《守先录》《历代名臣奏议辨》《凶史考信录》及用于家教的《孤史》，小学方面的有《正字通》《字汇辨》等。这些著作虽然不尽精醇，但作者的博学善辩功夫和经世导俗的苦心引起了上层的重视，官场上不断有人荐辟他做官。他耻于"苟禄仕"，一概坚辞不就。时局阽危，大厦将倾，他预感到离"树倒猢狲散"的日子不远了。

张自烈的一生可谓多灾多难。他晚年作了一篇《厄记》，回忆终生难忘的十次厄难，其中最大的一次是崇祯十六年（1643 年）的兵燹。那年十月，张献忠占领袁州（今宜春），不久撤离，明将左良玉以"助剿"为名，接踵而至。好一群"官兵"：

（左兵）连营城内外，恣意肆虐，距城四五十里，无贫富，涓毫殆尽，未几则入乡搜山矣，分钞各村聚矣。檄曰："无金者杀无赦！"老少鸟骇兽窜，露宿草栖，裸冻困饥饿以几幸不见左兵于万一者，左兵复诱土猾乡导，昼伏夜行，炮击火攻，无一姓得免。及捕获老少，劫束箠楚，焚炙剔剔，皆律令所未见。既得金，又剸而脔之……有合室骈死无噍类者；有身首异处者；有割耳鼻、断胫股，蠕动类"人彘"者；有男妇数百人蠕居厓穴，左兵积薪具炭熏炙，骨枯皮烂者；有东奔西突枵腹死者；有稚儿啼号、母畏兵踪迹，举而委沟壑者；有父死子不敢临哭，弟亡兄不敢掩埋，方临哭为左兵手刃者；有僵尸道旁、狗彘乌鸢嗺食者；又有射死杀死暴露门庭，左兵过而见之复剸刃胸脊，縻碎头面，震呼虓叫以为乐者……（见《文集》卷三《上论左兵横暴书》）

这一幕幕惨剧都是张自烈所身历目击。他的父亲、仲弟及他的继室和两个侄儿都死于此难，本人也身负重伤，与老母、季弟幸免一死，但家中房产荡然无存。大难过后，他急切上书，号诉朝廷："天下之祸不在寇，而在剿寇之兵"（见《上论左兵横暴书》），直骂左兵为"左贼"。这篇奏书虽然具有浓厚的个人感情的因素，但客观地道出了历史的真相，与堂堂皇皇的"正史"记载大异其趣。

经过这番大洗劫，家乡是住不下去了。张自烈带着老母、季弟飘流九江，投靠在那里督师的同乡挚友袁继咸。又从九江到南昌，接受另一位同乡挚友杨廷麟的意见，东走铅山，经河口到战祸较轻的福建去。由于兵荒马乱道路不通，一家人退居上饶葛川。在那里一住就是四五年。顺治五年（1648 年），老母思乡心切，于是举家返袁，年底母亡，他办完丧事便离家出走，继续客居生涯。

张自烈是个四海为家的人，家乡观念淡薄。他自号芑山，又用作故乡的代称，并不是宜春实有其山，而是他杜撰的。取义于《诗经》的"丰水有芑"（见《大雅·下武》，《传》曰：求世德也）"薄言采芑"（见《小雅·采芑》，《传》曰：咸蛮荆也），借此寄寓功名大志，同时表示对标榜郡望的士习的厌恶和决裂。他一生浪迹南北二京、湖广、江浙等地，在南京侨寓的时间最长，达二三十年。在这座多士麕集的陪都里，他结识了一大批意气相投的朋友，关系密切的有吴应箕、杨廷枢、夏允彝、黄宗羲、顾杲、张溥、张采、方以智、侯方域等人。这一列人物中的任何一个都在晚明历史上，尤其在晚明文学史、党社史上大有关系。张和这群名士是复社的头面人物，因此，张自烈也被视为复社魁首。他们联络各地士人和朝廷鲠直公卿，主持清议，抨击"阉党"，形成一支浩大的队伍。崇祯初年（1628 年）接连在南京、苏州等地召开社员大会，各省赴会者多达数千人。失势赋闲的"阉党"余孽阮大铖千方百计巴结复社人物，企图洗刷罪名东山再起。他们就去发动了一场讨阮运动，140 余人联名签署了一份大字报，即著名的《留都防乱公揭》，声讨阮大铖的罪恶，警告人们防备阉党卷土重来。大字报悬诸街市，广为传诵，震动了江南数省。张自烈积极参与了这些活动，又与吴应箕、黄宗羲等人结成了一个社中之社——国门广因社，日日聚会，以饮酒骂阮为乐。然而曾几何时，大明帝国很快灭亡了，轰轰烈烈的复社随着土崩瓦解。南明弘光朝，阮大铖与同伙马士英等人得势，大举迫害复社人物，张自烈与社友被列入黑名单《蝗蝻录》。由于他曾经拜马、阮的反对派大学士姜曰广为师，姜上章推荐过《四书大全辨》，马、阮便借张自烈开刀，张榜宣布《四书大全辨》为"伪学"，派特务逮捕他。幸而弘光朝很快灭亡，一场严重的党祸得以消弭。

张自烈乐于交游，但不妄交游。他笃重友情，珍藏朋友给他的信札，30 年间积累数万件。《四书大全辨》完稿后，他征集朋友题跋竟成一巨册，卷首开列参订者名氏多达 486 人。又约集 340 人联名上书，吁请官府拨款印行，交游之众，声气之盛，超越古今。在今日看来，这类举动未免有沽名钓誉之嫌，但当时的风气就是这样，不足为怪。

他交友始终如一，朋友越是有患难，越见出他的情义。崇祯九年（1636 年），袁继咸在山西提学佥事任上受诬陷被逮，关押在京师狱中，他闻讯后只身从南京登程，顶风冒雪赶到北京，为袁继咸伏阙讼冤，幸而事解。袁继咸后来被清军俘虏，从容就义，又是张自烈为他整理遗文，捐资刊行。吴应箕抗清被俘，英勇就义，他的文字在清初大犯忌讳，为了避祸，人们纷纷焚弃自己收藏的吴氏遗稿，张自烈独不避祸患，热心校评吴氏《楼山集》，整理《楼山遗诗》，在生活十分困难的情况下捐金助工，四出奔走求告，使吴氏二遗著得以出版。其间，家道颇丰的侯方域，享用奢华的冒辟疆曾先后表示愿解囊相助，冒氏甚至信誓旦旦，到头来两人竟一毛不拔，友人陈允衡为之摇头叹息："交道难言哉!"

交游广，名声大，什么人都可能遇到，什么议论都可能听见。有人说张以评文为弹章、以邪说叛传注；有人说他功过濂洛、度越程朱；有人把他比作东汉隐士郭泰、许劭；有人把他比作北宋执政范仲淹、王安石，众口不一，称讥纷纷。对于这些，他一概漠然置之，有道是"一国非之不顾，万钟于我何加"（见《文集》卷六《复及门诸子辨谤书》）。名声的毁誉，利禄的得失，他都豁出去了，想评的还是评，能辨的还是辨，一部《芑山文集》，大半为议是非、说长短的文章。他自称"守正不苟禄仕，穷理不惑传注，疾恶不畏强御，论世不惑古人，短长自知，终身引咎"（见《文集》卷一七《芑山自传》）。这几句自我评价大致符合他的行事，他的确是一个硁硁谔谔与众不同的人。就拿《四书大全辨》来说，"四书"是朱熹标榜的，自从永乐皇帝命臣下纂集《四书大全》用作科举考试的金科玉律以来，已经一二百年了，尽管有许多谬误，但谁也不敢说它的不是。永乐二年（1404年），鄱阳人士朱季友著书排斥程朱学说，结果书被毁，人受笞；万历中，朝士袁了凡擅自批判"四书"，也被言官弹劾，书毁人黜。这些教训人们应当记忆犹新。张自烈一介布衣，竟敢冒天下之大不韪，非议先皇颁行的圣贤之书，没有超群的胆识是不敢做到这一步的。

他既然敢于非议朝廷颁行的圣贤之书，也就敢于批评重臣和名士。崇祯年间，朝臣黄道周文章风节天下仰慕，士大夫趋附借光争先恐后。张自烈却从来不与谋面，原来他看出黄某只会说空话、取虚名，没有实际才干。唐王政权时，黄道周拜大学士，自告奋勇带兵上阵，士大夫感奋不已，交口颂扬。一向与黄道周无文字来往的张自烈，这时却写了一封长信给他，直率地说他"学闇军旅，才非折冲，必不克胜厥任"（见《文集》卷五《与阁部黄石斋书》）。不久，黄道周果然丧师折兵，被清军俘虏，就义于南京。

晚明董其昌诗画书法名重天下，收藏家视为奇宝，不惜重价争购，张自烈却看得很微贱。有一回，友人周勒卣割爱赠他一把董其昌题写的诗扇，第二天，张自烈上周家作客，临走时故作遗忘，悄悄地把它留下了。周勒卣发觉后派人送去，张自烈干脆把它扔在河里。原来董其昌人品颇有可议，"人贱物亦鄙"，所以他不愿领周某的情。

　　张自烈不愧是刚正不阿的批评家，千百年来士大夫的"乡愿"惰性在他身上残留极少，不过有时候却未免意气过激，显得器度褊狭。他一生交了无数的朋友，却容不下一个同乡，即"江西四家"之一的艾南英。艾南英是东乡人，比他大十多岁，跟他一样，也生就一副不屈不挠的"好辩"性格。两人都评选八股文，难免意见相左，互有轩轾，但在私交上总该互相尊重、不伤和气才是。但双方都争强好胜，不饶不让，遂致反目为仇。张自烈攻击艾南英的选本"评语跋驳，去取淆乱""盲以导盲"（见《文集》卷一〇《与吴次尾书》），攻击艾南英为人"坚僻悍傲"（见《文集》卷八《与陈士业论艾选书》）。艾南英下过一次狱，据说也是张自烈搞的鬼。艾南英则指责对方"明袭予之议论而又以师人为耻，欲故自贰"（见《天佣子集》卷一《十科房选序》），说对方"为中吴指使，以豫章攻豫章"（见《艺山文集》卷八《与陈士业论艾选书》）。所谓"中吴"，指吴中名士张采、杨廷枢等人，即复社代表人物。艾南英一心标榜"豫章派"，与复社人物不大合得来（所以网罗人士唯恐不多的《复社姓氏》将他除外），而张自烈身为复社党魁❶数十年寓居南京，与社友亲如兄弟，二人宗派不同，反目的根源应在于此。这一场公案虽然有些情节还不大清楚，但有一点可以肯定：反目的双方都有责任，都应该"终身引咎"。

　　明亡后，张自烈落为遗民，闭户著书，不言时事。永历朝，桂王曾召他为翰林检讨，他未就。清廷有人荐举他，他坚辞不出。他过惯了寓

---

　　❶ 吴应箕《复社姓氏》、吴伟业《复社纪事》122人，吴翿《复社姓氏录》、吴山嘉《复社姓氏传略》均334人，今人蒋逸雪《复社姓氏考订》386人。

居生活，此时虽然年届迟暮，照旧浮家泛宅，流寓上饶、南京等地。他行囊中装着一块题为"谁庐"的门匾，住在哪里就挂在哪里，以示人无定居、庐无定主。时光流逝，岁月无情，一向躁烈的张自烈慢慢变得深沉了。天地沧桑，友朋零落，他回首往事，无限悲慨从中而来，偶尔邂逅一二知交，往往相持悲泣，弄得家人茫然不知所措。他自称"虽生犹死"（见《文集》卷二二《自祭文》）忙着写回忆录，写自传，写自祭文、誓墓文，自撰墓志铭，给幼子写诀别书，随时准备死去。有时以"芑山逸史"的名义编一点史纂，如《成仁录》《四朝大事记》之类，以此寄哀。他的晚年光景，有一首《南谯暮春即事》诗可以作为写照：

（前略）白云到眼魂千里，青史随身影半床。人事凄凉肠欲断，狂歌何处濯沧浪？

康熙十年，南康（府治即今星子）知府廖文英盛情延请他主讲白鹿洞书院。廖文英在明末做过袁州知府，与张自烈相好。于是他接受了老友的聘请，携眷结庐白鹿洞侧。两年后，这位77岁的老人与世长辞，葬白鹿洞左青龙山。他生前自题墓碑曰："明上书言事累征不就张某之墓。"这一行碑文是他对自己一生功德、事业的总结。不用说，这一点点"功德"与"事业"是微不足道的。

张自烈至死不忘故国，而且明王朝却没有给他什么好处。他在世时每痛心于"功行未彰，国史无述"（《文集》卷一七《芑山自传》），这是时代、社会和个人命运的多重安排，后人不必为他抱不平。可以告慰于他的是，他在学术和文章方面的建树却并不因为"未彰""无述"而贬值。他的《四书大全辨》和《正字通》存目于《四库全书》，数种史辑一直被史家采择，《正字通》被采为《康熙字典》的蓝本之一，至今被古汉语专家所重视。唯独《芑山文集》由于遭清廷禁毁，数百年绝迹书林，知者甚稀。现在通行的二十二卷《芑山文集》（见附《诗集》），收在胡思敬所辑《豫章丛书》中，系作者生前自己删定的家藏本。

《芑山文集》收文271篇，书信、尺牍将近半数。开首二卷《与古人书》，就韩愈、司马光、苏轼、二程等人的一些议论进行单方面的

"商榷"，作意吹求，颇嫌多事。这种近乎文字游戏的文章，在别人不过偶一为之，聊备一体，而张氏竟多达30余篇，可谓好辩已甚。其余书信多空谈"修治齐平"的大道理，令人敬而远之，唯作者生平事迹、交游略可从中考见。其次序跋80余篇，无聊的八股文序和寿序占三分之一，所余多感时伤乱之音，间吐异论新说。比如，《字汇辨序》（《文集》卷十二）认为"六书"以会意为本，称许王安石《字说》能发明此意；《跋谢文节集》（见《文集》卷二〇）批评谢枋得许多文章"辞旨琐猥，罕裨名教"；《逊志斋集序》（《文集》卷一二）认为方孝孺固然忠烈可嘉，但临事无谋以，"以为善道则未得"；《书让纪后》（见《文集》卷三一）文末追记谓"齐、黄、方、练诸臣行不合义，殁有遗憾：无贰心于建文，是也，必灭燕，非也；不臣附于文皇，是也，必贼燕，非也"；又认为严嵩固罪不容诛，但徐阶、张居正、赵贞吉诸人与严道嵩并无多大差别（见《刘巨圹述略序》《文集》卷一二）诸如此类，皆自具只眼，不随人短长。

书牍、序跋之外，传记30余篇，可以说篇篇可读，但没有一篇能给人刺激，读有余甘。作者浪游天下，交尽海内"倜傥非常之士"，竟没有留下一篇山水游记，没有一篇如《大铁椎传》或《汤琵琶传》那样的传记，是十分遗憾的事。唯一的一篇寓言《蚁市记》，是模仿唐人《南柯太守传》的，本来可以写得生动有趣一些，结果也给弄成史家载记的模样，干巴巴的，从而削弱了讽刺效果。正正经经的题目，规规矩矩的文字，好议论而不喜描画，行文质实（少数作品有装腔作势的味道）而不够"艺术"，这是张自烈古文作品的主要特征。其长处在此，短处亦在此，览者可知。他批评同时代的古文家侯方域、王猷定"不深究经术，不退求学问，不博考前史邪正"（见《文集》卷二一《书王、侯二子集后》），不知道自己却走到过于"深究""退求""博考"的另一端，所以成就不如王、侯。尽管如此，在明清之交的文坛上，他的作品仍不失为自具面目的一家。

《芑山诗集》存诗仅38首，亦系作者生前删定。多数诗篇附有友人的评语，往往比诗还长，而且推许过情，可窥作者骛名之一斑。作者对当时的浮滥诗风极为不满，所以不屑于诗，所作不多。偶有感触，亦能仿古留吟，如在葛川所作的一首《春日书怀》：

天高野静草平铺，茅屋三间气象殊。

树影参差疑盼睐，溪声断续送伊吾。

甑尘吹火勤烧笋，雨过携锄学种蔬。

桑梓依然风物异，春光还似故园无？

仿佛宋人风味。

张自烈能文能诗，但通观他的一生，与其属之于文人，不如属之于学者；与其属之于学者，不如属之于社会活动家。他是一个"外向型"的人才。他的个性是"外向型"的，生活是"外向型"的，交游更是"外向型"的。当时江西文人名列复社者达300余人（婺源未计入），而真正投身复社运动者屈指可数，推为复社运动者屈指可数，推为复社领袖，堪称"复社名士"的则只有他一人，岂不懿哉！

［原载《江西教育学院学报》（综合版）1989年第3期，刊发时"复社"改为"明清之际江西"］

王猷定其人其文

在明末清初文坛上，王猷定堪称一位人才。他一生从志士到遗民，从浪荡公子到落魄文人，可谓难为其文，难为其人。作为清初遗民文学和"性灵派"文学的重要作家，他理应在文学史上占有一席地位。然而，长期以来，人们对他鲜有所识，研究者尤少。对此，笔者略呈管见，就教于专家学者。

王猷定，字于一，号轸石，又号楚厓，江西南昌人，生于万历二十七年，卒于康熙元年，是明末清初著名的古文家。他的《四照堂文集》，奇文佳作使人耳目一新。在清代文人中，他与侯方域（字朝宗）齐名，世称"侯王"。故清代学者朱彝尊曾写道："文章之难，古今不数。仆频年以来驰驱道途，幸不后君子之教。然自商丘侯朝宗、南昌王于一二子

第四编 文史研究

之外，其合于作者盖寡。二子又未尽其蕴以死，仆诚痛之。比来京师，五方之人操翰管而高视者，何啻百计，求其若二子者已不多得……" ❶

这是清初文坛上一个公认的事实。

古话说：自古文人多"数奇"，王猷定正是被"数奇"的命运逼杀上古文角逐场的。他的父亲王时熙天启间官至南京太仆少卿，是东林党内重要人物。他自幼跟随父亲走南闯北，养成狂放不羁的性格，喜交游，不乐举业。在那风云激荡的年代，他想做一番轰轰烈烈的事业。史可法驻节扬州，他入幕掌管书檄，曾有倾动一时的文字。顺治二年，左良玉兵溃九江，督师袁继咸被清军俘虏，次年就义于北京。他冒险北上，为死者料理后事，沿途吊古问史，意气慷慨，心志叵测。无奈大势已去，天运难回，无情的现实把他抛入穷途末路的遗民行列之中。

王猷定一生中有三不幸：①作为浪荡公子，从来不问家计，钱财到手任情挥霍，弄得经常断炊；②身家多故，一生中死五个妻妾，自身发背痈、患眼疾，屡濒险境，当他六十四岁死于疟疾时，两个儿子都没有长成；③长期寓居异乡，从顺治三年始携家眷流浪江淮等地，后来定居扬州。

在中国古代都市中，扬州是个再生力极强的大商埠。清军下江南，"扬州十日"那样的大屠杀，史可法殉国那样的大悲剧，也很快就烟消灰冷，恢复了往日的热闹繁华，成为东南遗民士大夫的聚集中心。在那里，常来活动的故老，除王猷定而外，还有杜濬、孙枝蔚、吴嘉纪、孙默、汪楫等人。他们频繁过从，饮集酬唱颇不寂寞。王士祯在那里做推官时，也与这些人关系密迩。此外，王猷定还不时去南京、无锡等地与钱谦益、周亮工、归庄、阎若璩、黄宗羲、朱彝尊一辈名流交往。在外人看来，他的寓居生涯似乎很不错。实际上，他是寄人篱下，度日艰难。有道是"往日之穷以不举火为奇，今日之穷以举火为奇" ❷，晚年

---

❶ 《曝书亭集·卷三〇·与查韬荒弟书》。
❷ 杜濬语，见《今世说》。

甚至落到卖字为生的地步。清初江西有相当一群文人学士流寓江浙等地，著名的有南昌李明睿、南城陈允衡、泰和萧伯升等人，这些人都先后回故乡去了。王猷定有时也想回故乡，但没有实现，一方面固然由于川资无着，更主要的是没有多大归兴。他觉得男儿既不得志，回去也没有什么意思，何况故乡"廿年以来蚍于百战，庐舍为墟，蒿莱可隐，余烽残烟，一望萧然，飞鸟为之徘徊"❶。无奈何，死前两年他只得独身寄居杭州昭庆寺，最后死于寺中，后事由朋友们为他操办。一个有志之士，就如此悲惨地了结了自己的一生。

坎坷的经历，不幸的遭遇，使他的胸中充满着愤懑与惆怅。因此，他要把一生的事业与理想寄托于笔墨文字。他有一篇《汤琵琶传》（《文集》卷八），记邳州琵琶艺人汤应曾的坎坷遭遇，"汤琵琶"当年曾以卓绝的技艺博得藩王、将军的赏识，供奉王府，随征边关，名噪一时。明亡后，"汤琵琶"年老多病，流离失所。人们醉心于他的技艺，但又讨厌他的"聋瞽鼻漏"，听他演奏时，竟用屏障把他隔开。在这位李龟年式的艺人身上，就隐隐有作者自己的影子，所以作者在跋语中情不自禁地慨叹："呜乎，世之沦落不偶而叹息于知音之寡者，独君也乎哉！"

他又想"学道"，作了一篇《观道说》（见《文集》卷二〇），把要学的"道"归结为："得志不以为快，失志不以为伤，内照无形，外观有象"，其实是一种超脱现实的幻想，根本不可能学到。事实上，他自少至老从来没有摆脱情缘，而且越到老年，情越深笃。与他接近的人都说他有一种"至性""真情"，表现为特殊的嗜好和古怪的脾气。

与他投契的周亮工描绘了他一些近乎狂怪的行为，说他写文章"意之所至，滔滔汩汩，虽挥洒累日文不见其竭。意所不至，不复强为，甚有经岁不成一字者"；"及成，出以示人，必先布其大意所在，而后许人读。读未数行，则又卒与人曰：止，此中意复如此如此也，如是者数四，而后人得卒读。且更从旁为之点首击节，豁然抚掌大笑，甚有哭失

---

❶《四照堂文集·卷六·司马李公元配罗夫人六十寿序》。

第四编 文史研究

声、泪纵横下者"❶。这也仅仅是至性真情的小小流露，不过已在告诉人们，他的一副至性、一腔真情，不待别人形容，已经倾注在他的作品中。他后半生最大的"癖"，是眷怀故国、激扬忠义。他作传表彰殉国的刘文炳、张仲明、张清雅、梁烈妇和许氏七义烈，为"扬州十日"中义不受辱的钱烈女作墓志铭，琐录袁继咸被俘前后的点滴事迹（极有史料价值），都是血忱所致。家国之痛，沦亡之哀，时刻在他胸中熬煎。"悲哉！……呜乎，难言哉！……岂不痛哉！……呜乎，何为也哉！……伤心之士，更有不可言矣"❷；"甲申后，草木告哀，天下所留者寡矣"❸；"天地蔽亏，玄阴冱结，百鸟为之寒噤"❹，这类沉痛、感伤的言辞，在他的文集中比比皆是，甚至连最要大吉大利的寿序也不例外。总之，他不管什么文章，总是带有强烈的抒情味和感伤调，作为遗民所特有的至性真情，在他的作品里可谓无往而不在，悲感奔注、歌哭无端成为他的古文作品的一大特征。

王猷定最得意的文章，是几篇奇奇怪怪的传记，《汤琵琶传》而外，还有《李一足传》（见《文集》卷七）、《孝贼传》（见《文集》卷八）和《义虎记》（见《文集》卷九）。三篇《传》有一共同之处，即表彰孝道。他为"汤琵琶"作传，固然是同病相怜，同时还出于对这个孝子的敬重。"汤琵琶"本来在王将军帐下混得不错，"一日，至榆关，大雪，马上闻觱篥，忽思母痛哭，遂别将军去"。归途中偶弄琵琶，感动了一个寡妇，愿意追随他。这个大半辈子独身的风尘艺人，问准她愿意侍奉老母，方才携之而归。后来她死了，"汤琵琶"背负老母流浪江湖，竟不知所终。

《李一足传》写传主年幼时父亲横死于乡中土豪，他长成后为父报

---

❶《赖古堂集·卷一三·王于一遗稿序》。
❷《四照堂文集·卷二·宋遗民广录序》《四照堂文集·卷二·留松阁诗序》、《四照堂文集·卷三·陈蔼公诗序》。
❸ 同上。
❹ 同上。

仇，"断一梃为二，与弟各持，伺仇于市，不得；往其家，又不得，走郭外，得之。兄弟奋击，碎其首。仇眇一目，抉其一，祭父墓前"。后来得知仇人不死，正在追踪他，"一足盖恚恨，乃镌其梃曰：没稜难砍仇人头"。功虽不成，气可吞牛，这半截大棒，似乎比魏禧描写的大铁椎还要有分量。

《孝贼传》写一窃棺葬亲的小偷，乍读觉得违背情理，所以当时有人批评这篇文章有伤风教，认为"孝、贼不两立"❶，其实作者的用意是讽刺世上那般连贼也不如的不孝之人。

《义虎记》记述当时广为流传的一个故事：一樵夫不慎陷入虎窝，他没有伤害窝中的幼虎，母虎回来后也就没有伤害他，还把食物给他吃。这样相处了一月，母虎挪窝时，又把他负出深涧。樵夫还家后予以相当的酬报，故事情节虽然荒诞，但很有人情味。顺治十八年（1661年）春天，作者在宁绍台道宋琬署中听来这个故事，受宋琬之嘱作了这篇记。宋琬自己写了一首长长的《义虎行》咏歌此事。诗的最后两句："作诗表阙异，愧彼中山狼"，说明了写作意图。显然，王猷定的《记》也是为"中山狼"而作。可怜他虽然做了"无告之民"，却还想拯救世道人心，或歌或泣，或褒或刺，总不离针世砭俗。故奇僻的题材与循正的立意调合于一篇之中，构成王猷定古文的又一特征。

王猷定的这几篇奇文问世以后，引来一些人的非议。彭士望讥之为"伤品"❷，汪琬讥之为"文非雅驯""以小说为古文辞"❸。诚然，王猷定有传奇小说家一般的猎奇志怪的嗜好，记事真真假假，难以分辨，有的简直不可思议。例如《汤琵琶传》写亲身交接的人，所言当凿凿可信，但中间却插入一段离奇的情节，写传主"偶泛洞庭，风涛大作，舟人惶恐失措。应曾匡坐，弹《洞庭秋》，思稍定再泊岸。见一老猿须眉甚古，自丛箐中跳入蓬窗，哀号中夜。天明，忽怀琵琶跃水中，不知所在"。作者

❶《苞山文集·卷二一·书孝贼传后》。
❷《耻躬堂文钞·卷二·与魏冰叔书》。
❸《钝翁文集·卷一五·书王于一遗集后》。

第四编 文史研究

大概想以此烘托传主的绝技——当他借曲遣怀时，连岸上的老猿也听得受不了，以致要毁灭他的琵琶。而当他回到邳州老家后，母亲告诉他："妇亡之夕，有猿啼户外，启户不见"，老猿又似乎是亡妇的信使。

这类传记的确近似于小说，然而文学不是史学，也不是道学，古文写些"息焉游焉"的作品，记一些离奇虚幻的情节，并不是什么伤大雅的事，司马迁、韩愈、柳宗元、苏轼等人均所不免。就算是小说吧，"稗官小说奚害于经、传、子、史"？"以奇僻荒诞、若灭若没、可喜可愕之事，读之使人心开神释、骨飞眉舞……意有所荡激，语有所托归"❶，不亦可乎？李白可以"白发三千丈"，王维可以画雪地绿蕉，汤显祖可以教杜丽娘还魂……而王猷定让老猿显怪、李一足成仙，难道就值得大惊小怪，喋喋不休吗？

众所周知，明清是小说的天下。许多人只注意明清古文受八股文的影响，却没有注意到受小说的影响。清人平步青总算看出了其中消息，说："古文写生逼肖处，最易涉小说家数……明季人犯此病（按："病"字不敢苟同）者多，以其对小说盛行，人多喜读之故"❷。所以与王猷定同时代的古文家，大多数有近似小说的作品。如侯方域的《马伶传》《李姬传》，吴伟业、黄宗羲各有《柳敬亭传》，魏禧的《大铁椎传》《卖酒者传》，顾彩的《焚琴子传》，方亨咸的《武风子传》，宋曹的《义猴传》等，《虞初新志》专收此类而成一部名著。古文受小说影响，"以小说为汉文辞"，在明末清初实在是大势所趋，王猷定不过是得风气之先，在这方面最为积极而已。彭士望、汪琬是所谓"正统"的古文家，推崇的是《史记》《汉书》和"八大家"的标准作品，瞧不起方兴未艾的小说，对于古文的新趋势视而不见，对王猷定的顺时而动大为不满，不知"以小说为古文辞"正是王猷定的光荣。与彭、汪的态度相反，黄宗羲是热情赞扬王猷定的创作，称《汤琵琶传》《义虎记》等篇为"近日之铮铮者"，看来不是一时的随意品目，而是出于对古文的这

❶ 均据汤显祖《点校虞初志序》。

❷《霞外捃屑·卷七》。

一新趋势的朦胧认识。

我们说，王猷定的作品近似于传奇小说，正是因为他生当乱离之时，人们喜闻惊心动魄的传奇故事之所致，也是他顺乎时世，应乎人心的必然结果。

文学史上常常有这样的现象：一种文学形式，在它新兴的时期，名家佳作较多，越到后来越难从事，名家佳作也越少。原因之一是，越到后来议论越多，条条框框束缚了人们的思维。即如古文，唐宋以前不闻有什么清规戒律，唐宋以下即有所谓"文统"，有所谓"正宗"，有所谓"义法"……见识一个比一个高，道理一家比一家玄，总的趋势是要与新兴的通俗文学（小说之类）划清界限，以示高雅，于是把几家范文奉为一成不变的公式，于数百年间造出无量数面目雷同、令人望而生厌的假古文。有识之士忧心如焚，提出古文"八弊""十弊""十三弊"之类的批评，却又往往能言不能行。幸而袁宏道、袁枚一派人（前有归有光少数人）另开蹊径，才给后人留上几篇新鲜可喜的作品。他们的经验是"独抒性灵，不拘格套"❶，人们称之为"性灵派"。王猷定无疑是属于这一派的。乾隆中徐风辉选辑清初名家古文编成《国朝二十四家文钞》时，王猷定被列在第一。他给王猷定的作品加了一条精当的总评"不沿窠臼，独写性灵"，可见他也把王猷定视为"性灵"一派。当然，时代不同，"性灵"各异，而王猷定的"性灵"，是其至性真情的直接流露和真实写照，自不同于他人。

"江山代有才人出，各领风骚数百年。"王猷定虽然不是管领风骚的人物，但作为清初遗民文学和"性灵派"文学的重要作家，在文学史上占一席地位也是当之无愧的。张舜徽先生作《清人文集别录》称寓目者1100余家，书中所收亦达600家，而作为"国朝二十四家"的第一家的"侯王"之一的王猷定，竟未予载录，知音其难哉！

---

❶ 袁宏道《袁中郎全集·卷一·叙小修诗》。

文字狱的产生与类别

——古代文字狱研究之一

文字狱是封建时代一种特殊的刑案和事件。之所以特殊，是因为它专从人们的文字著作中寻找罪状和事端，因而是专门对付文人士大夫的。由于文字义旨具有多义性，解释当中弹性很大，而文字狱的定罪量刑（或处分）又缺少确切的法律条款，甚至完全没有法律依据，全看统治者一时的好恶喜怒，所以冤滥现象很普遍。语言文字是表达思想感情的工具，文字狱实际上是扼杀思想、压制言论的行为。它经常以祸殃的面目出现在社会政治文化生活中，是文人士大夫的一大灾难，所以前人径直称之为"文字之祸"或"搢绅之祸"。

语言文字为什么会致祸成狱呢？简单地说，是因为触犯了统治者的"忌讳"。"忌讳"随时而异，人各有别，所以文字狱便或断或续，或疏或密，千奇百怪，不一而足。

文字狱不是生来就有的。远古时候，文字从无到有，还不发达，当然不会有文字狱，甚至语祸也不会发生。那时候君主没有多少特权和享受，人们把它看得平常，有人甚至不屑居此高位。传说尧帝要把君位让给巢父，巢父不收；让给许由，许由也躲得远远的。开明的君主求治心切，尽量创造条件让大家提意见。流传下来的，有"舜有告善之旌""禹立谏鼓于朝"❶ "尧悬谏鼓，舜立谤木"❷ 之类的说法，人们说话该不会犯"忌讳"的。即使暴主昏君，似乎也不大计较人们的批评言论乃至诽谤和诅咒。夏朝最后一个君主桀，横征暴敛，滥用民力，人们指着天上的太阳诅咒他："你这毒日头何时完蛋？我情愿与你同归于尽"（见

---

❶《管子·桓公问》："舜有告善之旌，而主不蔽也；禹立谏鼓于朝，而备讯矣。"据《史记·孝文本纪》："朝有进善之旌"注引各家之说，帝尧在大路上悬挂旗幡，让提意见的人站在幡下说话。"舜有告善之旌"大约也是这样。"禹立谏鼓"未详，以意会之，"谏鼓"当如后世的登闻鼓。

❷ 语出《艺文类聚》卷一九孙楚《反金人铭》。据《史记·孝文本纪》："诽谤之木"注引各家之说，"谤木"是一种木板，装置在桥栏上，供人书写意见。"尧悬谏鼓"未详，当如"禹立谏鼓"。

《尚书·汤誓》），没有听说帝桀治诅咒者的罪。创业之主尤为大度。周武王带兵讨伐纣王，伯夷、叔齐拉住他的马缰绳指责他"不孝""不仁"，这样严重的事件，太公过来把他们拉开就算了。后来者对兄弟"义不食周粟"，隐居首阳山采野菜充饥，作歌骂武王"以暴易暴"（见《史记·伯夷列传》），武王还是没有跟他们计较。

至于"诸侯放恣，处士横议"的晚周，人们说话就更自由了。孟子当着梁惠王的面抨击他为政苛刻，说他简直是领着野兽吃人（见《孟子·梁惠王上》）。又在齐宣王跟前宣称："君子视臣如犬马，则臣视君如国人；君之视臣如土芥，则臣视君如寇仇"（见《孟子·离娄下》），简直视君主威权为蔑如。这两个国君不但没有加害于他，甚至听得津津有味，恭恭敬敬地把他当先生。

作为反面教训，商纣王肆行淫乱，诛杀无辜，大臣鄂侯激切进谏，被处死做成肉干；王子比干强谏，被剖心而死；西伯昌叹气，箕子装疯，都被囚禁。于是大臣离心，诸侯解体，纣王落得个国灭身焚的下场（见《史记·殷本纪》）。

过了几百年，又有周厉王止谤的事件。《国语·周语》记载；

厉王虐，国人谤王。召公告曰："民不堪命矣。"王怒，得卫巫，使监谤者，以告，则杀之。国人莫敢言，道路以目。王喜，告召公曰："吾能弭谤矣，乃不敢言。"

召公见不是事，忧心如焚，对厉王说了一大套应该纳谏容谤的道理。可是厉王当作耳边风，从此他再也听不到人们的谤议。怨怒在沉默中积聚，过了三年终于爆发起义，推翻了他的统治，把他流放到彘（今山西霍县）。据历史学家说，这是中国历史上最早的一次平民起义。十四年后，这位箝舌有术、自以为得计的暴君死于流放地。"弭谤"者得祸，谤者胜利，于后世毫无例外的谤者得祸、"弭谤"者胜利正好相反。后人评论纣王、厉王的作为，即使是最"保皇"的史学家，也认为他们是自取灭亡，死有余辜。

秦汉以后，情况就大不一样。秦始皇扫平六国，统一天下，汉武帝

第四编 文史研究

"独尊儒术"，禁锢天下人的思想，从此，君主的地位越来越尊，权力越来越大，语言文字的禁忌也越来越多。"至尊"生杀在手，予智予雄，哪里容得臣民的谤议和"异端邪说"的传播。秦始皇用"为妖言以乱黔首"的罪名活埋了460余名儒生方士，鉴于当时的情势，事犹可原。汉武帝杀掉对他的聚敛政策表示不满的大司农颜异和别的"腹诽"者，就属冤滥了。唐宗、宋祖虽然在这方面没有失德的事，但他们的不肖子孙却创造了不少"业绩"。单拿诗案来说：唐德宗贞元间，长安艺人成辅端因作诗讽刺苛捐杂税，被活活打死；宪宗元和间，刘禹锡因作《游玄都观》诗再贬播州（改连州）；宋神宗时有"乌台诗案"❶；哲宗时有"车盖亭诗案"❷；理宗时有"《江湖集》案"❸，等等。

明清两代大量触目惊心的文字狱，更是君主发泄淫威的场地。清世宗雍正四年，翰林院侍读学士钱名世，因为曾经作诗颂扬世宗所痛恨的年羹尧，被革职放回原籍。这本来不是什么重案，可是世宗却大作文章：亲笔题写"名教罪人"四字，命地方官做成匾额，挂在钱家大门上；命在京大小官员300余人作"刺恶诗"加以侮辱，讽刺尖刻的受奖赏，不善讽刺的受处罚；命钱名世把这数百首"刺恶诗"汇刊成集，题为《名教罪人诗》，由官府颁发到全国的学校。如此"出奇料理"，真不亚于凌迟处死、开棺剉尸。这个惯于在文字狱上玩弄花样的主子，有一句训斥臣下的"名言"："视朕为何如人也！"意思是把我看成什么人啦！一句话现出这位独裁者骄横、险刻的狰恶嘴脸。

---

❶ 乌台是宋朝御史台的俗称。神宗元丰初，御史中丞李定等诬劾湖州知府苏轼前后所作诗文"衔怨怀怒，恣行丑诋"，经御史台勘定，下苏轼于狱，诏贬黄州团练副使。人们称这次事件为"乌台诗案"，参看宋人朋九万所撰《乌台诗案》。

❷ 宋哲宗元祐初，尚书左仆射兼中书侍郎蔡确罢相贬官，出知陈州，徙安州，夏日登安州车盖亭，作十绝句，内含怨恨讥刺，被人告发，贬英州别驾，新州安置（后来死于新州）。这次事件被称为"车盖亭诗案"。蔡确依附王安石，属"元丰党"，为人阴险，《宋史·奸臣传》有传。

❸ 宋宁宗嘉定间，临安书商陈起收集当时著名的江湖诗人的诗篇，刊为《江湖集》。宁宗死，丞相史弥远辅立理宗，杀济王。史弥远做贼心虚，以为《江湖集》中作品是讽刺他的，唆使党羽制造了"《江湖集》案"陈起和诗人刘克庄、敖陶孙、曾极、赵师秀、周之璞等被流放边远地区，书版被毁。

系统考察历史上的文字狱，可以发现：绝大多数的事件都是由于事主直接或间接冒犯了主威君权，至于冤案和滥刑现象，则是主威君权的狂态发作。由此可以得出结论：

产生文字狱的根源是君主专制的封建制度。这个制度愈完备，愈强固，愈极端化，文字狱就愈滥愈烈。

就总体趋势而言，古代文字狱犹如"长江后浪推前浪"，一浪高似一浪。但波峰浪谷起伏很大，高潮与低潮交替出现，并非步步节节都"后来者居上"。比如，汉代文字狱较多，唐代较少；宋代较密，元代甚稀；明代太祖一朝甚多，成祖以下较少；清代文字狱基本上聚集在康、雍、乾三朝，嘉庆以下很少。这是什么原因呢？原来文字狱虽然植根于专制制度这块土壤，但它的成长却离不开一些催生的"激素"。这些"激素"主要是以下四个方面。

（1）君主的猜忌心术与傲悍作风

例如，隋炀帝好文而忌才，自以为天下第一才子，容不得比他文名高的人。薛道衡有盛名，又不肯让他一头，炀帝就从他的文字里找毛病，借故把他杀了。南朝梁武帝虽然也好文，忌才却不如炀帝，比较能容忍，不以文字之故滥杀名士。

再如汉高祖、明太祖二人出身相似，个性有异。汉高祖虽有流氓习气，但颇为豁达大度，周昌当面把他比作桀、纣，他毫不介意。明太祖则心多猜疑，做事"小家子气"，见到僚属表笺中有"则"字"光"字之类，就以为是讽刺他当过和尚做过"贼"（"光"字附会为"光头"，"则"与"贼"音谐），非杀头不可。

（2）特殊的时代背景及与此有关的特殊忌讳

例如，前文提过的"乌台诗案"和"车盖亭诗案"，就与朝中的宗派斗争有密切关系，是宗派斗争的组成部分。康熙初年的"庄氏史狱"❶，即因异族入主，大局未定，满洲统治者对汉人的民族意识、亡国意识特别敏感和忌讳所致。如果说朱元璋最忌讳"光""贼"一类字眼，那么清初统治者最忌讳的就是"胡""虏""夷""明月"之类，一言之微不知枉杀多少无辜。

（3）私人嫌隙

因为私人仇怨而搞打击报复，从而使人罹祸获咎，这样的事例在文字狱中屡见不鲜。小而言之，如宋仁宗时宰相陈尧佐去世，仁宗命侍读学士李淑为陈撰写墓志。李淑在志文中称死者生前"好为小诗，间有奇句"。陈氏诸子觉得这二句不是滋味，求李淑改换，李淑执意不从。陈氏诸子于是怀恨于心，就上书揭发李淑早年写得一首诗含有讽刺太祖的意思，致使李淑贬官。大而言之，如上文所提"庄氏史狱"，就是由于官场无赖吴之荣向庄氏勒索钱财未遂，挟怨告发，从而酿成惨祸的。鲁迅先生说，"从古到今文人的送命，往往并非他的什么'意德沃罗基'（德语：意识形态）的悖谬，倒是为了个人的私仇居多"（见《且介亭杂文二集·题未定草六》）。话虽然是一时有感而发，却道出了事实的真谛。

（4）事主自身的玷缺和过失

北齐颜之推谈到古来文人的受挫遭祸，专从文人自身找毛病，把责任全推在文人身上（见《颜氏家训·文章篇》），当然是卫道者的偏见。不过，在文字狱中，文人士大夫自身的玷缺和过失，有时的确起了重要作用。清代的许多文字狱，就是事主名利熏心而自投罗网。例如乾隆十六年，流寓山西的穷书生王肇基，乘太后万寿节的机会向官府投献颂诗、寿联，附《续后》一篇，议论国事，批评孔、孟、程、朱，结果被乾隆皇帝当作疯子而活活打死。王肇基自己供认：

---

❶ 清世祖顺治末年，湖州南浔人庄廷鑨私刻《明史辑略》，书中内容有"违碍"，被冤家告发。康熙二年结案，庄廷鑨被迫剖棺剖尸，家产抄没，父兄、子侄、妻女、奴仆和为书题序、列名参订、刻印发卖之人，以及有关的地方各级官吏，都牵连得罪，被凌迟、斩、绞处死的70余人，发配边远地区的为数尤众。这次事件被称为"庄氏史狱"或"庄史案"。

如今是尧舜之世，我何敢有一字谤讪？实系我一腔忠心，要求皇上用我，故此将心里想着的事写成一篇来献的。至于论那孔孟程朱的话，亦不过要显我才学的意思……只求代我进了此书，我就有官做了。（见《清代文字狱档》第一辑）

可以相信，他说的是老实话。他其实一点也不疯，只因贫苦潦倒，想入非非而已。可怜黄粱梦没有做成，却搭上了小命，真是一条倒霉的糊涂虫。

上述四种"激素"，有时单独起作用，有时共同起作用。在分布上，它们具有较大的偶然性，所以文字狱的历史表现为起伏不平，波浪式推进。

古代文字狱形式多样，事件纷纭，使人眼花缭乱。为了研究的方便，可以依据致祸文字运用范围的差异，大致把文字狱分为四类，即章奏表笺案、尺牍诗文案、学术著作案与科场文字案。下面简单谈谈这四类案件。

第一，章奏表笺案。章奏表笺案是臣子（也有布衣）对皇帝的上书，大多数是依例或应诏。汉宣帝时，司隶校尉盖宽饶上奏章批评宣帝宠信宦官，用刑过严，章内称，"方今圣道渐废，儒术不行，以刑余为周、召，以法律为《诗》《书》"，又抬出"官天下"来贬低"家天下"，似乎有讽劝宣帝禅让的意思，因此被指为"大逆不道"，被迫自刎。这是章奏内容被人钻了空子。

此外，所用字体或书写格式不合规定，以及错别字、犯讳字等等，都可能冠以"不敬""大不敬"之类罪名。汉武帝时，郎中令石建以谨慎著称。有一次他所呈奏的一份表章批转下来，他发现里面一个"马"字下面漏写一点，顿时吓出一身冷汗，说这回"获谴死矣"（幸好安然无事，大概那少一条腿的马没有被发觉），于此可见当时文字苛察之严。

汉代以下，因为呈献章奏表笺而得罪的事例很多，如果统统认作文字狱，似欠妥当。笔者的看法，必须是挑剔字句，视为冒犯君威，加以"讪谤""怨望""不敬""出位妄陈"等类罪名的，方可认定。

第二，尺牍诗文案。尺牍诗文是所谓"私下文字"，因这类文字而得祸的事件，唐宋以前较少。汉宣帝时，平通侯杨恽因事免为庶人，居家广治产业，交接宾客，颇有影响。友人孙会宗写信劝他闭门思过，收敛声华。杨恽不以为然，复信为自己辩解，字里行间流露对朝廷不满的情绪。里面还有他自己作的一首《拊缶歌》，歌词是："田彼南山，芜秽不治。种一顷豆，落而为萁。人生行乐耳，须富贵何时！"被认为是讽刺朝政荒乱，贤人遭遗弃。这封《报孙会宗书》落在宣帝手中，结果被加以"大逆不道"的罪名，本人腰斩，家属流放酒泉，兄弟、朋友也受牵连。

这是因私人书信而得祸，历来又举为诗祸的开端。唐宋以来，以私人书信和诗词文章中寻章摘句，构成罪案，已属常事。宋代和清代的诗祸尤为苛刻、残酷，其中许多是近于荒唐的冤案。如康熙末年，翰林院庶吉士徐骏作诗有这样两句："明月有情还顾我，清风无意不留人"，雍正时被人告发，只为"思念明代，不念本朝，出语诋毁，大逆不道"，因此被斩首。徐骏是大臣徐乾学之子，不管从哪方面说，他都不会有反清思明的思想，"明月""清风"纯粹是套用陈词，竟被曲解，真是风马牛不相及。

第三，学术著作案。学术著作中最容易招祸的是"负海内之责，而赢是非之尤"（见《文心雕龙·史传》）的历史著作。尤其是"现代史"和"近代史"，几乎占史祸的全部。

春秋时期，齐国不知名字的两位太史，如实记录刚刚发生的"崔杼弑庄公"事件，相继被崔杼杀死（见《左传·襄公三十五年》）。这是史祸的滥觞。汉代以下，史祸时有发生，影响较大的有北魏崔浩（因为直笔实录，被族灭），北齐魏收（因修《魏书》，"书事不公"，死后被掘坟弃尸），北宋黄庭坚（因修《神宗实录》，牵入党争，被贬谪），南宋李光父子（因私撰国史，被贬死）。

有史以来最大的史祸，当属清初"庄氏史狱"，其株连之广，迫害之惨，都是前所未有的。

史书而外，著作门类尚多，违犯时忌就可能陷入祸网。如汉武帝时董仲舒著"灾异之记"，被人告发，几乎被处死，吓得这位著名的"灾异"专家再也不敢谈"灾异"。

清乾隆间，举人王锡侯为弥补《康熙字典》的不足，私著《字贯》，书中没有注意避讳，结果照"大逆"律全家抄斩，也是典型的著述祸。

第四，科场文字案。此类案件属于"科场案"的范围，但"科场案"不全是文字狱。"科场案"中舞弊、徇私事件占多数，文字狱只占少数。

科举制度是从隋唐开始的，前此也有选官考试（对策），也出过事故。如东汉后期外戚梁冀专权，皇甫规、荀淑应"贤良方正"之征，在对策中抨击梁冀，都受到打击。

"科场案"中的文字狱，一般发生在考官出题和应试人答卷（作诗、赋、策、论、制艺等）两个环节上。如唐宪宗元和初，牛僧孺、李宗闵等人应"贤良方正、能言直谏"科考试，在对策中批评时政，各受降职处分。明嘉靖二十二年（1543年），山东乡试出了一道制艺（八股文）题：《继体之君不道》，被认为讽刺嘉靖帝，考生做的《防虏御边策》也被认为含讥讪，结果将监临官叶经廷杖八十（伤重而死），其余有关官员贬到边远州县做小吏。

雍正时期著名的"查嗣庭狱"也涉及科场文字。查嗣庭曾主持江西乡试，所拟制艺题有五六个"正"字、"止"字，如《诗经》题：《百室盈止，妇子宁止》。"止"字有终止、完结的意思（其实《诗经》题中的"止"字是语气词），"正"字拆开来是"一止"，比"止"字还要坏。雍正帝因此疑心查嗣庭不怀好意，加上别的罪状，就把他投入监狱。查死于狱中，被枭首示众，亲属流放。后来人们附会说，查嗣庭出的试题有"维民所止"字样，"维""止"是将"雍正"二字砍去了头。这虽然是无稽之谈，倒也符合雍正的猜忌心理。

古代文字狱的范围大体表现为上述四类，几乎涉及所有使用文字的场合。"犹如横江网，一举孰能脱"，这两句古诗正好用来形容无所不在的文字狱。

（原载《江西教育学院》（社会科学）1991 年第 1 期）

北魏《国书》案抉隐

（一）骇人听闻的惨案

东晋十六国时期，鲜卑拓跋部以代北（今山西北部）为中心构建了强大的北魏帝国。鲜卑族本是游牧民族，尚武轻文。但北魏国民主体是汉人，鲜卑贵族为了维护它的统治，不得不多少接受汉文化，采用儒家的礼文制度，譬如设官纂修国史。道武帝创业开国，戎马倥偬之际犹不忘修史，命秘书郎邓渊承担史职。结果撰成《国史》十余卷，编年记起居行事而已，谈不上体例。邓渊后来受亲族暧昧之罪连累，被赐死。第二代魏主明元帝在位期间，修史之役废置未行。直到太武帝继位后的神麚二年（429 年）才有诏重修国史，太常卿崔浩及其弟崔览与高谠、邓颖等七人共同参预其事。崔浩后来升为司徒，居宰相高位。太武帝特命他综理史务，要他"务从实录"❶。又命中书侍郎高允、散骑侍郎张伟做他的助手。在太武帝的关注下，一部三十卷的编年体《国书》告成，它基本上由崔浩一手裁定。

这时，一向谄附崔浩的著作令史闵堪、郄标建议将新修《国书》刻石立碑，以表彰崔浩的"直笔"风节，还建议把崔浩所注《五经》一同立碑。好名的崔浩欣然赞成，主持政务的太子也表示同意。于是在京师平城（今山西大同）祭天郊坛以东三里处，选了一块百步见方的场地造立史碑、经碑，用工三百万告竣。儒经立碑前代有过，史书立碑却是破天荒，又当大路，引得来往行人争相观阅议论。《国书》据说"备而

---

❶《魏书·崔浩传》。

不典"❶，即记事详备而欠稽考，内容不够雅正，大概是指有损于统治者形象的一些真实记载。传扬开去，鲜卑贵族极为恼怒，都向太武帝进谗言，说崔浩有意"暴扬国恶"❷。太武帝勃然大怒，下令拘讯崔浩。在秘书郎史和长历生数百人的举发下，崔浩又承认接受过贿赂。太平真君十一年（450年）六月，七十高龄的崔浩被处死，宗族清河崔氏、姻亲范阳卢氏、太原郭氏、河东柳氏均遭族灭。受崔浩荐引参与修史的秘书郎、吏以下128人原拟灭五族，经高允谏救仅将本人处死，免族灭。

真是骇人听闻的大惨案，杀人之多为古代文字狱之最。然而，从某种意义上说，这起事件并不是本本真真的史案。

（二）史案不过是借题

《国书》到底怎样"不典"？该书不传，无从得知。崔浩死后半个世纪，国中文士崔鸿私撰《十六国春秋》百卷。宣武帝征阅，崔鸿因"其书与国初相涉，言多失体"❸，且未完稿，没有呈奏。这部私史后来流传于世，是五胡十六国史料的独家珍秘，唐人修《晋书》当有所采择，可惜至宋初亡佚（后有明人伪造本）。据《晋书·载记》，北魏拓跋贵族的祖先代王什翼犍（追尊昭成帝）遭前秦讨伐，势穷路绝，被其子翼圭（即道武帝拓跋珪，实为什翼犍孙）绑缚降于前秦。前秦国主苻坚为改造什翼犍的野蛮性，命他入太学习礼，而将"不孝"的翼圭流放到蜀地。类似记载又见于《宋书》和《南齐书》，唯独《魏书》只字不提，也许作者有所顾忌。论者推断：所谓"其书与国初相涉，言多失体"，当指什翼犍、翼圭降前秦受辱事，崔浩《国书》"备而不典"也在于此。❹ 或许事实正是如此。但就凭这一条，够得上那么多人的死罪吗？

---

❶《魏书·崔浩传》。

❷ 此处借用明人张燧《千百年眼》卷七语，"国恶"一词出自孝文帝诏，见《魏书·高祖纪》。

❸《魏书·崔光传附崔鸿》。

❹ 参阅周一良《魏晋南北朝史札记·〈魏书〉札记》"崔浩国史之狱"条。

第四编 文史研究

当然，《国书》是堂堂国史，不同于《十六国春秋》的私撰，主持修史的崔浩不会昧于"为君讳"的礼教。但太武帝诏旨明明要他"务从实录"，史家的良心和道德也要求他这样做。况且既然敢于刊石立碑，公诸当世，决不至于"不典""失体"到如何严重的地步。崔浩在文字方面一向非常小心谨慎，他是有名的书法家，精擅隶书，常为慕名者书写汉代字典《急就章》以供临摹。其中人名"冯汉强"三字他总是写成"冯代强"，"代"是北魏的别称。不敢写"汉强"而改写为"代强"，可见他对于文字如何敏感，对北魏王朝如何忠敬，这样敏感谨慎的文人决不会在裁定国史时鲁莽从事轻肆讥刺的。"备而不典"应是鲜卑贵族的偏见，是别有用心的吹求。

另据《魏书·高允传》，《国书》的"太祖（道武帝）记"部分仍取邓渊《国记》旧文，其余"先帝（明元帝）记"部分、"今（太武帝）记"部分是崔浩与高允同撰。鲠直仗义的高允还承认书中事实注疏多出于自己之手。这说明《国书》纵有"不典"之失，也不全是崔浩的罪责。崔浩唯一难辞其咎的，是误听小人之言刊立史碑，造成过大的影响。如果不立史碑，按常规国史深藏秘阁，什么事情也不会发生。求名得祸，可为炯戒。然而立碑求名并非十恶不赦的重罪，何况立碑业经太子允准。

总而言之，从《国书》案本身找不到崔浩必杀的罪由，崔浩之诛不过是借题于史案而已。那时还没有兴文字狱的风气，当权者知道：以国史"不典"为名诛杀史官，难以服众。于是再给崔浩加上受贿的罪名，崔浩很可能是诬服。

那么崔浩之诛的根源在哪里呢？

（三）根源在民族隔阂

太武帝杀崔浩，完全是受鲜卑贵族煽动，君臣之间从无积怨。崔浩出身于清河崔氏，家世自魏晋以来人物济济，为北方第一望族。他的父亲崔宏是北魏开国元老，官拜天部大人，晋爵白马公，高名盛德，深受倚重。崔浩为宏长子，历事道武、明元、太武三帝。他博学多才，天文地理、礼制兵谋无不通晓。明元帝、太武帝时时向他咨询军国大计，定疑难，决去就。崔浩言无不中，料事如神，得意地自比汉初张良。太武帝早年立为太子，出于崔浩的主张；以太子身份监国，崔浩为六辅相之一。明元、太武帝二帝于崔浩恩谊信宠无与伦比。正因为如此，崔浩遭到鲜卑贵族的妒忌。加上他为人固执自负，多辩好胜，几乎每当朝廷集议大事，必与满朝臣僚乃至皇帝、太后意见相左，经常发起激烈争论。例如，明元帝时迁都之争、刘裕借道之争、伐宋之争，太武帝时伐夏之争、讨蠕蠕（柔然）之争。众多事实证明：凡是采纳崔浩的主张，必获胜利，否则必致挫败。正如清人所说的：他"事事欲见已之长，遂事事若形人之短"❶。于是鲜卑贵族妒忌之外又增羞愧、恼怒，他们迟早要拔去这颗眼中钉。太武帝即位之初，崔浩就曾因鲜卑贵族的谮毁，罢官在家中闲住过一些日子。太武帝虽然器重他，也不得不顾及众人情绪。

尤为危险的是，崔浩在鲜卑贵族眼中是汉族士大夫的代表。鲜卑建立北魏王朝后稍许接受了一些汉文化，同时又处处歧视和防范汉人——至少孝文帝改革之前是这样。譬如规定鲜卑语为国语；不许汉人担任重要军职；督子弟习骑射、不许效慕儒生，等等。高门清流的崔浩看不惯鲜卑的风俗、教化，思想深处有不可磨灭的种族意识、正统意识和流品意识、门第意识。和所有的士大夫一样，他羡慕南朝的礼教与人物。鲜卑贵族对此时有警觉。东晋侨姓世家"太原王"人物王慧龙投奔北魏，崔浩深为器赏，他弟弟崔恬还把女儿嫁给王慧龙。慧龙及其家族的相貌特征是鼻头大，人称"齄王"，崔浩便称誉他为"贵种"。鲜卑化的司徒长孙嵩知道后便报告太武帝，说崔浩叹服汉人便是瞧不起鲜卑教化。太武帝发怒，把崔浩召来责斥一顿，并且不给王慧龙升官。

崔浩还有志于"齐整人伦，分明族姓"❷，倾心荐引汉族名流，破格

---

❶ 洪亮吉《北江诗话·卷五》。
❷《魏书·卢玄传》。

委任官职。他所荐拔的北方数十名士人，初登仕途就授以郡守之职。监国的太子（景穆帝）认为不妥当，要他按常例循资除授。崔浩强辩不从，坚持自己的做法。被荐拔者当然依附他。一些佞巧小人更是千方百计讨好他，以求擢迁，如建议立史碑的闵湛、郗标。二人还上表颂崔浩兴儒之功，说他所注儒经胜过马融、郑玄的注本，请求废止马、郑等人所注，改颁崔浩注本。崔浩对二人也延誉再三，宠信有加。从种种迹象看来，崔浩似乎在培植、结聚汉族士大夫势力，鲜卑贵族是绝对不能容忍的。《国书》案株连之广，杀戮之众，说明杀人者有意识地摧残汉族士大夫。

事实表明：崔浩与鲜卑贵族之间存在严重矛盾，这一矛盾说到底是民族隔阂。这就是崔浩被诛的根源。史学家陈寅恪先生认为崔浩主张高官与博学合而为一的贵族政治，夷夏意识尚居其次❶。笔者理解：高官与博学合而为一，实际上就是排斥与博学无缘的鲜卑贵族，让汉族士大夫掌权成为贵族，归根结底还是夷夏意识。

关于崔浩之诛，《宋书·柳元景传》记载一种说法：宋文帝元嘉二十七年（即北魏太平真君十一年），太武帝领军南伐，崔浩乘机"密有异图"，其妻弟河北太守柳光世募集郡中义士作策应，不慎事机泄露，太武帝借史案杀崔浩及同谋者，柳光世投宋。后世学者往往信从此说，当作《国书》案真相的新发现❷。柳光世投宋是历史事实，所谓崔浩"密有异图"（"异图"可能是政变，也可能是叛逃）则不可信。其一，据《魏书·世祖纪》，太武帝伐宋在该年九月，崔浩之诛在六月。这是最有力的否定。其二，崔氏世受魏恩，仕魏只有忠勤纪录，从无叛逆形迹。书生本色的崔浩虽与鲜卑贵族相忤，决不至于冒礼教之大不韪做不忠之人，何况年登古稀。其三，如果真有密谋，太武帝大可明正其罪，昭告天下，不必遮遮掩掩，借史案行刑。照情理推测，可能是鲜卑贵族制造的谣传，以此开脱其滥杀无辜的罪责。最近有学者认为："可能是

❶ 参阅陈著《金明馆丛稿初编·崔浩与寇谦之》。
❷ 例如明人郑瑗《井观琐言》（卷三）、张燧《千百年眼》（卷七）和焦竑《笔乘》。

南方（按：指刘宋）造的谣言，也可能是柳光世南奔后为了加重他的分量而如此造说的"❶。

（四）不无宗教方面的因素

还有一种流行说法，说崔浩之死是他煽动太武帝灭佛所得的恶报。灭佛事件是这样的：太平真君七年（446 年）春天，太武帝领兵入关中镇压盖吴为首的农民暴动，在长安的一所寺院里发现藏有兵器。他怀疑寺僧与盖吴通谋，下令诛杀全寺僧侣，抄查寺产。进而抄出犯禁的酿酒器具，还有地方官绅富豪所寄藏的大批财产，又发现寺僧与贵室妇女淫乱的密室。太武帝震怒，在随行顾问崔浩的煽动下，发令平毁长安城中所有寺院、佛塔，焚毁所有佛经、佛像。三月，颁诏声讨佛教祸国殃民的罪行，命令在全国范围内毁灭寺、塔、经、像，老少和尚一律活埋。这就是中国佛教史上第一次，也是最严重的一次灭佛事件。崔浩对这次事件应负一定的责任，但佛家所谓因果报应，纯属无稽之谈。

"恶报"之说大抵出自僧徒，情节可以任意编造。例如，梁僧人慧皎所撰《高僧传》，写灭佛后责任者太武帝、崔浩、寇谦之都身患恶病，太武帝迁怒崔、寇二人，就把他们杀了。寇谦之是北魏著名道士，号称"天师"。《魏书·释老志》明明写他不同意发动灭佛，向崔浩苦净，崔浩不从；写他卒于太平真君九年，即崔浩死前二年。可见僧徒为了维护自身利益，是不以说谎为羞耻的。

然而，崔浩之死的确是一场与宗教有关的"恶报"。

佛教自西汉传入中国，至南北朝而大盛。与此同时，道教也在产生和发展之中。北魏各帝在除太武帝一度灭佛外，都迷信佛教，也信道教，只是程度有深浅。太武帝对佛教起初信而不深，后来得到嵩山道士寇谦之，被寇谦之一套"仙化之证"所欺骗，又受道教信徒崔浩的诱劝，改而执迷于道教，对佛教屡加限制。他在京城东南开辟大道场，亲

---

❶ 何兹全，《崔浩之死》，《文史哲》1993 年第 3 期。

自登坛受符箓。又耗巨资为寇谦之建造高可摩天的静轮宫，最终无成。佞道之举不一而足。而当时鲜卑贵族以及广大士庶都迷信佛教，许多人家违抗朝廷对僧侣的管制，私自供养僧人以求福报。灭佛前一年，已死十年的高僧惠始定葬京师城南，送葬者 6000 余人，无不哀感恸哭。佞佛时尚于此可知。监国的太子也迷信佛教，灭佛之初曾再三谏阻，又延搁灭佛令的颁发，有意走漏风声，使许多僧徒得以藏匿免难。

崔浩是道教的忠实信徒，寇谦之的虔诚弟子。他经常在太武帝面前攻击佛教，说佛教是夷狄之教，虚妄荒诞，空糜资财。在家中，他甚至把妻子日常诵念的佛经烧为灰烬抛入厕所。他的排佛言行必然引起佞佛的鲜卑贵族的仇恨。他煽动灭佛，必然激起佛教信徒的极大愤怒，招致酷厉报复。《魏书·崔浩传》载：《国书》案发，身形如弱女子的崔浩被装进囚车移送城南，有人指使数十名卫士朝他身上撒尿，边淋还边嗷嗷怪叫。宰执大臣受刑罚，从来没有像他这样耻辱难堪的，世人都认为是报应。透过这样的场面、这样的舆论，不难窥见从鲜卑贵族到一般民众的宗教复仇情绪。有理由认为：鲜卑贵族煽动太武帝诛崔浩，是对崔浩一贯排佛、煽动灭佛的报复。这才是真正的"恶报"——不是佛的"恶报"，是人的"恶报"。总之，崔浩之诛不无宗教方面的因素。

崔浩的冤死，当时似乎没有同情者。倒是太武帝后来有怜悯之意，说"崔司徒可惜"❶。这位雄悍而野蛮的统治者，一生逐逐于征伐，多武功，寡文治。他心无主守，个性暴烈，一时冲怒狂诛滥杀，事后往往懊悔。崔浩被杀后，他懊悔不该灭佛，后来又懊悔杀崔浩，看来他虽然野蛮，还不至于冥顽不灵、一意自是。

[原载《江西教育学院学报》（社会科学版）1994 年第 2 期]

绰号的名号属性和语词特点——绰号研究之一

古人初生有名，《礼记·内则》载：男童初生三月（后来通常是满

---

❶《魏书·世祖纪》。这句话可证崔浩谋叛说之妄。

月或周岁）时由父祖长辈命定。由于重男轻女的缘故，女童也许仅有乳名而无正式名字。按周朝礼制，贵族男子 20 岁举行加冠典礼，此时据名命字，表示成年，此后朋辈间讳名称字。唐宋以后，官绅流行取别号（包括室名）的风气。至明清，士流几乎人人有号，甚者一人百数十号。在名号学上，绰号似乎与别号较为接近（有人认为绰号源于别号），但两者并不同科。其最大区别在于：别号是由号主自取，而绰号则属他人擅自施加。绰号主人对其绰号，有的是知晓的，或因而恼怒，或听之任之，或竟默认乐受。也可能全然不知，有的甚至是身后追加，总之都是被动蒙受。

　　然而，人物名、字、别号之外，他人施加的特别称号甚多，未必都是绰号。譬如士大夫有乡贯之称，如"曲江公"（唐代张九龄）、"张江陵"（明代张居正）；里居之称，如"陈白沙"（明代陈献章）、"张杨园"（清代张履祥）；行第之称，如"高三十五"（唐代高适）、"柳七"（宋代柳永）；宦地之称，如"贾长沙"（汉代贾谊）、"姚武功"（唐代姚合）；官职之称，如"韩吏部"（唐代韩愈）、"苏端明"（宋代苏轼）；封爵之称，如"谢康乐"（晋代谢灵运）、"颜鲁公"（唐代颜真卿）；国谥之称，如"岳武穆"（宋代岳飞）、"曾文正"（清代曾国藩）；私谥之称，如"陶靖节"（晋代陶潜）、"明诚夫子"（宋代张载）等。帝王则可称尊号，如"武则天""光尧皇帝"（宋高宗）；称谥号，如"汉武帝""隋炀帝"；称庙号，如"唐太宗""宋太祖"；称陵号，如"祐陵"（宋人称宋徽宗）、"定陵"（明人称明神宗）；称年号，如"嘉靖帝"（明世宗）、"康熙帝"（清圣祖）等。以上种种称号，虽然都是他人所施加（不是擅自施加），号主被动蒙受，但是不属于绰号范畴。因为这些称号是公众依据礼俗惯例或朝廷礼制命定的，可以和名、字、别号一样在正式场合使用。而绰号纯属私人随意造拟，无礼俗制度可循，而且不能和名、字、别号一样在正式场合使用。

　　以上是对绰号的名号属性的说明，是从名号施受关系上明确绰号与名、字、别号的区别，权充课题研究的开篇。接下来转入本文的主题，即从文学修辞的角度对绰号语词的特点作一番探索。

古人绰号（不包括文艺作品中虚拟人物的绰号）成千上万，拙纂《绰号异称辞典》❶所录便有近万条。从文学修辞的角度观察，这些绰号的突出特点有二，首先是造语的新奇鄙俗。绰号的产生，事出多门，因号而异，大抵即兴创造者居多。造号者感于其事，就事立目，直截品题，不借修饰。因此，其设词造语千差万别，罕有雷同蹈袭之弊。汇聚而观，怪怪奇奇，令人目迷心骇。试举几条关于宰相的绰号：

驱驴宰相。唐武后时，右相王及善在位无所事事，惟不许属吏骑双驴入台省，终日忙于驱驴，时号"驱驴宰相"❷。

杖杜宰相。唐天宝初，奸相李林甫兼吏部尚书，主持选官考试。有应试者在所试判词中举用《诗经》篇名《杕杜》，李林甫不学无术，不识"杕"字，误认作"杖"，问侍郎韦陟"杖杜"是何意思，韦陟俯首不敢答。后人据此讥称为"杖杜宰相"❸。

歇后宰相。唐末郑綮好作歇后体诗歌讥讽时事，四方传诵，以其排行第五，遂有"歇后郑五体"之称。郑綮由进士起家，累官散骑常侍。昭宗以为他胸有蕴蓄，破格擢为宰相。郑綮自知非宰相才器，逊辞未允，深为不安，对贺客说："歇后郑五作宰相，时事可知！"后世称为"歇后宰相"❹。

三不开宰相。五代后唐宰相马胤孙，为人懦暗无能，不敢任事负责。时人讥称其"三不开"，即见客不开口议论，上朝不开印行事，归宅不开门延接士大夫。后世称之为"三不开宰相"❺。

三旨相公。宋神宗时王珪为相多年而无所建树，事无大小都取决于皇帝，一意阿顺。时人讥称为"三旨相公"，言其上殿奏事曰"取圣

❶ 谢苍霖，《绰号异称辞典》，江西高校出版社，1999 年。

❷ 张鷟，《朝野佥载·卷四》。

❸ 魏泰，《东轩笔录·卷一一》。

❹ 褚人获，《坚瓠续集·卷四》。

❺ 宫梦仁，《读书纪数略·卷二三》。

旨"，待皇帝裁决后曰"领圣旨"，退朝答复禀事者曰"已得圣旨"❶。

三照相公。南宋初年范宗尹拜相，年仅三十许。其人体肥肤白，每日晨起之时、裹头之时、戴巾之时务必揽镜自照，时号"三照相公"❷。

再如唐苏味道办事模棱两可，号"模棱宰相"；卢怀慎俯仰随人，号"伴食宰相"；宋李邦彦风流放荡，号"浪子宰相"；明李春芳等善撰青词以媚世宗，号"青词宰相"；来宗道甘做魏忠贤门下清客，号"清客宰相"；马士英好斗蟋蟀，号"蟋蟀相公"❸。这些绰号都出于嘲讽。堂堂宰相冠以"驱驴""杖杜"等羞惭名目，真是闻所未闻。不说事由的可叹可笑，仅字面的新奇怪诞便足以使人骇异入迷。

由于绰号多为口头本色语，其突出风格便是鄙俗，生活气息浓厚，上文所列"驱驴""模棱""三不开""三照""浪子"等即是。再举几例典型：

唐人俗语"腾腾"，形容逍遥自得。武后时洛阳福先寺禅师仁俭假痴佯狂，常独自放旷郊野，时人称为"腾腾和尚"。仁俭作了《了元歌》云："今日任运腾腾，明日腾腾任运。心中了了总知，且作佯痴缚钝"❹。

宋时俗语称即时、眼前为"立地"。徽宗朝吴时为礼部员外郎兼国子司业，其人博学而才思敏捷，人们称之为"立地书橱"❺。

元代蒙古人鄙称南方汉族人为"蛮子"。当时杂剧作家沈和系杭州人，有才名，时人拟于关汉卿，称为"蛮子汉卿"❻。

唐宋以下称俚俗不雅之诗为"打油体"。明代南京贫士施半村好作

❶《宋史·王珪传》
❷ 庄季裕，《鸡肋篇》卷中。
❸ 苏味道号见卢言《卢氏杂说》，卢怀慎号见《旧唐书·卢怀慎传》，李邦彦号见《宋史·李邦彦传》，李春芳等人号见《明史·袁炜传》，来宗道号见《明史·阉党传》。马士英号见王应奎《柳南续笔》卷一。
❹ 道原，《景德传灯录·卷四》，《景德传灯录·卷三〇》。
❺《宋史·吴时传》。
❻ 钟嗣成，《录鬼簿》卷下。

此体，作品传播甚广。时人戏拟于李白、杜甫，称为"打油李杜"❶。

以上是字面鄙俗的显例。许多绰号，字面本不鄙俗，但由于造语怪诞，滑稽可笑，因而失去庄雅，归于鄙俗。比如，春秋时虞国大夫百里傒为晋人所俘，晋献公嫁女于秦穆公，以百里傒为陪嫁小臣。百里傒乘机出逃，为楚人所执。秦穆公用五羖羊（黑公羊）皮赎取，授以国政，号为"五羖大夫"❷。又清初吴江文士顾有孝家贫而好客，时人拟于好客著称的孟尝君，号为"荠菜孟尝君"❸。二号中"五羖""荠菜"无所谓雅俗，官名"大夫"和人名"孟尝君"则可谓大雅。然而合成"五羖大夫""荠菜孟尝君"这样不伦不类的称号，也许可以称为"雅谑"，终究非端人雅士的本色语，难登大雅之堂。

总之，新奇鄙俗是绰号语词的一大特点。在典雅正经的传记文献中，突然冒出若干怪怪奇奇、俚俗鄙杂的绰号语词，显得分外醒目，文章也因之增添几分活气与趣味。这是绰号语词特有的"润色"作用。

绰号语词的又一特点是生动传神。如果说名、字、别号是人物的符号标记，那么绰号便是人物形象的写照。起得好的绰号，无异于塑造一尊生动传神的人物形象。试观以下绰号人物：

王当代。五代骁将王景，威名远扬，宋初累勋太原郡王。其子王廷义身为宋将，性好夸诞，倚父骄人，常在人前自称"当代王景之子"。时人讥称为"王当代"❹。

刘棉花。明成化、弘治间，大学士刘吉善于邀宠固位，屡遭弹劾而无丝毫损伤，恩宠有增无减。时人讥称为"刘棉花"，言其耐弹如棉花，愈弹愈起❺。

陈也罢。明成化间，侍讲学士陈音性情宽和善容忍。曾有客人来访，陈音吩咐家人备茶，夫人试其耐性，故意回复未煮。陈音说声"也

❶ 周晖，《续金陵琐事》卷上。
❷ 《史记·秦本纪》，又见于《孟子·万章上》，《战国策·秦策五》。
❸ 阮葵生，《茶余客话·卷一》。
❹ 《宋史·王景传附王廷义》。
❺ 何良俊，《四友斋丛说·卷九》。

罢"作罢。稍停，吩咐备干茶（似指果品），夫人回复未买，陈音仍说声"也罢"。客人见状大笑，其事传扬士林，因而有"陈也罢"之号，同僚李东阳直呼为"也罢先生"❶。

四铁御史。明嘉靖中，御史冯恩疏劾执政张孚敬等人奸佞，为此激怒世宗，下狱严刑拷讯。冯恩濒死抗辩不屈，刑讯中怒斥群奸。时人围观敬叹，号为"四铁御史"，言其心、膝、胆、骨皆坚劲如铁❷。

王安石《咏史》诗云："糟粕所传非粹美，丹青难写是精神。"像这样的绰号，正是抛弃糟粕，独传粹美，活生生写出了人的精神风貌，给人留下深刻难忘的印象。

绰号为人写照，基本手法有二。一是截取一点，直接品题。即截取人物言行表现的一端一节，用画龙点睛式的三两字标榜出来。这种手法，虽然所取只是小小局部，而一旦立号品题，其整体形象便被凝固、"定格"，因此有时给人以片面夸张之感。例如，东汉初，每逢腊月太学博士照例每人赐羊一头，算是朝廷格外恩典。羊有大小肥瘦，难以公平分配，众博士争议不决。主事者打算杀羊分肉，又打算投钩（作用类似抓阄）分配。《春秋》博士甄宇为此感到羞耻，独取一头最瘦的羊。在他的影响下，众博士不复争肥论瘦。此事被光武帝闻知，召会时特问"瘦羊博士"何在。于是京师称呼甄宇为"瘦羊博士"❸。

又宋欧阳修著《五代史记》，对五代时期司空见惯的"君不君，臣不臣，父不父，子不子"的世象深致忧叹，书中议论常用"呜呼"开端。后人据此戏称为"欧呜呼"❹。

以上二事：甄宇自取瘦羊不过是偶然一次的行为，是其生涯中的一个小片断；欧阳修不过是一部书中多用了几个"呜呼"，他的众多著作并非篇篇"呜呼"。可是一旦传为绰号，事情就被局部放大，其人就被"定格"，好似甄宇专以拣取瘦羊为事，而欧阳修是无文不"呜呼"的。

---

❶ 蒋一葵，《尧山堂外纪·卷八七》。
❷ 《明史·冯恩传》。
❸ 《后汉书·甄宇传》，李贤注引《东观记》。
❹ 萧遥天，《中国人名研究》引《腐谈》。

这显然是片面夸张所致。然而人们毕竟认可并且欣赏这类片面夸张式的绰号，因为人们心目中的绰号只是表达情感的文学性语词，只要求传神写照，不要求每一个绰号都客观、全面、公正地论定人物。当然，许多绰号所取的一时一事一言一行，正是号主本性的充分表露，这样的绰号便能以小见大，以浅见深，即以局部展现全体，由表象洞见本质。上文所举多数绰号便是这样。这就好比漫画家为人画肖像，往往只抓住其人头脸的一二特征，夸张性地涂抹几笔便成神似，乍看夸张失真，谛视方知传神。

绰号塑造人物形象的又一基本手法是拟喻。或拟于物，如上文所举"立地书橱""刘棉花"和"四铁御史"。再如，北齐文士魏收为人机敏多才，浮躁无品，时人称为"惊蛱蝶"❶。

北齐宰相吕大防为人凝重寡言，亲朋登门请托，吕大防对客危坐，不发一语。时人称为"铁蛤蜊"❷。大臣王黼美风姿，有口辩，而学问空疏，友人戏呼为"花木瓜"❸。

南宋孙道夫历官知怀安军、知资州，移蜀州，洞悉世情，治事明决，人称"水晶灯笼"❹。

清末大臣王文韶居官老练，处事圆融，从容周旋于各派政治势力之间，无怨无尤，身名俱泰。时人讥称为"油浸枇杷核"❺。

或拟于人，如上文叙及的"蛮子汉卿"、"打油李杜"、"荠菜孟尝君"。又如，北宋朝官孙觉形貌清奇古怪，为人端直，熙宁中与执政论事不合，出为地方官。时人拟于孔子，呼为"没兴孔夫子"❻。

宋宁宗开禧北伐之败，镇江都统兼知扬州郭倪弃城而逃。其人狂妄自大，一向以诸葛亮自许，曾在扇上题写杜甫赞颂诸葛亮的诗句："伯

❶《北史·魏收传》

❷ 王得臣，《麈史·卷下》。

❸ 周必大，《文忠集·卷一六七·泛舟游山录》。

❹《宋史·孙道夫传》。

❺ 佚名，《清朝野史大观·卷八》。

❻ 赵德麟，《侯鲭录·卷七》。

仲之间见伊吕，指挥若定失萧曹。"北伐之初，命属官造木牛流马，欲效诸葛亮当年之所为。及至兵败逃归，神索气零，乃至对客泣下。于是属官彭法戏称为"带汁诸葛亮"❶。

清雍正中，朱纲为云南巡抚。其人高颧长髯，多权谋，人称"双料曹操"❷。同治中，某官以佞巧而骤登高位。其人鄙陋无文，人称"半截严嵩"❸。

总之，拟喻是绰号描写人物的惯用手法，与直接品题的手法相辅而行，共同绘写人物漫画的长卷。

最后说说绰号的传播，这方面绰号远比名、字、别号的传播更为迅速、广泛而持久。所谓"不胫而走"，所谓"一被恶名，终身难逃其丑"，乃至"遗臭万年"，或"流芳千古"，都是绰号世界中常见的现象。这也难怪，一个称号，一个语词，其背景故事已具轰动效应，本身又新奇、传神，怎能不在空间和时间上表现其不可遏抑的生命力。有这么两件事：

宋天圣初，薛奎知开封府，为政苛严，击奸除恶无所宽贷。时人畏惮，号为"薛出油"，言其为政如槽坊榨油，紧箍猛击，非榨出油来不可。薛奎受此恶号，深为羞耻。后来移知成都府，特意做出与民同乐的姿态，春日随俗出游，自号"薛春游"，借谐音字掩饰旧号。并作《何处春游好》诗十首，通过诗咏纪胜来改变形象❹。

清乾隆末，大学士和珅恃宠横恣，其家奴公然违制乘和珅车奔驰街衢。巡城御史谢振定不畏权势，当街笞其人，焚其车。此事传扬四方，因而有"烧车御史"之号。至道光中，谢振定之子谢兴峣任裕州，以卓异荐。引见时宣宗询知其为"烧车御史"之子，加意褒勉，特命擢为知府❺，其家乡则有"烧车谢家"之称。

---

❶ 岳珂，《桯史·卷一三》。
❷ 袁枚，《随园诗话·卷四》。
❸ 朱克敬，《暝庵杂识·卷四》。
❹ 范镇，《东斋纪事·卷三》。
❺ 吴敏树，《书谢御史》见王先谦《续古文辞类纂·卷三〇》。

第四编　文史研究

这两则故事表明绰号的社会影响力，表明它的惩恶劝善的作用。在古代，许多绰号流为口碑，可以看作社会舆论的反映，看作号主声望的标志。常言道："豹死留皮，人死留名。"绰号佳恶见出品性邪正或才具高下，怎能不使人惕然自省自励。而绰号之所以有此效力，正是凭借其流传的迅速、广泛而持久。不过，绰号中的凡庸作品，如"麻子"、"跛子"之类，千人一号，浅薄乏味，是不可能有多大生命力的。这就说明：起绰号也是一门艺术。正如鲁迅所言："创作难，就是给人起一个称号或诨名也不易"；"虽只寥寥数字，却很要明确的判断力和表现的才能的，必须切贴，这才和被批判者不相离，这才会跟了他跑到天涯海角"❶。

[原载江西教育学院学报（社会科学）2003 年 10 月第 5 期]

---

❶《五论"文人相轻"——明术》，见《且介亭杂文二集》。

文史漫谈

关于《诗经》

　　《诗经》是我国古代第一部诗歌总集，收诗三百零五篇。另有六篇"笙诗"失传，光剩下一个题目，即《小雅》部分的《南陔》《白华》《华黍》《由庚》《崇丘》和《由仪》。"笙诗"的意思是用笙演奏的歌曲。《诗经》里的诗篇本来都用于歌唱或配乐朗诵；有的还兼以舞蹈，《墨子》就有"诵诗三百，弦诗三百，歌诗三百，舞诗三百"的说法。所以，《诗经》实际是一本失去乐谱的歌曲集，清代就有人重新为它配上乐谱。六篇亡诗先后有人补写，"假古董"当然不能获得社会的公认。三百零五篇诗，举整数则为三百篇，所以先秦典籍称之为《三百篇》《诗三百篇》，也简称作《诗》。"子曰诗云"的"诗"，就指《诗三百篇》，大概那个时候除了《三百篇》就没有别的诗了。至于散见于古籍中的所谓"古佚诗"，虽然有的比《三百篇》早得多，但实际是赝品，人们不敢轻易相信。《三百篇》又称《周诗》，因为都是周朝的诗。汉武帝罢黜百家，独尊儒术，一些"曾经圣人手"的典籍被奉为儒家的经典。《三百篇》据说是孔子删定的，因而升级为"经"，称为《诗经》，跻身"五经""六经"之列。

　　《诗经》作品的产生年代拉得很长，它的上限在西周初年，下限在春秋中叶，大致在公元前 11 世纪至公元前 7 世纪，各篇的作者大多无法考定，据诗篇内容、风格和类别推断，其身份有诸侯贵族，有中下层官吏，有农奴平民。有五篇诗的作者名号已在篇中交代，即《节南山》的"家父"，《巷伯》的"孟子"，《丞民》和《崧高》的"吉甫"，《閟宫》的"奚斯"，其生平多无法考证。另外，根据《左传》等典籍，可以多少考定一些诗篇的作者，如《鄘风·载驰》的作者为许穆夫人。

　　按作品性质和乐调的差别，《诗经》里的诗篇分为"风""雅""颂"三类。"风"即《国风》，就是各诸侯国的民歌土乐，共分十五类，即《周南》《召南》《邶风》《鄘风》《卫风》《王风》《郑风》《齐风》《魏风》《唐风》《秦风》《陈风》《桧风》《曹风》《豳风》，计一百六十篇。《周南》《召南》合称"二南"，"周""召"指周公姬旦、召公姬奭，是周初的两个元老。他们的封地都在岐山之南，所以称"周南""召商"（"召"都读"邵"），这是一种说法。有人则认为他们的势力扩充到长江、汉水、汝水三个流域，在那里形成一些小的国家，即所谓江汉汝坟之国，也称南国，因而有"周南""召南"之称。这两种说法都把"南"当作地域概念。但另一些人认为"南"是乐器名或曲名，与"风、雅、颂"是同一类概念，所以主张把"二南"分离出来，独立为"南"类，称"风、南、雅、颂"，但是未能得到公认，聊备一说罢。

十五《国风》中，"二南"为一组，《邶》《鄘》《卫》也可以合为一组。邶、鄘是附属于卫国的两个城邦，三种"风"诗本来混在一起，至汉代才被分开。也有人认为《邶风》应该是《燕风》，《鄘风》应该是《鲁风》。燕、鲁是两个大国，十五《国风》中竟没有它们的"风"，确实不大说得通。

《王风》的"王"是东周"王"（即洛邑，今洛阳）的省称。周平王东迁洛邑，是为东周之始。《王风》的诗都是东周王国境内的作品。其时周天子的实际地位已跟诸侯国差不多了，《王风》便与诸侯国之《风》并列。以下郑、齐、魏、唐、秦、陈、桧、曹、豳是大小不等的诸侯国。其中的唐是晋国的别称（立国的叔虞封于唐地，后来改称晋）；桧，也作郐；豳，也作邠。

"雅"诗有二，即《大雅》《小雅》，合称"二雅"，计一百〇五篇，都是西周王畿（丰镐地区）的诗歌乐曲，多数是官吏卿士的作品，《小雅》中有一些民歌。为什么称"雅"呢？朱熹援据汉儒之说，认为"雅者，正也，正乐之歌也"。"雅"诗大概是典雅庄重的歌曲，大、小的划分主要根据乐曲的性质差异。朱熹认为《小雅》用在宴会享乐的场合，《大雅》用于朝会典礼的场合。也有人认为"雅"是"夏"的假借字，"夏"是地域概念，指西周王畿地区，那么"雅"诗就有华夏之声的意思。

"颂"诗有三，即《周颂》《鲁颂》《商颂》，合称"三颂"，共四十篇。照汉儒的解释，"颂"的意思是"美盛德之形容"，即歌颂先王功德的音乐舞蹈，用于祭祀之类特别重大的场面。其中《商颂》是宋国的诗歌。周人灭商，殷商遗民集中在宋地居住，他们所歌颂的祖先自然是殷商贤王。宋国虽小，但有这个资本，其"颂"诗得与《周颂》并列。至于鲁国，它在所有诸侯国中名分等级最高，其"颂"诗与《周颂》并列是理所当然的。儒家经手的东西，就是一部诗集也要体现其"正名"思想。

从上面的叙述，可知《三百篇》所涉及的地域相当辽阔，大致今天的陕西、山西、山东、河北、河南、湖北等省份，都是它的空间范围。那么这些上下数百年、纵横数千里范围内，产生于社会各阶层的诗篇，是怎样集中起来成为一本诗集的呢？汉儒认为周朝有采诗的制度，朝廷定期派人到民间征集歌谣，既可借以考察风俗民情，检验政治得失，又可供给宫廷宴会和典礼的需要。可是这种说法缺乏证据。但有一点可以肯定：这些来路不同的诗歌，必定经过统一的加工整理，所以篇章字句都比较整齐划一（甚至有许多雷同），分类编排也基本合理。从事加工整理的人，很可能是朝廷乐官。有人说各地采集来的诗篇原有三千首，孔子订正礼乐（诗歌属于乐的范围），把它删定为《三百篇》。而据《论语》《左传》等书的记载，孔子年幼时"三百篇"就已经是现成的了，所以"孔子删诗"说不可征信。

《诗经》里的诗篇，长期在上流社会传播，除了供宫廷御用外，还供外交上使用。春秋时期列国纷争，盟会朝聘非常频繁。这些活动关系重大，宾主交谈必须十分谨慎，话要说得含蓄、委婉、微妙。可以讽刺，但不致损人；可以赞美，但不致谀人，于人于己都顾全身份面子。《诗经》三百篇，既有赞美型的，也有讽刺型的，正好满足各种外交场合的需要。《汉书·艺文志》的"诗赋略"序论说："古者诸侯卿大夫交接邻国，以微言相感，当揖让之时，必称《诗》以谕其志，盖以别贤不肖而观盛衰焉。"说的就是这件事。例如，鲁襄公二十七年公元前546

年，齐国大夫庆封出使鲁国，鲁大夫叔孙设宴招待他。庆封傲慢无礼，叔孙就赋《相鼠》（见《诗经·鄘风》）讽刺他。愚笨的庆封竟毫无反应，让齐国丢尽了脸。有人统计，《左传》所记载的这类"赋《诗》言志"，共使用了《三百篇》中的一百二十多篇。使用的方式大多是断章取义，只取字面意思，不问全篇的意旨。在这个意义上，也可以说《诗经》是春秋时代的一本外交辞令集，一般士大夫都必须诵习。孔子就曾教训他的儿子学《诗》，说"不学《诗》，无以言"。

不过，那时书籍难得，能够读上见诸文字的《三百篇》的人是不多的。好在它是诗歌，容易记忆传授，所以当秦始皇焚书以后，它还能口口相传，不至泯灭。但难免此出彼入，人各异词。至汉初，传习《诗经》的有三家。即《鲁诗》（源于鲁人申公）、《齐诗》（源于齐人韩固）、《韩诗》（源于燕人韩婴），都获得朝廷的认可，立于学官，拥有生徒。三家《诗》都用当时的"今文"（即隶书字）写定，称"今文《诗》"。后来又出现一家《毛诗》，最先的传人据说是孔子的学生子夏和鲁人毛亨，后来传给赵人毛苌，习惯上称毛亨为大毛公，毛苌为小毛公。《毛诗》是"古文"（篆体），不立于学官。这四家《诗经》的传本，正文文字已有差异，解释就更加纷杂歧异。当时在经学领域，"今文"派与"古文"派斗争激烈，各家墨守师法，不肯取长补短，融会贯通。东汉"古文"经学大师马融、郑玄分别为《毛诗》作笺注，他们的门人弟子众多，《毛诗》于是盛行，压倒了另外三家。后来一直保持优势，以至于成为独家。今天所能读到的全本《诗经》就是《毛诗》。三家《诗》在历史长河中先后被淘汰，《齐诗》亡于曹魏，《鲁诗》亡于西晋。《韩诗》之亡稍晚，并有一本《外传》传留下来，即《韩诗外传》。它杂记一些传闻故事，与《诗经》内容没有多大关系。后世有一些学者把散见于群籍中的三家《诗》的零章碎句搜辑成书，如王先谦《诗三家义集疏》之类，可作研究《诗经》的参考。

《毛诗》行世以来，一直是学者研究的热门。《四库全书总目提要》载录的"《诗》类"书目，多达一百四十余种，然而不过是"《诗经》

学"书林的一小部分。这些著作，有的专门解释《诗经》里的草木虫鱼，有的专门考证有关的天文地理，有的专门研究《诗经》声韵乐谱，而讨论得最多的是一般性的词章训诂和义理。其通病是蹈陈袭旧，无所发明，或小题大作，无谓争论。但也产生了一些带有权威性的论著，如汉代的《毛诗序》《毛诗郑笺》，唐代的《毛诗正义》和宋代的《诗集传》。

《毛诗序》发表了一系列关系重大的观点，如"在心为志，发言为诗"说，"治世之音""乱世之音""亡国之音"的区别，诗歌的"经夫妇、成孝敬、厚人伦、美教化、移风俗"作用等。它还提出了"六义""四始""变风变雅"等概念。所谓"六义"（《周礼》又称之为"六诗"），即"风、赋、比、兴、雅、颂"。"风、雅、颂"是《诗经》作品的分类，朱熹又称之为"三经"；"赋、比、兴"是《诗经》作品惯用的表现手法，朱熹称之为"三纬"。所谓"四始"，大意指《关雎》《鹿鸣》《文王》《清庙》四篇，因为它们分别为《风》《小雅》《大雅》《颂》诗的首篇，又关系到"王道兴废"，所以特别标举，以示郑重。所谓"变风变雅"，指《风》《雅》诗中一些伤感、怨怀的作品。它们被认为产生于政教废弛、世道人心江河日下的时期。有人指实，除"二南"外的十三《国风》都是"变风"，《大雅》中《民劳》以后，《小雅》中《六月》以后各篇为"变雅"，其实不能自圆其说。

关于这些概念，历代解释至为纷繁，真叫人越看越糊涂。就连《毛诗序》的作者也成了千古聚讼的疑案，《四库提要》就罗列了九种不同的说法。旧时比较流行的看法是把这篇序分成两部分，开头六句称为《小序》，是子夏和毛公合作；其余部分为《大序》，是子夏所作。另一种看法则以东汉卫宏为《毛诗序》作者。

《毛诗郑笺》的"郑"指郑玄，他主要宗守《毛传》，作字句笺释，无何重要发明。《毛诗正义》的特点是荟萃众说，作者是孔颖达。真正独出心裁的是朱熹的《诗集传》，作者既能博采前人的合理笺释，又能大胆抛弃他认为是荒谬的说法，对《毛诗序》颇有发展，尤多修正。如对"六义"的解释，就比《毛诗序》的说法明晰合理。"赋者，敷陈其事而直言之也"，"比者，以彼物比此物也"，"兴者，先言他物，以引起所咏之词也"，诸如此类已成为权威性的解释。大体上说，汉儒释《诗》好联系历史，附会政治，往往失之穿凿；朱熹则带着道学家的偏见，把许多男女恋爱之诗斥为"淫"。元明两代基本上宗守朱熹之说。清代研究《诗经》的著作最多，一些人宗朱，一些人自断，总体上具有集大成的性质。

通观"《诗经》学"总貌，令人想起董仲舒的一句名言：《诗》无达诂。即如《邠风·七月》篇中"四月秀葽"的"葽"，有人说是王瓜，有人说是远志，有人猜测为油菜之类，欲求唯一正确的答案，只怕读破万卷也无觅处。但不管取哪一种解释，都能讲通，"四月"开花的植物多着呢。不过，意见分歧而可以"达诂"的地方还是有的。还是这首《七月》，今人认为是现实主义名篇，里面包含着农奴的血泪。清人崔述却说："读《七月》，如入桃源之中"；篇中"殆及公子同归"一句，今人认为意思是"采桑女子害怕被公子们掳去，"而《诗集传》却解释为"贵族之女将嫁公子，远父母，故悲"。两种对立的"诂"，谁"达"谁不"达"，应可判断。有"达诂"也好，无"达诂"也好，《诗经》的研究是永远不会终止的，因为它对于中国文学的影响实在太大了。连"三百篇"这一数字也具有魔力，不是有《唐诗三百首》《宋词三百首》《元曲三百首》之类吗？

（原载《函授教学》1987 年第 1 期）

禅宗三大怪

禅宗是唐代暴兴的一大佛教流派。起源于印度大陆的佛教自东汉传入中国，至南北朝、隋唐而大盛，数百年间宗派林立，其中流传最广、影响最大的无过于禅宗。"禅"是梵语（古印度语）"禅那"的省称，意为息心静虑。禅宗僧侣日常修行的坐禅，要求排除一切杂念，让心神处于高度宁静、安定的"真空"状态。然而，禅宗并非一波不兴的古井。相反，禅宗内部充满机诈和斗争，它的历史是一部变怪百出的大闹剧，禅宗祖师的"传衣"便是其中一大怪。

（一）禅宗祖师传衣难

所谓"传衣"就是禅宗祖师把始祖传下的象征祖师身份和地位的一件袈裟传给下一代祖师。这是禅宗特有的嬗代表信方式，意义重大。然而实际传衣过程却鬼鬼祟祟，好似做母亲的偷偷把食物塞给众子女中她特别疼爱的一个。

禅宗历史上共有五次传衣，所传授的是始祖菩提达摩的一件袈裟。禅宗有所谓"西天二十八祖"和"中华六祖"。前者的始祖是如来佛的大弟子摩诃迦叶。据说如来把他的一件金缕袈裟授给迦叶，但迦叶以下似乎没有把它传下去。达摩是"中华六祖"的始祖，又是"二十八祖"的末祖。他是南天竺国（古印度王国之一）香至王的第三子，出家为僧，道行高深。为了弘扬佛法，达摩毅然渡海东行，历时三年，于梁武帝普通三年（522 年）来到震旦（中国），受到梁武帝接见。但是梁武帝对达摩宣扬的禅旨不感兴趣，达摩不得已离开江南进入北魏，居住嵩山少林寺，起初仍没有人信从他。达摩终日默坐，面壁九年，终于感动了中国僧人，有了一批信徒。有个叫慧可的甚至断臂为誓，愿做他的忠实弟子。孝明帝也赐给达摩名贵袈裟和金钵等物。后来达摩离开嵩山，想回本国去，结果被妒忌他的僧人毒死，葬在洛水之滨的熊耳山。在此以前，他把从本国带来的一件木棉布袈裟授予慧可，表示认他为法嗣。这样，慧可就成为禅宗公认的第二祖。后来慧可把袈裟传给三祖僧璨，僧璨传四祖道信，道信传五祖弘忍。这几次传衣过程都很神秘，细节无从知晓。

弘忍俗姓周，蕲州黄梅（今湖北黄梅）人，出家为本县东山寺僧。这时已进入唐代，虽然道教香火日渐旺盛，佛教依然拥有众多信徒，弘忍门下就有弟子七百多人。他要在众多弟子中选择传衣的法嗣，颇感为难。为了慎重，他命众弟子各作偈语表达志趣。众弟子人人都想做祖师，可是谁也不敢轻易作偈。上座弟子神秀天赋高，才学好，在众人中有威望，最有希望做传衣人。他率先在廊壁上题写一偈云："身是菩提树，心如明镜台。时时勤拂拭，莫遣有尘埃。"众人见了都叫好，独有在碓房做苦工的行者（寺中杂役，未剃发的僧徒）慧能不以为然。于是慧能也作了一偈，托人写在廊壁上（慧能不识字）。语云："菩提本非树，心镜亦非台。本来无一物，何假（借）拂尘埃?"这首偈的禅悟水平比神秀的高得多。弘忍大师见了非常赞赏，决意传衣给慧能。但是他不露声色，对众人说："这首偈不见得好。"他知道这些出家人都另有一副脸孔，为了争夺袈裟是不择手段的，因此传衣不能公开。当晚，弘忍祖师秘密召见慧能，把袈裟连同禅宗的"心法"传授给慧能。为了避免引起争夺败坏佛门，弘忍嘱咐慧能今后不得将袈裟传人。末了，命慧能连夜远行，隐藏身份，等待时机。慧能遵嘱当夜携袈裟南行而去。过了三日，众弟子知道了传衣真相。数十名妒红了眼的僧徒日夜兼程，南下跟踪追赶，都想夺得袈裟。追到赣粤之交的大庾岭，有个叫道明的抢先赶上了慧能。慧能把袈裟放在大石上，说："袈裟是师祖传授的信物，难道可以争夺吗? 你要就拿去吧!"道明上前拾取，据说袈裟就像长在大石上，休想拿动。道明惶恐了，改口说："我是来拜师求佛的，不是夺衣。"（袈裟当然不可能有魔力，道明可能是为大义所屈，有所感悟）。于是拜慧能为师，原路返回，后来在袁州（今江西宜春）开堂传法。慧能携袈裟继续南行。时为唐高宗咸亨二年（671 年）。

慧能俗姓卢，新州（今广东新兴）人，三岁丧父，家贫打柴度日。他似乎是天生当和尚的料，对佛学义旨独契如神。一日入市卖柴，他听人念《金刚经》，大有感悟，询问得知传自黄梅弘忍大师。慧能于是发愿出家，要拜弘忍为师，辞别母亲北赴黄梅。走到韶州（今广东韶关），遇一尼姑念佛经吃力，便主动为尼姑解说经义。尼姑向他请教佛经文字，慧能回答不认识字。尼姑大为惊异。慧能解释说："诸佛妙理，非关文字。"于是轰动一方，众人都把他当活佛，修缮当地废寺宝林寺，请慧能入寺修行。慧能住了些日子，心想：自己出家为求大法，怎可半途而废？便继续北行，终于到达目的地，弘忍大师让他做个行者。如今脱险带回袈裟，慧能怎敢大意。他隐瞒身份，先在怀集、四会（今地均属广东）等地游方数年，尔后来到南海（今广州），在法性寺住下。一日傍晚，风吹幡动，一僧说是风动（幡未动），一僧说是幡动（风未动）。二人借题说法，争论不休。慧能上前说："不是风动，也不是幡动，是你们的心动。"寺中大师印宗悄悄听见了，十分佩服，询问慧能的来历。慧能知道时机已到，便说出了自己的身份。印宗大为震惊，当即拜慧能为师，远近僧徒闻风而至。慧能的"六祖"地位从此公诸禅林，稳如磐石。时为唐高宗仪凤元年（676 年）。

不久，慧能在僧众簇拥下返回韶州宝林寺，坐堂传法数十年，弟子多达数千人。唐中宗派专使赐予他名贵袈裟、宝钵等物，敕改宝林寺为中兴寺，最后定名法泉寺，敕颁寺额（宋初改名南华禅寺，敕颁寺额，沿用至今；寺在今韶关市南 20 公里处）。慧能于唐玄宗先天二年（713 年）逝世，尸身留寺中建塔封藏。十年后，洪州（今江西南昌）开元寺的新罗（今韩国）籍僧人金大悲出钱二十千，雇人盗割慧能尸身头颅，想带回本国供奉，被寺僧及时察觉，未能割成。这一事件说明六祖慧能声望之高，影响之大。

达摩的袈裟一直珍藏在法泉寺，不再传人。唐肃宗时一度被迎入皇宫，当作国宝供奉，代宗时又送还原寺（据说代宗梦见慧能请求衣归原寺）。后又数度失盗，幸而追还。宋初，大军征南汉（五代十国时期建在岭南的一个小国家，韶州即属该国），塔庙皆毁，六祖真身受僧众保护未毁，衣钵至明仍存（见《万历野获编》卷二十七"衣钵"）。

再说当年神秀没有传得袈裟，后来却受到武则天、中宗、睿宗的宠敬，号称"两京法主""三帝国师"。他和他的信徒形成了一个宗派，在北方大大行时了一阵子，人们称为禅宗的北宗。神秀被信徒尊为北宗的六祖，但许多人不予承认。慧能所传被称为南宗，慧能是"合法"的六祖。北宗主张"渐修"（逐渐修行，积功成佛），南宗主张"顿悟"（顿时通悟，立即成佛）。北宗传"七祖"普寂而衰亡。南宗盛传不衰，被认为是禅宗的正宗，独据佛门（后衍分为"五家七宗"，宋以下"禅"味逐渐淡薄）。这些都同"传衣"有关，读者不可不知。

（二）胡言乱语"谈公案"

禅宗虽然有"西天二十八祖"之说，实际上是中国僧人的创造，或者说是中国式的佛教。它的宗旨是"即心是佛""见性成佛"，主张"不立文字，直指心源"。大意为：人人都有佛性，人人都可以成佛；信教修行不一定要识字念经，各人独自领会或互相启发，一旦"顿悟""见性"便修行成功。

它特有的修行方式是所谓"谈公案"，即僧徒之间（偶尔也见于僧、俗之间）谈论一些话题，借以传递"玄机禅理"，引起感应、默契，使人"立地成佛"。"谈公案"采用问答形式，通常是徒问师答。问答的语言要求简短、灵巧，答语尤其要虚玄不着边际，令人琢磨不透。这种问答实际上是心灵和语言的交锋，是斗心机、比舌锋，因此又叫"斗机锋"（日本动画片《聪明的一休》常有"提问""回答"的场面，可看作"谈公案""斗机锋"的演示）。

"公案"所谈话题多与佛教义旨或僧徒修行有关。比如提问：

什么是"佛、法、僧"？什么是"善知识"？什么是"第一义"？什么是"格外事"？什么是"四大皆空"？什么是"不生不来"？什么是"奇特一句"？什么是"和尚家风"？什么是"祖师（达摩）西来意"？

其余提问五花八门，无所不有。例如：

"何物大于天地？""黑豆未生芽时如何？""如何是古人骨？""如何是赤土画簸箕？""君王出阵时如何？""如何得觐天子？""众手淘金谁是得者？""古曲无韵如何得齐？""隔墙见牛角，便知是牛，如何？""'以'字不成，'八'字不是，是什么字？"这类问题在大庭广众之中郑重其事地提出来，不知道提问人究竟想知道什么。

至于答语，有的切合所问，不难理解。例如问："如何是和尚家风？"答："随处得自在。"或答："有盐无醋。"或答："竹箸瓦碗。"或答："浑身不值一文钱。"问："如何是闭门造车?"答："活计一物无。"问："匹马单枪如何?"答："头落也。"

有的答语滑稽有趣。例如有人问："达摩面壁九年,意如何?"答："睡不着。"有人问："水清鱼现时如何?"答："把一个来(抓一条给我)。"

有的答语颇有意味。例如有人问："巨夜中以何为眼?"答："暗。"有人问："如何是佛?"答："汝即是。"前一答语画龙点睛,抓住了茫茫黑夜的传神之处;后一答语揭示了"即心是佛"的教旨,同时都含有幽默意味。

偶尔有以问语为答语的,让人困惑不解。例如有人问："如何是第一义?"回答道："如何是第一义。"像是鹦鹉学舌。但是有一回,这种方式的回答曾使一位大师破除多年的疑滞。这位大师就是五代时期吴越国天台山的德韶。德韶十五岁出家,先后参拜本地及远方高僧五十四人,提了许多问,得到的答案都不能领悟,最后在临川(今属江西)拜净慧为师。一日有僧问："如何是曹源一滴水?"净慧回答道："是曹源一滴水。"在场旁听的德韶顿时心扉洞开,平生疑滞涣然冰释。这就是禅宗标榜的"顿悟"。后来宋明大儒陆九渊、王守仁等人提倡"心学",也有类似的标榜和体验。

由于"公案"提问难以对答,有的禅师便设法回避或拒绝。曾经追夺袈裟的袁州道明禅师,上堂升座二话不说,口宣一偈云："快马一鞭,快人一言。有事何不出头?无事各自珍重。"说完便下堂扬长而去,让弟子没有提问的机会。不过,这种禅师毕竟是个别的,况且躲得了初一,难躲十五。多数禅师被问到头上,即使拒绝回答,也得用话语表示。简单直接的拒绝话是："何须问";"佛亦不知";"未曾有人答得";"如何不识痛痒"等。或者把话说得婉转一些。比如有人问："佛法大意如何?"回答是："更请问(请问别的问题)。"有人问："如何是诸佛之根?"回答是："请指示(请你指给我看)。"有人问："如何是祖师西来意?"回答是："适来犹记得(刚才还记得;话外话:现在忘记了)。"

有的以攻为守，用反问来拨落话题。比如有人问："山河大地从何而起？"反问道："此问从何而来？"有人问："路逢猛虎，如何？"反问道："千人万人不逢，偏汝逢？"

以上列举的"公案"答语，不管是认真的答复还是拒绝话，都是顺着提问来的，没有离开本题，都合乎情理。但是禅宗大师们不欣赏这类回答，他们甚至把直来直去的答语骂为"死句""粗语"，说是"根基迟钝"的表现。有个和尚问："如何是祖师西来意？"另一个和尚回答说："无西来意。"大师听见后便骂道："一副棺材，两条死尸。"连提问题的和尚也被骂进去了。大师们提倡的是跳出话题之外随心所欲的回答，结果是问东答西，莫名其妙。比如，问："祖祖相传传何物？"有人答："一、二、三、四、五。"问："羚羊挂角时如何？"有人答："六六三十六。"问："如何是佛法大意？"或答："竹箸一文钱一双"；或答："蒲花柳絮，竹针麻钱"；或答："今年霜降早，荞麦总不收。"再如，问："如何是古佛心？"有人答："镇州萝卜（一个）重三斤半。"问："如何是道？"有人答："枯木龙吟。"提问人说不懂，那人续答："髑髅里眼睛。"诸如此类，简直是戏弄人。

所有"公案"提问中问得最多的是"如何是祖师西来意。"有人统计，这条提问见于记载的有二百三十多处。老实的回答有"西天来，唐土去"，有"古路不逢人"等。绝大多数都是滑头的回答。答语有"粥饭气"，有"破草鞋"，有"杉树子"，有"不东不西"，有"今日明日"，有"久雨不晴"，有"老僧毛竖"，有"鞋头线绽"，有"东壁打西壁"，有"洛河水逆流"，有"布袋盛乌龟"，有"猢狲探月波"，有"井底种林檎"，有"一寸龟毛重九斤"，有"河里失钱河里捞"，有"老僧昨夜栏里失却牛"，有"白猿抱子来青峰，蜂蝶衔花绿蕊间"……此类机缘语（类似诗句者，见《少室山房笔丛》卷三二），千奇百怪，匪夷所思。这是同一条提问的不同回答。

有时不同的提问得到相同的回答。例如某寺院甲僧问："祖意、教意是同是异？"乙师答："鸡寒上树，鸭寒下水。"另一寺院丙僧问：

“北斗里藏身，意旨如何？”丁师回答：“鸡寒上树，鸭寒下水。”二师所答字句全同，不知是巧合还是学舌。杭州有个宗彻禅师，不管弟子提问什么都用“骨剉”（似是俗语，其义未详）二字作答，人称“骨剉和尚”。

以上列举的形形色色的“公案”答语，像是黑话、暗语，又像哑谜，又像俏皮话。似乎包含什么“玄机禅理”，“公案”书上就称为“机缘语”。后世学者多嗤之以鼻，以为是胡言乱语。禅门人物多数学殖不足，用怪诞的话语来掩饰空疏浅陋，是可以理解的。可笑他们还嘲笑别人不会讲“机缘语”，说：“饶君讲得千经论，一句临机难下口。”

作为提问的弟子，得到胡言乱语的回答，最好是装作心领神会，不再问下去，不然就可能受讥刺。例如有个和尚问禅师：“什么是‘道’？”禅师回答：“大好山。”和尚不解地问：“弟子问的是道，师父怎么回答‘山’呢？”禅师讥笑道：“你只认得山，怎么懂得道。”粗野的还恶语骂人，诸如“钝根”“瞎驴”“野狐精”“虚头汉”“瞌睡汉”等，是常见的骂人话。所以大多数“公案”一问一答便了结，很少就一个话题反复论辩的。

“谈公案”之风流行于晚唐五代。数百年间无数和尚把胡言乱语的对答当作名言妙谛，无人怀疑，无人反省，岂不怪哉！

（三）禅门“棒喝”及其他

禅门“谈公案”除语言问答外，还借助手势动作（如德山棒、临济喝）。禅师常做的动作有：竖起或放下手中的拂子；自摸头皮；握拳搥胸；竖起一指；伸展两臂；弹指数声；手指在空中画一圈；鼓掌并呵呵大笑；敲击器物；闭目吐舌等。这些动作似乎在暗示“心法”，施行“不言之教”，其实还是故弄玄虚。

例如某弟子问：“初学坐禅怎样才能心定？”禅师避而不答，手敲鼎盖三下，发问：“听见吗？”弟子答：“听见了。”禅师说：“我怎么没有听见？”接着又敲三下，问：“听见吗？”弟子这回想学个乖，回答说：

"没听见。"不料禅师却说:"我怎么听见了?"弟子愚弄得无话可说。禅师最后胡诌两句:"观音妙智力,能救世间苦。"算是赢了弟子;

赵州(今河北赵县)观音院的从谂禅师以善于"谈公案"而扬名禅林。有人向他请教:"万法归一,一归何处?"他正正经经回答说:"我在青州做一领布衫重七斤半。"又有人请教:"如何是祖师西来意?"他一言不发,在床脚上敲了几下就算回答。这样一位禅师,当时赢得"赵州家风"的称誉;

杭州天龙禅师有一次向金华的俱胝和尚竖起一指头传示"心法",俱胝和尚顿开心窍。此后凡弟子提问,他都学天龙禅师竖一指头任人猜度,一句话也不说。俱胝竖了一辈子手指头,因而轻松了一辈子,临终深有感触地说:"我得天龙一指头禅,一生受用不尽。"

忻州有个无名和尚,凡弟子提问一概不回答,只是用棒打地,因此绰号"打地和尚"。一日他问一弟子:"我打地是什么意思?"这个弟子也学他"不落言诠",从灶底抽出一根柴抛入锅中,表示得了师父"心传"。这个弟子可谓善于学禅。禅门弟子参拜禅师,众目睽睽之下,有学女人样子行礼的,有骑在别人脖子上的,有摆出挽弓拔剑架式的,有绕禅床三匝的,有摆弄禅师僧鞋的……参拜或"谈公案"完毕则往往跳跃、翻筋斗而去,表示"顿悟"成功。这些都是聪明弟子,有希望成佛做祖。

禅师最凶猛的"传法"动作是用棒(或杖)打人,夹带一声大喝,叫作"棒喝"。据说这样可以把人的痴气钝性吓跑,使人"顿悟"。其实正如清初学者钱谦益所说的是"瞎棒胡喝"。请看几个较有名气的"棒喝"大师:

蒲州(今山西永济)有个宝禅师,一日有弟子请教:"如何是祖师西来意?"宝禅师不说话,用拄杖绕座位四周画一圈,然后翘起一脚,问弟子:"懂吗?"弟子无言以对,宝禅师便抡起拄杖朝弟子打过去。

潭州(今湖南长沙)的丰禅师上堂升座,口宣一偈:"骏马机首异,游人肘后悬。既参云外客,试为老僧看。"刚说完,有僧要提问,丰禅师抢先打他一杖，喝问："何不早出头？"

襄州（今湖北襄樊）的道常禅师每当游方僧上门参拜，一律用拄杖打出山门；五台山秘魔崖和尚见游方僧上门便用叉叉住人家的脖子，厉声喝问："哪个魔魅教你出家？哪个魔魅教你行脚？你答得出来也死，答不出来也死。"结果这两个凶和尚成了无人上门的孤僧。

面对禅师的种种滑稽动作和野蛮行为，也如同对待胡说八道的"机缘语"一样，聪明的弟子都逆来顺受，装作大彻大悟、欣喜若狂的样子。下面是两则吃"棒喝"出名的事例。洪州水老和尚诚心诚意向马祖大师请教"祖师西来意"，不料马祖当胸一脚把他踢倒在地。水老和尚爬起身，一边鼓掌一边呵呵大笑，连呼："大奇！大奇！"往后逢人便宣称："自从一吃马师踢，直至如今笑不休。"

晋州（今山西临汾）景通禅师早年千里迢迢赶到袁州参拜仰山大师，仰山闭目不理睬。景通心下不满，自言自语说："西天二十八祖是这样，中华六祖也是这样；大师是这样，我也是这样。"说罢向右边翘足而立。仰山起身打了他四藤杖。景通以此为荣，自号"四藤条天下大禅师"。

水老和尚和景通禅师打肿脸充胖子，把挨打作为毕生荣幸。当时他们心里是什么滋味，只有他们自己知道。有的和尚个性强，胆子大，竟敢"以牙还牙"，这时就该轮到大师尴尬了。请看几个有趣的场面：

镇州（今河北正定）义玄禅师当年参拜黄蘗禅师，请教"祖师西来意"，遭黄蘗杖打。义玄不服，接着又问，又遭打；再问，再遭打，片刻中打了三次。他不得已告别黄蘗，按黄蘗指示参拜大愚禅师。大愚禅师几句话说得他霎时"通悟"，当即打大愚一拳。返回再拜黄蘗，又奉一拳，然后呵呵大笑。黄蘗挨了一拳，这才收下义玄为弟子。

蒲州耽源和尚问宝禅师："十二面观音是凡是圣？"宝禅师回答："是圣。"话犹未了，耽源朝他打了一拳。一向"棒喝"惯了的宝禅师这回尝到了挨打的滋味，讪讪说道："我知道你到不了这个去处（指刚才说的'圣'境）。"

有个和尚参拜天台山普岸禅师，普岸挥杖正要"棒喝"，被和尚抓住杖不让落下，普岸见对方不好惹，马上软下来道歉说："老僧刚才莽撞了。"和尚不甘罢休，夺过杖打了普岸一下。普岸挨了杖，难为情地连声喝彩："作家！作家！（行家）！"这时和尚过意不去，上前行礼。普岸拉住和尚，再三道歉："是老僧莽撞。"和尚开心极了，对人大笑说："这个禅师今日大败也。"

中晚唐至五代的数百年间，"棒喝"以及做怪动作的风气与"谈公案"之风并行（本文所举例均属唐代），把清静佛门闹得乌烟瘴气。"谈公案"已属虚伪、荒诞，"棒喝"之类更添滑稽、野蛮。出家人讲的是规矩、斯文，禅师禅徒们却把野蛮行为和滑稽表演当作"传法""见性"的绝招，真是亘古未有的咄咄怪事。

（未刊稿）

话说酒令

《古典文学知识》1994 年第 4 期载史双元《说酒令》一文，从游戏形式（动作游戏）角度说酒令，专载各种手势、动作等，不载"酒令"文字（文字游戏），本文受其启发，换一个角度也说说酒令。

酒令一词，本来的意思是饮酒时控制酒量和行为的规约条令。古人嗜酒豪饮，倘若不加控制，必致醉后狂乱，甚至贻误大事。于是订立规约，宴饮时特设监席人员，称作觥录事（后来也叫酒纠），有违反规约的就当场处罚。但喝酒到底有哪些规约？犯规的怎样处罚？从来没有统一的规定，大概随时而变，因人而异罢。事实上，自唐宋以来，酒令一词多指聚饮时娱乐助兴的联句诗或玩笑话，视与灯谜同科。本篇所谈论的酒令，就是这类与文学相近（所谓"准文学"）的酒令。

说到酒令的历史，有人追溯到春秋时期诸侯盟会的"赋诗言志"。那时各个诸侯或其使臣在宴会等场合照例背诵《诗经》的某些篇章，以表达各自的情感，这就叫作"赋诗言志"。后世宴会赋诗改为即席创作，叫"口占"，酒令就采用"口占"的方式。同时，又采用联句的方式，即每人"口占"若干句，前后相连。传说汉武帝与臣僚在柏梁台赋诗联句，但这一传说不可靠。魏晋南北朝时期文学空前繁荣，各类游戏诗文随之流行，宴会相聚场合即席赋诗、说玩笑话的现象也很普遍。酒令大概便孕育于这一时期，它的流行则自唐宋始。据说东汉学者贾逵作过《酒令》，梁朝湘东王萧绎命文士王规作过《酒令》，都不见流传。

酒令名目繁多，书上记载，有所谓抛打令、闪压令、鞍马令、女儿令、人名令、规矩令、点将令、闲忙令、颠倒令、干支令、四声令、拆字令、反切令……因难见巧，随兴而立，不下数百种。大约越到后来，花样越多。有人把酒令分作四大类：古朴纯正见于记载的为古令；晚近所出咬文嚼字、拘守书卷的为雅令；通俗流行、民间常见的为通令；与掣筹抽签结合而行的为筹令。后两类多与文字无关，置而不论。

作为"准文学"样式的酒令，其实就是玩文字游戏。参与其事的必须才学、才情、学问、敏悟、巧思众人不相上下，否则无法进行，大家扫兴。比如有一套"离合同音令"，一人举令说：

两火为炎，此非盐酱之盐。既非盐酱之盐，如何添水便淡？

一人接上说：

两日为昌，此非娼女之娼。既非娼女之娼，如何开口便唱？

又一人接上说：

两土为圭，此非龟鳖之龟。既非龟鳖之龟，为何来卜成卦？（龟甲是卜卦的工具）。这分明是比赛敏悟、巧思。

又比如一套"改字令"，规定将一句古诗读错一字，另引一句古诗作解释，行不出的罚饮两杯，能行而不合要求的罚饮一杯。三人行令如下：

甲诵：少小离家老二回，（贺知章诗句，"二"字错），

掌令问：明明是"老大"，为何称"老二"？

甲答：只因"老大嫁作商人妇"（白居易诗句）；

乙诵：菜花依旧笑春风（唐人崔护诗句，"菜"字错）；

掌令问：明明是"桃花"，为何称"菜花"？

乙答：只因"桃花净尽菜花开"（刘禹锡诗句）。

丙诵：旧时王谢堂前花（刘禹锡诗句"花"字错），

掌令问：明明是"堂前燕"，为何称"堂前花"？

丙答：只因"红燕自归花自开"（殷尧藩诗句）。

这是比赛才学、学问，没有一定的文学修养是行不通的。

酒令虽属游戏，有时也用于表达庄重、真切的感情。明正统间，朝官陈询以得罪权贵贬任外地，离京时同僚陈循、高谷为他饯行，席上三人行"拆字令"消愁。陈循举令说：

"轰"字三个车，余、斗字成斜。车车车，'远上寒山石径斜'（杜牧诗句）；

高谷接上说：

"品"自三个口，水、酉字成酒。口口口，'劝君更尽一杯酒'（王维诗句）；

陈循最后说：

"矗"字三个直，黑、出字成黜。直直直，'焉往而不三黜'（孔子语）？

这套酒令颇见功夫。三人所言切合当时的场合，拆字组句意思连贯：上山坐车，喝酒用口，受黜是由于正直。末句借用古人语句表达各自的心情也很贴切。

多数酒令还是用于消遣、戏谑。下面一例写明人张更生与李千里同饮行令，各以对方名字为嘲笑内容，李千里停杯先说：

古有刘更生，今有张更生。手中一本《金刚经》，不知是胎生？是卵生？是湿生？是化生？

张更生不示弱，接上说：

古有赵千里，今有李千里，手中一本《刑法志》，不知是二千里？是二千五百里？是三千里？

李千里所云"刘更生"，指西汉著名学者刘向（原名刘更生）。所谓"胎生""卵生""湿生""化生"，是古人对禽兽虫鱼不同诞育方式的解说用语。《金刚经》说到"一切众生之类"时使用了这些术语。李千里讥刺对方不是人，是禽兽虫鱼变的。

张更生所云赵千里，指北宋著名画家赵伯驹（字千里）。《刑法志》是正史上专论刑法的部分。古时徒刑流放依罪名轻重，流放距离有不等之区别。张更生是咒对方将遭流放。

俗话说，乐极生悲。当饮酣耳热之际，酒令嘲戏过于放肆，不知分寸，因此失欢乃至惹祸的，也是常有的事。明末有三个官儿聚饮行令，要求举两组字，三个偏旁部首相同的字为一组，编成句子。甲官先出一令云：

左手相同绫、绢、纱，头上相同官、宦、家。不是这官宦家，如何用得完许多绫绢纱。

乙官续一令不堪入耳，道是：

左手相同姊、妹、姑，头上相同大、丈、夫。不是我大丈夫，如何弄得你许多姊妹姑。

丙官似对乙官不满，愤然道：

左手相同糠、秕、粝，头上相同屎、尿、屁。不吃这些糠秕粝，如何放出许多屎尿屁。

以上甲官所出还算斯文，乙官所续下流又伤人，丙官说的也不雅。三人为此翻脸相骂。上司知道，认为有失身份，结果三人都遭贬降。

发生在五代十国时期的一场酒令游戏，甚至有人丢了生命。当时杨吴国齐王徐知诰（即南唐烈祖李昪）大权在握，随时准备篡位，很注意宾客、幕僚的态度。一日众人饮酒赏雪，徐知诰提议行令取乐，要求随行酒令与下雪有关，且最末二字与古人姓名巧合。他带头占一令："雪下纷纷便是白起。""白起"形容积雪遍地，而战国有名将白起；他的心腹宋齐丘顺着主人的意思接占云："著屐登阶必须雍齿"。意思说雪厚会把屐齿淹没，"雍"通"壅"，而汉高祖有臣子雍齿。有个叫徐融的，心向杨吴，对徐知诰的野心不满，这时续占道："诘朝日出争奈萧何"？意思是明朝日出雪消（"萧"借作"消"），你们将无可奈何，而汉高祖有大臣萧何。徐知诰当然知道徐融有意扫他的兴，败他的兆头，当夜叫人把他沉入长江。

喝酒行令本是雅兴消遣的花样，却弄到贬官、沉江的地步，真是古往今来文场无奇不有。

（未刊稿）

假发、假发事件、头发买卖

戴假发可以掩饰头上的某些缺陷，使人显得年轻漂亮。这种习俗古已有之，但只流行于女性世界。古代女子以长发为美，诗歌文章中所谓"青丝""绿云""披肩""委地"，都是对女性长发的赞美。的确，乌黑浓密的长发是女性的魅力之一。对于贵族女子而言，新异的发型更是争宠取悦的资本，所以她们总是在头上大玩花样。影响所及，便成时髦，如汉代便有"城中好高髻，四方高一尺"的民谣。造发型须有秀发，如果天赋不足或红颜老去，就只有借助于假发。

假发古时称"髢"，又称"髲"或"鬠"。周朝后宫所用假发是取自"贱者、刑者之发"。就是说为了打扮宫廷贵妇，不惜让奴隶和囚犯剃光头。此外也有直接从小民掠取的。据载，卫庄公在城楼上望见戎州己氏之妻头发秀美，当即命人强行剃取，送给他的夫人吕姜作假发。后来戎州人起来造反，庄公慌乱中恰巧逃入己家，拿出一枚白璧哀求己氏庇护他。己氏说："杀了你，璧又能到哪里去！"于是把庄公杀死了。这个暴君为一具假发而结下冤仇，得到杀身之报，真是活该。

还有比这更严重的假发事件：汉元帝时候，珠崖郡（在今海南省）发生过一场大规模的民众哗变，汉王朝为此不得不废除该郡的建置。谁也没有想到，激起这场民变的导火线，竟是当地长吏贪慕民间女子秀发，强令剃取，做成假发以讨好妻妾。微不足道的头发竟牵动了封建王朝的政治车轮。

如上所述，假发的获取，统治者可以凭借权势赤裸裸地掠夺，民间则靠买卖。《世说新语·贤媛》篇有一则"截发留客"的故事，写东晋陶侃早年家贫如洗，有一回名士范逵带着一群仆从贸然造访，陶侃窘迫无计，多亏他母亲急中生智，剪取自己头发做成二具假发，卖给邻家换回数斛米，为客人备了一顿饭。那时女人盛行戴假发的风气，贵族妇女个个两鬓蓬松，发髻高耸。假发过于厚重，戴在头上不舒服，平时只好取下来戴在特制的木笼上，称为"假头"。贫家女子无力置备"假头"，自称"无头"，临时向富家借用，称为"借头"。时尚如此，假发自然是紧俏商品，所以陶母舍出一头乌发才换回一餐饭料。不过陶侃后来成为一代名臣，总算没有辜负慈母的截发之恩。一段佳话流传千古，元代于是有《剪发待宾》的杂剧。

在戏剧舞台上，原因不同的卖发又见于宋元南戏《张协状元》和《琵琶记》。前者有贫女剪发卖钱资助穷书生张协赴试的情节，后者有赵五娘为埋葬公婆而剪下头发沿街叫卖的场面。假发成为商品，卖发为贫民救穷一途，封建时代的民不聊生于此略可觇知。

在中国古代，戴假发是女性的专利，男子虽然也有炫耀长发的，如魏晋南北朝时期的著名人物曹叡、孙登、王琳、萧纲、宇文泰少年时都有"立发委地"的美誉，毕竟不是男子汉的本色，所以没有听说有戴假发的。况且男子成年后必戴巾帻，做了官有冠冕，不允许脱帽露顶塑造发型，假发派不上用场。男子更不会有剪发出卖的事情，因为圣贤早就说过："身体发肤受之父母，不敢毁伤，孝之始也。"再说男性头发比较粗硬，未必适合做假发。至于女性，向来与"孝"的关系不大，头发的毁伤与否是不会有人计较的。这也是"男女有别"的一端吧！

（原载《知识窗》1993 年第 6 期）

传神写照话绰号

绰号又称诨名、诨号或谑称，是人的正式名、字、别号之外别人强加的特殊称谓。绰号的产生，有的出于善意嘲戏，有的出于恶意讥刺，有的嘲讽、讥刺兼而有之。

1. 随驾隐士

卢藏用是唐高宗时的著名隐士，但他并不打算隐居一辈子。他是幽州范阳（今北京地方）人，却隐居在靠近京师长安的终南山，目的是便于交结官场，窥伺做官的机会。因高宗时常驾临东都洛阳，卢藏用又在靠近洛阳的少室山找了个隐居地。天子的车驾往返于长安、洛阳，卢藏用也随之奔波于终南、少室山，于是人们讥称他为"随驾隐士"。果然，他做隐士出了名，被征召出山，在朝廷做了官。道士司马承祯是他隐居时的朋友，一次受召入京，将还终南山时，卢藏用为他送行，指着终南山说："山中真是好地方。"司马承祯讽刺道："依我看，那不过是做官的捷径而已。"说得卢藏用无地自容。这个假隐士做官后专门趋奉权贵，终因依附邪恶势力被流放而死。

2. 四其御史

唐朝武则天称帝，遭到许多人反对。武则天为了培植亲附势力，破格任命大批官吏。钻营之徒乘机表忠献媚，以求升迁。宁陵县丞郭宏霸就是最典型的一个。当时徐敬业在扬州起兵对抗武氏政权，郭弘霸在朝见武则天时便自告奋勇请求前往讨伐，声称要捉住徐敬业，"抽其筋，食其肉，饮其血，绝其髓"。武则天听罢大为开心，便提拔他为监察御史，时人称他为"四其御史"。这位御史没有吃到徐敬业的肉，却尝了上司魏元忠的粪便。魏元忠官任御史大夫，偶患疾病。据说尝粪便的味道可以知道疾病的轻重。郭宏霸为了讨好上司，自愿充当尝粪便的差使，堪称无耻之尤。可惜当时无人赏他"尝粪御史"的称号。

3. 伏猎侍郎

唐玄宗开元、天宝间，宰相李林甫不学无术，常把字读错用错。比如祝贺人家生子本当用"弄璋"一词，他却写成"弄獐"。人以类聚，他所荐引的户部侍郎萧炅也是个白字先生。有一回萧炅出席祭吊典礼，座上有《礼记》，他拿起来翻读，竟将夏、冬祭祀节日名的"伏、腊"读作"伏猎"。在座的尚书左丞严挺之强忍未笑，事后和宰相张九龄谈起，气愤地说："朝堂上怎能容纳这样的'伏猎'侍郎！"于是萧炅被贬为岐州刺史。李林甫为此怀恨在心，后来把张、严排挤出朝，算是为萧炅报了仇，但无法为萧炅洗刷"伏猎侍郎"这个绰号。

4. 八砖学士

唐人李程赋性疏懒，生活散漫，德宗时任翰林学士。时值冬季，学士入院值班以看日影为准。当日光将照及厅前八砖时，众学士都到齐了，唯独李程总是要等日光过了八砖才到位。于是人们戏称他为"八砖学士"，这个老是迟到的人却受到皇帝器重，被认为有从容不迫的风度，后来官做到了宰相。

5. 方三拜

晚唐诗人方干从小就崭露头角，颇有名气，但与人交往却过于拘礼，拜见尊长时别人跪拜一次，他却非拜三次不可，因此得了"方三拜"的诨号。方干虽然有才名，但考进士却总是落第，原因是他天生唇裂（胎儿发育异常所致），样子难看。朝廷认为如果让他这样容貌的人中进士，将贻笑天下。后来遇到高明医生为他补好了唇裂，人们又称他"补唇先生"。此时他已年老，无意仕进，最后乡居而卒，留给后人300多首诗篇和两个并无恶意的绰号。

6. 三不开宰相

五代时后唐宰相马胤孙是个不通世务的书呆子，身居相位却从来不敢决断政事，朝政任人摆布，自己不置可否，时人讥称他为"三不开宰相"。所谓"三不开"，是说他上朝不开口议论、不开印办事，在家不开门接见士大夫。此公后来被黜，在家索居独处，以抄读佛经为事，而他原先是不信佛的。

7. 王当代

五代时骁将王景有勇无谋，凭一身武艺为梁、晋、汉、周四朝效力，做到了节度使，宋初封太原郡王，死后追封岐王。他的几个儿子也和他一样，骑射之外别无所长。大儿子王廷义跟随宋太祖打天下，功不大，官不高，却自以为了不起，好夸海口，经常抬出他父亲的大名来炫耀，逢人便宣称："我是当代王景之子。"人们听着好笑，都称他为"王当代"。

8. 活卦影

宋神宗时，四川方士费孝先为人卜卦常作画预示吉凶，所作的画称为卦影。传开以后各地方术之士常画一些稀奇古怪的卦影，如四脚鸟、长翅膀的走兽、儒冠僧衣的人物等。大书法家米芾言谈举止常常与众不同，有时类似疯癫，人称"米癫"。他的穿着也特别，往往是戴普通人的帽子，披和尚衣，脚穿官靴，活像卦影上的人物，因此被朋友称作"活卦影"。

9. 人样子

宋哲宗时，大长公主（哲宗的姐妹辈，所指不详）要出嫁，哲宗做主为她在士大夫中挑选夫婿，可是选来选去总没有合意的。近臣上奏请示："不知皇上要选怎样的人物？"哲宗（大概是转达大长公主的意思）说："要长得像狄咏这样的。"狄咏是名将狄青之子，做皇宫侍卫，长得体躯丰伟，英姿飒爽，可惜不是士大夫，不能做驸马。事情传开以后，天下人都称狄咏为"人样子"。

10. 鹅鸭谏议

宋高宗绍兴五年（1135年），天下大旱，从朝廷到各级官府都举行祈雨仪式。为了表示对上天的虔敬，祈雨期间从官府到民间一律禁止屠宰猪羊。谏议大夫赵霈认为这还不够彻底，上奏章请求把鹅鸭也列为禁杀，列举了许多理由。当时士大夫认为谏官奏事不议论国家根本大计，却喋喋不休地谈论什么鹅鸭，实在可笑。于是讥称赵霈为"鹅鸭谏议"（隐含"鹅嘴鸭舌"的意思）。

11. 带汁诸葛亮

宋宁宗开禧年间，宋军北伐失败。金军反攻，扬州守将郭倪望风弃城而逃。此人自负多谋，一向以诸葛亮自居，官厅墙壁上、屏风上写满了"伯仲之间见伊吕，指挥若定失萧曹"（见杜甫《咏怀古迹》五首之五）之类颂扬诸葛亮的诗句以自勉，他甚至吩咐军需官造木牛流马，好让他能成诸葛亮。此番兵败之后，郭倪垂头丧气，伤心时对客流泪。时人嘲笑他为"带汁诸葛亮"（"汁"指眼泪）。

12. 刘棉花

刘吉在明代成化、弘治年间做了十八年大学士（相当于宰相），是少见的"不倒翁"。此人尸位素餐，无所作为，奉承皇帝，营谋私利则很有手段。尽管屡屡受朝官弹劾，却一毫无损，始终不倒。时人讥称他为"刘棉花"，意思是耐弹，久弹无损。刘吉怀疑这一使他难堪的绰号出自多次考试落第的举人，便奏请朝廷做出规定：今后举人三次会试落第者，不得再参加考试。

13. 陈也罢

明成化间，翰林编修陈音性情特别宽和坦荡，遇到不如意的事绝不生气。他的夫人想试试他到底有多大的耐性，有一回家中来了客人，陈音传呼上茶待客，夫人故意回答没有煮。陈音不急不催，只说了声"也罢"。一会儿他又传呼上干茶（似指果品），夫人回答没有买。陈音还是说一声"也罢"，不急不恼。客人见状捧腹大笑，把事情说了出去。从此人们都称陈音为"陈也罢"，又称"也罢先生"。

14. 煨蹄总宪

晚明天启年间，宦官魏忠贤专权乱政，大树党羽，门下有所谓"五虎""五彪""十狗""十孩儿""四十孙"。"十狗"中有个叫周应秋的，投靠魏忠贤做了左都御史，犹不满足。他家厨子善于煨制蹄子（猪肘子），而魏忠贤的侄子魏良卿则嗜食煨蹄子，每当魏良卿到他家里，必以煨蹄款待，大得魏良卿欢心。时人讥称周应秋为"煨蹄总宪"（"总宪"是都御史的俗称）。靠这层"煨蹄"关系，周应秋后来占取了吏部尚书的要职，把持选政，但不久就因魏忠贤倒台充军而死。

15. 鸟巡抚

明末崇祯时，右佥都御史、湖广巡抚宋一鹤善于讨好上官。到任后照例要持名帖（犹如名片）参见上司。他得知上司杨嗣昌（兵部尚书、总理湖广等省军务）的父亲大名为鹤，便在名帖上把自己的署名改做"一鸟"，以示避讳，表示对杨嗣昌父子的尊敬。殊不知这一改却落下"鸟巡抚"的绰号，传笑四方（俗称男性生殖器为"鸟"）。政敌抓住这件事上疏攻击他，弄得他只好辞官不做。

16. 袖珍曹操

清康熙年间，翰林编修何焯依附皇八子允禩，为允禩争夺帝位出谋划策，因他身材矮小而一脸大胡子，又多计谋，人们便借拟戏剧舞台上曹操的形象，戏称他为"袖珍曹操"。何焯终因政敌攻击而下狱。

后来康熙查阅了他的全部手稿，没有发现"怨谤"言词，便把他释放了。

17. 蝎子太守

清雍正年间，某同知（知府的副手）任满依例进京朝见皇帝。朝见时没想到官帽中藏有一只蝎子，蜇得他火辣辣的痛，想哭不敢哭，眼泪鼻涕直往下流。按照礼制，在那样的场合又不能摘下官帽捉蝎子，否则就叫"失仪"，是对皇帝的大不敬，要受处分甚至丢官。雍正帝见他这副模样，感到奇怪，询问他流泪的缘故。这位同知到底是在官场混过的，他连忙摘下官帽（当然不能让蝎子露馅）趴伏地下叩头说："臣感念圣祖仁皇帝（康熙帝）六十一年深仁厚德，臣家两世受恩，因此情不自禁流泪。"雍正帝只当他是说真话，以为他有良心，便把他提为知府。后来人们知道了这事的底细，背地里都称他为"蝎子太守"。

18. 两字探花

清道光三十年（1850年）春天，朝廷开科取士。当时正逢道光帝驾崩不久，咸丰帝即位。多数参加殿试的人忽视了这一事实，在策文中写及"皇上""陛下"时没有在前面加上"当今"二字以示区别，有混淆二帝之嫌。扬州人谢增心细，该用"当今"二字的地方都用上了。阅卷大臣认为谢增策文措词得体，打算荐为一甲第一名（状元），因他字写得不太好，改拟第三名（探花）。谢增终以多写"当今"二字高中科名，人称"两字探花"。

（原载《知识窗》1994年第4期，《读者》1995年第1期转载）

艺文哲匠称号一束

1. 字祖

传说上古黄帝的史官仓颉（或作"苍颉"）幼时看见鸟兽的脚迹而受启发，因而创造文字。于是，后世尊称为"字祖"，各地立庙祭祀，号"仓王庙"。

2. 文祖

孔子的殊称，意为"儒术文章之祖""文章教化之祖"。明代有人提议给孔子加封"文祖"的正式尊号，明廷未采纳。

另外，唐人韩愈、柳宗元提倡"古文"（散体文），主张以《左传》为"古文"的榜样，后世古文家于是尊称《左传》的作者左丘明为"古文之祖"。

3. 曲祖

北宋词人柳永大力填写曲调悠长、节拍缓慢的"慢词"，其作品抒写男女离愁别绪，情景交融，委婉感人，当时广为传唱，影响很大，于是后人便称他为"曲祖"，意为"词曲之祖"（词曲同门，词又称曲子）。

4. 书祖

东晋书法家王羲之精擅于隶、行、草、飞白各体书法，唐宋以下仰为泰斗，称他为"书祖"。此外，六朝人推尊仓颉为"古文（上古文字）之祖"，史籀为"大篆之祖"，秦代李斯为"小篆之祖"、程邈为"隶书之祖"、汉代史游为"章草之祖"、刘德升为"行书之祖"、蔡邕为"飞白之祖"、张芝为"草书之祖"。

5. 画祖

传说上古贤祖虞舜有妹名嫘，是她发明了绘画，因此后世尊称她为"画祖"，俗称"嫘祖"。此外，唐宋以下又称六朝至盛唐的人物画家顾恺之、陆探微、张僧繇、吴道子（又名道玄）为"画家四祖"。顾恺之首创山水画，又被称为"山水画祖"。

6. 文圣

北魏太和年间孔子被加封此谥号。按《谥法》，"文"有"经纬天地""道德博闻""学勤好问""悯民惠礼"等意思。汉魏之际的曹植和唐人韩愈都有"文章之圣"的誉称，意为写诗作文的圣手。

7. 诗圣

明清士大夫惊叹于杜甫"圣于诗""笔有化工""集诗家之大成"，于是称他为"诗圣"。此外，宋人朱熹称李白为"圣于诗者"，清人黄子云称陶渊明为"诗圣"，田雯称李商隐为"诗中之圣"。

8. 赋圣

清代学者程廷祚称战国末年文士宋玉为"赋家之圣"，简称"赋圣"。宋玉为屈原门人，著有《高唐赋》《神女赋》《风赋》等，为人传诵。

9. 词圣

南宋词人姜夔善制新调，在婉约派中独树清空淡雅的风格，为清代词人所推崇，尊称为"词圣"。或与贺铸、周邦彦、朱彝尊、陈维崧诸人并称为"圣于词者"。

10. 画圣

唐人尊称吴道子为"画圣"，并为后世所公认。此外，晋人卫协、张墨（二人善画佛道人物），南朝陆绥（善画佛像），北朝杨子华（善画马），清初王翚（善画山水），都有"画圣"之誉。又"画家四祖"（见上文）也称"画家四圣"。

11. 书圣

诸书所载，以下书法家有"书圣"之号：东汉张芝，三国皇象、胡昭、钟繇，晋人索靖、王羲之，南朝王志。此外，张芝又称"草圣""笔圣"，韦诞（三国时人）也称"笔圣"。

12. 棋圣

三国时人严武、马绥明，晋人阮简，清雍正、乾隆时人范世勋，先后以围棋绝艺称雄天下，均有"棋圣"称号。此外，范世勋与清初围棋高手黄霞有"弈圣"之誉。

13. 伶圣

晚清京剧演员程长庚获此殊号。程长庚为老生演员，起初演技未精，遭观众嘲笑。于是闭门苦练三年，尔后登台一鸣惊人，观众当场狂叫震天，京中呼为"叫天子"。

又有医圣、木圣、药王、针神、经神等称号，不一而足。

（未刊稿）

明初的恐怖气氛

明代开国皇帝朱元璋依靠检校和锦衣卫特务，监视人们的言行。检校犹如曹魏、孙吴时的"校事"以及南宋时的"缉事"，专门侦察臣民的私下言行，行踪非常诡秘。学者钱宰应征编书，在京吟诗道：

四鼓咚咚起着衣，午门朝见尚嫌迟。何时得遂田园乐，睡到人间饭熟时。

第二天上朝，朱元璋对他说："昨日作的好诗。可是我并没有'嫌'呀，改作'忧'字如何？"钱宰顿时吓出一身冷汗，连忙磕头谢罪。类似事件还有不少。情报如此迅速，不用说都是检校的功劳。

锦衣卫是皇帝直接掌握的办案机构，负责拘捕、审讯和处置犯人。政治性质的案件都由它承办，称作"诏狱"，与宋代的"诏狱"略同（但宋代"诏狱"通常由御史台承办）。

在明初特务横行，惨案迭兴的恐怖气氛中，士大夫人人自危。百官上朝如赴刑场，往往与家人诀别而行，如果能平安回家，不但本人有再生之感，家人也万般庆幸。普通士人被文字狱吓破了胆，那种惶恐情态也不是常人所能想象的。

新淦（今江西新干县）诗人邓伯言经宋濂推荐入京应试，廷试《钟山晓寒》诗内有"鳌足立四极，钟山蟠一龙"之联，朱元璋特别赏爱。这位"真龙天子"取过诗稿当庭吟诵，不自觉地手拍御案"砰砰"作响。邓伯言跪在阶下候旨，误以为皇上被这两句诗激怒，吓得昏死过去，被人扶出东华门外才苏醒过来。虽然有旨授翰林官，但他无心食禄，以老病辞官还山。

山阴文士唐愚士为宰相李善长撰写露布文，朱元璋读后称赏，即命使者飞骑召唐愚士入宫。使者误以为是召来治罪，就把唐愚士上枷戴锁押到京师。唐愚士自料必死，路过姑母家时流泪请姑母为他料理后事，谁知道朱元璋是召他润色分封诸王的册文。唐愚士完成使命，出宫与姑母相聚，恍如再生。

孔子云："苛政猛于虎。"明初文字狱使人恐怖到这个样子，不亚于中山猛虎。

（原载《江西法制报》2001 年 3 月 1 日）

明代深宫的一起"大逆"案

明代嘉靖年间，"大内"深宫发生了一起亘古未有的"大逆"案：以杨金英为首的一群宫婢伺皇帝睡熟时用绳子把他勒死，终因同伴告密，大事不成，死者得救，诸宫婢被处极刑。

要知端末，说来话长。这位嘉靖皇帝（明世宗朱厚熜）是历史上有名的昏君暴主，个性刚戾，行为暴躁，喜欢人们奉承，听不得忠告。他自 15 岁即位，60 岁去世，在位数十年间不知处死、流放了多少忠谏官吏。平时待皇后妃嫔也没有好脾气，即位后第八个年头的一日，他与皇后陈氏同坐，姓张、姓方的两位贵妃上前献茶，露出了雪白的手腕，一向好色的他不由盯住看了几眼，陈皇后顿生醋意，投杯而起，使起性子来。这位皇帝登时大怒，也不知有什么话语和举动（这类细节史籍照例讳而不书），总之，把怀有身孕的陈皇后吓得流产而死。到这个地步，他还难解心头余恨，不听臣僚的劝告硬是赐给死者一个难堪的恶谥：悼灵，殡葬草草了事。后来又因故废了第二位皇后张氏，把她打入冷宫，另立方氏为皇后。

按照封建礼制，帝王后宫与外朝一样，等级森严，皇后与天子"等尊"，以下从妃、嫔到执事女官各有品级、位号，宫婢属于最末等服务人员。嘉靖皇帝待六宫之主的皇后尚且如此，宫婢的遭遇更可想而知。人们认为，杨金英等人的"大逆"行为就是对这个暴君的报复。

事情发生在嘉靖二十一年（1542 年）十月的一个深夜，嘉靖皇帝当时酣睡在端妃曹氏的宫中。杨金英等人用一条打有活结的黄花绳勒住"猎物"的脖子，猛力拉紧绳头。"猎物"垂死挣扎，几个宫婢骑压上去，手忙脚乱地用一块黄绫抹布堵住"猎物"的口，又用饰头的钗股扎刺阴囊。"猎物"颤动着，喉咙里咯咯作响，眼看渐渐断气。千钧一发之际，方皇后率领宦官、卫士蜂拥而入。原来同谋宫婢中有个叫张金莲的临时害怕，竟悄悄离开现场向皇后告密。众人解下嘉靖帝脖子上的绳套，发现活结错打成死结。靠着这点运气，嘉靖帝尚留一丝弱息，但全身气血淤塞，生命在垂危之中。皇后当即传集御医紧急抢救。这对开惯了"太平方"的御医们来说，无异于拿命运做赌注。救活了固然可以大富大贵，万一治不了就要杀身灭族，众御医面面相觑，都不敢带头开药方。幸亏有个叫许绅的，一向得嘉靖帝宠爱，由御医做到工部尚书兼掌太医院。他豁出老命开了桃仁、红花、大黄等通气泻下的猛药。药汤灌服后，嘉靖帝又呕又泻，排除了腹中瘀血，终于得救。立了大功的许绅改授礼部尚书，进位太子太保，赐予四代一品官的恩荫待遇。明代医官的仕途前程没有比这更尊贵的了。

杨金英等一干人犯被捕后，交锦衣卫审理，审出主谋是宁嫔王氏。端妃曹氏被认定为知谋不举（其实不知谋），与诸人同罪。这年十月二十日，明廷颁旨行刑，将曹端妃、王宁嫔和扬金英等十六名官婢（包括告密者张金莲）押赴市曹"凌迟"处死，即零刀碎剐，肢解尸身，悬首示众。行刑时大雾弥漫，持续数日不散，天象似乎昭示此案有冤滥。但事关深宫隐情，谁也不明究竟。人们认为案犯不可能有十八人之多，皇后可能把平时所忌恨的人故意牵扯进去，借机杀人。曹端妃就被认为是无辜者。依据刑律，死者的亲属受到株连，被处死的有 10 人，籍没为功臣家奴的 20 人。

经这番惊吓，嘉靖皇帝移居皇城之西的西苑万寿宫，长期托病不上朝，不召见大臣，不参加祭典，一心一意请道士举斋设醮，祷求长生不老。不用说，此后对宫女的防范更严密了。

然而这个昏君并没有反省这起"大逆"案的本源。按照明太祖立下的规矩，明代宫女后妃都从民间挑选，不选勋贵之家（以防止外戚干政的弊端），而且多在京师附近府县挑选，以免骚扰过大。杨金英等 16 名来自京畿民间的宫婢，应是纯朴本分的姑娘，她们铤而走险谋"大逆"（姑且认为无冤枉），说到底是郁积已久忍无可忍的"宫怨"所驱使。自古以来，少女入宫虚度青春，又受苛待，多少人郁郁而死。文人为此创作了千百首不痛不痒的"宫怨"诗，以示同情，难道他们自己就不能用别的方式来发泄千古怨恨吗？金世宗大定年间，以称心为首的几名宫女放火延烧了几座大殿，如今杨金英等人又做出惊天动地的举动，其实都是"宫怨"的发泄。然而像嘉靖皇帝这样的昏君是不会吸取教训的，宫婢"大逆"案发十年后，他先后两次征选数百名十岁左右的童女入宫养着，让道士陶仲文之流收集她们初潮月经的血液，为他炼制房中药"红铅"。恨当年诸宫婢结绳不仔细，大功不成，不仅使千百红颜薄命女子继续遭罪（明末宫女有九千），不然，明代的历史也不会这样污秽了。

（原载《知识窗》，具体时间不明）

八条人命的恩怨是非

这是一件普普通通的案例，但昏庸的封建官僚却造成了——八条人命的恩怨是非。

元朝延祐年间，京城大都（今北京）发生一桩离奇的杀人案，办案过程中怪相白出，前后致死八人。其中情由，引人深思。

命案起于奸情，受害人是官府木工局的一个犟脾气木匠。先是这木匠和工头因事发生忿争，两人不和断交已有半年。局中其他工匠觉得这样下去不是事，于是凑钱备办酒肉，在工头家里设席调停，硬拉犟木匠赴席。犟木匠与工头本无冤仇，几杯酒下肚，怨气消散，两人和好如初。当晚席散，犟木匠独自醉醺醺地回到家中，没有料到等待他的是惨死。

原来犟木匠的妻子与人通奸多时，他们早就有心谋杀木匠，只是不得下手机会。这晚见木匠从怨家归来，又烂醉如泥，以为天赐良机，于是两人下手杀死木匠。街坊中无处弃尸，便把匠尸砍作四五块，藏在闲置的土炕中，外面用砖、板装砌严实。第二日，匠妻装作万分焦急的模样到工头家寻找丈夫，一口咬定是工头谋杀，状子告到警巡院。因木匠与工头结怨，昏官只当是仇杀，便把工头逮捕拷讯。工头有口难辩，实在挨不过酷刑，只得诬服。匠妻假装悲痛，召僧念佛，大办丧事，心中好不得意。

这边却难倒了办案官吏。按照刑律，判定杀人要有尸体作见证，可是工头虽然屈打成招，却不知道尸体的下落。追问之下，他只得瞎编供词，说把尸体抛在城壕中。警巡院当即派遣了两名仵作去打捞，当然一无所得。这时案件已经上报，上边刑部、御史和京兆尹都催令从速审结。办案官吏急了，限两名仵作十日内找到尸体，到期不见尸体便挨板子。

十日期满，二人挨了一顿板子。又限定七日，仍不见尸，又挨了一顿板子。照这样逼下去、打下去，何时是了？两名仵作被打苦了，打怕了，狗急跳墙，竟商定杀人取尸，蒙混交差。

这天傍晚，两人伏在城壕边守候，正好有一乡下老翁骑驴过渡桥，仵作见四下无人，急步上前把老翁推落壕中淹死，驴子惊逃而去。尸体虽然有了，但形貌不符。两人商定把老翁尸体沉在水底，先让其腐烂变形。过了十多天，两仵作又忍痛挨了几顿板子后，这才把皮肉模糊的腐尸捞出来交差，警巡院传匠妻辨认，这淫妇也顾不得许多脸面，一见腐尸便认定是亡夫，扑上去放声号哭。尔后把腐尸领回家中，出卖首饰买棺殓葬，又在城壕上悬衣招魂。种种做作，俨然是个贤孝妇道。

过了一年多，经刑部核准、批复，无辜的工头被处斩。局中工匠都知道是冤枉，愤慨不平，行刑时跟在后面呼天喊冤，可是谁也无法为工头作证辩白。这群有情有义的工匠决心为冤死者昭雪，到处探访案件线索，捐集银钞一百锭，悬赏购求知情见证人。

回头再说骑驴老翁被害后，家中人到处寻找。一日见有人背负驴皮走在路上，近前细看，皮血未干，宛然似家翁所骑驴之皮，当下带此人告到本县衙门。在昏官酷吏的刑讯逼供下，此人不得已屈认自己为杀翁劫驴的凶犯。至于尸体下落，只好信口乱说。今日说藏在甲地，明日说藏在乙地。当然是到处都找不着，每次改供都免不了受刑，最后挨不过去瘐死狱中。至此，这起案件已凶杀二人，而罪犯依然逍遥法外。

这日傍晚，有个惯偷要到某家偷东西，因天未黑尽，不便下手，便先躲在熟门熟路的犟工匠家中。匠妻平日常延请和尚做佛事，引动成群乞丐前来讨饭。惯偷也时常混在乞丐队里捞碗冷饭吃，进进出出，门路都摸熟了，躲藏自然不费事，主人毫不知觉。一会儿，只见男人乘醉入屋，酗酒闹事，打骂匠妻。这时离木匠被害已两年多了，俗话说："人无千日好，花无百日红"，他们虽然可以放胆通奸，情意却不如当初。匠妻只有忍气吞声，待男人睡熟了，她独坐灯下思前想后，不由自言自语，流泪低泣，把当初与奸夫谋杀丈夫，死者至今尸藏灶下未曾安葬，以及两年来受男人虐待等隐私都一一诉落出来。

这些话被躲在墙根的惯偷听得一清二楚。当晚，惯偷也不去偷东西了，第二天便找到局中工匠，道说夜来所闻，申领赏钞。众工匠因他是惯偷，半信半疑，经协商签约，双方议定取得确凿证据后再付赏钞，并商定共同行动巧取罪证的妙法。于是惯偷装作喝醉的样子，闯入犟木匠家调戏匠妻子，引得匠妻破口大骂，街坊邻居也闻声过来追打惯偷。惯偷乘机跃上炕台揭砖、板，摆出殴斗的架势。这一揭，断碎、臭腐的尸骨全露了馅，屋外接应的工匠一拥而入……靠着工匠的义气和惯偷的巧遇，这场冤凶大案终于真相大白。

后话不消说，惯偷领了赏银，官府不得不狼狈翻案。结果是真正凶手处剐刑，淹死老翁的两名仵作处斩刑，拟定工头死罪的官吏革职废锢终身。至于县衙们承办的"驴皮"案，上官明知是冤，怕追究起来又将有一群官吏受处分，便"宽大"为怀，按下不提。官官相护，草菅人命，既愚且酷，黑地昏天，这就是元代官场。

（原载《法制时报 1995 年 2 月 3 日》，署名曹林）

南宋帝陵被盗之谜

元朝初年，江南发生一起有史以来规模最大、性质最严重的盗墓事件。南宋帝、后陵墓被盗。这是一场有预谋的公开行动，主谋是僧官杨琏真加。

杨琏真加是西域番僧。他随元军南下有功，被信奉佛教的元世祖任命为江淮诸路释教都总统，驻杭州。当时南宋初亡，征服者趾高气扬，派到江南做官的蒙古贵族放手掠夺子女玉帛，让贪财多欲的杨琏真加看着眼红。无奈僧官专管和尚、寺庙，不治民事，油水有限，他于是打起了盗墓的主意。至元二十一年（1284 年），杨琏真加勾结奸相桑哥，唆使僧人嗣古、妙高上书说江南有"王气"，建议平毁南宋帝陵，以防人心摇动、南宋朝廷死灰复燃。次年，桑哥擅自批准了嗣古、妙高的建议。参与盗墓的有绍兴天寺（一作天衣寺）僧福闻、剡县演福寺僧允泽和会稽泰宁寺僧宗允、宗泽、宗恺。福闻盗掘当地魏宪靖王墓，得了许多金玉珠宝，进而垂涎于帝陵宝藏。宗允、宗恺因盗伐护陵树木，与守陵人争讼结怨，正寻找报复的机会。允泽、宗泽也非良善之辈。于是互相勾结，竭力煽诱杨琏真加盗陵。

南宋帝、后陵墓位于会稽县上皇村（或作上亭村）一带，距绍兴府城约三四十里，群山怀抱中十多座陵墓错落相望。至于这群陵墓的规模和构造，从高宗永思陵可想象一二。据亲自护送高宗灵柩入葬的周必大记载："灵柩外椁长 12 尺 3 寸，高 7 尺 1 寸，宽 5 尺 5 寸，放置在巨石砌成的石藏内；墓穴南北长 37 尺 6 寸，东西宽 32 尺，深 9 尺，四壁胶砌白石五层，安放天盘罍网于椁上，以青石压栏，椁上再依次覆盖承重柏、香土、客土，表层墁铺方砖。以上是地下建筑。此外，地面建有上宫、下宫、各有若干座殿、屋、门、亭。

至元二十二年（1285 年）8 月，杨琏真加在福闻、允泽等奸僧、凶徒的带领下来到陵墓所在地，指挥人伕掘毁宁宗、理宗、度宗、杨后（宁宗皇后）四陵，盗取珍宝不计其数。据说理宗陵所藏最多，开棺之初白气冲天，人们都说是宝气。葬埋21年的理宗尸体宛然如生。尸下垫锦，锦下有一张纺织精巧的簟子，像是竹编。一小厮把它弃在一边，发出金属声，仔细一看，竟是金丝织成。不知谁说尸口中含有夜明珠，却抠不着。于是把尸体倒悬在墓树上，珠不见吐出，却沥出许多水银。尸体倒悬三日三夜，结果连头颅也没有了，后来得知被杨琏真加取去制成饮器。番僧迷信，说帝王髑髅可避邪气、致巨富。

毁陵之初，守陵的亡宋宦官罗铣据理力争，被凶徒毒打一顿。罗铣见劝阻不住，伏地痛哭，事后收拾残骨，买棺殓葬，附近村民无不悲愤流泪。夜间，陵区山风呜咽，四周林涛凄厉，仿佛鬼哭之声。

杨琏真加等人盗陵得手，船载珍宝回杭州，曾遭到地方官吏盘查拦阻，也有人奏报元廷，但没有反应。于是同年11月，这伙奸贼又掘毁徽宗、高宗、孝宗、光宗四帝和孟、郑、吴、夏（或作孟、韦、吴、谢）四妃的陵墓。据说徽宗陵中空无一物，仅见朽木一段。这个亡国君在靖康大乱中与儿子钦宗一道被金人俘虏，押送金国后方，死在五国城（今黑龙江依兰县），遗骨被南宋迎还，钦宗则一去不返，南宋朝廷为他设了一个神位。高宗陵中墓主尸骨已化尽，仅存锡器数件，端砚一方，被奸僧允泽攫去。孝宗陵中尚存墓主顶骨一片，另有玉制瓶炉一副，古铜鬲一只，也被允泽占有。诸皇后遗骸大多完好，有的俨若熟睡，事后罗铣买棺殓装火化。

随葬的一批金制钱币因污秽过甚，凶徒只当是朽坏的铜铁钱，弃而不顾，后来陆续被村民拾得。有人甚至从废陵中拾得"猫眼"、钻石等名贵宝石，但不知什么缘故，拾得金钱人家都闹病、死人。有一老汉在孟后陵拾得一绺长髻，发长6尺多，呈绀碧色，髻根有金钗一枝。他料想是墓主孟太后的发髻，就把它供在神堂中，虔诚奉祀，从此家道日渐丰裕。后来见收藏金钱的人家得祸，老汉害怕，便把发髻送藏当地"龙洞"中。

关于盗陵所得珍宝，史书中记载的还有：

走马乌玉笔箱、铜凉拨绣管（出自徽宗陵）；真珠戏马鞍（出自高宗陵）交加百齿梳、香骨架（出自光宗陵）；伏虎枕、穿云琴（"金猫眼"做徽，龙肝石做轸）、绿玉磬（出自理宗陵）；五色藤丝盘、鱼影琼扇柄（出自度宗陵）。杨琏真加一伙到底从帝陵盗得多少珍宝？这是一个永远解不开的谜。

除帝陵外，杨琏真加还盗掘江南官绅名流冢墓101座，戕杀无辜平民4人。盗陵引起民众愤怨，消息传到京师，元帝震怒，下令惩治祸首。这个罪恶累累的僧官杨琏真加被抄家，共计黄金1700两，银6800两，玉带9条，玉器111件，零杂宝物52件，大珠50两，通行宝钞116200锭，良田23000亩。他的帮凶多不得好死：宗恺因分赃不匀而放泼，被杖死；福闻倚势掠人财产，遭乡民20余人伏击，身死尸剐；允泽当初搬移理宗尸体为了壮胆，在尸体头部踢了一脚，据说当时就感到一丝奇痛起于脚心，后来又双脚溃烂而死。

盗墓的详情细节众说不一，难以确考。至于诸帝遗骨的下落，各书记载尤为歧异。除前文已讲的罗铣买棺殓葬事，此外尚无其他说法。

一说宋帝遗骨被元廷收埋于杭州宋故宫，上建白塔镇压，号镇南塔。后来张士诚据吴称王，派人掘出，用隆重礼节送归会稽旧陵安葬；制成饮器的理宗颅骨后来被籍没入宫，赐予某"帝师"（元帝特封的大和尚）。洪武初年（1368年），明太祖派工部主事谷秉彝往北平取回，葬于京师（今南京）郊外，次年起出归葬会稽；也有人说理宗颅骨被元军投入湖中，宋遗老林景熙雇渔人捞出，与诸帝残骨分装两匣，谎称佛经，葬于越山（会稽兰亭山）之北。

二说山阴义士唐珏招聚乡人连夜拾回六帝遗骨，分别装入黄绢袋，用石匣子封埋地下。为了不使人生疑，他在拾骨现场抛下一些杂骨，元廷所收埋的其实是这些杂骨。还说唐珏从此义声远播，得善报娶妻买田，发迹致富；

三说林景熙装成乞丐，身背竹篓，买通番僧得以白日进入陵区，拾得高宗、孝宗二帝残骨，分装两函葬于东嘉（浙江温州），或云林景熙与至交郑朴翁扮为采药人身背草袋前往收骨。

以上诸说或互不相干，或事有关联而出入颇大，实情难以考求。可能参与收葬遗骨的不止一方一人，人们各行其是，各有所获。

诸书还记载唐珏、林景熙从杭州宋故宫移来冬青树，种在葬骨之地作标志。冬青一名女贞，又称万年枝，经冬不凋，四季常青，象征南宋君臣的坚贞不屈和纲常大义的永恒。两人分别作诗寄意。唐珏所作为《冬青行》，诗云：

> 冬青花，不可折，南风吹凉积香雪。
>
> 遥遥翠盖万年枝，上有凤巢下龙穴。
>
> 君不见犬之年，羊之月，霹雳一声天地裂。

林景熙所作题为《冬青花》，诗云：

> 冬青花，冬青花，花时一日肠九折。
>
> 隔江风雨清影空，五月深山护微雪。
>
> 石根云气龙所藏，寻常蝼蚁不敢穴。
>
> 移来此冢非人间，曾识万年觞底月。
>
> 蜀魂飞绕百鸟臣，夜半一声山竹裂。

抗元志士谢翱（福建长溪今霞浦人，曾在文天祥幕府任咨议参军，是唐、林二人的朋友）闻其事，作《冬青引》诗如下：

> 冬青树，山南陲，九日灵禽居上枝。
>
> 白衣种年星在尾，根到九泉护龙髓。
>
> 恒星昼殒夜不见，七度山南与鬼战。
>
> 愿君此心慎勿移，此树终有开花时。
>
> 山南金粟光离离，白衣人拜地下起，
>
> 灵禽啄粟枝上飞。

这一组"冬青"以诗存史，是宋遗民诗中的惊心动魄之作。诗后所隐藏的"本事"，即南宋诸帝遗骨的下落，已成千古之谜。

（原载《知识窗》1994 年第 5 期）

话说赣学

江西古代学术文化门类繁多，显盛的有儒学（哲学、教育学等）、文学、史学和经世之学（政治经济学、法律学、军事学等）。此外，医药学、农工百艺学、天文历算学等也各占一席之地。这些学术文化不妨总称为赣学。

赣学的载体是赣人的著作。赣人著书起步较晚，东汉始见破天荒，以下六朝、隋唐作者仍寥若晨星。从晚唐五代开始，江西学风渐盛，至宋而大盛。宋元以迄明清，文人学者遍布江西大地，近千年间名家辈出，著作如林，后起之秀的赣学在中国学术史上引人瞩目。

论儒学，大师硕儒朱熹、陆九渊、吴澄、吴与弼、邹守益、李材、朱轼、李绂、汪绂诸人以宏博精湛的学问影响无数学人。作为经学附庸的文字音韵之学也有不少佳纂，如阴时夫《韵府群玉》、周伯琦《说文字原》《六书正讹》、周德清《中原音韵》、张自烈《正字通》、江永《古韵标准》等。

论文学，陶渊明、黄庭坚、杨万里以诗，欧阳修、王安石、虞集以文，晏殊、姜夔以词，汤显祖以曲，各领一代风骚。其余稍逊而各自名家的为数尤众，仅两宋词人就达120家，次于浙江为全宋第二。

论史学，欧阳修《新五代史》、徐天麟《两汉会要》、马端临《文献通考》、徐梦莘《三朝北盟会编》、陈邦瞻《宋史纪事本末》、乐史《太平寰宇记》、梁份《西陲今略》、谢启昆《广西通志》、邓名世《古今姓氏书辩证》、杨希闵《十五家年谱》等，一大批传世之著嘉惠士林。

论经世之学，李觏、王安石、杨士奇、魏禧、陈炽等人为代表的仁人志士、宰执大臣，各有经国济民的理论和策略。王安石以学术辅助政治，以政治推行学术，虽然没有完全成功，不失为一大创举。

在自然科学领域，医药学成就突出，见于记载的著作有770余种，作者500余人。名医陈自明《妇人大全良方》、危亦林《世医得效方》、聂尚恒《活动心法大全》、黄宫绣《本草求真》、喻昌《医门法律》等经验之书，至今还被奉为指南。农工百艺之学则有曾安止《禾谱》、宋应星《天工开物》、刘应棠《梭山农谱》、雷发达《工段营造录》等著作问世，其中，《天工开物》为一代奇书，雷发达为一代奇才。另外，欧阳斌元《交食经》、揭暄《璇玑遗述》、齐彦槐《天球浅说》等"天书"放映了天文学的成就，纪大奎《笔算便览》、刘衡《四率浅说》、吴嘉善《算学二十一种》、余煌《弧角简法》《勾股新义》等系列著述展示了新旧数学的研究成果。

可以毫不夸大地说：赣学是一座宏大而殷实的宝库。遗憾的是，许多珍宝一直被封藏着。多年来，学者所关注的是热门领域的常见课题，未能把眼界扩大一些。例如，在文学领域只注意名家名篇，许多值得探索的课题无人从事。比如，通俗小说不发达的原因；八股文的流行及其对散文的影响（江西是八股文的老家，高手之多居全国前列）；文学普及读物的编撰（如王相选注《千家诗》，舒梦兰编撰《白香词谱》）；文学名著的笺注与评点（如汤汉《笺注陶靖节集》、黄鹤《杜诗补注》、朱熹《楚辞集注》、萧士赟《分类补注李太白集》、胡克家《文选考异》，刘辰翁评点《老子》《庄子》《史记》《汉书》和王维、杜甫、李贺、苏轼诸家诗集），等等。至于赣学的整体研究，诸如赣学的发展规律与阶段特征，厚此薄彼现象，近代"西学东渐"的影响，学者气质与结聚效应等，更有待于高明沉潜的学者。

总而言之，赣学研究大有可为。

（未刊稿）

古代江西的神童和才子

宋代江西是个出神童的地方，那时朝廷设有童子科（俗称神童科），江西登科者83人。可惜除晏殊数人外，这些神童都只在省志《选举表》中昙花一现，此外便无下落。大约都是"小时了了，大未必佳"罢。也有不登神童科的神童，例如，大名鼎鼎的王安石、曾巩、黄庭坚、陆九渊、洪迈、吴澄等人。他们幼时聪颖超群，而且长成后卓有成就。

神童的特征是具有记诵天才或创作天才。宋代，泰和有个名叫邓有兴的儿童，八岁就能背诵《易经》《诗经》《春秋》《礼记》等九部经典，因而被选送到太学深造。宋神宗元丰初年（1078年），浮梁神童朱天申12岁能背诵"十经"。父亲领他进京上书自荐，经礼部考试证实，天子大为高兴，当即赐予功名，赏钱五万贯。他的父亲用这些钱造了一幢书楼，买了许多书让儿子继续攻读。朱天申的成名在家乡饶州引发了一场"神童热"，望子成"神"的父母们不问儿子禀赋如何，从五六岁起就逼着读儒经。甚至把大竹篮吊在树枝上，让幼子整日坐在篮中背书。聘请先生按经论酬，学生能背诵一经给多少酬金。于是盛传饶州出神童，谁知"可怜饶州父母心"。

在此之前，抚州金溪也有个可怜而糊涂的父亲。他的幼子方仲永天赋惊人，5岁就会作诗，赢得乡邻、亲友的赞誉和奖赏。这个糊涂父亲便沾沾自喜，经常领着小仲永访亲会友，到处炫耀卖弄，让儿子用有限的诗才换取微薄的名利。结果，"坐吃山空"，仲永的天才逐渐衰竭，至20岁左右终于智穷才尽，跟普通人没有差别。一个很有希望的神童、才子就这样被他的糊涂父亲早早断送。

明初吉水解缙是妇孺皆知的神童、才子，关于他的"神"话至今广泛流传。然而他的文章、事功却不怎样特出，看来虚声有余而真才不足。这是后人为这位才子感到惋惜的地方，当然也是一代才子的通病。明代士大夫特好标榜，于是才子、名士多如鲫鱼。诸如前后七子、前后五子、十才子、八才子之类层出不穷，俨若百家争鸣、文艺复兴的时代，实际上有真才实学的人不多。风会所趋，明初江西也有所谓"十才子"，即李正叔、周浈、刘原善、辛敬、万石、杨伯谦、查和卿、周复、黄榘、刘崧，他们的才华表现久已湮没无闻。在"才子"之乡的临川，晚明出了以八股文扬名的陈际泰、罗万藻、章世纯、艾南英，号为"江西四家"。陈、罗、章三人是当时文人集团复社的重要成员。艾南英"负气陵物"，与复兴头面人物陈子龙失和，因而遭复社排斥。他是"四家"中才气最盛的一个。

进入清代，由于统治者严厉管制，文人学士们规矩得多，但标榜之习未能根除。清初有偕讲学论文而聚合的"易堂九子"（宁都魏禧等）、"程山七子"（南丰谢文洊等）和"髻山七子"（星子宋之盛等），古文领域有"宁都三魏"（魏禧兄弟）。这些人都是故老遗民，主要以气节品学见重于时，与其称为才子，不如说是志士。乾隆以下的"江西四子"（杨垕、赵由仪、蒋士铨、汪轫）、"新昌（今宜丰）四杰"（周学健、帅念祖、潘安礼、龚梦晨）及"武宁三盛"（盛谟、盛镜、盛乐）、"东乡二吴"（吴昆榕、吴嵩梁）、"铅山三蒋"（蒋知廉、蒋知礼、蒋知节）、"于都三宋"（宋昌图、宋华国、宋光国）等，则大体是才子。内中蒋士铨才名最高，与袁枚、赵翼并称"乾隆三大家"。又和南昌彭元瑞齐名，被乾隆皇帝誉为"江右二名士"。

（原载 1994 年 10 月 7 日《江西日报》第 6 版《读书》专版）

文献之邦的十颗明珠

江西先哲著书始于汉代，余汗（今余干）张遹的《易传》可能是江西士人的第一部著作。此后不绝如缕，至宋而大盛，明清更有增无减，仅光绪版《江西通志·艺文略》所载就有 9800 余种，另加婺源 1300 余种，总数可观，而绝大部分是宋以下所出。宋代乐史、周必大、朱熹、洪迈及明朱谋㙔、清汪绂等人所著尤为宏富，朱熹一生著书 21 种 670 卷（据《四库总目》），朱谋㙔、汪绂各 30 余种 200 余卷，为个人之最。此外，宋以下敕修高文巨典，往往指派江西籍士大夫主持其事。如宋真宗时新余王钦若主修《册府元龟》，明成祖时吉水解缙主修《永乐大典》。清乾隆间纂修《四库全书》，新建裘曰修为正总裁之一，南昌曹秀先、彭元瑞和临川李友棠均为副总裁。《四库全书》著录、存目书籍 10289 种，其中江西先哲所著达 1032 种（据胡思敬辑录，婺源尚未计入）。总而言之，江西在中国历史上是名副其实的文献之邦。

当然，见于诸家书目的江西先哲著作，未必都获得流传，存留下来的也有卓异、庸陋之别，不朽之作并不多。从创造性、学术价值、社会影响诸方面综合比量，今推举十种出类拔萃的著作，介绍如下：

《陶渊明集》八卷。浔阳（今九江）陶渊明的诗文集。作者是六朝最伟大的诗人，古代田园诗的开创者；

《太平寰宇记》二百卷。宜黄乐史著。此书是古代最有影响的几部地理学专著之一，以"卷帙浩博""考据精核"著称；

《文忠集》一百五十三卷。庐陵欧阳修的诗文集。作者是北宋文坛巨擘，诗、词、文俱佳，尤以抒情文饮誉；

《临川集》一百卷。临川王安石的诗文集。作者诗文兼工，议论文最为特出，且关系一代政事；

《山谷集》六十七卷。分宁（今修水）黄庭坚的诗文集。作者与苏轼齐名，时称"苏、黄"。后世奉为"江西诗派"领袖，影响及于晚清；

《四书集注》二十四卷。书名为《大学章句》《中庸章句》《论语集注》《孟子集注》的总称，婺源朱熹纂。此书为宋代理学的权威著作，明、清两朝定为科举考试的标准用书，影响至巨；

《容斋随笔》七十四卷。鄱阳洪迈著。全书分五笔（即五集），是宋代规模最大的一部笔记（卷帙之富仅次于清人王鸣盛《蛾术编》），内容偏重于历史考据，历来为史家所取资。此书流传甚广，自宋至清至少有 15 种版本；

《文献通考》三百四十八卷。乐平马端临著。此书辑录历代典章制度，与杜佑《通典》、郑樵《通志》合称"三通"，为政书类史籍的典范，史家许为"三通"中最重要的一种；

《牡丹亭》传奇五十五出。临川汤显祖撰。这部大型爱情剧反映一代青年追求婚姻自由和个性解放的时代风尚，演出后誉满剧坛，其思想光辉和艺术魅力历久不衰，作者因而获得"东方莎士比亚"之称；

《天工开物》三卷。奉新宋应星著。书中详细记载农业、手工业诸行业领域当时先进的科学技术，是古代科技史上里程碑式的著作。

以上十种堪称江西先哲的十大名著，赣水文献之邦的十颗明珠。

（原载《江西日报》1994 年 8 月 26 日第 6 版《读书》专版）

江西的"小四库"——胡辑《豫章丛书》

在中国古籍渊海中,江西有一套堪称"小四库"的珍籍,即民国初年胡思敬主持辑刊的《豫章丛书》。

胡思敬字漱唐,号退庐居士,江西新昌(今宜丰)人。光绪二十年(1908年)恩科进士,选翰林院庶吉士,散馆授吏部主事,宣统元年(1909年)迁监察御史,宣统逊位后回故乡做了遗老。

胡思敬是一位勤奋的学者,平生嗜书好学,勤于著述。他早年做京官,经常逛书店,买了几屋子书,计有二十多万卷。后来他把这些书运回南昌,在东湖边上造了一所"问影楼",楼上藏书,楼下为书房,斋名"退庐"(旧址即今南昌二中地面)。他把藏书连同房产捐献给公众,改书楼为图书馆,尽瘁于乡邦文献建设。当时各省兴起一股辑刻地方丛书的热潮,《常州先哲遗书》《武林往哲遗著》《金陵丛书》《云南丛书》等丛刻相继问世。在胡思敬的擘画下,《豫章丛书》应运而生。为了出版这套丛书,特地成立了一个简单的编刻局,当时的省政府拨专款予以支持。编刻局设在胡氏问影楼。胡思敬主持全盘事务,并亲自担任采书、校勘等具体工作。他延请本省学者魏元旷、熊罗宿、刘廷琛、华澜石、黄锡朋、刘家立等人作助手,委托两家书坊刻字印造,自1915年开局至1920年结束,历时六年,分五批印完全套丛书。胡思敬以此积劳成疾,两年后(1922年)与世长辞,年仅五十三。

《豫章丛书》是一部地方性大型丛书,它收书114种(包括后来续刊的5种),计786卷。作者自唐迄清83人,除两人外均为江西籍。这反映了编者振兴江西文化,为江西争光的热忱,用胡思敬自己的话说,便是"惓惓不忘桑梓"。读这套丛书,可以增进对江西历史文化的认识和兴趣。江西学者读它,应该会有特别的亲切味和自豪感。

《豫章丛书》又是一部"广谱"的、百科全书式的丛书,举凡文学、史学、哲学、文字学、医学、兵法、农学以至道教方面的书籍,它都有所收录。按照传统的四部分类法统计,有经部书12种,史部23

种，子部 11 种，集部 69 种。所收诸书时间跨度大，学科门类齐全，俨然是一套小小的《四库全书》，可以称为江西的"小四库"。由于经费不足等原因，还有三十余种选定的著作未能刊印，这实在是一件憾事。

在同类丛书中，《豫章丛书》的特点和价值在于：

（1）收书广博而精当。《豫章丛书》所收多数是确有水平而又流传不广的珍贵秘籍。例如研究《诗经》的《诗故》，作者（明人朱谋㙔）不拘旧说，独抒心得，如释《关雎》篇的"窈窕"："谓穷巷深闺，淑女之所在，非幽闭贞静之说也"；释《相鼠》主旨："非刺也，文公劝学也"；《伐檀》主旨："非刺贪也；父老训勉子弟之词也"……诸如此类，使人耳目一新，启迪人们独立思考，破除对权威学说的迷信。如《四照堂集》，作者王猷定是明末清初著名散文家，与侯方域齐名，有"侯、王"之称，黄宗羲、钱谦益、朱彝尊等人对集中作品大为赞誉。还有一些曾被清廷禁毁的文献也因收入这部丛书而大白于世，如与晚明历史大有关系的《陈节愍公奏稿》（新昌陈泰来撰）。

通观全书，大体为了防止滥收，显示兴亡继绝钩沉阐微的特色，丛书的编辑《略例》规定了十一条"不收"，即：屡经翻刻已通行者不收；同时有人认刻者不收；已入近人丛刻者不收；已入本人文集者不收；撰人品学不端者不收；官修署私名者不收；未经名人论定者不收；卷帙过重者不收；伪托撰人者不收；撰人籍贯不明者不收；系续书应附于原书者不收。这组条例中的多数对于今天的丛书编辑仍有一定的参考意义。

（2）版本求善。为了编成一部质量信得过的丛书，胡思敬不仅慷慨献出了自己的藏书，而且向省内外藏书家广求善本，几次带领抄手到南京、杭州等地抄书。他自己和助手熊罗宿等人都是识别版本的专家，因此辑刻各书版本都比较可靠。经他和同仁的努力，还使一些孤本和未经刊行的稿本得以流传。例如，久已失传的《皇明西江诗选》被他在江南图书局发现，抄回编入《丛书》，使这一孤本得以重生。又如陈泰来《奏稿》从陈氏家谱中录出，林时益《朱中尉集》得自宁都故家旧藏，曾灿《六松堂集》据宁都曾氏家藏原稿，张自烈《芑山文集》据张氏家藏原稿，万时华《溉园集》据熊为霖评点本，杨垔《耻夫诗钞》据旧抄本等，都是十分珍贵的本子，有的属首次刻印，从而为丛书增添了权威性。

（3）编校负责。编丛书不是简单地编排现成书籍，其中有许多麻烦而棘手的问题，对校勘者的学识和耐性是一大考验。例如，明末袁继咸的《六柳堂集》，清廷禁毁之余只剩下二十来篇诗文，还夹杂八股文在内，漫无体例，不成卷帙。胡思敬以其中最有价值的《浔阳纪事》为主干，把较有关系的密疏、揭帖、家书、绝命词摘出来分别夹注其中，其余的无聊之作一概删除，书名改为《浔阳纪事》，于是一本杂乱无章、名实不合的残书就变为有条不紊、名副其实的史著。再如把《四库全书》著录的权衡《庚申外史》等八种野史合编为《明人小史八种》，把林时益《朱中尉集》等六家文集辑为《明季六遗老集》，显得主题突出、群落分明。这种丛书中有丛书的编辑法，在《豫章丛书》中用得很普遍。又如为了阅读的方便，把篇幅过大又不分卷的姜清《姜氏秘史》析为五卷；搜集遗文散篇为李彭《日涉园集》诸书补遗等，这些都是为读者着想，认真负责的表现。

此外还有校勘。《豫章丛书》所收诸书绝大多数由胡思敬、魏元旷二人负责校勘，许多书参照好几种版本，一校再校至于三校。南宋诗人刘辰翁七卷《须溪集》竟校出近四百处错讹衍夺，工作的艰巨由此可知。校过的书都附有校勘记，详细注明取舍和存疑之处，以备读者考证。胡思敬还为大多数书写了跋语，交代作者生平、写作背景、版本所自、前人评论等，有的顺便作些考辨或评议。一些跋语流露出深沉的悲慨，表达世道人心之忧和思古怀旧之情，是研究这位学者晚年思想的好材料。

书林中常有同名异书的现象，《豫章丛书》便是一例。他并非开风气的第一人，在胡辑《豫章丛书》竣工的前二十年，新建陶福履也曾编过一套三集26种的《豫章丛书》，所收均为清人著作。但后来者居上，自胡辑问世，陶辑便不甚流行。要说江西的"小四库"，非胡辑莫属。

（原载1993年3月26日《江西日报》第6版《读书》专版）

江西历史上的藏书家

江西古称文献之邦，宋代以下私家藏书蔚然成风，典籍所载，有藏书之名的不下百家。文人学者中，宋代高安刘恕、临川晏殊、庐陵欧阳修、建昌（今永修）李常、南丰曾巩、南城何异、波阳吴良嗣、洪迈、乐平马廷鸾；元代南城程钜夫、乐安何中、新昌（今宜丰）张希文；明代南昌朱权、李明睿、泰和杨士奇、肖士玮、广昌何乔新、分宜严嵩、临川汤显祖、新建陈宏绪、宜春张自烈、东乡艾南英；清代高安朱轼、临川李绂、南昌彭元瑞、南城曾燠、庐陵王赠芳、上高李祖陶，以及近代南昌庄肇麟、张劼、宜丰胡思敬、新建蔡敬襄、丰城欧阳熙、高安蓝钰、修水陈三立、九江李盛铎，都是有名的藏书家。

藏书是治学的先决条件。在古代，大凡有成就的学者，必定有相当的私人藏书作后盾。人们注意到宋代文人学者群的骤兴，不应忽略这样的事实：当时江西是全国藏书印书的中心之一，与川、浙、闽齐名。购书、抄书、校书、编书、著书、印书，苦在其中，乐在其中，"不知老之将至"，这就是多数藏书家的生涯。刘清之（南宋临江人）的"墨庄"，马廷鸾的"老学楼"，徐鹿卿（南宋丰城人）的"味书阁"，张希文的"书巢"，蓝钰的"负笈砚斋"，这类室名斋号表白了主人的甘苦嗜好。但人们藏书未必都是为了自己阅读。在江西历史上，许多人藏书是为了教育子孙，于是以书楼为依托办起了家族性质的书院。如南唐德安陈氏书堂，宋代奉新胡仲尧所创华林书院，分宁（今修水）黄中理所创芝台、樱桃洞两书院，石城温革的柏林书楼和明代新余梁寅的书庄等。宋宗室赵不迁在铅山所办书楼甚至向公众开放，有人称之为"世界上最早的正式开放的私人图书馆"。

书籍有聚必有散，藏书家"世守勿失"的初衷迟早要化为泡影，甚至当时就易主或遭毁。严嵩巧取豪夺广储书画，书楼除京师寓所外，南昌有宝翰楼，分宜有钤山堂，倒台后均被查抄。据笔记所载，所抄没图书中仅宋版书就有6853部，名家法帖385册，名画3200卷册。晚明兵荒马乱，书籍随着遭殃：张自烈平生倾产所购数十万卷书经乱兵抄掠及迁徙损失，十亡其九；陈宏绪将珍藏的数万卷书运藏新建山中，被清军铁骑践踏无余；临川名士傅占衡为度春荒忍痛贱卖宋版《汉书》。对比之下，近代胡思敬、蔡敬襄捐书办图书馆，实为明智之举。李盛铎生于名门，历仕清朝、民国，位至卿僚，游宦中外，藏书之富甲天下，仅藏书室就有十处，合称木犀轩，身殁之后，其子将藏书全部售给北京大学图书馆，也不失为一胜着。

（原载《江西日报》1993 年 7 月 9 日第 6 版《读书》专版）

清代江西文字狱

　　文字狱是清朝一大虐政，江西文人深受其害。见于辑录的百余起案件中，江西有十余起，影响最大的是胡中藻案与王锡侯案。

　　胡中藻是新建县人，乾隆元年进士，官内阁学士，案发时在老家守丧。此人是满洲大学士鄂尔泰的门生，有朋党依附形迹，引起高宗注意。鄂尔泰死后，胡中藻自知升官无望，所著《坚磨生诗钞》不免有怨言，被高宗侦获，从中查出大量所谓"谤讪、诋毁之词"，如，"一把心肠论浊清""与一世争在丑夷"，被指为贬毁清朝；"老佛如今无病病，朝门闻说不开开"，被指为讥刺皇帝装病不上朝；"得免我冠是出头"，"直道恐难行"，被指为怨愤不平，等等。乾隆二十年（1755 年）案发，胡中藻解京处斩，家产抄没，亲友多人牵连入狱。

　　如果说胡中藻案是以惩治朋党为目的的捕风捉影。那么，发生在乾隆四十二年（1777 年）的王锡侯案则纯属冤枉。王锡侯是新昌（今宜丰）的一名老举人，有感于《康熙字典》使用不便，重编了一部《字贯》，已刻印成书。族人王泷南为报私仇，乘查缴禁书之机告发王锡侯擅改钦定之书。案件上奏后，高宗审读《字贯》，发现书前《凡例》中书写庙讳御名"玄烨""弘历"等字避讳不彻底，仅作缺笔处理，不由大怒。本来王锡侯是教人们如何回避以上字眼的，高宗却不问青红皂白，指为"大逆不道"。结果王锡侯解京处斩，所著书销毁，家产抄没，亲属或判斩监候或发配边疆；为《字贯》题序的工部侍郎李友棠革职；总督高晋、巡抚海成等长吏坐"失察"罪受处分。

以上两案震动全国，江西更是人心惶惶。承办胡案的巡抚胡宝瑔一面飞骑传檄，一面亲自领人搜捕，后又提议照浙江查嗣庭案之例，停止江西乡试，以示儆戒（清廷未允）。王案则为正在兴起的查缴禁书运动推波助澜，使之达到高潮。这场运动的开初，江西巡抚海成一马当先，一次奏缴禁书八千余部，获清廷嘉奖，树为各省榜样。作为运动的尾声，乾隆末年全国最后一批禁书也是江西奏缴的。

在江西，与查缴禁书有关的文字狱，除《字贯》案外，尚有乾隆四十四年的《续三字经》案和乾隆五十年的《慎余堂集》案。《续三字经》是德兴生员祝庭诤自编的家教启蒙书，内写元代历史有"发披左，衣冠更；难华夏，遍地僧"等句，被指为悖逆，拟照大逆律，将已故的祝庭诤开棺戮尸，其孙祝涆等人拟斩立决。《慎余堂集》是清初庐陵士人刘遇奇的遗集。此人又有《清风亭集抄》。书中"清风""明月"之类被认为有反清复明嫌疑和犯讳的词句，经怨家告发官府指为"违碍、狂谬"。所幸当时文字狱高潮已过，高宗认为"办理失当"，得以从宽发落。

科举制度下，士人失意无聊，胡思乱想，写些文字议论时事，或觊觎非分，或宣泄愤懑，往往自投罗网。如乾隆十八年（1753 年），金溪县 70 岁的老秀才刘震宇在长沙投呈所著《佐理万世治平新策》，书中杂抄"编保甲""易服制"等陈腐套语，想引起当局重视，不料招致杀身之祸；乾隆二十六年（1761 年），泰和县生员李雍和在吉安岁试，投呈状纸和"逆词"诉说自己的不幸，怨天尤人，指斥皇帝，结果被凌迟处死，枭首示众。幸运一点的：万载举人龙凤祥先为试用知县，犯事流放贵州，所刻《麝香山印存》有狂怨词句，案发后高宗认为不必照逆案处置，充军伊犁便可。时为乾隆四十三年（1778 年）。

上述而外，李凤翯贺表案（雍正时）、卢鲁生伪造奏疏案（乾隆十六年）、余腾蛟诗词案（乾隆二十六年）、李绂、傅占衡诗文案（乾隆三十三年)、袁继咸诗文集《六柳堂集》案(乾隆四十三年),仅卢鲁生被凌迟处死,其余情节都较轻微,未酿成重祸。

(未刊稿)

清明时节诗纷纷

佳节恋春,清明又到,大江以南一派明媚春光。春意浓,诗意亦浓,古往今来,留下多少诗篇。

在一个春雨霏霏的日子,诗人杜牧信马而行,一路迷醉于"山色空濛雨亦奇"。他想找个酒店喝几杯助兴,路旁牧童热情地为他指点那杏花盛开的村庄。诗情画意,见于题咏:

清明时节雨纷纷,路上行人欲断魂,借问酒家何处有?牧童遥指杏花村。

这首《清明》诗,有人怀疑不是杜牧作品。诗的意思也有别出心解,说"断魂"是忧伤,作者想借酒消愁;"断魂"的原因不独天公作恶,而且为思乡。

这就涉及明清扫墓的风俗。明初诗人高启《清明呈馆中诸公》诗,有"白下有山皆绕郭,清明无客不思家"二句,颇为传诵。为什么"清明无客不思家"呢?总为家家上坟,使客子想起先人的坟茔。陆游《临安春雨初霁》诗写道:

世味年来薄似纱,谁令骑马客京华?小楼一夜听春雨,深巷明朝卖杏花。矮纸斜行闲作草,晴窗细乳戏分茶。素衣莫起风尘叹,犹及清明可到家。

据诗中所写,作者在临安的"世味"颇不薄,可是还没有到清明他就在想家了。

清明前一日(也有说前二三日的)是寒食节。传说春秋时代介子推不愿做官,被晋文公烧死在山上。后来为了纪念这位高士,每年到这个时候家家不生烟火,专吃冷食,这就是寒食节的由来。唐时寒食,朝廷给百姓颁发新火。"大历十才子"之一的韩翃作《寒食》诗:

春城无处不飞花，寒食东风御柳斜。日暮汉宫传蜡烛，轻烟散入五侯家。

正是写宫中"赐火"事。据说这首诗传入宫禁，德宗指名升作者的官。

新火在清明日开始使用，见陈润《东都寒食》：

江南寒食早，二月杜鹃鸣。日暖山初绿，春寒雨欲晴。浴蚕当社日，改火待清明。更喜瓜田好，令人忆邵平。

这首诗还写了农事，在纷纷如雨的寒食诗中不可多得。大抵清明、寒食、春社、上巳（农历三月三日）这些接踵而至的节日，是人们吃喝玩乐的时候，有祓禊、踏青、斗鸡、蹴鞠等活动，有的地方还赛龙舟。姑娘们荡秋千，新媳妇回娘家，也多在这段时间。

请看我们的祖先：

著处繁华矜是日，长沙千人万人出。渡头翠柳艳明媚，争道朱蹄骄啮膝……（见杜甫《清明》）

鹅湖山下稻粱肥，豚栅鸡栖半掩扉。桑柘影斜春社散，家家扶得醉人归（见王驾《社日》）

龙头舴艋吴儿竞，笋柱秋千游女并。芳洲拾翠暮忘归，秀野踏青来不定……（见张先［木兰花］《乙卯吴兴寒食》）

然而，自古伤心人别有怀抱，五代僧人云表《寒食》诗云：

寒食悲看郭外春，野田无处不伤神。平原垒垒添新冢，半是去年来哭人。

唐人孟云卿《寒食》诗寄托特深：

二月江南花满枝，他乡寒食远堪悲。贫居往往无烟火，不独明朝为子推。

诗人传语：春荒断炊是穷人（包括作者自己）的常事，不要以为寒食日炊烟不起，仅仅纪念介子推啊！

宋人黄庭坚、高翥的两首清明诗则抒发了由清明祭扫而引起的另一番感慨：

佳节清明桃李笑，野田荒冢只生愁。雷惊天地龙蛇蛰，雨足郊原草

木柔。人乞祭余骄妾妇，士甘焚死不公侯。贤愚千载知谁是，满眼蓬蒿共一丘。"（见黄庭坚《清明》）

诗人看到，清明时节，世间桃红李白，含笑盛开；春雷惊醒龙蛇百虫，春雨滋润草木青绿，反衬得荒野上杂草丛生的坟茔让人更觉凄凉。由出入墓间乞讨祭食的齐人，宁可被火烧死也不出仕的介子推，想到一代代接受祭扫的墓主，无论贤圣平庸，死后同样是长眠于满目乱草的荒野而不为人辨识。

南北山头多墓田，清明祭扫各纷然。纸灰飞作白蝴蝶，泪血染成红杜鹃。日落狐狸眠冢上，夜归儿女笑灯前。人生有酒须当醉，一滴何曾到九泉。（见高翥《清明》）

诗人描述，清明这一天，到处都是忙于上坟祭扫的人群。冥纸成灰，好似白色的蝴蝶；泪滴成血，仿佛红色的杜鹃。但待日落黄昏，坟茔重归静寂，只有野狐为伴。夜归的儿女们在灯前又欢声笑语。人活着时有酒就当畅饮至醉，后人的祭酒，亡人哪能享用到一滴？

古人看得通透如二人，以清明寒食诗揭示人生哲理的还有很多，不一一道。一言以蔽之，清明时节纷纷之诗，意蕴丰富，值得细细咀嚼体味。

（未刊稿）

不颠不狂，其名不彰等七则

颠狂是精神病的一种表现，然而有颠狂表现的却不一定是精神病人。当人们专注于某项事业和理想的时候，往往如痴如醉，如颠如狂，想常人所不敢想，道常人所不敢道，在常人眼中，就以为是发精神病了。在"精神病"者一方是"一世不可予，予亦不可一世"，颠狂之名益发传扬。

古往今来，借颠狂出名的人实在不少。魏晋时代的名士且不说，仅就唐宋以下，人们耳熟能详的，书画家中有"张颠"（张旭），有"米颠"（米芾），有"八大山人"，有"扬州八怪"；文士中有王冕，有徐渭，有"狂禅"李贽，有"归奇顾怪"的归庄、顾炎武等。有的是事业狂、癖好狂，有的是迫害狂、反叛狂，愤世嫉俗，转而"佯狂"。背离世俗，蔑视传统，坚持个性，不恤人言，是他们共同的"狂态"。

"宁为狂狷，勿为乡愿"，"不颠不狂，其名不彰"，没有颠狂就没有创造，就没有革新，就没有伟大的"家"。当然，若是故作颠狂以沽名钓誉，那又比"俗不可耐"更令人作呕。

1. 还是要公孙大娘浑脱舞

"剑器浑脱"是唐代一种舞蹈，开元年间的著名舞蹈家公孙大娘最为擅长。杜甫小时候看过公孙大娘的演出，后来作诗回忆说：

昔有佳人公孙氏，一舞剑器动四方。观者如山色沮丧，天地为之久低昂。

㸌如羿射九日落，矫如群帝骖龙翔。来如雷霆收震怒，罢如江海凝清光……（见《观公孙大娘弟子舞器行》）

据说当时的书法家张旭看了公孙大娘的浑脱舞，书法大有长进，终于成为一代"草圣"。

然而，李白在他的《草书歌行》中却高唱反调，道是："古来万事贵天生，何必要公孙大娘浑脱舞！"关于这首诗的真正作者，历来有不同的看法，但不管是谁，这两句诗是符合李白的思想个性的。李白天生豪放不羁，古往今来，尘世的一切都不在他眼里，为人处世的所有规矩绳墨，对他来说没有多大约束力。诗如其人，凡有吟唱，无不能脱口而出，浑然天成，"清水出芙蓉，天然去雕饰"是绝好的自我写照。公孙大娘的浑脱舞对张旭有帮助，在李白则不起作用，为什么？因为李白胸中自有千千万万个公孙大娘。在他看来，公孙大娘的出色表演也无非是"天生"，是天才和个性的表现。

那么，公孙大娘的浑脱舞就不值得观摩欣赏了吗？也不，《草书歌行》的回答是："我师此义不师古。"也就是学习公孙大娘"贵天生"，敢于表现天才和个性的精神，而不是模仿她的一招一式。所以归根结底，还是要公孙大娘浑脱舞。

2. 一心多用

古人说，人虽智巧，也不能左右手同时运笔，一手画方，一手画圆，得心应手。意思是一心不能多用。但书法家两手同时执笔各写不同字幅的事，以前有过，近年也见报道。还有同时下几盘棋的，同时演奏多种乐器的，都证明一心可以多用。

文学创作也有令人难以置信的一心多用事例。《封氏闻见记》载，唐天宝年间，洛县尉张陟参加中书考试，叫三十个记录人坐成一圈，他一边构思，一边依次循行于各人跟前，口授诗句或文句，半日时间完成了三十篇各具面目的诗文，记有七千余字。他因而被广文馆录用，时号"张万言"。

这样同时构思若干篇文字，出口成章而又互不雷同混淆的能人，唐代还有岑文本、符载、王璘等。

明清笔记中也有类似记载。清人梁绍壬的《两般秋雨庵随笔》有"五官并用"一条，写昆山人朱厚章使二人各操纸笔记录，由他口授，一人写成骈体序文一篇，一人修改某友人的排律诗，都很见工力，而他自己还一边埋头抄写《孝子传》，也没有错一个字。

人的聪明技巧，真有不可思议的神力。

3. "黄米饭"之类

古人取名，颇多讲究，姓名连义便是一种。方法是把名号或表字跟姓氏合成一个词语，表达一个完整的意义。如唐代有人姓黄，取名米饭，合成"黄米饭"，姓氏名号浑然一体，别具一格。顾名思义，煞有意味。

这种取名不知始于何时，泛览所及，唐代除上举黄米饭外，尚有黄繙绰、刘璃瓶（"刘"与"琉"谐音）、云朝霞，五代有靖边庭、罗衣轻、敬新磨（一作镜新磨，"敬""镜"谐音）等。这些俏皮号多半是绰号，并非真实名号，因为他们都是演员。明代则有满朝荐、万国钦、雷鸣夏、黄河水、彭泽、彭蠡、谈迁（汉代司马谈、司马迁为父子）等；清代有万斛泉、黄金台、马负图（古时有神马负图出于河的说法）、朱孔阳（《诗经》有"我朱孔阳"的句子）等。

影响之下，近现代有黄河清、马识途（《韩非子》有"老马识途"的寓言）、关山月（乐府古题有《关山月》）、柳成荫（俗语有"无心插柳柳成荫"句）、陈桥驿（宋有陈桥驿，是宋太祖"黄袍加身"的地方、何满子（古曲有《何满子》）、方向明、万里浪等名见于报刊书籍。不过，这些多是笔名，原不好分名和姓的，姑妄记之。

如同普通取名一样，姓名连义有俗有雅，有利有弊——如果这也论什么利弊的话。然而，人各有志，志各有托，托各有时，时移俗变于中可窥一斑。有心人搜集起来，未尝不是研究民俗学的材料。

4. 藏书印

藏书家在他的藏书中打上印记，这就是藏书印。通常的印文是书主的名号、楼名，如"某某藏""某某楼藏"之类。此外，印文多见藏主爱书的个性，鲍廷博印："奇书无价""皆大欢喜""遗稿天留""老眼向书明"；纪昀印："心与古人会"；吴焯印："性命以之"；谢浦泰印："落花水面皆文章""好鸟枝头亦朋友"；钱陆灿印："臣灿顿首言"。或另寓意思，耐人寻味，如，万斯同印："吾存宁可食无肉，吾亡宁可发吾椁。子子孙孙永无鬻，熟此直可供饘粥"；方功惠印："书奴""书痴""拥书万卷，何假南面百城"；朱彝尊印："夺我七品官，写我万卷书"；印主都以藏书丰富而自豪，可以食无肉，可以不为官，但不可弃藏书。

藏书印也有显扬印主身份的，如袁克文（袁世凯次子）印："上第二子""皇二子"；也有炫耀藏品珍贵的，如吴骞印："临安志百卷人家"（炫其有咸淳《临安志》九一卷、乾道《临安志》三卷、淳祐《临安志》六卷）；也有反映图书递藏信息的，八人递藏一书，印文相同。清初，冯文昌得宋版赵明诚《金石录》残本10卷（原书30卷），乃治印"金石录十卷人家"，递藏者9人（一说10人）：朱文石、江立、鲍廷博、阮元、汪諴、赵魏、韩泰华、潘祖荫、陈介祺，印文同为"金石录十卷人家"者7人（除朱氏、陈氏）。

藏书家主观愿望无不希望藏书能世代相传，故印文也多告诫后辈好生爱护之文。如陈鳣印："得此书，费辛苦；后之人，其鉴我"；朱彝尊印："购此书，颇不易，愿子孙，勿轻弃"。王昶的一方藏书印更是一篇简短的家诫：

二万卷，书可贵；一千通，金石备。购且藏，剧劳勚；愿后人，勤讲肄；敷文章，明义理；习典故，兼游艺；时整齐，勿废置。如不材，敢卖弃，是非人，犬豕类。屏出族，加鞭箠！

谆谆垂诫，用心良苦。无奈天下不肖子孙正多，父辈辛辛苦苦建立的书藏，曾几何时败个精光。更兼天灾人祸，风云难测，书厄何止一端。聪明旷达的人有见于此，他们的藏书印就平实的多，既不说"某某藏"，也不枉费许多印墨，只说"曾在某某处"，或者"某某过眼"。

清末学者李慈铭的藏书印更有意思："道光庚戌秀才，咸丰庚申明经，同治庚午举人，光绪庚辰进士"，表明印主从秀才到进士，在科举路上整整跋涉了四十年。本本色色的几句独白，寄寓了深沉的人生感喟。他大约是仿效郑板桥："康熙秀才，雍正举人，乾隆进士"的印章，妙在四个庚年全凑到一起去了。

5. 怪异书名一束

古人著书"为己"（今人著书"为人"），不图名，不望流传，往往有书无名，不标书名，或不标篇名。

古书有书名的则文简而信息量丰富，大有学问，余嘉锡作过专门研究。今举怪异书名一束，以广博闻。

（1）狂怪耸人听闻型

《盛世危言》多种版本。（近代）郑观应撰。郑氏维新派先驱思想家、著名实业家。据书序，初版为"先后所论洋务55篇……定名为《盛世危言》。"危言，有直言、高论之意。自序一再云："今使天下之大，万民之众，凡有心者各竭其智，凡有口者各腾其说，以待轺轩之采，不必究其言出谁何，而第问其有益乎时务与否，应亦盛世所弗禁也。"；"圣明在上，广开言路，登贤进良，直言无隐。寓意比诸敢谏之木、进善之旌，俾人人洞察外情，事事讲求利病。"又有《盛世危言后编》。

《不幸而言中不听则国亡》，（近代）康有为著。政论文集。直言其文价值。

《普天忠愤集》十四卷，（清）孔广德著。抗日诗文总集。反映中日甲午战争时人民的爱国情绪，诗文主旋律是因忠而愤。

《安得长者言》一卷，（明）陈继儒撰。家训类书。自云"少从四方名贤游，有闻辄录"，异日子孙读之，"如云安得长者之言而称之，则吾岂敢。"书名用《汉书·龚遂传》语。

《不得已》二卷，（清）杨光先撰。反天主教文献。小引云："邪教之力如此重哉，将尽天下之人胥沦于无父无君也……此而可已，孰不可已，斯光先之所以不得已也，故题其书曰《不得已》。"

《罪言》，（唐）杜牧撰。收入《樊川集》。自言："国家大事，牧不当官，言之实有罪，故作《罪言》。"清郭嵩焘有《罪言存略》。

《怪说》分上中下篇，（宋）石介撰。石介为北宋思想家、理学先驱。《怪说中》云："或曰：天下不谓之怪，子谓之怪；今有子不谓怪，而天下谓之怪，请为子而言之可。"故题书名《怪说》。

《祝子罪知录》十卷，（明）祝允明撰。王宏《山志》云："举刺予夺，言人之所不敢言，刻而戾，僻而肆"。

《罪惟录》（原名《明书》）九十卷，（清）查继佐著。为有明一朝（包括南明）史事的纪传体私史。因遭庄氏史狱，"以获罪惟录书"署为书名。书成，秘不示人。

《焚书》六卷，（明）李贽撰。哲学、文学著作。《焚书序》："所言颇切近世学者膏肓，既中其痼疾，必欲杀之，言当焚而弃之。"《答焦从吾》："大抵多因缘语忿激语不比寻常套语，恐览者或生怪憾，故名曰《焚书》，言其当焚而弃之也。"又有《续焚书》五卷。

《激书》（一名《水田居激书》）二卷，（清）贺贻孙撰。自云，"深感夫激我者成我之德，故记而述之"，名以《激书》。

《訄书》，（近代）章太炎撰。政论集。因意感"迫书迫言（穷蹙的环境，迫使非说不可的话）"而名书。后更名《检论》。

《噩梦》一卷，（清）王夫之撰。王氏系明末清初思想家、哲学家。明亡，如历噩梦，从而反思历史上和明代社会问题。书序"因时之极敝而补之"。

《狗马史记》（实未成书），（清）李世熊撰。书《序上》，以清初为"犬豕交于官，妖马腾于禁，而野狐升于座"的乱世，又云，"亦岂有南简董狐者，扬燎秉炬，泚笔而书瞀暗者乎？南董所不书，而我则书之，且以为狗马之事而叠书之。"书由此得名。因讽刺和谴责官场无耻之辈的丑行，列为禁书。

《牛羊日历》一卷，（唐）刘轲撰。记牛僧儒、杨虞卿事。"杨""羊"谐音，牛羊指代二人。

（2）隐秘、自嘲、自鄙型

《潜夫论》十卷，（东汉）王符撰。政论著作。范晔《后汉书》本传云："隐居著书三十余篇，以讥当时得失，不欲章显其名，故号曰《潜夫论》。"

《藏书》六十八卷，（明）李贽撰。《〈藏书〉纪传总论》："《藏书》者何言？此书但可自怡，不可示人，故名曰《藏书》也。"《焚书序》："自有书四种，一曰《藏书》，上下数千年是非，未易肉眼视也，故欲藏之，言当藏于山中，以待后世子云也。"《答焦从吾》："惟此一种系千百年是非，人更八百，简帙亦繁，计不止二千叶矣……宜闭秘之。"又有《续藏书》二十七卷。

《名山藏》一〇九卷，（明）何乔远撰。纪传体史书，记载自明太祖至明穆宗 13 朝史事，预知有些史实及观点不会为统治者接受，书名取"藏诸名山，俊文其人"之意。清代列入禁书。

《明夷待访录》不分卷，（清）黄宗羲撰。"明夷"六十四卦之一。"夷"，伤也，"明夷"，光明受损也，喻乱世。卦象：晦而转明。待访，等待明君采访、采纳。前言云："昔王冕仿《周礼》著书一卷，自谓吾未即死，持此以遇明主。……吾虽老矣，如箕子之见访或庶几焉，岂因夷之初旦，明而未融遂秘其言也。"

《潜书》上下篇，（清）唐甄撰。历三十年，累而存之。初名《衡书》，意在权衡天下。后改现名，谓"潜而待用"。

《狂夫之言》三卷，续二卷。（明）陈继儒撰。《四库提要》云，杂论古今得失，才辩亦颇纵横，而见地多失之偏矫。语出《史记·淮阴侯列传》《汉书·晁错传》，一作"狂夫之言，圣人择焉"；一作"狂夫之言，明主择焉"。"狂夫"，狂妄无知者，然鄙陋者之言，圣人、明主或有可采。

《迂书》三十九篇，（宋）司马光撰。哲学著作。自云，人论其书，或曰"庸而无奇"，或曰"迂而难用"，"故命其书曰《庸书》，亦曰《迂书》"。

《化书》（全称《谭子化书》）六卷，（五代）谭峭撰。道家思想著作，在中国思想史上有重要地位。以万物变化立论，故名《化书》。

《涂子一杯水》，（明）涂伯昌撰。书名借用李白《答王十二寒夜独酌有怀》："吟诗作赋北窗里，万言不值一杯水"之意。

《一家言》（即《闲情偶寄》），（清）李渔撰。一生所著诗文及杂著汇编。自称所著未经绳墨，上不取法于古，中不肯肖于今，下不觊传于后，不过自为一家，故名《一家言》。

《不是集》，亦名《三山老人不是集》，（清）浦起龙著。现代武侠小说家古龙也有同名杂文集。书名有自鄙意。

《自家意思集》，（元）刘边著。书题一目了然。

《脚气集》二卷，（南宋）车若水撰。考据名著。据从子惟一《跋》，因病脚气，作书自娱，故名。

《袜线集》二十卷，（明）萧仪撰。寓意内容皆如线袜，拆下来都是断线头。

《鸡肋篇》三卷，（宋）庄绰撰。笔记体。记先世旧闻及当代史实。鸡肋之名，本于"食之无味，弃之可惜"之意。

《多能鄙事》十二卷，（明）刘基撰。农书类。刘基有云："吾少也贱，故多能鄙事"。有人认为，内容是从《居家必用事全集》抽出，伪托刘基之名刊刻。

《极没要紧》一卷，旧本题公是先生（宋）刘敞撰。钱曾认为即刘原父《弟子记》也。然皆采掇郭象《庄子注》，与《弟子记》迥别，《四库提要》附存其目于道家。

《此事难知》二卷，（元）王好古编。王氏汇编其师李杲的医学论述，并融合了本人的学术见解。中医重经验，故曰难知。

《岂有此理》，（清）空空主人撰。作者视一切权威为无物，疑人所不敢疑。清乾、嘉、道三朝列为钦定禁书。

《姑妄言之》，（清）纪晓岚。小说类。

《无甚高论》七卷，（明）赵鸿赐撰。杂引佛经及释子语录而以圣贤之经传互相辩证。大旨以援墨入儒为主。

《子不语》（又名《新齐谐》）二十四卷，（清）袁枚撰。笔记小品类。《论语·述而》："子不语怪力乱神"。书序云："怪力乱神，子所不语也。然龙血鬼车，系词语之。于是就数十年来闻见所及，足以游心骇耳者，编而存之，非有所惑也。"《题两峰鬼趣图》："我纂鬼怪书，号称《子不语》。"所记不限鬼怪，也反映社会弊病，官场黑暗，多进步思想作品。又有《续子不语》十卷。

《常言道》（又名《富翁醒世传》）四卷十六回，（清）落魄道人撰。古典小说。序云："言之无罪，不过巷议街谈；闻者足戒，无不家喻户晓。虽属不可为训，亦复聊以解嘲，所谓常言道俗情也云尔。"袁枚之前已有同名书。

《平平语》（一作《平平言》）四卷，（清）方大湜撰。自述是为官四川州县时治理吏民的心得。书名含自谦意。

《腾笑集》（清）朱彝尊撰。据书序，收"通籍以来所作"，"其曰《腾笑集》者，取诸孔稚圭《北山移文》（"南岳献嘲，北垅腾笑，列壑争讥，攒峰竦诮"）之语也"；自嘲近滑稽者，"世之人无贵贱皆畏人笑，独滑稽者不畏人笑，非独不畏，且甚欲之。然则主人所为，毋乃近于滑稽也。"

《六州喷饭集》，（清）汪文桂撰。书名取以自嘲。然黄宗羲《汪氏三子詩序略》曰"周士（汪文桂字周士）诗冲融高迈，咽噱澄汰，别出机杼。"

《寄园寄所寄》十二卷，（清）赵吉士撰。文集。例言云，自少至壮，凡见闻新录，辄笔之于书，因寄园寄其所寄，故以寄名园。

《非想非非想天中人语》，（近代）黄摩西撰。词集。黄氏系文学家、小说理论家。"非想非非想"是佛家一种境界，超一切无所有处，入"非想非非想"处具足住，是以名书。

《我诗集》六卷，（清）傅眉撰。寓意我诗写我心。《论文赋教子》等文，强调"灵心映发入外来"，"世业典藉……饱他人之馂馀，揽酸腐于寸心。"勉励子孙，"苟佳句之自我，吾不望汝辈之甘膬奉养之勤殷也，抑亦可以称色养矣"。

《想当然诗》一册，（清）陈之纲撰。

《想当然传奇》，（明）卢柟撰。

《古文未曾有集》，（唐）王复礼编。

6. 彭渊材平生五恨

彭渊材是宋代江西宜丰人，一生喜欢交游，颇有名士风度。据说他对音乐有独到研究，与同乡洪觉范和邹元佐，号"新昌（古宜丰）三奇"。

彭先生自称平生有"五恨"，即五件感到遗憾的事，一直放心不下。这"五恨"是：一恨鲥鱼多骨，二恨金橘带酸，三恨蓴菜（即莼菜）性冷，四恨海棠无香，五恨曾子固（曾巩）不能诗。

宇宙之大，人生之微，什么事不值得他"恨"，唯独耿耿于这么几件不知从何说起的浑事，就凭这一点，算得一奇！

他大概平日吃惯了鲥鱼和蓴菜，可惜这两样东西现在吃的人不多，不敢妄评。可慰彭先生的是金橘已有不酸的改良品种，无须再恨。至于海棠，虽然没有香气，赖有苏轼、陆游诸公诗在，可以无憾。剩下"曾子固不能诗"，其实不过是一些人的偏见。"开门更觉山市静，散帙偏宜窗纸白；精光荡射遍岩谷，气象峥嵘见松柏"，不是曾巩《咏雪》的句子吗？何以见得在陶渊明的"倾耳无希声，在目皓已洁"之下？

名士之为名士，总有常人不可理解的地方。

7. 元代的张打油

"江山一笼统，井上黑窟窿。黄狗身上白，白狗身上肿。"这是唐代张打油作的"打油诗"，描写雪景，虽然俚俗，难登大雅之堂，倒也有些意思。

话说元代也有一个张打油，在官衙做个小小职员。一天下雪，官衙粉墙上有人题了一首咏雪诗，是这样写的：

"六出飘飘降九霄，街前街后尽琼瑶。有朝一日天晴了，使扫帚的使扫帚，使锹的使锹。"长官见了大怒，喝问是哪个在厅壁上乱写？手下人都说是张打油写的，把张打油找来质对。张打油说："小的虽是不才，却也学过诗法，多少能凑合几首，何至于胡诌歪吟。大人若是不信，就请出个题目当面试试。"当时恰有战事，南阳城被包围，守将告急，请朝廷调发禁兵支援，长官就叫张打油吟这件事。张打油也不思索，脱口吟道："天兵百万下南阳"，长官听得这句，连连点头说："有气魄！有气魄！厅壁上的诗一定不是你写的。"叫他赶快续下去。只见张打油接下去吟道："也无援兵也无粮。有朝一日城破了，哭爷的哭爷，哭娘的哭娘。"三句话现出本相，还是一口打油腔。长官不由失声大笑，把他放了。

（未刊稿）

人文消长与读书风气

读书风气是人文消长的枢机，读书风气盛则人文长进，反之便消退，这是江西历史上人文消长所揭示的规律。

江西人物的勃兴肇始于宋，论人物，两宋江西境内出进士5400余人。登《宋史》列传的200余人，内中不乏名公巨卿、忠臣义士。论儒术文章，朱学、陆学开宗立派，影响深远；欧阳修、王安石、黄庭坚诸家诗词古文流芳百代。这一盛况的出现，直接依赖于科举刺激下炽盛的读书风气。五代以来江西境内战祸较轻，生产发展，儒文事业乘时而兴，士子读书求学蔚然成风，书院和藏书楼的建设居全国前列。民间"为父兄者以其子弟不文为咎，为母妻者以其子与夫不学为辱"（洪迈《容斋四笔》卷五）。欧阳修年幼丧父，母亲用荻草画地教他读书识字；曾巩兄弟，屡试不售，不顾乡人嘲笑更加发奋攻读……这类事迹反映了人文蔚起的读书背景。再如人物结聚现象，如"临川三王""南丰三曾""临江三孔、二刘"等，与其说"读书有种"，不如说得力于家学濡染授受。学风之盛，于此可以觇知。

明代江西人文再度辉煌。仅科举一项，通省得进士 3200 余人，鼎甲 50 余人。《明史》立传的江西籍人物近 400 人，其中宰辅 17 人，部院大臣 50 余人。结聚现象尤为突出：洪武四年（1371 年）榜取中进士 120 人，江西得 27 人，状元也属江西；永乐二年（1404 年）、建文二年（1400 年）两榜的鼎甲及二甲前数名全被江西人囊括。吉安士人最为挺出。上述洪武四年榜吉安府夺得 11 名进士，永乐二年榜夺得 36 名，建文二年、永乐二年榜鼎甲全属吉安。成祖即位之初选 7 名翰林官员入内阁参机务，江西 5 人吉安有其 3；永乐三年选庶吉士 28 人入文渊阁深造，吉安有其 10；成化初年内阁大学士（相当于宰相）3 人，全属吉安籍。后来增加 1 人也出自吉安。吉安又数吉水最出人才。当时官场流传谚语称"翰林多吉水，朝士半江右"。这种现象当然不能用"地运"来解释，只能从读书风气中寻求答案。明人吴云《吉安人文纪略》载述当时的吉安"家有诗书，人多儒雅，序塾相望，弦诵相闻"。正是这样的读书风气和环境造就了济济多士。

遗憾的是，进入清代，江西人文陡然衰落：世俗艳羡的进士、鼎甲人数已不及前代；康熙十七年（1678 年）网罗人才的"博学鸿词"科取中 50 人，江西仅得 2 人；盛极一时的乾嘉考据之学，江西几乎一片空白；文学仅魏禧、蒋士铨数人在全国有影响，多数人的小船未能驶出赣江。民国年间蔡冠洛辑《清代七百名人传》，江西入选者仅 23 人，在各省位次中排在第 10 位（宋、元、明三代均在前五名内），远远落后于江浙。其中缘故，不是清代江西士人不愿读书、不擅治学，而是读书治学条件不如人家。比如藏书，宋、明两代江西颇有藏书名家，至清代则式微无闻，像江浙地区天一阁、汲古阁、绛云楼、传是楼那样的大书楼举不出一处。乾隆修《四库全书》，江浙藏书家往往以献书多而获赏，江西仅一二京僚略有进献，民间采集的极少。当时的江西巡抚海成对搜缴禁书格外卖力，率先呈缴"违碍"书 8000 余部，从而带动了全国范围的查缴禁书运动。乾隆末年，作为这场运动尾声的最后一批禁书，也是从江西上缴的。那时江西又是文字狱的重灾区，先后查办了卢鲁生伪疏稿案、胡中藻诗案、王锡侯《字贯》案等震动全国的特大案件。这些举动严重摧残了江西的学风士气，必然导致人文凋零。

及至晚清，江西士人既未能如湘士组建劲旅以武济文，又未能如粤士放眼世界得风气之先。此时，纵有浓厚的读书风气，已无济于事，何况其无。

（原载 1994 年 4 月 15 日《江西日报》第 6 版读书专版）

著述多艰聊自慰

在江西省图书馆、博物馆，在南昌市的几家大书店，在省市召集的一些学术会议上，人们常见到一位眉发皓白、容颜慈和的老人，他就是知名学者、藏书家王咨臣先生。

王咨臣先生是江西新建人，年轻时受妻兄熊德基（著名史学家，曾任中科院历史二所副所长）影响，对文史研究发生兴趣，并从此开始了他的藏书历史。半个世纪中，他先后在中正大学（今江西师大前身）研究上海世界社中国学典馆、江西省图书馆和新华书店等单位任职。为了藏书治学，他与家人一道节衣缩食，将薪金收入的大部分用于购置书籍。有的书无新本可买，他便买旧书，或设法借抄。如今，他誉为"新风楼"的小书楼上，书箱、书橱、书架摆满了三间房子，密密实实的书籍大致按经、史、子、集分类放置，此外还有成捆结垛的旧报刊。藏书中不乏稀见的珍本，如未经清廷抽毁的钱谦益《有学集》抄本和《牧斋外集》，还有崇祯刻本刘铎《来复斋稿》、刘淑英《个山遗集》、裘君弘辑《西江诗话》、光绪《江西官报》等。楼中还特设一橱存放现代出版的赣人著作和有关传记，文天祥、汤显祖等人的诗文集和严嵩、宋应星、八大山人、张勋等人的传记都可以在这里找到。整理乡邦文献，弘扬"赣文化"，是王先生的夙愿。他熟于掌故，对江西历史人物和事件了如指掌。

和旧时许多藏书家不同的是，王咨臣先生藏书不是为猎奇、沽名，不是把书籍当作值钱的古董来收藏，而是为了修养学识，为了整理研究。在过去多磨难的岁月中，文史研究触处有碍，但他一直默默地耕耘着，终于在暮年收获了累累果实。这些年来，他独自或与人合作编纂、整理了十多部书稿，已出版的有《南昌史话》《〈晋书食货志〉今译》《江西通志稿》《宋明理学论著索引》《江西历代刻书纪年要录》《新建艺文志》《许真君铁树记》和宋应星所著《野议》《论气》《谈天》《思怜诗》等，此外还发表了一批关于江西文献的论文。以古稀之年而有如许论著，怎不令人惊叹、敬佩。他对"赣文化"建设的贡献是不可磨灭的。

王先生为人宽和，处世淡泊，人生以读书为乐，以助人为乐。人遇急需之书上门询借，他总是热情相助，罄其所有。加盖他的藏书印记"新风楼藏""家在滕王阁""书痴、画癖、诗魔"等字样的书籍，经常出现在各界学者的案头。借出的书有的迟迟不见归还，甚至被丢失，但王先生并不因此而减损助人的热忱，新风楼藏书照样慷慨出借。近年来，社会上流行"有偿服务"，他为了给目录学家姚名达（江西兴国人）编年谱，到图书馆借阅姚氏的几部著作，这几部著作本是姚氏生前捐赠的，王先生本人也曾在解放初期捐献过数千册书籍，但如今要复印，仍不免交纳一笔费用，而新风楼对读者的服务却始终是无偿的。

王咨臣先生岁登八秩，省文史研究馆等单位和一些知交为他祝寿。王先生乘兴赋诗志感：

第五编　文史漫谈

岁月蹉跎愧八旬，浮生有幸草劳人。少时未许研文史，老大方知误俗尘。

著述多艰聊自慰，藏书遍访竟忘贫。徒增马齿何堪寿，暖我寒门常在春。

诗如其人，王先生就是这样一位谦和知足的长者。他藏书、治学，孳孳为善，数十年如一日。孔子云："仁者寿。"王咨臣先生是当之无愧的。

[原载《江西日报》1994年7月15日第6版《读书》专版]

从生活汲取艺术，让作品抚慰人心

——画家谢意佳先生的追求

鲁迅先生在一篇书信中批评某些青年画家"好大喜功，喜看'未来派''立方派'的作品，而不肯作正正经经的画，刻苦用功"，"留长头发，放大领结，事情便算了结。"这番针砭似乎至今尚未过时。然而，本文要介绍的一位画家，在他近五十年的艺术生涯中，却从来不逐时髦，不尚险怪，勤勉探索，作正正经经的画。他就是福建师范大学教授、江西籍著名画家谢意佳先生。

谢意佳先生是于都人，1951年毕业于中央美术学院华东分院（本科），此后一直执教于福建师大。大学期间他先随潘天寿、吴茀之两先生学中国画，后改从林风眠先生学西洋画，由此迈入油画艺苑。迄今为止，他创作了数百幅有影响的油画作品，画的都是生活中常见的景象事物和平凡的人物。诸如风景画《湖边》《桥头》《雾》，静物画《蔓陀萝》《秋菊》《葵花与桃子》《龙虾》，肖像画《大提琴手》《大学生》《渔村少年》《牧羊女》等，仅从题目就知道它的取材平常。与众不同的是，他以大海、渔事为题材的作品特多，《退潮》《待渔归》《海滩上的小船》《海湾》《潮平》《回浪拍岸》《涛声》《激浪》等一批传世之作，引起人们对大海的无限神往。他长期生活在福州，得海独厚。在内地画家，大海是难得的壮观，在他却是平常。品味他的画幅，人们不难领悟，画家正是生活在画中平常景象和平凡人物中间，他熟悉它（他）们，喜欢它（他）们。热爱生活，赞美生活，就是这些作品的主题意蕴，艺术风格和审美意趣也从中而生。

"他爱海的浩瀚和深沉，爱海的平静和奔腾，爱海边的峭壁和岩礁，爱那些被阳光照射着的渔船和渔民，大海激唤着画家的情感和灵性。他爱花和果实，爱它们的绚烂和饱满，爱它们的娴静、热烈和多情；他爱那些平凡、朴实、健康、纯真的人，爱他们不扭捏作态和故作深沉，爱他们不惊世骇俗和突兀狂怪。他们的爱诚挚而平和，这使他的创作总是保持着和悦、明朗的意趣。"

中国艺术研究员水天中先生的这段评语，是对谢意佳先生艺术个性的精当总结，人们都说油画重技法而缺乏韵味，谢意佳先生的油画则独具温柔敦厚的韵味，论者都说他的画饱含"诗意"。这种韵味体现在设色中，则常用蓝色或黄色作基调，给人以祥和、安宁、温暖、舒适的视觉感受。

在技法上，谢意佳先生既有继承，更有创新。美术评论家高澍先生指出，他早年接受过苏联油画大师马克西莫夫的亲自指导，受其影响较大，后来脱弃其影响，逐渐形成自己的风格与手法，即省略细节和追求色彩整体的对比关系。静物画笔触果断爽快，色彩处理尤为强烈、鲜明。《悬崖》《回浪拍岸》《牵牛花》《秋菊》诸作落笔粗犷，傅彩斩截，近看似乎不自然，凝眸远视则溢彩流光，真景一一显现，胜于天工。肖像画《大提琴手》《傈僳族少女》正好相反，笔致细腻，全无痕迹，色彩柔和自然，极其逼真，以眼神为主的面部表情自不必说，连头饰、耳坠、手表、项圈和琴弦等细小物件也画得一丝不苟，金属物的光泽闪烁可见。《大提琴手》和《涛声》都是绘声之作，一柔一壮，均有"举头忽看不似画，低头倾听疑有声"之妙。

"看似寻常最奇崛，成如容易却艰辛。"王安石的这两句诗极富哲理。谢意佳先生油画作品所表现的"奇崛"（即上述艺术个性和造诣）早已获得世人公认。数十年间他有多幅作品被《美术》月刊、《人民日报》《光明日报》《解放日报》《文汇报》、《艺术家》（月刊）、《中国现代油画集》等报刊画册所刊载，全国性的多次画展有他的作品展出，一些作品被国内艺术单位所收藏。他出版了个人画集，还在美国举行过个人画展。他的名字被载入美国国立传记学会主编的《国际杰出人物辞典》，传记载入英国剑桥国际传记中心主编的《国际名人传略》。然而在成就和荣誉的背后，是鲜为人知的艰辛，数十年间，他跋涉八闽山水，餐宿孤岛荒滩，深入农家、渔村和军营，北起福鼎，南至东山的千里海岸线，到处留下了他的足迹。身为教师，他担负着繁重的教学工作，讲授素描、油画、外国美术史等课程，还受教育部委托主持过全国高等师范院校有关教材的编写工作。

谢意佳先生为人正直，赋性谦和。他家是少见的美术之家，夫人张懿美是他同学和同事，专攻国画，一子一女也从事绘画。今年七十一岁的谢意佳先生仍终日埋头于画室，以绘画为乐。但是他说："我从事绘画工作，当然不光是为了自得其乐，而是还要借绘画给观者带来某种抚慰人心的东西。如果我的作品能与观者建立情感上的联系，使心情烦躁的人归于平静，劳累的人得到休息，甚至增进人们对这个五光十色的世界的热爱，我也就心满意足了。"这就是谢意佳先生的追求。

（未刊稿）

一部有特色的文化史专著

——推荐《中国丧葬史》

徐吉军先生的专著《中国丧葬史》问世一年多了，我最近读到它已属相见恨晚。

通览《中国丧葬史》，方知堪舆一门不过是它所包罗的丧葬文化众多子系之一，其他如坟墓建造、棺椁形制、明器与人殉、殡葬礼仪及丧服制度等，凡与丧、葬有关的，书中都作了全面系统的考察载述，源流演变，昭然在目。例如，关于墓和坟的历史，怎样从无墓弃尸到设墓殓葬（当然还有非墓葬的种种葬法），怎样从无墓无坟到上坟下墓，墓与坟的规模、形状、构造等如何因人而异、因地而异及变化演进等，遍读诸章便可知其大要。零星猎奇，诸如什么是"黄肠题凑"？什么是"凶门柏历"？"游衣冠"是怎么回事？"烧饭""渴葬"又是怎么回事？墓志创自何时？纸钱始于哪代？等等，都可以从书中获得满意的解答。总之，知识量大而系统性强，是《中国丧葬史》的一大特点。可以说，它几乎是一部门类齐整的古代丧葬知识百科全书。

写到这里，不由记起前些年看过的一则电视广告。广告显示北方某城市一座高楼新落成，楼名题为"佳城"。多少了解古代丧葬知识的人都该知道，"佳城"自古是坟墓的别称，岂可用作楼名。当时骇愕之余颇多感慨，至今不能忘却。这件事从反面说明《中国丧葬史》一书仅就知识传播而言也是大有价值的。在封建迷信仍有一定市场的当今，它更是破惑疗俗的好教材。

作为学术专著，《中国丧葬史》最显著的特点是史料翔实而论断明允。书中广泛征引经、史、子、集四大部类的经典文献，此外更大量引用近代以来尤其是最近二三十年间的考古资料。诸如举世闻名的河南殷墟妇好墓，湖北随县曾侯乙墓，河北平山中山王陵，陕西秦始皇陵兵马俑坑，湖南长沙马王堆汉墓，河北满城中山靖王墓，陕西扶风法门寺地宫，明定陵地宫和清东陵地宫等，有关发掘报告和专门著作，书中都多方面引录利用。有的地方还以考古发现与文献记载相对勘，以验真伪，书中对直接引录和参考利用的典籍、资料均注明来历出处，全书注脚将近千条，所引据典籍、资料不下五六百种。据书末所附作者《后记》，为著此书所积累的各类资料有上千万字。蓄积如此充足，难怪书中叙事状物入微，造论立说有据。

尤为难得的是，作者能在"实录"的基础上展开思辨，透过现象探根源，察本质，辨别是非功过，作出明确允当的论断。如第五章总结魏晋南北朝盛行薄葬的五项原因，指出曹操父子倡导之功不可没；第七章分析宋代盛行火葬的社会影响和四项原因（实际上分析了六项原因），认为火葬"是符合广大劳动人民利益的，是社会进步的一大表现"。在

第五编　文史漫谈

确凿充分的事实面前，经过深思熟虑，作者也敢于发表惊人之论：

如第三章写道：从孟子以后，厚葬被冠以"礼"和"孝"的美名，左右了中国丧葬民俗的导向，时间达数千年之久，这也是中国历史的一大悲剧。

同章又写道：《仪礼·丧服》所描述的宗亲丧服系统和丧服制度，是个严密的、有机的、完整的组织结构和制度，它是人类文明史上罕见的杰作，可与人类任何一个人造系统相媲美。

又如第七章在列举许多事实并加以分析之后，否定史学界流行的认为宋代习尚薄葬的观点，得出宋代习尚厚葬的相反结论。此类言论表现了作者的过人胆识。

在体例上，《中国丧葬史》采用常见的按朝代先后设立章节的形式，自"原始社会"至"民国时期"分设九章。全书又以丧葬观念、丧葬制度与丧葬习俗为贯彻始终、维系诸章的三条大纲。各章大体围绕这三条大纲组织材料，分节撰写，应该说，这是一种改良型的章节体，它既顾及一般读者的阅读习惯，又见出著家举纲张目的匠心。只是最后二章（明清、民国各一章）纲目稍弱，有些方面的材料不够充足，载述难免缺略，对比前七章有前详后略不大相称的感觉。此外，书中在资料引用、文字表述及论断等方面也偶见小疵，或有可以商榷之处。第六章第二节记唐高宗乾陵自隧道至墓门工程用去大石条"2500 块之多"，同章第四节却作"多达 3000 块左右"。当然，瑕不掩瑜，就总体而言，《中国丧葬史》堪称功力坚实之作。

（原载《出版发行研究》2000 年第 4 期）

维桑与梓、必恭敬止

——读叶维恭师《咏赣诗三百首注》

"江西是个好地方"这首歌，童年就学会唱，至今听起来还感到亲切。但如果问：江西好在哪里？却又"一部十七史"，不知从何说起。早几年涉猎过几本《江西简史》之类的小册子，嫌其简略。今年见过一巨册《江西省情汇要》，却又嫌繁重，而且枯燥。大概是职业习惯，倒是近年出版的几部古诗选本引起了我的注意，认真阅读过，我说的是江西社出版的《庐山历代诗选》《历代江西诗选》《滕王阁诗选》和最近印竣的由江西教育学院叶维恭先生选注的《咏赣诗三百首注》（以下简称《三百首》）。《历代江西诗选》选的是江西诗人的作品，所咏未必是江西。《庐山历代诗选》和《滕王阁诗选》则限于一山一楼。数《三百首》选诗最多，覆盖面最大，江西境内的名山胜水，如赣江、信江、修水、袁水、抚河、鄱阳湖、庐山、百丈峰、玉笥山、龟峰、灵鹫山、龙虎山、麻姑山、翠微峰、大庾岭，古建筑如庐山东林寺、贵溪天师府、南昌铁柱观、滕王阁、抚州千金堤、新干周瑜墓、吉安文天祥祠、泰和快阁、南城万年桥、颜鲁公碑、赣州郁孤台、八境台等（有些已毁），无不收摄在内。读《三百首》，就等于"卧游"了整个江西。

《三百首》选诗（包括少量词）自陶渊明至陈三立，计99家，287首（言其整数则为三百）作品，大半为山水诗。诗人半数以上不是江西人物，他们或仕于江西，或借道经过，有的还是贬官，心情并不好，但他们对江西山水都非常赞赏，很有感情。苏轼贬官赴惠州，舟行赣江，有诗咏道："江西山水真吾帮，白沙翠竹石底江"（《江西一首》），可以说是道出了全体入选诗人的心声，也道出了选注者热爱乡帮的一瓣心香。

然而《三百首》并不仅仅是一部讴歌风景的山水诗集，它还包含江西历史上的许多事件和人物。刘裕平卢循，王僧辩灭侯景，"安史之乱"的征兵，隆祐太后逃赣州，文天祥抗元，朱元璋陈友谅大战鄱阳湖，练子宁死节，宁王宸濠之乱，清军下江南等重大事件，以及李白、白居易、苏轼、岳飞、辛弃疾、施闰章、王士祯、查慎行诸名士在江西的事迹，杨万里、汤显祖、蒋士铨诸人的乡居，朱熹与陆九渊的交往等，都可以从入选诗篇和有关注解中考见一二。尤其可贵的是，有些作品还直接反映了民生疾苦，如李白《豫章行》写南昌的抓丁，白居易《大水》、刘放《大水行》写九江、新喻的大水给人民带来的灾难，施闰章《泊樵舍》写清军铁蹄下农村的残破，《牵船夫行》写清军的滥役民夫，为一般选本所不及。

叶先生是江西乐平人，他一向关心乡帮人文，熟于地方掌故，对于省内地理、气候、物产、风俗、谣谚等，都有丰富的知识。诸如宋代江西人物（如欧、王、曾、"三孔""二刘""三洪""三忠"等），永乐朝的江西名臣（杨士奇、解缙、胡广、王直等），清中叶的"四才子"，晚清修水陈氏父子；地理如"江西"之称的由来，南康府、南安府、东乡、分宜、兴安（今余江）诸县的建置，铅山、清江诸县城的迁徙，建昌府与建昌县的区别，洪迈、谢枋得的各处祠庙，江西的两大汛期，丘陵山地的地形气候，萍川、泸水的不同流向；物产如景德镇贡瓷，铅山连史纸，南城麻姑酒，清江和南丰的橘子，庐山云雾茶；谣俗如上饶人吃荠菜，香椿嫩叶炒蛋，横峰民谣"小小横峰县，三家豆腐店。堂上打板子，城外听得见"……点点滴滴，都在注解中有所介绍。在迄今为止的同类选本中，没有哪一家能像《三百首》这样，具备如此丰富的百科知识。"人不可无年"，信非虚语。

内容丰富，文字必然增多。如果说《三百首》的一大特点是篇目和题材的覆盖面广，那么它的又一大特点是注解特别多，而且每注必详，恰如诲人不倦的长者。常规的注解，有作者生平，有写作背景，有前人评论，有字词的音注义释，有章句大意的申述，还有自家吟赏心得。非常规的注解，有与正文若即若离的奇文异说。注者善于利用他人的成果，但不盲从。前人多认为"曾子固不能诗"，他认为曾巩"有些小诗很有情致……作为一个诗人还是满够格的"；前人斥严嵩为奸臣，因而抹杀其文学成就，他提出要"重新评价"，并选了严嵩的两首作品；蒋士铨《万年桥筯月》诗中"胸次先生独千古"一句，有位颇有名气的注家认为是作者"自负胸襟旷达"，他正确地指出"先生"指作者陪游的金德瑛。别人选诗往往从别的选家那里移来，他选诗尽量从原集择取，所以注解多能从同一作者的其他诗篇中引譬验证。有时短短一句话，反映了注者用功之巨。比如，称韦庄到过今宜春、南昌、永修、九江、抚州、上饶等地，称辛弃疾在江西所作的词约有五百首，非通读全集，绝不敢写这样的话。选注者的心血和功力，于此可以概见。

《三百首》所选（除陈三立的几首外）都是古代诗歌，选注者又年近古稀，却丝毫没有"复古"的意味。他不取"诗佛"王维那样的"万事不关心"的态度，更不会像"九斤老太"那样对新事物左右不顺眼。相反，他关心时事，热爱生活，向往更美好的未来，注解中充满了时代气息和进取精神。在注文中，他除了征取古代诗话笔记的旧说，还多处引用鲁迅、朱自清、钱钟书、夏承焘诸家的新知。说到余江，他郑重注明："全国第一个消灭了血吸虫病的县"按（近年听说又复发了）；说到清江，他不避牵强赞扬为民主而死的杨栓；说到南丰桔，他转引斯大林"桔中之王"之誉；说到景瓷，他认为中华人民共和国成立后的产品可以超过封建时代的贡品；说到滕王阁，他不忘介绍正在复建的新阁。他在《前言》中宣言要让这些诗篇"为中华腾飞服务，为生活增添光彩"。

我喜爱《咏赣诗三百首注》，把它放在书架的最佳层。如果要说不满意的地方，就是觉得所选明人作品太少，三百年的一大朝代只选了六家十八篇，太不相称了。明代江西人文居全国前列，来往省内的名人也多，可选篇什决不会缺乏的。再则有些注文还可商榷。例如，李梦阳《涧富岭赴安福二首》（其一）首句"三月赴安城"的"城"当指安福（旧称安成，又作安城）注为"安福县城"似乎欠当。至如《送友人还瑞昌》的万斛泉，当系湖北阳新（旧属兴国军）人，注为江西兴国县人，显然错误。本来注者已在苏轼的一首诗中辨明了二地之异，却又疏忽于后。智者千虑，必有一失，此无足怪。遗憾的是排印中增添了一批错别字，诸如"绵州"作"锦州"，"弋阳"作"戈阳"之类，令人啼笑皆非。时下风气如此，亦不必苛责。何况校书本是难事，古人早有"扫落叶"之喻。二十五万大军中出现百十个调皮兵士，也不至于如何削弱战斗力。据悉叶先生已编成勘误表，付印之后当能弥补此憾。

《诗》云"维桑与梓、必恭敬止"，我于《咏赣诗三百首注》亦云，叶师当不以微之诮我。

（原载《函授教学》1984 年第 4 期）

治学心得

《史记》佐读

有一个小故事：

清初文士宋琬，小时候在家塾中读《史记》，走来一个老进士，问他读的是什么书？答是《史记》。问作者是谁？答是司马迁。又问司马迁是哪科中进士的？答是汉朝太史令，没有中过进士。老进士显出瞧不起的神色，拿过书卷翻了几页，读了一二行就搁在书桌上，说："也不见得好，何必读它。"司马迁用毕生精力写成一部"究天人之际，通古今之变，成一家之言"的巨著，竟被这个科举奴才看得一钱不值，真是《报任安书》说的"可为智者道，难为俗人言"。

现在连中学生也知道《史记》是一部了不起的大著作。但如果问它有哪些"了不起"，却不是人人都能说得上来的。如今学术门类繁多，"学贵专门"，人自为垒，于是弄文学的不知史学为何物，读《史记》文章而不知《史记》之为良史，可胜叹哉。鲁迅称《史记》为"史家之绝唱，无韵之《离骚》"，一句话概括了《史记》在文学和文学两个领域的成就。这里单说"史家之绝唱"。

中国的古籍，除佛教道教的经书外，习惯上分为经、史、子、集四大部类。每大部类又分为若干小类，比如史部有正史，有别史、杂史（俗称野史）等等。正史多是朝廷认可以至直接组织人员编写的国史，一般也是社会公认的"标准史"，它是史部的主干和最高等级，其开山祖便是《史记》。中国人引以为荣的"三史""四史""十七史""二十一史"以至"二十四史"，缺了领头的《史记》就将黯然失色。

《史记》的开辟之功，贵在创体。在史书体制上，它创造了通贯古今、统汇万邦的纪传体的通史。在它之先，《春秋》《左传》编年纪事，是鲁国二百多年间的一本历史流水账；《国语》分国纪事，是春秋时期的一部国别史总成。《史记》去二家之短，扬二家之长，从传说中远古的黄帝到汉代的武帝，大约三千年间中国大地上的所有国家和民族，一切见诸文字或流播言谈的历史人物和事件，社会生活的各个领域，它都尽可能载录其内。所以通史这种体制，向来被史家称道。不过，自有《史记》以后，通史就难于从事了。因为司马迁这样的"通才"，百世难遇，况且史料有限，不容一通再通。于是班固另辟蹊径，改创断代史，并被历代正史所袭用。《史记》成为正史是唯一的通史。正史以外，就习见者而言，编年体的《资治通鉴》，是第二部著名的通史，郑樵《通志》勉强可算第三部，以下就只有省志、县志之类了。

所谓纪传体，就是以本纪、列传为核心的史书体制，这也是《史记》的重大发明。一般认为，中国的史书有四种体制，即编年体、纪传体、纪事本末体、典制体。编年体始于《春秋》及其"三传"；纪事本末体昉自宋袁枢《通鉴纪事本末》，记专题性的重大事件；典制体发轫于唐杜佑《通典》，专记典章制度。四种体制各有不同的侧重点和用场。相对而言，纪传体由于写人为主，可以化枯燥无味的历史事件为生动传神的人物故事，容易吸引读者，普及于社会，起到宣传教育的作用，所以"二十四史"一无例外地采用这种体制。所不同者，《史记》是纪传体的通史，其余都是纪传体的断代史。

任何形式都有缺点。纪传体的最大缺点是记事的重复。同一事件，由于关系到许多人，于是这些人的传中都写到它。比如高祖在平城被匈奴围困的事件，既见于《高祖本纪》，又见于《陈平世家》和滕公、刘敬、匈奴等列传。往往记叙的详略不同，必须遍读诸传才能够把一件事搞清楚。从写人的角度看，一篇传也不可能把传主的所有事迹都详详细细地记载进去。为了克服这个缺点，司马迁发明了著名的"互见法"：有些事迹移在相关的别人的传里记叙，本传中只简单地提一下，说明"语见某某传""事具某某传"，或者干脆不提不说明。这样做不但避免了重复，而且有寄寓褒贬、掩饰、避讳的作用。作者对于他所表扬的人物，可以把他的短处移在别人传中叙写；对于他所批判的人物，可以把他的长处放在别处交代。这样一来，一人的事迹就往往分散在许多篇目中。读者不通读有关篇目，就不能读通一传。所以清人袁枚云："史不

易读。读全史而后可以读本传。"（见《小仓山房文集》卷三〇《书陆游传后》）

总而言之，纪传体还是较为理想的形式。它不仅有功于史学，而且有功于文学。文学领域的传记文学和小说，明显受正史上《本纪》《列传》的影响。《史记》中的许多《纪》《传》，如《项羽本纪》《廉颇蔺相如列传》《魏其武安侯列传》等，本身就是极好的传记文学作品。

在载笔书事方面，司马迁继承了春秋史家最可贵的"实录"精神，善恶直书，"不虚美，不隐恶"。例如，对于汉高祖这个天字第一号的大人物，司马迁写了他谋大功不计小利、知人善任、能够纳谏的一面，也写了他残忍、猜忌、流氓习气的一面。幸亏那是文网疏略的时代，否则不知要酿成多大的文字狱。又如对于张汤等酷吏，既谴责他们的残酷刻薄、滥刑媚主，也肯定他们不畏强暴、为国除害和廉洁奉公的一面。在他笔下，几乎没有一个十全十美的"好人"，也没有一个全无是处的"坏人"。他对历史负责，对天下后世负责，信以传信，疑似传疑，不凭主观臆断把历史扎束成无隙可寻、无疑可问的花架子。例如，关于吕尚出山的三种说法，他感到取舍困难，就备列不遗，存而不论。只要证据充分，他也敢于推翻成说，纠正错误，例如修正人们对于李斯的不公正评价。

司马迁是在冤抑耻辱的境遇下完成他的这部宏裁的。李陵兵败投降匈奴，失节负国，有玷青史，但毕竟有别于卖国，原先报国之忠、御敌之功亦不可尽掩。可恨那些"全躯保妻子"的庸臣，平时碌碌无为，此时乘人之过，说长道短，好像他们倒是一贯的大忠臣似的。司马迁激于义愤，站出来为李陵说了几句话（当时他以为李陵会寻找时机归返汉朝。事实上如果汉廷采取正确的策略，李陵是有如东晋的朱序那样可能重返汉朝的），得罪"今上"，竟遭受腐刑。是什么力量支持他活下去？是一部未成的《史记》。一篇《报任安书》，作者的人格、情感、意志、信念，写得再委曲不过。他追溯往哲：

"盖西伯拘，而演《周易》；仲尼厄，而作《春秋》；屈原放逐，乃赋《离骚》；左丘失明，厥有《国语》；孙子膑脚，《兵法》修列；不韦迁蜀，世传《吕览》；韩非囚秦，《说难》《孤愤》。《诗》三百篇，大抵贤圣发愤之所为作也。"这就是传流千古的"发愤著书"说。后来韩愈的"不平则鸣"，欧阳修的"诗，穷而后工"，都是这一论点的推衍。千百年来，它鼓舞了多少失意士人。司马迁的一声告诉人们："不发愤"就没有真正的"立言"，而逆境最能使人"发愤"。他的"发愤"修史，是史家精神的又一丰碑。

唐代史学家刘知几认为，良史必须具备"三长"，即史才、史学、史识。清代学者章学诚补充一长：史德。这"三长"或"四长"，司马迁当之无愧。《史记》百三十篇，《本纪》十二，《表》十，《书》八，《世家》三十，《列传》七十。"本纪十二，象岁十二月"，"《世家》三十，象一月三十日"（见张守节《史记正义·论史例》），这当然是无稽之谈。但是这五种体例的设置确是别具匠心。十二《本纪》记帝王事迹和国家大事；十《表》是关于侯王分封情况的十种简单表格，可与《纪》《传》参校而读；八《书》记典章制度或专门事类，犹如八种专题史。其中《平准书》记经济专题，史料价值最高；三十《世家》有记诸侯国的，类似国别史，如《楚世家》《赵世家》等，记单个人物的则与列传无异，只是"级别"高一些，如《孔子世家》《陈涉世家》；七十《列传》有六十四篇是人物传记，《南越列传》等五篇记少数民族历史，一篇《太史公自序》主要记述作者著书谋篇的意向宗旨，置于全书最末。人物列传的组篇形式有四种：一种是专传，一篇记一人，如《伯夷列传》《乐毅列传》，一般是事迹比较多，或作者比较推崇；一种是附传，一般事迹较少，不足成传，就附在有关的传后，如《陈豨传》附在《韩信卢绾列传》后，《申屠嘉传》附在《张丞相列传》后；一种是合传，如《管晏列传》二人合传，《樊郦滕灌列传》四人合传；一种叫类传，即把一类人的传归在一起，加一个特别的标题，如《循吏列传》《儒林列传》等，近似于合传。合传一般是依据传主的某种共性，或事迹相关联。比如孟子、荀子学术相近，合为《孟子荀卿列传》；白起、王翦都是名将，合为《白起王翦列传》；屈原、贾谊都被逐放，合为《屈原贾生列传》；窦婴、田蚡勾心斗角，事相关联，合为《魏其武安侯列传》）。

上述五种凡例不能说完美无缺，比如"世家"就颇显多余，所以《汉书》取消"世家"。又改"书"为"志"。后来有些史家又在名目上作了些小小的修改，或放弃一二种。但总的说来，司马迁所开创的这些凡例，一直是正史的金科玉律。人们都说著书的最大困难是发凡起例。一部《史记》奠定了数千年正史的基本体例，这是司马迁最杰出的"史才"，文字技巧尚在其次。

《史记》内容略于先秦，详于秦汉，符合史家"略古详今"的原则。这是作者"史识"的一个方面。它所用的史料，先秦部分主要采自《左传》《国语》《战国策》《世本》等书籍。秦汉部分主要采自国家档案文献和作者实地调查所得。作者"史学"之富，熟于《史记》的人无不叹服。《史记》是私家修成的，但是也有"官助"的成分。司马迁父子两代身为太史，供职汉宫，得以饱览国家藏书，参与国事活动。既有修史之责，又有修史之便，这些条件是在野史家不敢奢望的。这样说，并不意味司马迁利用职务之便，轻而易举地写成了《史记》。事实上，他从四十二岁正式动笔，中遭李陵之祸，至五十五岁才完成这部著作。修书时间前后延续十四年，还不包括他二十岁时漫游南北以来的准备时期。历时之久，可以表明用功之巨。而且那时著书没有现在这样的纸笔，一般是把字刻在竹木片（即简、牍）上。和他同时代的东方朔写了一篇文章投呈汉武帝，就刻了三千枚竹简，由两个仆人抬到宫殿里去，武帝读了两个月才读完。试想五十二万六千五百字（见《太史公自序》）的《史记》，该刻多少块竹简？即使请人刊刻，该花多少时间校对？光这"纸上工夫"就该付出多少功劳？为修成一史而忍辱负重，勤苦毕生，司马迁的这种献身精神，是他的"史德"的又一焕发，并不比"实录"精神逊色。

再说"史识"。"史识"即历史观，可以是对历史规律的认识，也可以是对历史人物和事件的态度、看法。它的表现，可以是直接议论，也可以隐藏在"笔法"中。司马迁的"史识"，有人所共有的通识，也有他个人的特识。用今天的标准衡量，有些应该表扬，有些应该批判。

封建"正统"思想是旧史识的核心。"正"是名分之正，"同"是天下大一统，《春秋》最强调的就是这个。司马迁在这方面比较尊重实际，不死守教条。秦始皇父子以"仁义不施"而亡天下，司马迁就对他们持批判的态度，不主张维护秦王朝的大一统。他赞扬和同情陈胜吴广等人，不认为他们是乱秦的祸首。当汉帝国强固地树立以后，吴王刘濞、淮南王刘长、代王韩信、淮阴侯韩信、燕王卢绾、阳夏侯陈豨等人搞分裂阴谋，他就毫不留情地加以鞭笞，主张维护汉王朝的统一。

给农民起义的领袖陈涉、吴广立传，而且安排在"世家"的地位上，使与孔子等人同列，这是司马迁的千古卓识。在《史记》中，作者总是同情被压迫被剥削的一方，痛恨与之对立的另一方，这在历代正史中是罕见的。近代梁启超认为"二十四史"中唯独《史记》是"民史"，其余都是"官史"，不为无因。

班固批评司马迁"是非颇缪于圣人，论大道则先黄老而后六经，序游侠则退处士而进奸雄，述货殖则崇势利而羞贱贫"（见《汉书·司马迁传赞》），既不尽符合事实，也没有找到正确的是非标准。的确，司马迁欣赏黄帝，老子的"无为而治"，那是针对武帝的多欲政治和严刑苛法。他是主张行仁政，实行人道主义——这也许跟他遭受不人道待遇有关。《循吏列传》序云："奉职循理，亦可以为治，何必威严哉!"即使是战争，他也反对滥杀。秦将白起一次活埋赵国降卒四十万，一次把俘虏的二万赵卒投于激流。后来他因事被亲王赐死，司马迁认为是罪有应得。这难道违背圣人的"大道"吗？他重视物质生产和流通，主张富民。《史记·货殖列传》说："富者，人之情性，所不学而俱欲者也""人富而仁义附"。这类思想言论，虽然不能说已经认识到"一切重要历史事件的终极原因和伟大动力是社会的经济发展，生产方式交换方式的改变"（见《马克思恩格斯选集》第三卷），但不是胜于孔子的"五谷不分""罕言利"吗？其实，司马迁"史识"的最大谬误不在"缪于圣人"，而在于颇合于圣人的天道神异思想。他认为"天运，三十岁一小变，百年中变，五百载大变"（见《天官书》），认为秦灭六国，高祖得天下，诸吕的诛灭，张良的"佐汉有功"，都是"天助"的结果。书中记载了许多迷信荒诞的事情，如写刘媪睡在泽陂上，梦有蛟龙降于其身，因而孕育了刘邦；写周亚夫嘴边有几条异常的皱纹，许负给他们看相，说他先当封侯，后当饿死，果然应验，等等。这是时代局限性所致。他可以被人们誉为"史圣"，但毕竟不是"史神"。

《史记》传世近两千年了，招来的褒贬抑扬，时移世异，人各其词。班彪班固父子大概是最早批评《史记》离经叛道的人，但他们也肯定了它的功绩。王允谓："昔武帝不杀司马迁，使作谤书流于后世"（见《后汉书·蔡邕传》），则不但诬蔑《史记》，而且认为司马迁该杀，居心刻毒，令人发指。流毒所及，东汉、六朝士大夫对《史记》比较冷淡，远不及对《汉书》的爱好。提到两位作者，也总是称"班马"，让司马迁屈在班固之下。《汉书》注家多达二三十家，《史记》则寥寥无几。流传至今的仅宋裴骃的《史记集解》，连同唐人司马贞《史记索隐》，张守节《史记正义》，合称"三家注"。班固著《汉书》上距《史记》成书不到两百年，《史记》百三十篇就已亡佚十篇。赖有元帝成帝间的褚少孙补写，尚能差强人意。唯有《史记·孝武本纪》一篇截取《封禅书》充数，手段低劣，不知何人所为。还有一些篇目也可能有掺杂。

唐宋以下，传习《史记》、褒崇司马迁的人渐渐多起来。韩愈、柳宗元都十分推服太史公，南宋学者郑樵至誉《史记》"六经之后，惟有此作"（《通志总序》）。明清古文家大都嗜好《史记》，把它当作一部古文范本来读。有人甚至加以评点，好像评点小说一样。近代有志革新史学的梁启超，一生伏首太史公，推司马迁为"史界太祖"。

"《史》《汉》优劣"是史家经常争论的一个话题，犹如"韩柳优劣"是古文家经常争论的话题。轻易议论古人，说长道短、信口雌黄固然是轻薄行径，但二者的差别是客观存在的，只不过难以"一言以蔽之"。通常认为《史记》文奇，《汉书》体正；《史记》逞情，《汉书》守"法"。论"史德"，今人多以司马迁优于班固。"是非之心，人皆有之"。读《史记》《汉书》，如果连这点"是非之心"也没有，跟宋琬幼时遇见的那个老进士就没有多少差别了。

（原载《函授教学》）

资料的积累和使用

（一）知识积累是为师为文之本

知识是做学问的本钱，也是从事教学的本钱。知识积累的丰俭是衡量教师素质高低的重要标准（当然不是唯一标准）。知识含量的多寡（用时下的话说：信息量的大小），是衡量论著水平高低的重要标准。当然，这里说的知识，是指有益的知识，创造性的知识（在学术论文中主要表现为新颖的论题、观点与结论）。

身为教师，毕业于师范院校，当经常玩味"师范"二字，做到"师为生范"甚至"师为世范"。近年在一些师范院校常看见"学高为师""身正为范"（或"德高为范"）之类的大字榜题，令人肃然起敬，也生出许多感慨。古人常说"文如其人"，"人如其文"，要写出好的论文（古人标准是"立言"），必须在"学高"（学问精深）和"身正"（品行端正）上用工夫。

没有积累就没有创造。从严格意义说，撰写论文就是学术创造，如果没有相当的资料积累，此事便无从提起。古人说："多钱善贾，长袖善舞。"写论文也是这个道理，资料丰足，选题和撰稿便能左右逢源，不致枯窘。俗谚云"巧媳妇难为无米之炊"，可怜偏有一般求名心切的人好为无米之炊，写文章架空立说，挥舞几个新异名词术语以哗众取宠，结果像肥皂泡一样旋吹旋灭。

十六世纪英国哲学家培根用三种昆虫比喻三种类型的学者：第一类

学者好比蜘蛛，做学问的材料不是外求而是臆造，源源不断地从肚子里吐出丝来织成——张闪闪发亮的网，捅一下就破了；第二类学者好比蚂蚁，辛辛苦苦搬运食料，堆积洞中以备消耗，毫无创造；第三类学者好比蜜蜂，采来花粉，酿就佳蜜贡献于世（引据胡适《治学方法》第三讲《方法与材料》）。愿诸君向蜜蜂看齐，不做"蜘蛛型"或"蚂蚁型"的学者。

如上所述，资料积累丰富，写论文就不愁没有材料。但材料必须用观点去驾驭，去分析，从而得出结论，可见观点也是非常重要的。而观点也在知识的范畴，是可以积累的，而且观点本身正产生于资料积累之中。恩格斯在他的《卡尔·马克思〈政治经济学批判〉》一文中写道："即使只是在一个单独的历史实例上发展唯物主义的观点也是一项要求多年冷静钻研的科学工作。因为很明显，在这里只说空话是无济于事的，只有靠大量的、批判地审查过的、充分地掌握了的历史资料，才能解决这样的任务"（《马克思恩格斯选集》第二卷）。

对单个作者而言，最根本的观点无过于世界观，而世界观不是凭空得来的。东北师大教授杨公骥先生说得好："一个人如果对世界连知识甚至常识都没有，还能对世界有个什么观？"

以上是谈知识（资料）积累的重要性。在结束这个话题时，愿奉送历史学家范文澜先生的两句名言：

板凳要坐十年冷，文章不写一句空。

（二）博览勤录，久久为功

知识积累包括书本知识积累和实践知识积累。书本知识从阅读书籍报刊得来，是向别人学来的。对于中学教师而言，实践知识主要指自己在教学实践（如教材使用、教学手段与方法等）或教育实践（教学及教学以外的管理、育人等）方面的经验体会等。实践知识可以写成文字发表为书本知识，书本知识也可以运用到实践中去，二者可以互相转化。

无论书本知识、实践知识，都要有心积累。读过的书，做过的事，想到的什么，凡是感兴趣或觉得有意义的便随时记录下来，养成习惯，积少成多，日后必能出课题，出成果。政论家邓拓把这种日常积累比作农民拾粪，再形象不过。我在乡下种了十几年田，有好几回决心养成拾粪的习惯，多挣几个工分，提了阵子粪筐，最终还是放弃了。深知拾粪之难不在于粪臭难闻，而在于长期（乃至终生）坚持，像许许多多"作田佬"那样。"半路出家"以来，终于养成了另一种"拾粪"习惯，犹得混一碗饭吃。

教学和管理等方面的资料积累，除采自有关报刊书籍外，还可以通过问卷调查测试等手段获得，而最大量最基本的资料积累，应来自广泛的读书摘录。语文教师于古今中外的专业书籍，应该有一个起码的阅读范围。要有最低限度的私人藏书，常用的几部工具书尤不可缺。有条件的尽量多多购藏（听说南昌二中有个刘之江老师藏书极富，很想拜访一次）。非专业的书也尽量多读多录。如此博观杂览，久而久之眼界自宽，学识自高，定专题写论文时由博返约，挖掘自深。我读书买书一向泛杂，从大部头成套的文、史、哲名著，到佛典、医书以至介绍猜谜语、变魔术的小册子，无不浏览收蓄，架上工具书不下三四十种。如果只读小范围的专业书，比如教中学语文的只读教学参考书和有关的杂志，势必造成严重的"营养不良"，目光短浅，头脑僵化，教学水平不能提高，更谈不上写科研论文。

中学教师受客观条件限制（自由支配的时间少，书籍奇缺等），写论文尤其是写与教学无关的论文困难较大。但事在人为，困难是可以克服的，宁都二中的丘国坤校长就出了本《易堂九子年谱》（乡邦人物与文献，大有文章可做）。撰写与教学有关的论文，相对来说要容易些，但也要在博览厚积的基础上才能写出水平来。不博览，就不知道别人在某个论题上已经达到了什么水平，不知道人家有什么新观点新材料。也许费大力气撰成一文，自以为有创见，以为敲开了一扇大门，殊不知这扇门是敞开的，早已被人敲开。

读书要养成笔录的习惯。光读不动笔，不留下点什么，日久必忘，岂不等于白读。古时常有过目不忘、一览成诵的神童，而在闹闹攘攘的今天，这类神童已是万中难求其一，何况我辈早已告别童年。读书笔录好处多多，举其大端：一可以积累资料，二可以加深记忆，三可以训练思维——哪些有价值，该记录；哪些无价值，不必记录；记录下来的怎样分类编排，这些都要经过思考，所以说可以训练思维。古人说读书治学有三个阶段：记性阶段、作性阶段和悟性阶段，笔录正好把三个阶段都统一起来了。

我的体会是：凡重要的必读的书，全神贯注一读到底，始终把握作者的思想脉搏和艺术风采，边读边把感兴趣的、义旨高深或词句新奇的段落与话语摘录（或摄录大意）在散页、稿纸或卡片上，注明所在页码。如果是自家的藏书，有时还在书上做各种记号，写些提示性或评论性的字句。这样读完一部书就等于把它消化了一次，积下一堆散纸卡片便是书中精华。下一步是将散纸上的资料分类归并，立标题誊抄在笔记本上永久保存。卡片则直接分类捆扎存储。无关紧要的书则随意翻阅，泛泛浏览，遇上有价值的材料也作些卡片，或附记在已做好的笔记本、卡片上或别的书上。

教书、做学问是一辈子的事，读书、"抄书"贵在坚持不懈。邓拓"拾粪"的喻意一是博取，不嫌其微；二是坚持，积少成多。那么怎样才能做到坚持不懈呢？要回答这个问题必须抛开技巧、方法之类话题，转到志趣、毅力方面来。我想，一个教师如果有志为师、愿终生从教，如果想教出点名堂、学出个眉目来，将不难做到"久久为功"。我又想，如果在人生旅途中受过重大磨难打击，或在教学、科研中曾陷入困境，有过大失误，受过大刺激，那么有志者痛定思痛，必能加倍珍惜时光，勇猛拼搏，奋斗终生。怕就怕"好人一生平安"，因而安于现状不思进取。岁月悠悠，逝者如斯；蹉跎一生，嗟复何及！

名师心得举隅：

章学诚，乾隆名儒，所著《文史通义》是继刘勰《文心雕龙》、刘知几《史通》、郑樵《通志》之后的一部影响巨大的论著。书中《外篇》附《家书一》自述治学心得云：

文章学问之事，即景多所会心，笔墨既便，随处札隶。夜店罢餐（按：当时作者出游在外），稍润饰之。其深远者，别为著作。其有切于学者用功之事，则为尔辈言之。此非一日所记，亦非专意为文，随得即书……

天下至理，多自从容不迫处得之。矜心欲有所为，往往不如初志。故尔辈于学问文章未有领略，当使平日此心时时体究于义理，则触境会心，自有妙绪来会。即泛览观书，亦自得神解超悟矣。朱子所谓常使义理浇洗其心即此意也。但札记之功，必不可少。如不札记，则无穷妙绪皆如雨珠落大海矣……

今使日逐以所读书与文，作何领会，札而记之，则不致于漫不经心。

梁启超，晚年为清华研究院导师，致力于学术研究，著述极富，仅史学领域就有《中国历史研究法》《中国古代学术思想变迁史》《清代学术概论》等论著四十三种。其《国学书要目及其读法》附录《治国学杂话》云：

若问读书方法，我想向诸君上一个条陈，这方法是极陈旧的，极笨极麻烦的，然而实在是极必要的。什么方法呢？是抄录或笔记。我们读一部名著，看见他征引那么繁博，分析那么细密，动辄伸着舌头说道，这个人不知有多大记忆力，记得许多东西，这是他的特别天才，我们不能学步了。其实哪里有这回事。好记性的人，不见得便有智慧。有智慧的人，比较的倒是记性不甚好。你所看见者是他发表出来的成果，不知他这成果是从铢积寸累困知勉行得来。大抵凡一个大学者，平日用功总是有无数小册子或单纸片，读书看见一段资料觉得有用者，立刻抄下（短的抄全文，长的摘要记书名卷数页数）。资料渐渐积得丰富，再用眼光来整理分析它，便成一篇名著。想看这种痕迹，读赵瓯北的《廿二史札记》，陈兰甫的《东塾读书记》，最容易看出来。这种工作笨是笨极了，苦是苦极了，但真正做学问的人，总离不了这条路……

发明的最初动机在注意，抄书便是促醒注意及继续保存注意的最好方法。当读一书时，忽然感觉这一段资料可注意，把它抄下，这件资料自然有一微微的印象印入脑中，和滑眼看过不同。经过这一番后，过些时碰着第二个资料和这个有关系的，又把它抄下，那注意便加浓一度。经过几次之后，每翻一书遇有这项资料，便活跃纸上，不必劳神费力去找了。这是我多年经验得来的实况。……

每日所读之书最好分两类，一类是精读的，一类是涉览的，因为我们要养成读书心细的习惯，一面要读书眼快的习惯。心不细则毫无所得，等于白读。眼不快则时候不够用，不能博搜资料。

顾颉刚，现代史学大师，疑古学派（又称"古史辨派"）的主要代表。《古史辨》是这一学派的论文集，七巨册，出版于20世纪二三十年代，影响巨大。这一学派的知名学者除顾氏外尚有钱玄同、胡适、冯友兰、罗根泽等。顾氏《古史辨自序》长达六万多字，详述治学经历。其中写道：

……十二岁时曾作成一册自述，题为《恨不能》。第一篇是《恨不能战死沙场马革裹尸》，第二篇是《恨不能读尽天下名山大川》，其三便是《恨不能读尽天下书》。到这时天天游书肆，就恨不能把什么学问都装进了我的肚子……

我自己知道，我是一个初进学问界的人。初进学问界的人固然免不了浅陋，但也自有他的骄傲。第一，他能在别人不注意的地方注意，在别人不审量的地方审量。好像一个旅行的人，刚到一处地方，满目是新境界，就容易随处激起兴味，生是问题来。至于那地的土著，他们对于一切的东西都接触惯了，仿佛见闻所及尽是天造地设的一般，什么也引不起他的思索力。第二，他敢于用直觉作判断而不受传统学说的命令。他因为对于所见的东西感到兴味，所以要随处讨一个了断。不像学术湛深的人，他知道了种种难处，不敢为了立一异议害得自己成了众矢之的。初生之犊为什么不畏虎，正因为它初生，还没有养成畏虎的观念之故……

我的袖珍笔记册积了一抽屉了，里面有许多是见闻所及的抄撮，有许多是偶然会悟的见解，很有誊入红格本笔记簿的价值。

姜亮夫，杭州大学名教授，文史专家，在历史学、语言学、楚辞学、敦煌学等领域著书多种。所撰《自传》有云：

我的一生只晓得读书，甚至于到现在目已近盲，还不断买书。我的记忆力并不好，于是用"三到"之功：眼到、口到（诵读）、手到。我的卡片分三种：最大的写一书一文的提要；中号写一个问题、材料目录；小号写抄资料。我还把一切有用的论文及一些诗文集、杂志的篇目，一本本抄好、订好，放在案头。譬如我的《历代人物年里碑传综表》，是读书时摘录人物的生平而成的……自己作了大量的工具资料书……也为人们做了些有用的工具书……我是个钝根人，只能用这种笨法子。

赵景深，复旦大学名教授，从事小说戏曲研究，著书多种。所作《自传》有云：

至于我个人的自学经验和方法，我只是尽力地收集参考资料。只要是同我的研究有关的，哪怕是片纸只字，我也珍藏起来。我把我收集的资料按照篇幅大小分为16开、25开、32开，都用牛皮纸包起来。像这样的牛皮纸包，大约留存了七八包。另外，我还勤于笔记。凡遇戏曲小说的学术性会议，我都详细记录别人的发言。我所购备的书籍，已有三万多册。我没有用卡片。因为我热爱中国戏曲和小说，每逢这方面的专著出版，我总是仔细地阅读，写下读书笔记。

韩国磐，厦门大学名教授，隋唐史专家，有《隋唐五代史纲》等论著。所撰《生平概述及著述简介》中写道：

读书进行摘录，也是在中小学时逐渐养成的习惯。从抄录单篇的诗文开始，到抄录整本书，这既帮助了对文、书内容的记忆和理解，也初步培养了搜集资料的方法和兴趣。这对于我在读大学和以后工作时的摘录笔记、卡片和抄写必需的书籍大有帮助。我曾这样感觉到：读书不记不抄，等于白劳……

总之，在自己求学的过程中，深深感到打好基础——包括理论和业务基础，都是必不可少的。要打好基础，则必须精读和泛读相结合，抄录和习作相结合，要做到眼到、口到、手到、心到、勤勤恳恳，坚持不懈。

（三）资料积累整理的方法

（1）如前文所述，资料积累的形式主要有笔记本抄录和卡片抄录。此外还有原件剪贴、随书附记和电脑存储等形式。这些做法各有优缺点，可根据自己的情况选择使用。

①笔记本载录量大，不易散失，但一成不变，无法抽换，适用于大型经典著作资料的长期保存。使用此法一本录满，应编制目录，为此事先应在开头留出数页写目录。

②卡片轻便灵活，可以随意抽换增删，但容易丢失，适用于偶有所得而随时存录积少成多的资料，或准备作一次性使用的资料。卡片应分类捆扎，备专册（或专纸）编制目录。

为单个科研课题录制的卡片，当用过以后（即课题完成、成果发表以后），不要轻易毁弃，有的要留作可能出现的质疑答辩用。有的只一面写了字，一面空白完好，则仍可作新卡片使用。

③剪贴法适用于报刊资料。使用此法的一个前提，即自己订有较多的报刊。如果随便剪贴公家报刊，那是不道德的行为。而大量订阅报刊不是人人都能做到的，因此这一方式难以推广，也许只适用于图书馆工作人员，因为过期报刊常当作废品出卖。剪裁所得当然也要编成簿册。

④随书附记，必须是自家书籍。所附记的资料（假设为 B），与附记处的文字内容（假设为 A），二者关系大致有以下几种情形：

B 可以证明 A 的正确性；B 可以使人怀疑 A 的正确性；B 可以否定 A 的正确性；B 可以解释 A，或披露 A 的细节、背景等；B 可以说明 A 的来源出处或影响；B 可以对 A 起博趣增味作用；B 与 A 为单纯的同类归附，起举一反三、触类旁通的作用。

⑤电脑存储，存储对象不受数量限制，存储方式可任意设定。如果

使用娴熟，又是大批量存取，那是非常省时省事的。但如果不熟手，或偶尔零星存取，则反而费时费事。为了存取百十个字而频繁开机关机，经济上也不合算。目前，电脑尚未普及，将来即使实现了人人一部手提电脑，似乎也离不开纸笔。

（2）资料录存必须经过整理（随书附记的例外），做到准确无误，井井有条，否则影响使用。整理的第一步是审读，看看有无文字遗漏讹误，出处是否明确，可疑处要重新核对。这项工作要逐纸逐卡进行。第二是分类编目，此事至为重要。明代成化、弘治年间，大学士丘濬有博学名，同僚刘健嘲笑他"一屋子散钱，却少一条索子"（古代的钱是用绳索串成一贯贯来使用的），丘濬即反嘲刘健"一屋索子，却少散钱"抄录来的资料如果不分类编排，正像"一屋子散钱"，使用极不方便。

分类就是按照一定的分类标准把资料区别开来，同类的归聚一起，有的大类之下再分小类。然后设立类目，编制目录表。经过这样处理，资料的内容范畴和属性一目了然，使用时按照目录索取就是。

（3）下面是我在自学过程中整理资料的几种做法，虽然笨拙，却帮了不少忙。

①卡片分类法。做了七八套卡片，一套少则百余张，多的上万张。其中有历史人物绰号异称的一套，是根据称号性质来分类的，类目如下：

形貌；服御；言谈；举止；性气（下分六小类：高逸、狂放、风流、宽宏、偏执、癖嗜）；才具（下分赏誉、嗤鄙）；品节（下分贤德、佞恶）；政声（下分勋望、刚直、明决、仁慈、清廉、贪秽、酷暴、专擅）；武功（下分将略、勇力、武艺）；学业（下分师儒、博记、专精、陋误）；辞章（下分才艺赏评、篇句标榜）；技艺（下分书画雅兴、音乐戏曲、医卜百业）；栖居；交游；运遇；位衔；岁齿；家族；嘲谑；艺名；农民起义首领称号；军伍社团称号；合称（自二人合称至十人以上合称，共十一小类）。

②笔记分类法。先后做了几十本分门别类的笔记，十多年前整理重

抄过一次，今存十余本。下面是读《鲁迅全集》笔记的类目：

中国人的惰性；中国的"文明"与"国粹"；对待外来思潮与文化；改革与前途；韧的战斗；还击文敌；文艺的性质与功用；文学的起源；文学的阶级性与时代性；文学与革命；作家修养；创作心得；古代文学；美术戏剧；讽刺与幽默；女性文章；杂文小品；翻译；语言文字改革；妇女与恋爱；青年；自讼与自勉；杂类；鲁迅思想性格和日常生活点滴；鲁文艺术；佳篇与怪文；鲁文失误与遗憾；《全集》存疑录疵。

③附记法。几架书都是手头常用的，附记、眉批之类随处可见，字又写得难看，往往弄得一塌糊涂。举《中国历代文学作品选》中陆游《示儿》诗侧所附数条：

宋遗民林景熙《书陆放翁诗卷后》：来孙却见九州同，家祭如何告乃翁。

《史记·陆贾列传》：（汉高祖曰）乃公居马上得之，安事诗书！

《史记·项习本纪》：（汉王曰）吾翁即若翁，必欲烹而翁，则幸分我一杯羹。

后面两条中有"乃公""而翁"二词，可说明《示儿》诗中"乃翁"一词的来历，所以附记于侧。

笔记本资料中也可以附记。比如，梁启超《地理与文明之关系》《中国地理大势论》《中国学术思想变迁之大势》诸文节录之后，附记古今同类言论（或索引）数十条，分别采自《史记》《汉书》《后汉书》《管子》《淮南子》《论衡》《黄帝内经素问》《本草纲目》等十余种古籍，和王国维、刘师培、丁文江、李大钊等十余人的文章。

资料整理之外，还为《古今图书集成》三级类目、《全唐诗》作者名氏、《诗经》篇目、《元诗选》作者名氏、《江西通志》列传、《宋元学案》人物名氏等编制了索引，供自己使用。编索引近似于编资料类目，顺便附述于此。总之，治学方法主要靠自己摸索，别人的做法可以参考，不可事事模仿。

（四）资料的使用

资料的积累是为了使用，积而不用，就成了前文说到的"蚂蚁型"学者，甚至连"蚂蚁"也不如。南齐名士陆澄自少好学，走路、睡觉都手不释卷，可以说是书无不读，问无不知，"隶事"比赛曾大获全胜。可是通悟不足，一肚子学问（也就是资料）不会运用，想著一部《宋书》也弄不出来，友人王俭戏称为"书橱"。古代博览强记而被加上"书橱""书柜""书簏""书笥"之类称号的为数不少，其中做成大学问的却不多。这一现象值得深思，应当引为鉴戒。

撰写论著不是命题作文，课题通常是自由选择的。课题与资料的关系，有两种基本情况，一种是根据现有资料来选择课题，一种是根据课题来选择材料（即用到课题中去的资料）。两种情况不是各自孤立的，而是相互影响、相互转化。根据现有资料选定课题后，仍须从资料库中选取适当的材料；按照课题选择材料的过程中（甚至在撰写过程中），常常发生修改课题的事。举个例子：

我一向喜欢白居易的诗，有关资料积累不少，发现人们对白诗中数量最多的闲适诗研究不多，有所评说也很片面肤浅，于是决定写一篇全面评论白居易闲适诗的论文。确定课题后选取材料，发现题目太大，于是缩小为专论晚年闲适诗中的情感思想。选定材料拟设提纲的过程中，仍觉得过泛，思忖再三，最后定题为《论白居易闲适诗中的"知足"心》。

上举事例还说明，资料不仅可以用来选定论题，而且还可以用来确立观点。"知足心"是白居易闲适诗的思想主题，这就是那篇文章的主要观点。这一观点是从有关资料中提炼出来的。

材料和观点是论文、著作的命根子，二者缺一不可。对于这一点，古汉语专家、北京大学王力教授有深切体验。田小琳先生有一篇《王力传略》，发表在书目文献出版社印行的《中国当代社会科学家》丛书第七辑上（前文所引姜亮夫、赵景深、韩国磬三位教授的自传也收录在这套丛书中）。文中写道：

王力从事学术活动五十余年，著作等身，积累了丰富的治学经验。他认为治学有两条：一是要占有材料；二是要有科学头脑。搞科学研究首先要充分占有材料，根据材料得出结论，不能先有结论，后找材料。有科学的头脑更为重要。所谓科学的头脑，就是要善于逻辑思维，善于抓住材料和结论的内在联系。他说，搞学问要有两件宝：材料和观点，这是立论的根本。材料要充分、确凿，观点要鲜明、有创见。这就要求付出很大的劳动。积六十年甘苦，我也略知此中滋味了。

对于前人的研究成果，他一直持批判继承态度。他认为，对前人做出的结论和研究成果，一律接受，不敢问个究竟，更不敢推翻，这不是好学风，也不是科学的态度，应当问个为什么。前人看的材料，我们也都看看，然后加以分析，看看前人根据这些材料得出的结论对不对。如果不对的就要敢于推翻，提出新的结论。即使是对的，也要根据新材料、新情况加以发展。

"材料、观点，这是立论的根本"，让我们记住这金针度人的话语。

材料的运用要有选择，尽量使用最有说服力的材料。一篇文章中直接引用材料要有分寸，不是越多越好。堆砌材料将使文章臃肿。罗列材料而无论断尤其要不得。史学家陈垣先生有部名著《史讳举例》，专门谈历史上避讳的事，分类举例，材料非常丰富却无堆砌之嫌，值得引为榜样。

（五）结语

说了这么多，主要强调积累之功。我始终认为，没有平时积累的丰富资料就找不到好题目，出不了新观点。临时找题目搜材料，是很难写好论文的。至于怎样积累，怎样运用，可以自己摸索门径，各逞其能。所举事例（我是教古代文学的，所以都是古代文史方面的），也许诸君感到遥远而陌生，但并非高不可攀，远不可及。陌生可以引起兴趣，使人增长见闻，总比烂熟了的老生常谈好。环境各异，人事有别，而治学

第六编 治学心得

为文的道理是相通的，希望对诸君有所启迪。

请各位质疑提问，赐予批评，愿与诸君当堂讨论。

（全省高中骨干教师培训讲稿，2000年5月20）

学会"抄书"

这个题目乍一见，许多人也许会吓一跳：古往今来那么多"劝学""勖学""勉学"的，难道有教人抄书的吗？

有的。为了使大家信服，不妨先说说抄书的历史。

在印刷术发明以前，人们要读书就只有抄书，哪怕几十万字的《史记》《汉书》也只得手抄，舍此别无办法。苏轼便在文章里提到，他所了解的老前辈年轻时"欲求《史记》《汉书》不可得，幸而得之，皆手自书，日夜诵读，唯恐不及"（《李氏山房藏书记》）。即使在印书业已经相当发达的宋代以下，抄书之风仍然流行。富贵人家可以雇人抄书，贫寒士人唯有亲自动手，才能得到渴求的书籍。

古代士人不以抄书为苦，甚至以抄书为乐，以抄书为荣。《南史》记载，南齐学者沈驎士年过八十还细字抄书数十笼。读过明初学者宋濂《送东阳马生序》的，也该记得那篇开头的一段文字：

> 余幼时即嗜学，家贫，无从致书以观，每假借于藏书之家，手自笔录，计以日还。天大寒，砚冰坚，手指不可屈伸，弗之怠。录毕，走送之，不敢稍逾约。以是人多以书假余，余因得遍观群书。

宋濂为明代"开国文臣之首"，是一代古文宗师。他这段自白告诉人们：他的成功秘诀就是抄书苦读。他在现身说法，劝人抄书——反映刻苦自学精神的抄书。

不过，古人抄书毕竟是不得已的事。如今是科学技术高度发达的时代，电脑技术可以把一个大型图书馆的全部藏书摄入芯片，装到一个手提袋里去。走进书店，满架满柜都是新书，有的书一次印刷就几万几十万册，此时抄书岂不是大蠢事？

回答是：未必。

按理说，读书、教书的人离不开书，只要有可能，总要购置一些，就像是一项"基本建设"。苏轼诗云："可使食无肉，不可居无竹。无肉令人瘦，无竹使人俗……"（《於潜僧绿筠轩》）。竹居筠轩好是好，可惜小院幽窗、行影摇曳的环境不是人人如能得而居之的。如果把"竹"换成"书"，即成"不可居无书""无书使人俗"，就"放诸四海而皆准"了。然而在书价昂贵的现时，购置书籍又谈何容易，既然买不起或买不到，就不妨借书来读来抄呗。

但本文所提倡的"抄书"，不是叫人简单地复制一本书，而是要人有选择地摘抄、札记。比如《史记》，最好先通读一两遍，其中与文学无关或关系不大的部分（如"八书"之类）可以跳过不读，或者一目十行地浏览过去，人物纪传则认真披阅，觉得某处描写特别精彩，便札记在一张纸上（当然也可以用卡片），每遇传神之笔都汇录在一处；某些地方反映了太史公对"今上"的不满，又札记在另外的纸上……这样一路读一路札录过去。全书读完后分门别类地把散纸上的材料誊抄在笔记本上，便成为一册半消化状态下的"《史记》抄"。今后讲授《史记》作品的时候拿来翻一翻，备课上课就优裕自如，轻松多了。《诗经》也好，《楚辞》也好，李白、杜甫的诗集也好，大凡名集巨著都可以采取这种办法。

此外，还可以设置一些专题性质的笔记本，例如"古诗流派抄""古文运动抄""奇文妙笔抄""存疑待考抄""警言佳句抄"等，专门札录有关作品或资料，做到眉目清楚，有条不紊，以便识记、查检。

有些材料可以径直附在书本上或已经做好的笔记、卡片上。例如，对于岳飞《满江红》词的真伪，对于杜甫《羌村三首》（其二）"畏我复却去"一句的意思，都曾有不同的看法，引起过争论，不妨把各家主要观点、论据抄附在该首作品所在书页的空白处。这样博览勤抄，养成习惯，日积月累，必有大的收获。有的人同书本打了几十年交道，案头没有几本像样的书，书上没有动过几处笔，也没有做过书抄、卡片之类，深可叹息。

古代文学是门冷僻的学科，"子曰诗云"面目生疏，不合今人口味，许多人不愿亲近；"之乎者也"难懂难记，又使一些人不敢亲近或半途而废。不愿学另当别论，有志自学并决心把它学好的，当化难为易、变外行为内行，而"抄书"就是变、化的妙法。惯于"抄书"的初学者都有这个体会：原先望而生畏的古文，抄过一两遍后就觉得亲切多了，文章的句读标点、层次脉络、气势情味也渐渐能准确判断和体会，及后遇到同类作品，多能迎刃而解。

许多人埋怨自己记忆力不行，不知道抄书最能锻炼记忆。古人说"得乎心者应乎手"，反过来说，应乎手的必能得于心，记忆决不成问题。明末文人张溥（即《五人墓碑记》的作者）的读书方法是先抄后读，读熟后把抄文烧毁，从头抄第二遍、读第二遍，这样反复抄读，直到第七遍为止。他因此能背诵许多文章，成为著名文士。他给自己的书斋取名为"七录斋"或（"七焚斋"）。今人常常惊叹于古人的过目不忘，如清代学者顾炎武"九经诸史，略能背诵"（"略"是尽、全之意）；孙星衍"能背诵《昭明文选》，不遗一字"，推测其原因，当得力于抄书（当然，幼学也大有关系）。

人的才性不同，志趣各异。对于"取法乎上"的人来说，抄书不仅是读书的良法，而且是秉笔撰述的一条路径。"天下文章一大抄"是人们嘲笑"文抄公"的话头，不知其中含有至理。近代学者梁启超，大概没有人敢骂他是"文抄公"吧？然而正是这位清华研究院的一流导师，郑重其事地教人抄书。他说：

若问读书方法，我想向诸君上一个条陈，这方法是极陈旧的、极笨极麻烦的，然而实在是极必要的。什么方法呢？是抄录或笔记。我们读一部名著，看见他征引那么繁博，分析那么细密，动辄伸着舌头说道：这个人不知有多大记忆力，记得许多东西，这是他的特别天才，我们不能学步了。其实哪里有这回事。好记性的人，不见得便有智慧；有智慧的人，比较的倒是记性不甚好。你所看见者是他发表出来的成果，不知他这成果是从铢积寸累、困知勉行得来。大抵凡一个大学者，平日用功总是有无数小册子或单纸片，读书看见一段资料觉得有用者，立刻抄下（短的抄全文，长的摘要记书名、卷数、页数），资料渐渐积得丰富，再用眼光来整理分析它，便成一部名著。想着这种痕迹，读赵瓯北的《廿二史札记》、陈兰甫的《东塾读书记》，最容易看出来。这种工作笨是笨极了，苦是苦极了，但真正做学问的人，总离不了这条路。（《饮冰室合集·国学书要目及其读法》）

学员诸君不一定都要当学问家，但教学相长，教书总离不开自学。为了提高，学着写些论文也是必要的。最近读到张德炜先生的一篇教学研究论文，题为《试谈中学文言文参读教学》（载《江西教育学院学报》1991 年第 1 期），读了使人佩服。笔者不但佩服他热爱教育、教学有方，而且佩服他治学有方，文章写得好，相信张先生必有科学而刻苦的"抄书"之功。愿学员诸君学会"抄书"，勤于"抄书"。

（原载《高师函授》1991 年第 2 期，标题省略数字）

读《著书说》

古往今来，书出无穷，著书似乎是体面的事，明代名士风流就有"起个号，刻部稿"的时尚。然而，有书出版就可称为"著书"吗？未必。书有传世之书，有混世之书，有欺世之书。传世之书独抒心得，直写血性；混世之书，拾人唾余，无病呻吟；欺世之书剽窃作伪，招摇过市。有个说法，且读清人郑献甫的《著书说》。这是一篇不起眼的短文，收在作者的《补学轩文集》里。文中提出衡量"著书"的唯一标准，即所著之书必须是"前所未有，后所不可无"。平平淡淡两句话，意蕴深刻，警世正俗，万古不变。

所谓"前所未有"，是说要有独创性。平庸无奇的"文抄公"之流，自不必说起。有志自成一家者，要做到这一条大非易事，因为他必须晓悉"前所已有"，为此非耐住寂寞"读破万卷"不可。不然，即使殚精竭虑著就一书，自家矜为创获，难免为识者所嗤。犹如费尽力气要敲开一扇大门，不知此门早已被人打开，能不被人笑话吗？

所谓"后所不可无",是说要有益于社会,能流传后世,为读者所珍爱。有此一条,那些故作高深,轰动一时,终难掩其浅陋荒谬而归于短命的货色,就算是"前所未有",也休想混入"著书"的行列。

用郑献甫拟立的"著书"标准审视古今书籍,无数雷同蹈袭之编,乏味无聊之作,真是白著一场。古人提出人生有"三不朽":"立德、立功、立言",真正意义上的著书,大概就是"立言"吧。

孟子游说诸侯,口若悬河,有人便说他"好辩"。孟子说:"我岂好辩哉?予不得已也。""不得已"三字说得是大凡著书的人都出于"不得已",或事不得白,或志不得伸,或学术不得其传,或以天下为己任,于是不顾利害,发愤著书。然而人非"穷愁"不能发愤,"屈原放逐,乃赋《离骚》",千真万确。"穷愁著书"说虽有人反对,大致没有错。

著书是严肃的事业,是艰苦的劳动,名著用功之巨,多少人终生著一书,犹有遗憾。可笑明末士风劣陋,从达官显宦到乡曲妄人,不管胸中有几点墨水,人人争着"起个号,刻部稿",活活把"著书"二字玷污了。矫明之弊,清人考据成风,学者孜孜矻矻,白首一经,态度够严肃的了,劳动够艰苦的了,然而成书虽多,立说甚少,人们不无议论。

在使用电脑读书写作,三年两载便可"著作等身"的今天,愿有志"立言不朽"者息心敛气,读一读郑献甫的《著书说》。

[原载《江西教育学院学报》(社会科学)2003第4期,后又略作修改]

学习漫谈二则

(一)从"啃猪腿"说到"咬菜根"

《函授教学》文科版去年第四期登载学员翁益云君《樊哙吃的是"生"猪腿吗》一文,读后颇有感触。翁君认为《史记·项羽本纪》"鸿门宴"一节文字中,樊哙吃的不应该是"生彘肩",而是煮熟了的整块猪腿,"生"字是"正"("整"字的通借)字之说。这于我简直是一个小小的晴天霹雳。老实说,《史记》这部书我至少通读过三遍,像

《史记·项羽本纪》这样精彩的文章更是眼熟能详，可是从来没想到啃一啃这条猪腿。于是查考书籍，翻检笔记，想看看前人对这个"生"字有什么异议，竟一无所获（以我的孤陋，难免会这样），只得回过头来重读《史记》原文和翁君的文章。

翁君举了四点怀疑的理由，出发点是一个：即认为如果项羽赐给樊哙的是"生彘肩"，那便是一种侮辱。三复《本纪》，似乎未必。

项羽下的命令是"赐之彘肩"，并没有说明是给生的还是给熟的，可是部下执行却给生的。这或许是项羽示意给生的，以考验樊哙，也可能是厨下一时没有熟猪腿（猪头、腰排之类又不便冒充），只好送生的出来，也可能是刚从锅里捞出来、煮得半生不熟的，夸张一点称作生的，犹如称夹生饭为生饭。一般说，军中烹饪简单，饮食粗糙，所谓"涤杯而食，洗爵而饮，浣而后馈，可以养家老，而不可以饷三军"（见《淮南子》），即使是鸿门宴那样的大场面，也未必有很多精肴美馔。武夫们平日大碗酒大块肉地习惯了，多半也不计较生熟的，何况樊哙这样的勇士。所以他根本没想到抗议，项羽也没把这当回事。倘若这是项羽有意示辱，那么即使赐给熟猪腿，而不为摆设食案餐具，也照样是示辱。当然，谁也保不定项羽是不是有意考验樊哙，樊哙是不是有意做出"生彘肩安足辞"的样子。

再说樊哙得到猪腿后，"复其盾于地，加彘肩上，拔剑切而啖之"，看上去多半是生猪腿。如果是熟的，依照他的性格和当时处境，应该是不待切割捧起就咬，就像鲁智深咬狗腿那样。既然以盾为俎，"拔剑切而啖之"，说明是啃不动的生猪腿。

总而言之，如果没有版本方面或其他方面的确凿证据，我们还是应该相信"生"字不讹，樊哙吃的正是生猪腿。再说，正"彘肩"也不符合古汉语的组词习惯。

此外，我还想提一个节外生枝的小问题，就是生猪肉能不能吃？自从我们的祖先燧人氏发明钻木取火的办法（姑且借用这个传说）以后，人类茹毛饮血吃生肉的事便不多见了。但也不是绝对没有，据说现代的爱斯基摩人仍然保持生食的习惯，日本人、广东人至今吃生鱼片，西藏牧民吃牛羊肉也不过略煮一煮，肉块中间还是生的。据此类推，生猪肉应该是吃得的。正如翁君说过的那样：樊哙"自己的生命尚可以置之度外，何况于生吞猪腿"。至于他有没有吃生肉的癖好，《史记》中没有记载，姑置不论。司马迁运用各种手法写了众多栩栩如生的历史人物，但很少写人物的饮食细节。他这样细致地描写樊哙吃生猪腿，绝不是信笔漫画，而是有意表现樊哙在刀光剑影中饮啖自如、旁若无人的英雄气概。如上所述，就算吃生猪腿的情节是作者虚构的，也无悖于事势和情理。充分理解作者的命笔意图，从总体上把握这篇大文章，就觉得没有必要在细节方面过于吹求。

但是，这绝不是说翁君的质疑毫无意义。相反，我由衷赞扬翁君这种"啃猪腿"的精神。《史记》人人读，《鸿门宴》年年讲，谁也没想到"生彘肩"可能有问题，而他却想到了。有心读书，不放过每一个字，不满足于现成的解说，敢于质疑问难，破他人之蒙，解自己之惑，这是每一个"师者"必须做到而又难以做到的，而他做到了。朱子云："读书无疑者须教有疑，有疑者却要无疑，到这里方是长进。"学习的过程正是从无疑到有疑，再从有疑到无疑的看似循环实为螺旋式上升的过程。翁君的"生彘肩"之辨（以及同期徐明文君的"望"字之辨等）正是学有长进的表现。我为学院有这样的函授学员而感到欣慰和振奋。"学而不思则罔，思而不学则殆"，函授学员散居各地，"学"的条件较差，正该在"思"的方面多下功夫。

由"啃猪腿"又想到"咬菜根"。菜根质性粗韧，味道苦涩，是极难咬嚼的东西，不知怎么却被古人看中。明代洪应根写了一本题为《菜根谭》的小册子，提倡"咬菜根"的精神。常言道："咬得菜根则百事可为"，这句话据说在日本政界和企业界很流行，《菜根谭》与《孙子兵法》一样，已成为日本的畅销书，可是在国内却早就被束之高阁，无人闻问。然而任何时候总会有"咬菜根"的人，不但做事业的有，做学问的也有，翁君的"啃猪腿"就是一例。猪腿的啃动与否且不说，单是这股"啃"劲已属难能。生猪腿的难啃绝不亚于菜根，可以说：啃得生猪腿，天下无读不通的书。

（二）"三分诗，七分读"——谈谈古代诗文诵读

先说一段笑话：

有人作了一首诗，当着苏东坡的面朗诵起来，读完之后他问苏东坡："我这首诗能打几分？"苏东坡回答说："可以评十分……"那人不待苏东坡说完就兴奋得手舞足蹈——是呀，十分就是满分，大诗人如此赏识他，叫他如何不高兴呢。等他乐够了，苏东坡这才不慌不忙地把话说完："老兄，你这诗只值三分，三分诗七分读，那七分是朗诵得来的。"

这就是记载在《齐东野语》里的"三分诗，七分读"的故事。不过，它虽然是笑话，却包含几分真理：诗要靠朗诵。俗话说："三分长相，七分打扮"，诗歌的文字和音节间的关系虽然不同于人的长相与打扮间的关系，但好诗如果诵读得好，的确是锦上添花，有时甚至会有意外的收获。据说明初文士陶凯有一次投宿某家，适逢主人患病，夜里他高声诵读《离骚》，声调激越清长，主人听得神飞魄动，惊出一身冷汗，疾病竟然消退了。

古人读诗通常用一种特别拖长的声调，就是杜甫"新诗改罢自长吟"（《解闷》）中的"长吟"，也许就是"咏歌"吧。杜甫有一个习惯，就是写好了的诗反复吟诵，一边吟一边改，直到满意为止。晚清学者何绍基论云：

自家作诗必须高声读之，理不足读不下去，气不盛读不下去，情不真读不下去，词不雅读不下去，起处无用意读不起来，篇终不混茫读不了结（《与汪菊士论诗》）。杜甫大概就是凭这几个"读不下去"和"读不起来""读不了结"来改诗的。推广开去，衡量别人的诗篇，何尝不可以用这几条作标准呢。这样说来，"三分诗，七分读"有什么可笑呢。

常言道：熟读唐诗三百首，不会作诗也会吟。时代不同，如今我们

当中的多数人于古诗既不会作也不会吟，但我们可以用普通话朗诵。大家应该有这样的体验：当我们朗读"采菊东篱下，悠然见南山……"或"怒发冲冠，凭栏处……"的时候，往往会不知不觉地"进入角色"，或神思旷逸，或义愤填膺，如果光是阅读就很难"入进角色"，也就很难体会诗中的韵味和气势。清人沈德潜说得好：

> 诗以声为用者也，其微妙在抑扬抗坠之间。读者静气按节，密咏恬吟，觉前人声中难写、响外别传之妙，一齐俱出。朱子云：讽咏以昌之，涵濡以体之，真得读诗趣味。（见《说诗晬语》）

不但诗歌要诵读，散文也要诵读。桐城派古文家最重文章的"音节"，刘大櫆谓：

> 音节高则神气必高，音节下则神气必下，故音节为神气之迹。一句之中，或多一字，或少一字；一字之中，或用平音，或用仄声；同一平字仄字，或用阴平、阳平、上声、去声、入声，则音节迥异，故字句为音节之矩。积字成句，积句成章；积章成篇、合而读之，音节见矣；歌而咏之，神气出矣。（见《论文偶记》）

这段话主要谈散文，兼谈诗歌，所订规矩，对于散文未免过严，但重视文章的音节，是一发明。文章音节高低疾徐分布得宜，的确可以加强它的表现力，而音节的优劣舍诵读则无从知道。姚鼐说："观其文，讽其音，则文者之性情形状举以殊焉。"（《复鲁絜非书》）他所说的"讽其音"，也就是诵读的意思。

然而，准确表现文章的音节，以传达"为文者之性情形状"，绝不是随随便便地讽诵就能做到的，人有善读不善读，效果不大一样。

举几个例子：

北宋的王洙善于诵读文章，每次科举考试他都是读卷官之一，写得不大好的文章，他也能读得抑扬顿挫，使皇帝和试官们听得津津有味，因此，凡是经他诵读过的文章都能得高等，举子们每当交卷时，都暗暗祷告，希望王洙读到自己的文章；

与上相反，晚明袁宗道参加殿试，按文章本来可以取中一甲的，可是由于读卷官许国不善诵读，把他的文章读得断断续续、凄凄楚楚，结果被降一等取在二甲；

《三国志》载，东汉末年董卓专权，臧洪等一群地方吏结盟讨董，推选臧洪登坛宣读盟词，"洪辞气慷慨，涕泣横下，闻其言者虽卒伍厮养，莫不激荡，人思致节"；

与此相类，明末史可法驻节扬州抗御清军，每当缮写章疏，他"循环讽诵，声泪俱下，闻者无不感泣"（见《明史·史可法传》）。

古文诵读的效力于此概见。四个例子中，臧洪、史可法的善诵，感情起了决定作用。王沔的善诵和许国的不善诵，主要是嗓音和技巧问题。

那么，古人读书诵文有哪些讲究呢？朱熹教他的"三哥"：

逐日早起，依本点《礼记》《左传》各二百字，参以释文，正其音读，俨然端坐，各诵百遍讫，诵《孟子》三二十遍，熟复玩味；

诵之宜舒缓不迫、字字分明，更须端庄正坐，如对圣贤，则心定而义理易究。不可贪多务广，涉猎卤莽，看过了便谓已通。

教他的门人：

读书须是成诵方精熟，今人所以记不得，说不去，心下若存若亡，皆是不精不熟之患；

凡读书，需要读得字字响亮，不可误一字，不可少一字，不可多一字，不可倒一字，不可牵强暗记。（以上均见《朱子语类》）

都是教人如何读经，强调早起、正坐、读准字音、从容不迫、少而精，最后能够背诵。

刘大櫆的心得有所不同：

凡行文多寡短长，抑扬高下，无一定之律，而有一定之妙，可以意会，而不可以言传。学者求神气而得之于音节，求音节而得之于字句，则思过半矣。其要只在读古人文字时，便设以此身代古人说话，一吞一吐，皆由彼而不由我。烂熟后，我之神气即古人之神气，古人之音节都在我喉吻间，合我喉吻者，便是与古人神气音节相似处，久之自然铿锵

发金石声。（见《论文偶记》）

这是所谓"因声求气"之说，要点是"以此身代古人说话"，也就是设想和模仿古作者的口吻，与八股文的"代圣贤立言"有异曲同工之妙。这两家的说法都有不合理的或过时地方，也都有合理的、尚可借鉴的地方。他们都把诵读当作学习的重要门径，要求诵读者有心。不言而喻，"小和尚念经"的态度，诸葛亮读书"只观大意"，陶渊明读书"不求甚解"的态度，都是诵读的敌人。

可是，对于年幼的学子，要求他们"字字求甚解"，那是不切实际的。他们的所谓诵读，正是"小和尚念经，有口无心"。但说来也怪，幼年时有口无心背诵下来的几部古书，什么《幼学琼林》，什么"四书""五经"，竟然记得非常牢固，以致终身受用。凡涉及古代历史、文学、伦理、文字学等，从中信手拈来就是材料。这就是所谓"古学底子"。一些老学者于此感受颇深，所以特别看重诵读。朱自清虽然是现代散文家，但他的"古学底子"非常厚实，他就力主诵读，写过一篇《论诵读》，称"朗诵是艺术，听众在欣赏艺术。诵读是教学，读者和听者在练习技能……"，可惜他没有把诵读的意义很好总结一下。

我认为，诵读至少有如下好处：

使人集中注意力，加深理解力，增强记忆力，锻炼演说、论辩能力。它本身也是一种艺术享受，清晨而起，琅琅而诵，不亦乐乎？

当然，读书有读书的难处，都市楼房人多声杂，诵读尤非易事。尽管这样，我还是要提倡诵读，尤其是耐读的古代诗文，非诵读不可。

今人通籍或成人后，即不肯高声读书，此最是大病。古人之书固以义理为主，然非文章无以发之，非音节无以醒之。即六经之文，童年诵习时，知道什么文字，壮后见道有得，再一吟讽，神理音节之妙，可以涵养性情，振荡血气，心头领会，舌底回甘，有许多消受。至于三史、诸子、百家集，本是做出文底文章，若不高声读之，如何能得其推敲激昂之势？至古人作诗，原为被之管弦，播之乐府，后来乐府与诗家分路，然试取两京、六朝、唐、宋大家诗篇读之，无不音节圆足，声情茂美，间有木拙者，然细绎低讽之，亦有朱弦三叹之妙。（见何绍基《与桂菊士论诗》）

愿将何氏此论，介绍给古代文学爱好者。

（原载《函授教学》1988 年第 3 期）

"不容易"与"难为情"

——古汉语自学小札之一

一个词语，古代有，现代也有，看上去文字相同，但含义却有差别，甚至大相径庭。有的一望而知其异。比如古书上"电影"一词，稍具常识的人都知道古人不会用电，也就没有今天这样的电影。查阅词典，知道它是指雷电的光影。有的则容易上当。比如"书"字，书籍是"书"，书法是"书"，书信也是"书"，《尚书》也简称为《书》，弄不好就出错。据说某教师对学生解释杜甫《春望》诗中"家书抵万金"句，竟说杜甫因为生活困难，就把家里的书抵当了两万黄金。但愿这位"老师"守着他的"万两黄金"过日子去，再莫浪开金口。

"谈何容易"是大家惯用的一句成语。这句话出自《汉书·东方朔传》，本来意思是说即使是口头谈论，也不该忽视。"何容易"是"岂容忽视"之意。后来使用这句话，却成为"空谈何其容易"的意思（也隐含真正要做不容易的意思）。《颜氏家训·文学》有"不容易也"一句，也是不容忽视的意思。看来容易的词，真"不容易"啊！

古书中下面一些词，请注意其含义：

物理。指事物生存变化的常理，与今天物理学这个概念字面相同，但含义大不同；

数学。指术数之学，即关于天文、历法、占卜等方面的学术；

老师。指军队相持过久而衰疲。《左传·僖公二十八年》"且楚师老矣"，就是这个意思；

第六编　治学心得

妻子。有时指妻与子。《国语·越语下》："不听吾言，身死，妻子为戮"；

地主。指本地的主人，对过客而言。所谓"尽地主之谊"，是说本地人做东道，热情款待客人；

地方。指土地幅员。《史记·苏秦列传》："大王之国，地方千里"；

煤。指烟气凝集而成的黑灰，即烟尘。唐刘禹锡《畲田行》有"红焰远成霞，轻煤飞入郭"。今天说的煤，古人称石炭。明清以来才有人把石炭称作煤；

沥青。指松香。见《本草纲目·木部》；

革命。意谓进行变革，以顺应天命。《易经》有"汤、武革命"之句。与今日见惯的"革命"一词，字面有相通之处，本质含义则大不一样；

为人。指人的容貌外形。《史记·游侠列传》："（郭）解为人短小精悍"；

图画。有时指作画，图字是动词。元人天目中峰禅师《行香子三首》其二："好炷些香，图些画，读些书"；

告诉。指告状申诉。《史记·龟策列传》："王有德义，故来告诉"；

指示。用手指给人看。《史记·留侯世家》："上目送之，召戚夫人指示曰：……"；

休息。凡事物停止运动，都可以称休息。贾谊《鹏鸟赋》："万物变化兮，固无休息"；

消息。有时指消长（一消一长）。《史记·贾谊列传》："合散消息兮，安有常则"；

天时。天当其时，即时令气候很正常。"时"是说明"天"的。《孟子·公孙丑下》："天时不如地利，地利不如人和"；

几。有几乎、将近的意思。柳宗元《与友人论文书》："自孔氏以来……几千年矣"；

虽然。意思是虽然这样。例句常见，不赘列；

但是。意思同"凡是"。白居易《李白墓》："但是诗人多薄命，就中沦落不过君"；

因为。略同"因而"。王逸《楚辞章句》："因为作《九歌》之曲"；

所以。可作"所用以"理解。《左传·僖公二十三年》："君称所以佐天子者命重耳"。

古汉语词汇中大多是单音词，一个字就组成一个词。只要掌握单个字（词）的含义，把复合词拆开来一个字一个字地抠，就"思过半矣"。有的词义项较多，则可联系上下文反复推敲，也不难判断。怕就怕"胸有成竹"，遇上眼熟的词就想当然，连工具书也懒得去动。

才要搁笔，忽又触及"难为情"一语。晋人石崇《王明君词》云："传语世上人，远嫁难为情"。意谓王昭君离乡去国，远嫁匈奴，其孤凄酸楚之情难以忍受。李白诗中也有"相思相见知何日，此时此夜难为情"（《三五七言》）之句。如果贸然解作害羞、惭愧之类，则"难为情"的将不是古人，而是这个糊涂的解人。

一篇入手，胸中记住"不容易"三字，就不至于"难为情"了。

（原载《函授教学》1987 年第 1 期）

少见多怪——读书小札之二

读书手痒，札录了一些觉得稀奇的词语，想求个同好，于是写成一篇《"不容易"与"难为情"》，充作"古汉语自学小札"之一，登在本刊前年第一期。事后回想：浅植薄蓄，正是古谚所谓"少所见多所怪，见骆驼以为马肿背"，何足语"古汉语自学"。此番旧话重提，姑且换一块招牌，聊以藏拙。

（一）一词两义相反

同一个词，有两项义训，意思正好相反，如市、沽、售三词都有买、卖两个意思，乞、丐都作乞求、给予两种解释。逐，可以解作驱赶，也可以解作追随；受，可能是接受，也可能是授予（有人称之为施受同词）；祝，有时指祷告，有时指诅咒（有人称之为美恶同词）；祥，有时指吉祥，有时指灾异（即所谓妖祥，不吉祥）。再如乱，又训治（整齐、安定）；臭又训芳香；毒，又训良善；诞，又训真实；慊，又训满意；哀，又训削减，如此之类，都与通常的解释相反。有人把其中一些现象称作反训，似乎有些词本来就具备对立转化的性质。有人不同意"反训"的说法。如果要在词源上一一查明其原因，作出满意的解释，却也是难事。

（二）数词异用六例

"二三其德"（《诗经·卫风氓》）："二三"形容"氓"的德性多次变化，为人反复无常；

"九十其仪"（《诗经·邠风·东山》）："九十"形容"其仪"（嫁娶礼节）之繁；

"三王可四，五伯可六"（《三国志·魏书·高堂隆传》）："三王"通常指夏禹王、商汤王、周文王，"五伯"，又作"五霸"，通常指齐桓公、晋文公、秦穆公、宋襄公、楚庄王。意思是可以继踵三王、五伯，与之齐名，从而使三王变成四王，五伯变成六伯；

"三王不足四，五伯不足六"（《史记·春申君列传》）：大意与上例相似，只是口气更大，说要超过三王、五伯；

"五四始，七六义"（程廷祚《骚赋论下》）："四始""六义"是《毛诗序》提出的两组概念，这里用作《诗经》的代称。意思是追攀《诗经》，与之齐等（让"四始"变为"五始"，"六义"变为"七义"）；

"三《二京》，四《三都》"（《世说新语·文学》）：张衡《二京赋》、左思《三都赋》是两篇著名的大赋。意思是达到《二京赋》《三都赋》那样的水平，使《二京赋》成为《三京赋》，《三都赋》成为《四都赋》。

（三）名词动化七例

"将曹爽我乎"（《资治通鉴》卷一〇九）：意思是想把我当作曹爽吗？按：曹爽是曹魏时一个腐朽无能的大将军，被司马懿除灭；

"是欲刘豫我也"（胡铨《上高宗封事》）：意思是这是想把我变作刘豫那样的人。按：刘豫是宋朝的卖国贼，投靠金人做了儿皇帝；

"盛色而相苏秦"（桓宽《盐铁论》）：苏秦是战国时著名的辩士，句中"苏秦"是辩论的代名词；

"使之年"（《左传·襄公十三年》）：意思是让他自报年纪。

"诗大泽之博"（《汉书·司马相如传》）："诗"的意思是作诗歌颂；

"人其人，火其书，庐其居"（韩愈《原道》）：句首的"人"字以及"火""庐"二字都作动词用。全句意思是：（让那些出家信佛的）人都还俗为普通的人，烧毁他们的佛书，把他们居住的寺院改作普通民舍；

"麋鹿姑苏"（辛弃疾《汉宫春·秦望山头》）：这词的意思是：繁华的姑苏城（苏州）化作了麋鹿嬉游的场所。作者是在夸张苏州的荒凉残破，"麋鹿"一词的用法与前面诸例倒有所不同。

古书上常见"不情"二字，意思是不合情理，不近人情。这类由"不"字联一名词组成的词组和短语，在古汉语中是常见。例如"不辰"（"我生不辰"，意思是自己生不逢时），"不辞"（不成话语），"不根"（没有根据），"不职"（不称职，不负责），"不礼"（无礼，失敬），"不子"（不尽人子之道，即不孝），"不相"（没有好相貌，所谓"圣人不相"），"不资"（物资缺乏，或不可计量），"不日不月"（语出《诗经》，极言时间之久），等等。这些"不"字词语如今大都过时了。现在仍在使用的有不力、不义、不法、不胫（不胫而走）、不翼（不翼而飞）等。

（四）三字迭

古代诗文中的双字迭（即迭字词，或称重言）极普遍，《诗经》开篇首句就是"关关"，杜甫的诗更以善用迭字词闻名。三字迭的现象则不多见，散文中尤难一遇。通过观察可以发现，三字迭其实不是像双字迭那样简单地迭字为词，而是人们有意造成的文字巧合。

请领悟下列三字迭的意思，注意诵读时的语气：

"庭院深深深几许"（欧阳修《蝶恋花》，一作李清照词或冯延巳词）；

"万事休休休莫莫"（黄庭坚《木兰花令》）；

"闲门日日日高眠"（陆游《送张叔潜编修造朝》）；

"山山山色新"（文天祥《江行》）；

唐人刘驾是个三字迭迷，且看《全唐诗》所收：

《春夜》二首其二：日日日斜空醉归；

《鄜中感怀》：家家家业尽成灰；

《晓登迎春阁》：树树树梢啼晓莺；

《望月》：更更更漏月明中。

以上各句三字迭的构成都同一个模式，即前面的迭字词恰与后面相接的一个词文字相同，诵读时可在迭字词后面略作停顿。

另外一些三字迭情况有所不同，相迭的三字是并列关系，字间可以加顿号，如黄庭坚《更漏子》词中的"了了了""玄玄玄"，陆游《钗头凤》词中的"莫莫莫""错错错"，实际是一个意思重复三次，以示强调。总而言之，三字迭是造句法，而不是造词法（有的是诗歌格律的要求），三字迭的词是不存在的。三字迭的现象没有特别的修辞作用，略见巧思而已（近于文字游戏），搞不好弄巧成拙。元人邓玉宾一支散曲，利用添加衬字的方便，句句造成三字迭，就很不耐读。其词云：

不如俺悠悠悠一溪云竹笋香，厌厌厌三月火桃花浪，纷纷纷千顷雪松花放。拾拾拾瑶草芳，采采采灵芝旺，来来来长生药都无恙。（见〔正宫·端正好〕《笑和尚》）

末缀多字迭二例，以博一趣：

"与公上上上上上"（见文天祥《生日谢朱约山，和来韵》）；

"长长长长长长长，朝朝朝朝朝朝朝"，相传旧时某豆芽店门联，读法是上句第一、三、五、六字读长短的长，第二、四、七字读生长的长，是主人祷祝豆芽旺长；下句第一、三、五、六字读朝夕的朝，第二、四、七字读涨潮的潮（当然，读成朝见的朝也是可以的），涨潮（或朝见）有生意兴隆（顾客盈门）的寓意。

（原载《高师函授》1989 年第 1 期）

"三百杯""向日葵"及其他

古诗中常写到饮酒。诗人李白"积蓄万古愤"，常借饮酒来发泄，于是诗中有"会须一饮三百杯"（《将进酒》）、"百年三万六千日、一日须饮三百杯"（《襄阳歌》，"百年"指一生）、"愁来饮酒二千石"（《江夏赠南陵冰》）之类大话狂言。他的朋友杜甫说"李白斗酒诗百篇"（《饮中八仙歌》），大概比较符合事实。唐初学士王绩就因日饮斗酒而被称为"斗酒学士"，自称则云能饮五斗不乱，而号"五斗先生"。

然而，"斗酒"也是够大的酒量。人们不禁要问，古人喝的是什么酒？如果是今人常喝的白酒（古称烧酒），别说三百杯或一斗，只怕十杯就把人醉死了。翻翻书籍资料可以知道，我国古代的饮用酒主要是谷物发酵酿造的。此外有用果物发酵酿造的，以葡萄酒最著名。但葡萄传入中国是汉武帝时张骞出使西域的成果，汉以前当已有用其他野果酿造的酒。至于用蒸馏法制成的烧酒（又称火酒），据李时珍《本草纲目》记载，其制造方法是元代发明的。也有人说，元以前已发明了蒸馏造酒法。但即使造出了烧酒，古人也不用它作常用饮料。古诗中常见的饮酒描写，说的都是发酵酿制的酒，这是"酒文化"的常识。

看来诗中名物大有讲究，不可轻易放过。于是想到杜甫《咏怀五百字》中的两句诗："葵藿倾太阳，物性固莫夺"，字面意思说葵和藿这两种植物都有倾向阳光的天性，事物的天性是不可改变的。藿是大豆，当其生长期时叶片有倾向阳光的特性（同科的花生也是如此）。葵又名露葵，俗称滑菜，是古代蔬菜常品，也有向阳的特性。葵、藿的这一特性，古人早就认识到，如曹植《求通亲表》就用"若藿葵之倾叶"比喻忠君之情，杜甫诗句也是同样的寓意。可是有一个给杜诗作注的，却把"葵"解作向日葵。注者应是听惯了"葵花朵朵向太阳"之类歌词，便想当然了。殊不知中国有向日葵是从明代开始的，此物原产于北美，明代自南洋传入中国。说来也巧，白居易《代书诗一百韵寄微之》有云："负气冲星剑，倾心向日葵。"但后句意为"倾心向日"的葵菜，"向日葵"三字不可连读为一个词。又司马光《客中初夏》名联："更无柳絮因风起，惟有葵花向日倾"，句中"葵花"也指葵菜之花，非指向日葵。而郑樵《通志总序》末句："臣蒲柳之质，无复馀龄；葵藿之心，惟期盛世！谨序。"正是袭用古人以具有倾向阳光天性的"葵藿"比喻忠君之情的表述方法，表达自己矢志不渝忠于皇上的赤心。

前些年又读一本解说《诗经》的书，说《邶风·绿衣》"绿衣黄裳"句是描写玉蜀黍。作者大概不知道或不承认玉蜀黍（即玉米）是明代才从西方传入中国的，其"创见"真够大胆。又偶然在一集古装电视剧中看到一个情节："黑旋风"李逵邀朋友入店喝酒，点几样下酒的菜，其中有"一碟花生米"。编者不想想，当时中国产不产花生？稍有点"农业考古"常识的人都知道，玉米、花生，还有红薯、土豆、烟草等，都是明代从国外传入的。此外，茄子、黄瓜是魏晋南北朝时从西域传入的，辣椒、西红柿是清代从美洲传入的，菠菜是唐代从尼波罗（今译作尼泊尔）传入的，西瓜是五代时从西域传入的……诸如此类，都是读古诗文、编古装剧的人必须留意的。幸亏那部电视剧中李逵没有再要一份土豆条或一包香烟，不然就"酷呆"了。

二千五百年前，孔子教训他的儿子孔鲤，要他好好诵习《诗三百篇》，从中"多识于鸟兽草木之名"。现在的问题，似乎必须先学点关于"鸟兽草木之名"的常识，才能够读通古诗，少闹笑话。

（原载《江西教育学院报》2001 年 12 月 30 日）

"敲"的再推敲

贾岛是唐代有名的苦吟诗人，所谓"吟安一个字，撚断数茎须"，说的就是他。据说有一次，韩愈帮助他练字，把"僧推月下门"的"推"字改作有声的"敲"字，一字传神，显出夜的寂静，因此博得人们的喝彩，一直当作佳话流传。

晚清诗人王闿运却认为："寺门高大不可敲。月下而敲门，是人民家矣。'敲'字必不可用。"（见《湘绮楼说诗》）他主张把"敲"字改为"留"字。

其实还是"敲"字生动。试想如果让那夜归的和尚无声无息地留在门外，还有多少意味呢？何况寺有大小，门户未必都高大厚重到不可敲击。诗人吟诗多凭一时兴会，假使贾岛的苦吟诗字字落实，分毫不虚，岂不成了法庭调查的文案。

王氏的推敲虽然可以再推敲，他能独具只眼，于前人成说别出心解，还是很给人启发。

（未刊稿）

第七编

随

笔

鸽　子

幼时听父亲说，我还没有出生的时候，他曾经养过一群鸽子。它们栖息在老屋门廊外的大竹竿上，成天飞进飞出，羽声如潮。这在我幼小的心灵里唤起了极大的"鸽子欲"，但一直不见父亲再养过。留在记忆里的，是父亲为我买的一张流行画，画面上一男一女两个少年，各捧着一只洁白的"和平鸽"。画的主题大概是"我们热爱和平"吧。

去冬寒假回到老家的第二天早晨，我站在新屋门口，看着那一坪亲手栽的果树，深深吸了几口山野特有的新鲜空气，忽然，落下两只可爱的鸽子来。我忙问是谁家的鸽子？父亲走过来说，是他养的。想不到父亲年老退休，家道中兴以后，"童心"又萌发了，吉祥如意的"和平鸽"又回到我们家里来了。

这是两只普遍的灰鸽，我爱它们温柔平和的性格，爱它们整洁朴素的毛羽——唯一的装饰是尾部两圈白羽，停在地上，像是两个穿花裙子的小姑娘。据父亲说，它们是一雌一雄，但我不大能分清它们的性别。它们不像鸳鸯那样，雄的花里胡哨，雌的灰不溜秋，一望而知。它们互相追逐，从不分离，喂食时绝不争斗，但有时却不得不跟贪嘴的群鸡争食，虽然吃些亏，也不在乎，入乡随俗，放得下架子，这也许是它们惹人喜爱的又一个原因，还有，它们虽然受人豢养，被人们喜爱，但是不受人玩弄，与人不即不离，保持一定的独立性，比那些以声色媚人的鹦鹉、八哥、"乌格"要高一等。这是我通过十几天的观察和试验所作出的结论。

两度春秋，又到了放寒假的时候。在一个阴晦的傍晚，我又提着行李包走十几里山路回到老家。夜里听得楼上有"咕咕"的声音，我心有灵犀，立即意识到是那对可爱的朋友。它们如今怎样了？我想。第二天，起床后的第一件事就是看鸽子，上得楼来，母亲正在往楼板上撒稻谷，一群鸽子在她脚下啄食籽粒，发出"嗒嗒"的响声。哦，它们生育了，它们的家族——我数了数，共有二三十个成员。年龄最高的那两只已认不出来。母亲说，还有两窝蛋，快要出孵了。古人把鸡称作"德禽"，说它们具备"文武勇仁信"五德，那是按旧的道德标准去衡量。如照今日新的道德标准衡量，我愿为鸽子表德，那就是讲"男女平等"，它们实行"一夫一妻"制，平时双宿双飞，形影不离，待到孵蛋育雏的时候，公母轮番值班，共同完成养育后代的神圣使命。就是在形态毛色上，它们也天生平等，不那么"男尊女卑"。

我爱鸽子，尤其爱我父亲养的那群鸽子。它们飞过屋顶，掠过树梢，在林间翩翩起落，犹如飘舞的花朵，吉祥的云霞。

（1985 年写于老家朱坑）

潮泥湾

梅江从宁都蜿蜒南下，进入于都境界，水流变得迂缓，江面渐见宽平。春天，江水挟着泥沙盈盈而来，姗姗而去，年深日久，在丘陵山谷间造成一块块小小的冲积平原，当地人称作坝湾。

离于都县城大约四五十里的地方，有个百来户人家的屋场——潮泥湾。梅江从上游来，出了虎、象二山，天地豁然开旷，江流弛缓，淤积下大片乌油油的潮泥地。这种地肥得呼呼叫，不浇水不上粪，种什么长什么：大豆齐腰深，芝麻高过人头，甘蔗就像森森的树林。别的地方过了旧历七月半不种番薯，这里近中秋插下的薯藤，还能结钵头大的白薯。有句俗话说："三年不涨水，黄狗不食糙米饭"，意思是只要不发大水，年成富庶，连狗也宠娇了，以致连糙米饭也不屑一顾。话虽然夸张，却透露了梅江给予的恩惠。难怪上游的车头坝，下游的池田坝，还有对岸的燕子窝、康梁屋都喜欢跟这里结亲。

多么富于诗意的名字呦——梅江！春天的阳光洒在河坝地上，潮泥湾一片葱绿。成群的灰鹅在村前池塘里交颈嬉戏，大水牛吃饱了嫩草，哞哞地呼唤他们的犊儿。放学回来的"妮子客"（当地人对女孩子的称呼）邀伴结伙提着篮子去打猪草，人人拔麦秆做成哨子，呲呲地吹。有时围坐在河岸草坡上，指看花翎鸟扇着翅膀垂直上升，一边啼呼"只见高""只见高"，一声比一声高。高到快要看不见了，忽然改变声调，急叫"跌死""跌死"，从半空中直撞下来——忽而安然无恙，把女伴们都逗笑了。

"一江春水向东流"，梅江流过潮泥湾却是向西而去。夏秋间，江水澄澈空明，洁净的细沙在水底下移动。岸边垂柳成林，条叶底色发白，季风吹过，翻起层层白浪。每当夕阳西下，江流正对落日，浮光跃金，晃人眼目。人们躺在浅湍中尽情濯浴，让鲜水把一天的劳倦涤去。此时体味王维的名句"长河落日圆"，深悟造句之神，不由慨叹"此中未必无真意，只欠诗人一往还"。

除了娶进来的媳妇，村子里的人都姓郭，而且似乎跟威震中唐的汾阳王郭子仪有些瓜葛。旧时代每年春秋两社请外地大班子来唱戏文，《郭子仪上寿》是非唱不可的。每唱这出戏时，几谷箩鞭炮同时燃放，村人格外兴高采烈。如今早就不兴作这一套了，素来"衣冠简朴古风存"的赣南乡鄙，也渐渐赶上了现代文明。

历史上梅江涨落无常，每逢大水之年，坝地收成无望，村中男人便远远走广东、福建，靠打铁、补锅、弹棉被等手艺维持家计。有的讨不起老婆，就在外做"撑门"女婿。久而久之，成为传统。若干年来，这个传统也快要结束了，因为关起门来种田，谁也出不去。上级划定这里为植棉区，年年规定指标，强迫完成，地越种越瘦，人越种越穷，村子里"光棍"又多起来。幸亏近几年来政通人和，潮泥湾呈现出从来没有过的生气。地里的庄稼自不必说，后生们也神气起来，祖传的手艺在他们手里挣回了时髦的尼龙服、电子表、录音机。新年前后"俏妹子"出手就是镀金表、毛料服。还有那嫁女、娶媳妇的，三天两头呜哩哇啦唢呐响，给潮泥湾带来无穷的欢乐。村里有个老井叔撑了半辈子渡船，热天赤膊光身，寒冬披一件烂棉袄，总是闭着嘴、阴着脸，就像个哑巴。这几年老井叔笑容有了，话也多了，年前年后迎送"新人"，排日总要收三四个红包。去年他家里做了八间新屋，还有闲钱请全村人看电影呢。

又到了江清见底、柳浪翻白的时候了，东来的梅江啊，为我问问老井叔：潮泥湾今年又有几家"俏妹子"办喜事的？

（1984年写于家乡小朱坑，大妹嫁潮泥湾郭氏）

一篇短文引起的回忆

二十多年前，我在县城读初中。一天，校刊上登出一篇短文，题为《"弗"到何时》。大意说"弗"是古汉语中的一个否定词，有人把"费"字简化为"弗"，"学费"变为"学弗"，诸如此类，误人不浅。文笔冷峻，略带愤慨，作者署名是"段裘招"。一打听，原来是新调来的语文老师。从此，我对一向不感兴趣的校刊留心起来，可是再没有发现这位新老师的作品。原先"弗"字连篇的财务公布栏上，也找不到"弗"的影子了。

升入高中，段老师给我们上课了。他中等年纪，脸颊瘦削，头直直地挺着，从不弯曲，透露出一种铮铮谔谔的气质。他肚子里装着丰富的知识，却不和盘端出，经常提些硬胡桃样的问题，让大家啃咬，见了裂缝，才一锤子砸开。被他"点将"的人，很少不受窘，自然，来之不易的东西也就难于失去。我因为先读过那篇短文，所以特别注意作文中的错别字，尽量不"惹"他。不料还是把它"惹"上了。

那是一次年级作文比赛，班上多数同学都报了名，我因为写不好字，担心出丑，就不想报名。他找我谈话——现在记不起他讲些什么了，似乎说我高傲。于是我硬着心参加了比赛，还获得较前名次。写有批语的作文贴在墙上，我心里很不自在。没有想到，过了不久，他竟给我写了两张大楷字，是毛主席的两首词。独立寒秋那首，刚劲的字迹使我增添了莫大勇气，我开始练起毛笔字来——可惜没有坚持下去，所以至今仍是一手"鬼画符"。

打那以后，我渐渐接近这位不好"惹"的老师。

师生之间是纯朴的，除了"传道、授业、解惑"外，他从不谈别的。我有时到他卧室里去，见简简单单的几样家具，零乱堆放的衣物，也并不会想到什么。但终于听人谈论他，说他老家在乡下，父母早年去世。原有一个童养媳的未婚妻，纠缠了好些年，终于离异了。岁月蹉跎，多年来他孑然一身，默默地上课、下课……

1965 年，我高中毕业当了农民。"十年生死两茫茫"，一晃十三年过去了，我去省城参加研究生复试，顺道看望当年的老师。他已在一所中等师范学校教书，还是孑然一身，住在图书馆的最顶层。在"而立"之年的学生面前，他比以前健谈。那段时期书籍供应有些紧张，不知怎么谈起书店"走后门"的事，他双手按着桌子，越说越激动，使我又想起当年的那篇短文。后来听说那所学校有个校工粗暴对待学生，他说了几句话，得罪了一些人，调到另一所学校去了。

二十多年的一篇短文，老师也许早就忘记了，学生却一直记着。

（1985 年写于江西省教育学院）

"111" 室记事

"111" 号楼梯间原不是人住的地方，它离公共厕所只差四五米，三四百学生天天在它门口和顶上来来往往。上午学生上课去了，待要看书，楼上又传来"哩哩嚓嚓"的声音，像是金属杆棒在地板上滚来滚去的声音，又像是滑冰鞋的轮子辗来辗去的声音。不高不低不紧不慢，正好扰人，而且持久，如此非一朝矣。

是什么人弄出来的声音呢？二楼亭子间住的是一位物理老师，有三十多岁了，样子很老成，似乎不至于是他。可是，有时见他带一个小男孩上下楼梯，可能是这小家伙干的吧？留心观察了几次，发现有时他并没有带小男孩来，声音照样发生。反复分析，最后断定是那位物理老师"稚"根未绝，当他坐着看书的时候，无意中用脚搓弄着一根铁棒或滑冰鞋——真是无意的恶作剧！

于是想上去提个意见，但想到"小不忍则乱大谋"，努力忍住了。好几次忍不住了，正想上去敲门提个意见，又觉得是不大礼貌的做法。

第七编 随笔

反省自己有时开收音机，有时高声朗诵，人家并不来敲门提意见（又想，也许他是有意报复呢），最终还是隐忍住了，心想古人"泰山崩于前而色不变，麋鹿跃于左而目不瞬"都有人做得到，何况这一点点声音。

某天上午，楼上又传来恼人的"哩哩嚓嚓"声，而且比平时响，就在头顶上，令人无法读书，看来非豁出去不可了。主意已定，撂下书本，上得二楼，鼓起勇气，敲响了亭子间的房门，可是里面毫无反应，而噪音仍在发生。倾耳细听才觉察是从隔壁一间学生宿舍里传出来的。敲门进去，正是一个学生穿着滑冰鞋在水泥地板上蹭来蹭去。原来他昨晚值班巡夜，白天补休的。据他说，本学期轮到他们班值夜班，所以每天上午有人留在宿舍里休息（因此天天有人弄滑冰鞋）。

积久的疑团涣然冰释，只恨自己不早作调查。我客气地批评了几句，那学生欣然接受。此后，再也没有"哩哩嚓嚓"的声音扰人了。回想以前的疑虑揣测，愧憾多疑而胆小，害人不浅。前人云："疑事无功"，"成事在胆"，愿终生志之。

（1982 年写于九江师专）

白水湖

月光洒在平静的湖面上，岸边的岗峦显出半明半暗的轮廓。远处，过江铁桥引桥的几十个桥墩，像一列高高的哨兵，屹立在灯光之下。江上传来几声长长的汽笛，像是跟这座处女湖道晚安。就要离开这一片熟识的白水了，借江上的汽笛为我鸣别吧，我想。

九江市区有三湖，甘棠湖、南门湖都挨着热闹的商业区，有种种妆点招逗游人。白水湖离闹市五六里，一片白水，没有任何修饰打扮，却有天然的姿态。她依枕长江，与江水相吞吐，同呼吸。夏天，湖水漫进南湾的荷塘里，托着那硕大的圆叶，摇来晃去，像是舞女的绿裙。正在开放的花盘像是嵌着酒窝的笑脸。待放的花苞则努起淡红粉嫩的小嘴，在一边瞅着，含着几分娇嗔。当清风掠过，"一一风荷举"的时候，还可以看见沉没于白水绿叶间野鸭子。置身其间，不必"嬉嬉钓叟莲娃"，足以使人陶醉。

大好湖光，可惜难得知音。不多的问津者似乎对这里的诗情画意无动于衷。他们大都是附近几家厂子的工人，趁轮休出来寻点野味的，手持钓竿，三三两两坐在水边，两眼盯着水面，半天不说一句话。也有扳缯的，手牵缯绳，呆呆地立着。尽管所获甚微，他们并不在意——倒是涵养性情、消遣时光的好法子。

春天是钓虾，主角是十多岁的小娃子。那场面就热闹得多，不必二节竿、三节竿。随便找根杆条，结上线，一头绑一个剥了皮的小青蛙，抛在浅浅的荷塘里，不多一会，看着那虾争先恐后地爬过来攫取食物，乖乖地当了俘虏。少时读鲁迅的《故乡》，读到迅哥儿在外婆家天天钓虾的那一段，引起莫大的兴趣，只是不明白究竟是怎么回事，不料如今竟在这儿遇上了。童心难捺，于是也学着钓了几次。虽然笨手笨脚，幸好那虾比钓虾的更笨，竟也钓了几大碗。这种虾，一般个头不小，大的也有一两，彤红的外壳，煞是好看，可是吃起来，味道并不比小虾好。

要味道好的，须待菊花时节，湖水开始下退，大螃蟹却上来了。用尼龙丝织个小圆罩，中间扎上点小鱼小虾，那八条腿的"无肠公子"便蹒跚而来。一接触小罩，就被尼龙丝缠住了，再也休想逃脱，等闲长了一对大钳子。放置一二十张小罩，一天能捕获满满一篓子。这东西跟鲈鱼莼菜一样，也是上过典故的。做来下酒——最好是本地的"陈年封缸酒"，可以使人"三月不知肉味"。

白水湖的乐趣是无穷的，不过也有使人不敢亲近的日子。江湖之上难得风平浪静，风小犹可，大了可就骇人。每当台风过境，平时老实的湖水突然激怒起来，成排结队地向堤岸扑来，前队哗地一拥而上，还不待退下去，后队紧跟着咆哮而至。虽然没有排山倒海的气势，却也表现出不可轻侮的威力。白水湖似乎满腹心事，有时是温柔的姑娘，有时是狂怒的斗士。

时值初冬，荷塘里早已一片狼藉，虾蟹们也随着湖水隐退了。白水湖显得寒碜枯寂。太阳一天天偷懒，寒意一天天加深，才吃过晚饭，天就黑了。湖边静悄悄的，没有风声，没有浪语，只有朦胧清冷的月光，正是"什么都可以想，什么都可以不想"的时候，忽然想起一点什么，待要追索，却又茫然。

（1982 年写于九江师专）

江城散记

庐山脚下，长江边上，是江城九江，地市合并以前，它下辖两个区：庐山区、浔阳区，范围是相当地大。但庐山区主要是管辖庐山及周边，真正的城区是浔阳区，即老九江，范围就小得多。这几年，城区有扩大的趋势，庐山脚下的十里铺，工厂云集，渐渐成为一个工业区，与商业区连成一气。东边新建的二电厂、炼油厂，也与商业区衔接起来，这样，九江城也可以说是初具规模了。

外地来的人不管这些，他们下了火车，或从江轮上得岸来，照例是往闹市的大街走，这时就会感到这座名城太狭小了。闹市区有两条主要的街道，一老一新，呈人字形。老的一条叫东风路，大部分的店铺都挤在这条窄窄的街道上，店房两层居多，大都是五十年代前的建筑，虽然百般装饰，仍掩盖不住它的陈旧、过时。朝阳路是新辟的大道，路面宽宽的，车辆都通过这里，川流不息，人流则稀疏。两旁的建筑较高大，反映了二十世纪六十年代的水平。这条大街店家不多，较大的是第四百货商场，然而有十分钟就可以把所在柜台巡览一过。

九江市（指浔阳区）的建设，至少有三个缺憾：其一，没有一个像样的大型商场；其二，没有一个像样的火车站；其三，没有一个像样的汽车站。此外，码头也不能令人满意，不过，听说新的汽车站、火车站已在规划中了。

门户不像样，交通却便利。水路上行可抵武汉、重庆，下路直达南京、上海，铁路通省会南昌，光是旅客列车，每日对开四列，已竖起了桥墩的长江大桥竣工后，陆路交通就更是方便了。每到夏天，庐山吸引来的大批客人，旅游的、疗养的、开会的、做生意的，都要在市区逛逛，一天到晚拥挤不开。庐山是九江之魂，山上景致且不说，山上下来的清泉，在市区汇成甘棠湖、南门湖，也为市区增添了不少景色。此外，号称第一大淡水湖的鄱阳湖，名人传颂过的石钟山、大姑山、小姑山以及近几年新开辟的龙宫洞等等，都在这座江城的四周，可作"一日游""二日游"或"三日游"。有了这些得天独厚的条件，九江人格外神气，他们眼里只有上海，南昌虽曰省会，亦不在话下。街上那些小青年，确比南昌的小青年时髦、派头。

这座城市的人们似乎特别讲究衣着，街上最多的店铺是服装店（其次也许是瓷器店，白晃晃的，满街都是）。江堤下还有一处为个体商贩所垄断的服装市场。年轻人男男女女，个个衣着入时，女孩子穿红套绿，尤其鲜艳。人们都说江水养人，九江女子漂亮，除了个子高，水色好外，打扮讲究也是一个原因。这座城市虽经宣布"对外开放"，外国人还是难得撞见。所以，即使是港澳同胞，也被人看稀罕。

江城虽说靠着大江大湖，景致特佳，但是本地居民对此都习以为常，并不见特别的兴趣。甘棠湖边漫步的，烟水亭照相的，江堤上眺望的，锁江楼塔、能仁寺塔下翘首的，都是外地来的客人，本地市民关心的是新的服装、新的影片以及中奖的号码等等。

农副产品市场是家庭主妇、主男们最关心的地方。从一早就提个篮子到那里去采购一天的菜料。没有到过九江的人，知道九江有封缸酒、茶饼、酥糖（封缸酒甘美适口，确是不错，茶饼却有些腻口）。其实这些特产，还不如时鲜：春天的大竹笋、小竹笋、大红虾、黄鳝鱼，夏季的土豆（一种叫"庐山子"的特佳）、莲蓬，秋天的花生、藕、红辣椒，冬天的狗肉、野兔、野鸭，一年四季的鸡、鸭、蛋，各种鱼，都是大宗大宗地上市。夏秋间还有成串紫红的山楂，大筐嫩黄的鲜黄花和金红的熟包谷棒，端午节前后就有扎成小把香气四溢的栀子花……应时的土产层出不穷。别处难以见到的四五斤一个的鱿鱼干、墨鱼干、大麻袋装的银鱼干、红枣等，这里也不算稀奇。

江边有个大型农副产品市场，轮渡也在这里，是个最热闹的场所。来这里卖蔬菜禽蛋的，有许多是从江对岸的小池口乘轮渡过来的。那边是湖北黄梅县的地界，隔江相望的宿县安徽老表也往往在这里出售东西。南昌来的客人对活鸡、鸡蛋、红辣椒这三项最感兴趣，常常大筐大筐地提上火车。

若是早晨或上午，喜欢小吃的人可以在街头巷尾的小摊子上吃一种"灯盏糕"，油炸的，四分钱一块，一边炸一边吃，又热又香。若是中午以后，就只好吃个"狗不理"包子了。朝阳路有家东风饭店，旁边有个小菜馆，店牌上经常写着："天津狗不理包子"。滨江路还有"芜湖傻子瓜子"，两毛钱一包，可以买上一包，到朝阳路这边来，边看文艺橱窗，边嗑瓜子。这个橱窗是区文化馆办的，很有些水平。自从出了《庐山恋》《乡情》几部电影后，人们争写电影，九江几乎都要变电影城了。

我在九江两年，什么都习惯了，就是有一件事看不惯。死了人，出殡的汽车一路敲锣打鼓鸣鞭炮，就跟办喜庆事情一样。有时在屋子里听见远处敲锣打鼓鸣鞭炮，心里就想：到底是死了人呢还是有人结婚呢？

（1983 年写于九江师专）

庐山一日游

一到夏季，九江市第一百货商场门口又变得热闹异常，提着大包小包的游客，聚集在"庐山一日游"的巨幅广告牌下，等候旅游车把他们送上山去。他们大都是远方来的客人，难得上一次庐山，而且时间有限，这"一日游"便合了他们的胃口。只要出四块多钱（1983 年的价钱），就可以乘车在山上兜一个圈子，一些主要的观赏点，如牯岭街、花径、仙人洞、龙首崖、三宝树等，都可以游到。如果多出几块钱，还可以坐比较舒适的小型旅游车。

我来九江快两年了，抬头就见庐山，就是没有游过。今年五月我忽然发愿独自"庐山一日游"，不是坐旅游专车，而是靠自己两条腿。

六月一日清晨，一部十分破旧的公共汽车把我和几个不相识的游伴载到山北终点站——莲花洞。下了车，往上走一段，就是有名的好汉坡。沿路林木葱茏，青翠扑面，阳光投射的地方，露珠晶莹，背阴处，雾霭沉沉，传来画眉的啼啭和溪流的鸣唱。山廻路转，偶尔遇到一两处农家，三五畦瓜豆，还有放牛的小姑娘。

没多久，走进一个阴森的世界，两边一色是高大挺拔的柳杉，柱子似的，密密层层，因为终年不见天日，潮气过重，树干上都长着青苔。地面上腐叶沤积如海绵，散发出特有的气味。脚下石蹬如梯，坡度越来越陡，几乎咬着膝盖。身外凉飕飕的，内衣却被汗水湿透了。无穷无尽的石蹬和密密层层的柳杉，渐渐使我对周围的景物失去了兴趣。只管埋头攀登，要走出这阴森森的世界，到阳光照耀的顶峰去。凭着多年练就的铁脚板，一个劲地上啊上啊。几个同行的旅伴早就被我抛在下面，几个走在前面的也被我超越了，和我作伴的只有一个挎包，里面装着四根黄瓜，两本关于庐山的小册子和一具小小的望远镜。还有一顶旧草帽，头上发热，我把它拿在手里。碰到一个下山的本地人，我想问问到山顶还有几程，但很快又取消了这个念头。俗话说："但行好，莫问前程"，反正好汉坡只一条，上去就是牯牛岭，绝不会错的。沿途经过几个小茶摊、一个民警站，都没有逗留。口渴了，在一眼小泉里洗了根黄瓜，一边走，一边大口大口地嚼起来。

又不知上了多少级石蹬，柳杉渐见稀少，高高的顶端出现了法国梧桐，几束阳光照进了树胡同，我想，那该是终点了吧，及上去一看，原来是处小平台似的山坳。路边一个小棚子，女主人正在往桌子上摆茶杯。虽然见到了太阳，四顾仍是山。路边石碑上刻着"月弓埂"三个大字，一行小字是"上山五里，下山七里"。呦，爬了半天坡，不过一半路程，"好汉坡"名不虚传哪！

继续上行，道路不那么陡峻了。路边露出了黄土和砾石，树木换成了松树，矮矮矬矬的，蜷缩着身子，像是受尽折磨一般。后来知道那叫华山岭。高山上的松树大都是那个样子，跟常见的马尾松不一样。

又走了一阵子，几乎不见树木，到处是青灰色的巨石，重重叠叠，有棱有角，方方正正，像是人工堆砌而成。但见危崖横空，深涧无底，层见叠出，无一不险。在一处石嘴，向上望去，有亭翼然临涧。盘旋而上，到得跟前，才知道就是游览图上标记的"半山亭"，实际上快要接近山顶了。亭中可以望见牯岭街市，高高下下的建筑都是红色屋顶，映着碧蓝的天幕，如在半天。而汽车喇叭的鸣叫又像在跟前。下瞰峡谷，南坡树木青葱，北坡怪石嶙峋。谷底水声哗哗，震响幽谷。很远很远的山麓，有座红墙围着建筑，取出望远镜观望，原来是座寺院，旁边还有座砖塔，我知道那是东林寺和千佛塔。叉手站立亭中，居高临下，极目远眺，顿使心胸宽广，所有猥琐鄙陋的气习思绪一扫而空。

亭中有夫妇俩卖汽水、稀饭。有个汉子喝完稀饭，挑着担子上山去了。我知道自己捷足先登，正是"莫道君行早，更有早行人"。一早出来，只在公共汽车站喝了碗稀饭，带一个烧饼，爬了半天坡，肚子早已饿了，且又渴着，见稀饭哪有不买的。一口气喝完一碗，味道比山下的好多了，于是又要了一碗。付过钱，休息片刻，继续上路。不多久就赶上挑担的汉子。我佩服他能挑担子上山，和他攀谈起来，他却羡慕我穿的塑料凉鞋好，爬山能穿。的确，我穿的这双凉鞋样子虽显土气，跟草鞋一样，但是穿着轻便舒服，走多远也不会打血泡，价钱又便宜，只及一般塑料凉鞋的一半，而且结实，底磨穿了也不断绊。这是我在老家种田时多年得来的穿鞋经验，去年在南昌百货大楼买的。看样子他也想买一双。

转弯抹角上去一段路，又是一座亭子，叫望江亭。这时，路上忽然热闹起来，成群的人从山上下来游览，都是各地来庐山休养的，南腔北调，胸前挂着红色或蓝色的证章。我随着人群挤上望江亭，只见半山以下雾霭沉沉，别说长江，连东林寺也看不见。刚才在半山亭还清清楚楚地，怎么一会儿就不见了？庐山就是怪。

不管它，继续往上走。一会儿就上了马路，总算到了牯岭。这里的街市煞是别致：中间一条公路人来人往，一边是商店旅馆，一边下临深谷；所谓街心花园是深谷边上巴掌大的一块空地，种了些花木。在书店买了张导游图，摊开一看，作为庐山中心的牯岭地区，这个路，那个路，倒有不少。看看表，九点多了。不敢从容，于是选定了一条较省时的线路。先找个饭摊充实了肚子（按 1983 年的行情，菜贵的吓人，一小碟豆芽充其量不过一两，要价两角），又买了半斤炒蚕豆，几个熟鸡蛋，备作午餐。按选定的线路，从大林路下去，几步脚就到庐山中学门口，浓荫下有一块巨石横搁在一个长满青苔的石礅上。从一本小册子知道，这是第四纪冰川运动留下的纪念。围着它看了一遭，觉得并不像书上画的那样高大突出，咄咄逼人。从校门望进去，中学生们还在校园里做广播体操。我注意到他们大都穿着深色的春秋服，哪怕是爱漂亮的姑娘也不例外，而九江城里，穿裙子的已不在少数。这时我才感觉这里的阳光温暖宜人，犹如春天。

顺路来到花径公园，公园辟在如琴湖边，要买票才能进去，每张票收费一角。刚进公园，旁边闪出一个人，问要不要照相。照相，虽不是我喜欢的勾当，但难得来这个地方，留张照片日后回味似乎也是有意思的，于是同意照一张。他忙去取来相机，一边带我去选景，一边向我宣传照相的意义，并要我在一个印着"云中摄影部"的信封上填写姓名、地址，我照办了。这当儿，迎面来了两个外地口音的游客，一边走一边议论说，这里有许多搞假照相的，专门骗钱……我犹豫间，那人从口袋掏出一张工作证让我看，上面写着：庐山园林处，薛××（姑隐其名），而贴半身像的那页，似乎被夹在里面的东西遮住了，我相信了他。

如琴湖到底如什么琴，我看不出来，但见沿岸游人簇簇，还停着许多车辆。湖心一个小岛，上有树、石，旁边一座水榭，就是一种年历画所取材的那座。身临其境，反觉得不如画上的美。湖边有一座曲曲折折的栏杆桥与岛相接。"薛××"刚要带我上桥，旁边"摄影服务部"的棚子里出来两个女服务员冲他说了几句什么，似乎想拦阻他，"薛××"唯唯诺诺了几句，也就过去了。在桥上，我亮了一个平平常常的相（可是回去以后，一直没有收到照片，出九角五分钱，被人摆弄了一场，真不好受）。

照过相，信步来到一座玻璃棚的花圃。游人很多，花却没有什么可看的，几株钵栽的杜鹃呆头呆脑、有气无力，比一个多月前在云山所见得映山红不啻天壤。

花径据说得名于白居易。附近的山洼里，有座小小亭子立在绿树丛中，亭内是个坑，露出天然的岩体，上刻"花径"二字，每字有水桶大小，涂着鲜红的油漆。

"人间四月芳菲尽，山寺桃花始盛开。长恨春归无觅处，不知转入此中来"。

白居易的这首《大林寺桃花》据说就是吟这个地方，"花径"二字都说是白居易的笔迹。其实是大费推敲的事。世上许多事情是认真不得的，也没有认真的必要。

亭侧栽了几株桃树，可惜来得不是时候，花不见一朵，桃不见一个，但见几片绿叶，聊助人们想象。

庐山上的古迹极寻常。从白司马花径出来，穿过寂静的动物园和茶园，沿盘山公路下行一段，便来到吕洞宾修炼的仙人洞。一道石砌的墙，圆形门洞上塑"仙人洞"三字，门外停着许多汽车。照例买票进去，里面游人如市，声语喧阗，有卖汽水的小摊，卖饼饵的小店。又进了一道门洞，只见一块大石坂凌空突出，上刻"纵览云飞"，字边古松一株，老干虬枝，俯视深谷。一群人拥挤在石边，熙熙攘攘，等候照相。山间云雾阵阵袭来，远处峰崖或隐或现，近处松石时暗时明。果然是无限风光在险峰。崖右一条小路蜿蜒而西，大概是通那仙人住过的洞罢？路小仅容一人，游人接踵，无法逆行，又不愿等待，就走左边一条路上了御碑亭。这是朱元璋留下的"圣迹"。亭小刚能容碑，显得局促。外边安着铁栅栏，近前不得。略看了看，沿原路返回，出了仙人洞园门，顺马路盘旋而下，便是园佛殿、大天池、文殊台等，景观平常，游人稀少。值得一提的是，在那里恰逢雾散，山下村落田畴道路池塘，具体而微，历历分明，比半山亭俯视东林寺又胜一筹，危乎高哉。

从大天池走小路下去，是庐山牌香烟包装用作图案的龙首崖，正聚着一大群人在那里照相。它原名叫舍身崖，不知谁在这里舍过身，如今装了铁栏杆，欲舍不能。靠近栏杆，向下望去，目摇魂荡，确是够险的。上下龙首崖地小路又窄又陡，下视峡谷，惊心动魄。有几个中年妇女下到一半，胆量不足，却步而返。

告别龙首崖，下一站定在三宝树。看看导游图，隔的老远的，时间将近十二点。从挎包里拿出鸡蛋蚕豆，在马路上边走边吃，一路很少碰到行人——人们都是坐车游山，除非傻瓜才步行。

行到电站大坝，该是走小路的地方了，正不知从哪里分路，幸好现出一列卖饭的凉棚。姑娘大嫂们纷纷招揽，我先不表示吃不吃，只问明到三宝树的小路怎么走，然后才谎称在上面吃过了。也不管她们的怨望，沿小路进一道山沟，有溪流跌落，从桥下泄出，一伙人停在桥边观望，方知这是黄龙潭。不远处有乌龙潭，其实并不太像龙潭。没有停步，径直上山。这回是在竹林中穿行，阴森森的，跟好汉坡景象差不多。出了竹林，前有一株大柳杉顶天立地，树干又粗又直，像座铁塔，那气概不亚于"黛色参天两千尺，霜皮溜雨四十围"。附近又有一株差不多大小，傍着银杏。银杏枝丫较多，树干已经朽坏，颤颤巍巍，像个饱经风霜的老人，这就是"三宝树"。据科学方法测定，树龄已达五百年，历尽如许沧桑而常青不衰，虽是树木也令人肃然起敬。

上去有茶馆饭店，正当中午，买卖很热闹。这里是公路尽头，停着四五部客车。一个院子里砌着石雕的龙头，水从龙头嘴中喷出，注入水池。许多人围在那里看，而我的兴趣已在庐山植物园。

从导游图看，自三宝树到植物园并不很远，我猜测其间有小路可通，一打听，果然有。沿小路走去，这条小路径道复杂，好几个岔路口，没有路碑，只得停下来问过路人。终于到了植物园门口，那里邻近含鄱口，公路上照例停着许多汽车。

园内是个绿色的海洋，从大门进去，各种叫不上名字的树遮天蔽日。独自走在树下，人我皆忘，不知有天地人间。所有林木都是人工营造的，有行有数，整整齐齐。这个植物园创建于三十年代，在国内颇有名气。园内有"活化石"水杉，是第四纪冰川的子遗品种，极其珍贵，可惜我不认得。后面赶来两个女娃子，都戴着红领巾，打扮得漂漂亮亮的。我忽然记起今天是她们的节日。也许刚参加演出回来，脸蛋上还涂着红。我很客气地向她们请教，她们信手指着旁边一株树说："这不是吗？"我忘了道谢，走近树下仔细观看：枝叶像普通的杉树，树干却全不像。针叶也较簇密、柔软，水嫩嫩的。沿林荫大路往里走，这种树越来越多，毫不显得珍贵，我疑心这不是真正的水杉，问了一个大人，证实这确实是水杉。

在一处较平衍的地方，矗立着一座石块砌就的三层楼房。墙面凹凸不平，显得粗糙而又别致。一楼入口挂着块大木牌，上书：江西省庐山植物园。正当午睡时分，大楼静悄悄的不见一人。楼前是空坪，空坪尽头是一道高坎，坎上长着几株水杉，特别茂盛，嫩绿的针叶团团簇簇，发出油光，层层伞盖状的枝叶组成高大树冠，显示出青春的生机活力。

园内有许多露天园圃和玻璃温室，栽着国内外多种珍贵植物。可惜到处插着："谢绝观赏"的木牌。素性所亲，不得近前一见，怅然而退。

含鄱口就在植物园边，一列山头上造了三座亭子，只游了其中的含鄱楼：水泥石块结构，丹柱彩绘，一色崭新，只是有些俗气。听说这里是眺望鄱阳湖的好地方，可惜此时云雾阵阵，凭栏四顾，茫无所见。虽然这等天气，游人仍是络绎不绝，对比寂静冷落的植物园，令人生慨。

从含鄱楼下来，左腿膝盖外侧渐感疼痛，坡越陡，痛越加剧，路稍平，痛亦稍减。也不知什么时候开始的，从植物园出来，左膝盖就有些异样。虽然种田十多年，一年到头风寒水湿，却很少关节痛。只在插秧时节，右手几个指关节肿痛，过些日子也就好了。大前年从八大山人馆出来，被自行车撞倒，右脚掌肿痛厉害，躺了一个星期，四十天以后拍片检查，说是一处蹠骨折断。但不久就愈合了，从不碍事了。如今却膝关节作起怪了，要是在学校，痛痛也没什么了不起。现在是独自在这高山上，离九江城有百多里路，觉得有点不妙，大意不得，就在半山小路上坐下来，捋起裤腿按摩了一阵子。然后摊开地图，选了一条最近便的下山路：下去顺马路到梭子岗，那里有条下山小路直达海会寺，再下去就是海会，那里有公共汽车通九江。但必须在五点以前赶到海会。早晨在莲花洞下车时问过驾驶员，知道最晚一班巴士是五点，估计海会也是这个规矩。万一赶不上，就在海会过夜，有一个上届毕业的学生在那教书，可以投宿。算计已定，吃了两枚鸡蛋，一把蚕豆，便开始归途的跋涉。

下到公路上，脚痛减轻了大半。这条公路是朝五老峰方向去的，也许离牯岭太远，路上行人极少。路面没有铺水泥，沿途景象也显得荒凉。偶尔开过一两部满载游人的客车。到梭子岗已是下午二点。公路边正在造房子，大工棚里聚集着许多民工，正准备上班。我上前请教下海会寺的小路，有人回答了，却是福建口音，全听不懂。再问一旁汽水摊的姑娘，她指给我工棚后面的一条小路。旁边一个小伙子打量了我一下说："就在这里过夜吧，今天你走不到海会——除非到晚上十点。"我仔细比量过地图，知道他是说大话，便回他说："岂止到海会，我还要赶回市内呢。"

话是这么说，主意是这么打的，可是"路非经过不知难"，那是什么样的路啊！先是下一个陡坡，尺把宽的阶梯，却有一尺多高，粪便满路，几难置足；灌木交互，不是扯住衬衣就是挂住挎包。总算下到谷底，走出阴森森的灌木区。小路伸向深涧，两边石山壁立，高与天齐。涧中怪石纵横，"牛马之饮"者，"熊罴之登"者，应有尽有。溪泉在乱石中争路，泻者成瀑，奔者喷雪。人行其间，顿时感到自己低微、渺小。

空气清新，天气很好。虽然不见太阳，也没有云雾，在石色的映衬下，涧中充满耀眼的清晖。石山虽高，层层水平走向的纹隙却清清楚楚，如同巨型火柴盒垒成。我觉得这才是庐山真面目，可惜没有照相机拍照。

石阶小路是乱石镶砌的，一块一级，都有八九寸高。有的石块放置不牢，踩上去吓一跳，又是下山，不能不格外小心。左膝疼痛加剧，全腿受累，纯乎是拖着走的，每下一级都要侧着身子，找好适宜落脚点，让身体的重量都落在右脚上。好不容易挨到涧底，转一个山嘴，脚下又是一道深长的峡谷，两边照旧石山壁立，高耸云天。"正在万山圈子里，一山放过一山拦"，不知经历几座山，几条涧，两座上凸下凹，如同狰狞恶鬼般的石山立在路边，一边一座。石磴路不是向山外去，而是向山内钻，像是要钻到恶魔胯下去。刚过这一关，突然一个急转弯，一石悬立像座倾斜的房屋，低的一头正擦着小路，好像随时准备俯冲下来，把行人压成齑粉。上视天穹，仅得一线（记得有本书上说庐山有"一线天"，我疑心就是这里了）。倘若巨石滑动，行人插翅难飞，险哪！

过了这道鬼门关，"一线天"稍稍加宽，脚下却仍然是深深的峡谷。这时我感到浑身疲软，左腿痛得不能举步，索性坐在石阶上。打开导游图，也不知到了什么地方。看看手腕上的表，已是三点半，估量已走了一半路程。望望峡谷间的石阶小路，前无行人，后无来者，正不知何处是尽头。从梭子岗一路下来，不曾遇到一个人，那洁净光鲜的石磴表明好长时间无人踏蹬。忽然闪出一个不祥的念头：如果左腿拖累，把我抛在这杳无人迹深山峡谷之中，怎么办？发个什么信号，比如火光、巨声，让山下人来抢救吧？但是用什么来点火、发声呢？何况谁知道这里离山有多远呢？转而又想：万一不能走，爬是能爬的。日本登山运动员在我国西藏遇险，冻饿了十九天还能活下来……想到这里，霍地站立起来，拖着剧痛的左腿，一步一步朝山下挪去。

终于挪出峡谷，天空豁然开朗，眼前丘陵起伏，远处田园村舍，更远处一片水光，啊！鄱阳湖。回望高高的鬼门关，两个恶鬼仿佛在无可奈何地叹气。遇见一行樵夫正负柴下山，一问，才知道那叫"南山崖"，经攀谈知道他们是山下周家湾的，还说那里有座观音桥，也很有名。哦，我记起来了，李四光不就是根据桥下岩石被流水冲刷的情况，从而推断庐山是因第四纪冰川的作用形成的吗？周恩来总理和放牛娃周桂花照相，不也在观音桥边吗？他们邀我去看观音桥，我婉言谢绝了。

山路在丘陵间起伏，左脚仍旧痛，但已能硬拖着走。不一会儿来到五老峰下，陡峭峥嵘的一列石峰，活像几位并肩而坐的老人，在观赏鄱阳湖的风光，该到海会寺了。寺在什么地方呢？路经一片房屋废址，看样子以前是座大寺庙。大树下有几个歇脚的人，上前打听，知道这是白果寺遗址，抬头看树，果然是白果寺（银杏），一树嫩叶，无限青春。树下有萌发的嫩枝，采了几片叶子放进挎包。

终于到海会寺了：山门大匾丹书"真面目"三字，进去是一片废基，应是当年的大殿。周围残缺不全的几间僧房，时刻准备倒塌。和尚师父踪影全无，俗人也不见一个，彻底的一座毁寺。亏小册子和导游图的作者还津津有味地拍照介绍。"天山名山僧侣多"，据说庐山寺院多时达数百所。现在大概只留下山北东林寺一所，也是近几年才整修的。

海会寺往下一点是九江市师范学校，过去也是有名的地方（蒋介石办的军官训练团就设在这里）。从这里看五老峰，最清楚而又完整。学校周围松树很多，在这里看"巢云松"是极其方便的，不过，"青天削出金芙蓉"的景象大约要待朝霞初起的时候，我没有李白那样的眼福，所看到的是"蓝天削出青芙蓉"。

五老峰下茶园很多，沿路遇到三五成群的采茶姑娘，人人提个篮子，默默地采茶。当有行人路过，就站着看，红红的脸蛋，粉红的衣裳给绿丛一衬，越发美丽。那茶丛不知道采过多少次了，看上去老老蔫蔫的。可是采下嫩叶经过加工、装在塑料袋里，就成为"庐山云雾茶"。摆在玻璃橱窗里，外来的游客都喜欢买几包带走。

四点半抵海会，艰难地在小街走过，正想打听公共汽车站，忽然有人叫唤。呵，原来是钜同学，他毕业后分配在这里教书。卧房临街，从窗户看见我，几步奔出来把我拉了进去，坐在椅子上，我才知道全身有那么疲劳困苦，感觉到眼珠凹进了许多。口又渴，连喝了三碗盐开水，又讨了块膏药贴在左膝上，这才缓过气来。谈了些报考研究生的事情，就问末班公共汽车，果然是五点到这个终点站，然后返回。他再三留我过夜，我坚持要走，无可奈何，便把我送上公共汽车。

也许是末班车的缘故，车上乘客寥寥无几，路上车辆稀少，司机加大油门，一路猛进。一个小时后，我回到学校，勉强洗了个澡，倒在床上不能动弹。第二天、第三天仍是浑身酸痛。幸而左膝涂了几回"正骨水"，很快复原了。我知道这回硬游，把自己这一百多斤逼急了，累苦了，受些报复是应该的。

二三十年来，为了生活我爬过许多大山小山，但游览名山却还是第一次。独自一人，从莲花洞始，到海会终，整整步行十小时，这样的独游、苦游、硬游、怪游，在每年数十万计的庐山游客中，恐怕是不多见的。近几年，我常常在书籍堆中悚然而思：这样的书斋生活，会把人的青春消磨殆尽，使人"不知老之将至"吧？如今证明我的意志和体力仍然是青春的。我想，庐山也不过如此，虽然不过是在庐山群峰中兜了个小圈子。

（1983 年写于九江师专）

云居山真如寺游记

一九八三年春天，我带领师专一群毕业生在云山脚下的一所中学实习。云山又名云居山，是永修境内第一大山。山上有名刹真如寺，是高僧虚云圆寂之地。到校之后，我们就听到关于这所寺院和虚云和尚的许多传说，不止一次亲眼看见下山搬运给养的和尚师傅。晚饭后，我们在昌浔公路上散步，仰望这座云雾笼罩的巍巍巨山，都在想：什么时候上去一游吧。终于，我们选定了一个星期天，作为登山的日子。

这天天气阴晦，像要下雨的样子，然而并不影响我们的游兴。八点钟，一行十八人沿着一线小路兴致勃勃地向山上进发。虽然有公路通山上，但迂回太多，步行者多选择小路上去。进入一个草木幽深的山谷，小路开始盘山而上，两边杂草丛生，枝条交互，有时像两堵高墙，有时像一条隧道，厚厚的腐叶散发出一种特殊的气味，大段大段的树干朽坏在树丛中，令人惋惜不已。屈屈闪闪地攀登了半天，也不知到了什么地方，后来才知道沿途有打虎岗、英雄岭、好汉坡几个地方，只听得画眉鸟清脆悠婉的啼唤。王籍（南梁诗人）的怪句"鸟鸣山更幽"，此时是最容易体会的。过了一段横排，坡越来越陡，尽管都是血泡也似的年轻人，也渐渐吃不消了。有人开始气喘，有人脱下毛衣，有人捡起树枝当手杖。说说笑笑的声音越来越少，队伍越拉越长，终于断成几截。为了照顾两个女同学，我们五六个人落在最后。这两个姑娘，一个家在庐山，从小爬惯了山，并不在乎什么。另一个是永修县城来的，第一次爬这样的山，身子一累，有些不适，就慌了，看样子不想走了。于是我叫大家停下来，就地休息，鼓励她，"世上无难事，只要肯登攀"，实在不支，也不必惶惧，同学们会"保驾"的。她向来是听话的，休息了一会，果然振作精神随大伙上路了，而且再也没有掉队。我们没有向导，碰到两条大小差不多的岔道，不知该走哪一条，也不知道前面的同学走了哪一条，四顾皆山，万一走错了，怕一天也出不去，不由得埋怨前面的人赶得太急，竟不等人到齐了会商会商，只好捡稍大些的路走。正提心吊胆，忽见坡路上现出几个黄色的字样："加油，快上!"咦，近前一看，是用山樟子花摆成的，还散发着一股清香呢，真是别出心裁的好标语，我们一下子都明白了，笑着，猜测着是谁的字体，那脚步也更有劲了。

再往上走，树木渐渐稀少，山石渐多起来，转过一处石坂，境界豁然开朗，回望来路，啊，一幅绝美的画卷，从山麓向天边铺展，那岗峦，那盆地，那水库，那村落，那公路，多么清晰、细致，好像精巧的工艺品，淡淡的阳光照着盛开的油菜花，黄灿灿的，东一块，西一畦，与黛绿的山，晶亮的水相映发，向遥远的天际延伸，直至消失在茫茫雾霭之中。骋目远眺，数千里风光，一览无遗，正是春光似海，山川如画，怎不令人心旷神怡。队伍顿时活跃起来，我们惊叹着，指点着，欢呼着，情不自禁地歌唱起来。

再上去，小路终于接上了公路，先期到达的十多个同学正在路边休息、等候，这里上有高山，下有深谷，公路恰是半山腰的一根带子。奇怪的是，它不再往上盘旋，而以不大的坡度向下延伸。原来真如寺是不在云山顶峰，而是在云山南麓云居山山上的一块盆地上，它就坐落在这块盆地的北沿。顺公路转过一座山峰，下一道缓坡，迎面一块漆成白色的大木牌，写着"云居山游览示意图"，上面标有各游览点的方位、路径。旁边几间小屋子是小卖部，饮食店，不远处还有一个群落的砖瓦房，看样子，像是个林场。一个年轻的女子坐在小卖部门口织毛衣，见我们过去，便起身接待，有几个同学买了些香槟酒、香烟，干粮是各人都从山下带了的。

按照示意图的标示，我们首先就近参观虚云禅师舍利塔。所谓塔，其实就是漂亮的墓碑，全用水泥浇注而成。它以青松为背景，矗立在高高的水泥台基上，颇有几分气势。塔上镌文和塔前木牌上的说明文字告诉我们，虚云禅师俗姓萧，名古岩，法字德清，法号虚云，又自号幻游老人，湖南湘乡人。生于1840年，林则徐烧鸦片那一年。他出生在一个官宦家庭（但他是庶出），自幼不喜儒书、厌弃俗务，十七岁出家。嗣后遍游名山大刹，终于成为一代高僧，曾受光绪皇帝的敕封："佛慈宏法大师"，中华人民共和国成立后被中国佛教协会推为名誉会长。1953年，来云居山，重修真如寺。1959年在寺中圆寂，终年120岁。如今塔底的地下宫里还藏着他的舍利子（指节骨）若干和光绪皇帝赐给的三枚佛鑑。我们站在舍利塔前，不由得对这位枯竭修行的百岁高僧肃然起敬。

从舍利塔下来，往左拐，来到一处山口，路旁有旧石碑，刻"赵州关"三字，前临一圆形池塘，大不过二三亩，四边枯草狼藉，池水却清澈见底，微风拂过，泛起粼粼细浪，这就是号称"微波不兴"的"明月湖"，据说是虚云大师当年的放生池。面对这样的"湖"，这样的"关"，同学们不由得有些失望，游兴不觉为之一蹶。幸好山灵物异，有人发现路边几株怪松，它们跟常见的马尾松不同，树干粗而不高，基部表皮开裂，但不见脱落，上部光滑而略显白色，好似树龄不大的枫树，枝叶却分明是松树的，只是尽向水平方向长，引起我们的种种猜测和争论（后来知道那叫华山松）。

从"赵州关"进去，是一块完整的盆地，四周皆山，却都不高，中间是一丘丘冬水田，半里外的小山岗下，有一片高低相间、左右对称、檐脊有些异样的建筑群，正对着赵州关。一个砍柴的小姑娘告诉我们，那就是真如寺，想不到大名鼎鼎真如寺竟是在这样一个山不高、水不深、毫无奇险幽深可言的开阔地方，大家感到几分意外。沿一条印着吉普车车辙的大路进去，到了一处小山嘴，一条二米来宽的小小溪流留住了我们，它叫碧溪，溪水不多，果然澄碧，有石板桥架溪上，号佛印桥。桥边凿石为床，传说是苏东坡与寺僧佛印谈过心得地方，所以叫"谈心石"。石上镌"石牀"二字，石壁上刻着"幻游老人"（即虚云师）于"佛历2984年"所撰的序和颂。序文记述了谈心石的由来，颂词有八句，第五六句是："四海欢腾尧天日，泽被苍生庆和平。"颂词的意思不难理解，只不知当年苏东坡与佛印和尚谈些什么心，可惜没有带《东坡集》来，不然，也许可以从中找出有关的信息来。

又过了几丘冬水田，我们来到真如寺前，几株银杏参天挺立，大的一株要六个人才能合抱，传说是唐代道膺禅师手植的，至今一千多年了。树心已经朽空，而枝条却那么繁密，虽是落叶时节，也不难想见夏日的浓叶。另一株，其下有泉，号"慧泉"，也许正是慧泉的滋养，使它们千载常青吧。

上一道台阶，我们来到山门前，门额有匾，题曰：敕赐真如禅寺。究竟是哪朝皇帝敕赐的呢？读了墙上木牌上的文字，我们才知道这座寺院创建于唐宪宗元和三年，当时叫"龙昌禅院"，宪宗赐题。北宋大中祥符间，真宗改赐"真如禅寺"，从此沿用至今，在它的鼎盛时代，寺中僧徒曾超过千人，为江右名刹，后来衰落了。1953年，在党的宗教政策保护和扶持下，虚云大师重修真如寺。这就是我们现在见到的真如寺。它是江西省首批文物保护单位，全国重点开放寺院之一，不但在国内，甚至在国外都颇有影响，然而"文革"期间遭受严重破坏，殿堂十毁七八，佛像、法器荡然无存，僧侣遣散的遣散，专政的专政，改造的改造，历尽几多厄难，真如寺真要寂灭了，直到最近几年才由政府拨款着手修复，永修县特地在寺中设立"云山管理处"，负责修葺工程。到底是江右名刹，寺院规模不同寻常（占地面积据说达一万平方米），虽然经历"文革"的大洗礼，仍见殿堂楼阁高低参差，廊庑道路曲折回环，外围还有许多附属建筑，有的已经坍塌。从山门进去，我们首先来到大雄宝殿，这是全寺的中心。然而空空荡荡，冷冷清清。一隅挂着一口大钟，神龛边的木架上放着一口大铜磬，一个大木鱼，涂成红色，都是新近重造的。几个小伙子手痒难禁，想试试它们的音响，被另几个同学制止了。殿内正在塑菩萨，堆着几个木架子和一大堆筛过的黏土。十八罗汉已经塑好，排列在两边，有的狰狞可怖，有的和善可亲，有的攒拳怒目，似欲搏击，有的闭目托腮，似在沉思，个个栩栩如生，身材也跟大人差不多。那眼珠子不知是什么嵌的，尤其炯炯有神。神龛左右的墙角，又有两尊，一尊手持莲花，骑坐在象背上，一尊手持如意，骑在狮身上，当是普贤文殊。如来佛暂时屈居神龛背后。这位至高无上的救世主，端端正正地坐在莲花台上，表情庄严而又慈祥，略略俯首，似在凝神遐想。这些泥像带着几分朝气，没有施彩，一律呈黑褐色。它们的塑造者，据说是从浙江请来的师傅。这个时代尚有如此高手，委实难得，可惜都吃饭休息去了，没有看到他们塑造时的情形，为一憾事。

后院有一较小的殿堂，桌上摆着不多的一些菩萨，瓷质的居多，也有金属的，木雕的，一个个五光十色，铮亮簇新，表明它们享受人间烟火为时不久。桌前设钟磬之属，比大殿的小得多。地下疏疏落落地摆着几十张拜垫，靠床是一列四四方方的小床，是打坐用的禅床。据了解，全寺现有僧徒五十余人，有年登耄耋的老师傅，也有二十左右，出家不久的小和尚，他们也有分工，烧香上供，作田种菜（寺院有田产），各司其职，年轻力壮的争取自食其力，年老体弱的政府按月发给生活费。他们一天做两场佛事，一场从凌晨四时左右开始，中午结束，一场从下午四时左右开始，午夜结束。这时第一场佛事刚结束，他们正聚集在斋堂进午膳。我们好奇地围在门外窥望，只见七八排长长的食案，老老少少端端正正地坐在案前，每人面前一个大陶碗，司膳的和尚抬来一木桶米饭，一瓦盆青菜，均匀地分在每个人碗里。他们穿的是毫无光彩的灰布衣，襟大袖宽，长及膝盖，没有领子。在膝以下是一双灰布袜，把裤腿都裹进去，与灰布鞋浑然一体，像是打好绑腿准备远行，又像是远行刚刚回来。他们的衣着是灰色的，脸也是灰色的。这种清净寂灭的苦行生活，在常人眼里是无法忍受，甚至不可理解的，然而他们天天如此，年年如此。什么春光秋色、贫贱富贵，都与他们无关。我们好奇地望着，想着，他们为着什么而出家？他们所追求的"真如"是什么？我们很想找个师傅谈谈，尤其是那刚出家的小师傅。但他们正在吃饭，不便启齿，于是退了出来，这时才发觉自己也肚子饿了，便各找地方打尖。

吃过东西，又各处走了一遭。只见毁坏的房屋正在翻修，到处堆满了砖石材料，百十个建筑工人在一厢吃饭。我们参观了油漆一新的藏经楼，里面有一尊木雕如来，还没有上漆，两边是巨大的经柜，院子里有几株新栽的花木，形态不凡，不知是什么珍品。信步来到山门内，但见柱子上贴着一幅残缺不缺的红纸对联，有八成新，一边的残字是："……冷山门，接张待李……这头陀，得意处有什么来由……"另一边剩下："……空布袋，少米无钱……檀越，信心时用何物供……"看那口气，既像是揶揄，又像是同情，不知是何处善男信女所为（据梁绍壬《两般秋雨盦随笔》卷二："某寺弥勒佛殿一对云：'年年扯空布袋，少米无柴，只剩得大肚空肠，为告众檀越，信心时将何物布施？日日坐冷山门，接张待李，但见他欢天喜地，试问这头陀，得意处有什么来由？'禅机活泼，不嫌其俗"。正可填补残联）。正寻思间，来了一个小和尚，我们围上去同他攀谈起来。这个小师傅看上去只有十七八岁，个头壮壮实实，他自称是湖北孝感人，出家才三个月，在家是种田的。我们问他为什么出家，出家的目的是什么？他不假思索地回答说："了生出家就是为着了生"，年轻轻的就奉行"了生"主义，我们都感到骇然而又茫然，问他莫非有什么不幸，他说没有，这个年代对于十七八岁的青年，似也确乎没有什么不幸。又问他是不是想躲在寺中练武功，就像电影《少林寺》里的那样。他微笑着摇头否认，我们也从来未曾听说过这座寺院有练武功的事。他说来说去，是"了生"二字，似乎参透了其中的禅机。可是，当我们问他什么叫"了生"时，他竟瞠目结舌，说不上来。哦，所谓"了生"，大概他刚刚学来的一个术语吧，我们想。忽又想到，有些年轻人出家一两个月就还俗了，于是问他："您打算出家多久？"他略为迟疑了一下，说道："现在还讲不定"，一句话引得众人都笑起来。他很不好意思，脸唰地红了。我连忙替他解围，问他寺里有多少师傅，主持的老师傅是谁？他说方丈叫悟源，是虚云的徒弟，今年八十八岁了。我要他引见，他答应了，人多拥挤，我吩咐同学们自由活动，有的便用自带的照相机拍照，有的则掏出笔记本记些什么。

我和几个同学随着小和尚来到后院的一间小屋子前，敲了几下门，没有响动，以为里面没有人，刚要走开，门却开了，出来一个身材瘦小，面貌清奇的老师傅，这就是悟源禅师。我们说明身份，向他致意，他合掌还礼，邀我们进去。屋子不大，一榻一桌，几张凳子，墙上挂着一张尺多长的照片，原来他是中国佛教协会的会员，那照片是他前年在北京出席佛协会议时，阿沛阿旺晋美、班禅额尔德尼等领导人接见会议与会人员的合影。通过交谈，我们知道他老家在赣县，十多岁出家，到过许多地方，来这里已有四五十年。他说到"文革"运动对寺院的破坏，说到近几年来，政府对寺院修复所作出的努力，说全部工程要两年后才能竣工，到那时，寺院面貌将大大改观。听着听着，我们觉得他是一位和善可亲的长者，而不是断绝情缘的出家人。最后，我们邀他在山门外与全体同学一起合影留念。

当我们学着主人的样子，合掌向悟源禅师告别时，已经是一点半了，一行人穿过田垅又来到明月湖边，回首真如禅寺，一片灰色的建筑群，静静地躺在盆底的那一边。不知什么时候，云居山起雾了，雾气向着一个方向推进，淹没了座座峰嶂。在山下看来，也许就是云吧，只不过它并没有要居的意思，想聚就聚，要散便散，犹如那小和尚，来去是"讲不定"的。穿行在云雾山中，虽然望不见山下的画卷，近处的景物还是可以看得清楚。正是仲春时节，各种山花野卉次第含苞开放，那被称作"云山魂"的杜鹃骨朵累累，漫山皆是，我们每人采了一把，擎在手里，准备回去养在花瓶，作为这次春游的余兴吧。

（1983 年写于永修云山中学）

我的第一个书架

30多年前，在最不该读书也几乎无书可读的时候，我有过第一个书架，一个不同寻常的"织机书架"。

那时，教了半辈子书，为人诚实本分的父亲，遭诬陷被划为"黑帮分子"，接受"群众专政"的管制。一场抄家之后，屋里稍起眼的衣物，家具都被"贫宣队"劫掠而去。唯有一件堪称传家宝的半旧毛衣，父亲穿过又给我穿着上高中的，还有一幅新缝的糙白布的被单，万幸漏网，被我偷偷转移到远村出卖，得了10多块钱。大难之后，家中一无所有，有时连火柴，食盐都买不起。弟妹四五人，个个衣衫褴褛。我自恃体强，一年中总有七八个月光着身子下地，仅穿一条短裤衩，由此得了"赤膊鬼"的绰号。当时拿着这笔"走私"得来的钱，不知该怎样分派用场。我想：反正不让人过日子，索性不过日子罢。于是走60里山路，到县城逛书店，买下一册已显陈旧的《米丘林选集》。不久，又从上海邮购了一套《农业生产技术基本知识》，精装二巨册，煞是堂皇。此后一发不可收，瞒着家人用布票换钱，买得《赤脚医生手册》一部；去石灰厂做苦力，上山挖草药挣钱购来《马克思恩格斯选集》和《列宁选集》各一套，连同原有的《毛泽东选集》，以及亲友赠送的《呐喊》，《彷徨》等鲁迅著作单行本，居然有二三十册可读之书。这些书连同几件破旧衣衫混在一起，狼藉半床，每夜临睡总得收拾一阵，很是费事。于是想到做一个书架，代价是拆毁家中一张木制织布机。

赣南家乡一带历来有种植苎麻，用它为原料纺纱织布的风俗，许多人家都备有手工织布机，多属木制，也有铁制的。农闲时节，村坊间到处纺车吱吱，梭声札札。织成的土布除自用之外，有商人收购，转销外埠。家中这张木织机大概是父亲年轻时置下的，幼时我总爱爬上机架玩耍，弄坏不少机件。后来被搁置在高高的屋梁上，历时既久，蛛网蒙络，尘封数寸，连抄家的"贫宣队"也没有动它一下。这个被时代淘汰的庞然大物，天生与翰墨无缘，不知怎么被我看中，竟要用它装点斯文，也许这就叫"穷则思变"吧。不必同家人商量，请来村中木匠，拆下它奇形怪状的躯体，添几块旧木板，勉强拼装成一个简陋的书架：五尺来高，宽约四尺，设五层，框架上处处遗留织布机榫孔的痕迹。此架放置床头，随意从架上抽本书翻翻，便是再好不过的享受。冬天农活较轻，人不觉困，夜里点盏小煤油灯，在两叠砖头半块门板搭成的"书桌"前读书抄书，常至鸡鸣。每有感兴，兀自扬声诵读，神至所专，不知人间何世。那些年，面对厄运我曾经强烈地抗争，在痛苦中彷徨，在彷徨中呐喊，终归于寂然、默然、坦然、豁然，或许就是靠这点读书"涵养"之功。遗憾的是架上书太少，几乎见架不见书，就像饿得只剩下一具骨架的大汉。

后来，父亲平反，重返课堂，不久便退休。我也有幸离乡进城，从研究生到教授，日与群书周旋厮磨，不觉20多年。至于书架，早已是司空见惯，不复留意。图书馆书库里森森排列的千百书架自不必说，寓所中也有4个大小不等的自备书架，新近迁居又添了几列书橱。历年购置的数千册文史书籍充塞其上，再也不必为有书无架或有架无书而犯愁。但回首往事，检点自己读书生涯的时候，总忘不了留在老家的那个"织机书架"，犹如忘不了一位曾经为我作出牺牲的患难之交。《尚书·盘庚》说："人惟求旧，器非求旧惟新。"文明日进，器用日新，也许将来，电子图书最终取代所有的印刷书本，书架自然不复存在。但即使到那时，我仍愿有人知道这一段"织机书架"的往事，知道读书人曾经有过怎样的岁月。

（原载 2003 年 3 月 12 日《中国教育报》）

第八编

日记

一九八三年

一月一日

突然想到日记，上高中时，写过一两年，回乡后都毁了。"文革"十年中，除写了几十封翻案信和几首土诗外，什么都没有写。入学后曾想再写，终于没动笔，心想参加工作再写吧，可是来这里一年了，还是没记一日。往者不可悔，来者犹可追，那就以今天开始吧。

今天是国假，学生们走了大半，饭厅和宿舍里都显得安静，甚至有些冷清。上午坐在窗前复习文抄，下午晚上也是。年前打算开始完成那篇《袁枚散文》，再写篇别的什么。临睡前，忽然想结集一本读书记，题作《杂览漫掇》，笔名用"万杉"，因为这里的老地名叫"万杉山"。

一月二日

也许是意志脆弱的缘故，我容易流泪……读书也注意"涕泣"之类的内容，如读李白诗，最难忘"平生不下泪，于此泣无穷"二句。最近整理杜诗，至《白帝》"哀哀寡妇诛求尽，恸哭荒原何处村"两句，尤难忘怀。世间伤心人之声，无过于"寡妇夜哭"，于是又从杜诗和其他集子里收集了此类材料，附杜诗之下，这是上午的事。下午工会孙同志来，触发了我的住房牢骚，旋又后悔，因为这无济于事，而且使人心志低下狭窄。前几天读到清人"养浩然之气于蓬荜之中"，还想把它改成"于斗室之中"，书为座右铭，贴在墙上呢。

一月三日

全天读笔记，辑附有关资料，打算日后编一本类书式的《秀句妙词》。早就听说余冠英编了本什么古语句典，可至今不见。昨晚忽然想起第三次全国人口普查数字，手头不可没有，于是到图书馆抄回了一堆数字，附在中国地图册上。下午袁老师来交代联系实习之事。谈完工作，袁老师翻了几本笔记，说是要看看我怎么做学问。

一月四日

上午十时许离校，赴马回岭联系下学期实习事。天雨，进城后跑了书店，无可买者。

一月五日

全天读笔记，移录历代作品选抄附文字（从旧的一套移抄新领的大三十二开那套），几套书纸质极劣，没有几本稍满意的。

一月十三日

上午坐斗室中读《全宋词》，走廊里爆发一阵猛烈的踢门声，实在令人忍受不了。这种环境中，什么也做不了，至多看看抄抄。往日在师院嫌火车闹，不料想这里比火车闹更可恨十分。

一月十五日

上午读《全宋词》。

一月十六日

上午到阅览室翻了一会画报，聊作消遣。

一月十七日

《全宋词》读完一二册，都是花间樽前的软语低唱，壮词没有几首，佳句没有几句，读之令人气靡志消。

一月二十九日

昨天下午阅卷毕，决计南归。……列车进南昌站，已快十点。买好三十一日汽车票，寄顿了几件行李，提着茶饼和封缸酒，在街上兜了一圈，买了副眼镜，一本《辞海》分册（历史地理）。三点半将送给几位先生的酒饼留下，旋至教院找陈老师。

一月三十日

昨夜与陈老师拜会系主任汤老、副主任彭老师，向他们谈了调系里工作的愿望，汤老表示欢迎，彭老师也基本同意，但说要试讲一下。夜间遵约在曾师兄家吃住，与王师兄等一聚。饭前拜访了胡、陶二位先生。胡先生给看1982年诗作，稿纸恭楷书写，厚厚一本，总在百首以上。向陶先生谈了在九江的窘境和调离的打算，他极表同情支持，说如果教院去不成，他将跟胡先生联系，调回母校来。先生真是我的第二父母。

二月二十二日

全天备课（元代文学）。素不喜才子佳人戏，也只好硬着头皮。

二月二十三日

下午陈老师来。他是比较关心我，帮助我，为我所敬佩所感激的一位好同事。

二月二十七日

上午备课，下午读《新华文摘》。刘某某的报告文学最耐寻味。后来，他发表了好几篇很有影响的报告文学长篇。这期有他的一篇。刘文特点，一是胆子大；二是资料丰富，上层下层，外表内幕，他想知道的都能掌握，用起来又得心应手，许多零碎不相干的资料他也能串联得起；三是常常插进一些口气很大，挖掘很深的话语，耸人听闻，引人深思。读他的文章真像闻雷触电。然而紧张有余，轻松不足；谨严有余，优美不足，若能一张一弛，亦庄亦谐，则尽善尽美矣。

三月二日

上午理发，读《鲁迅传》。

三月二十七日

上午读《人性的证明》。读至末尾八杉恭子自白部分，为之流泪。世界上没有什么比母子之情更感动人的。小说面铺得开，也挖得深，把日、美等国的社会弊病几乎都暴露出来了，读了发人深省。多年没有认真读过一部现代小说，读过也多半无动于衷，今天算是一个例外。

三月二十九日

上午听课两节，下午听课一节，其余时间写《云山实习琐记》。夜读《台湾小说选》，入选22篇中短小说，是台湾地区作家二十世纪六七十年代的作品，各种题材都有，都是揭露小说。通读全书，觉得语言上的共同特点是粗俗，夹杂一些日语词汇，方言多，生活气息浓。语言嬉笑怒骂，玩世不恭，可笑；主题内容惨痛，可泣，与大陆作家风格不同。

第八篇 日记

三月三十日

吃晚饭时，李同学交来一份讲稿，不由想起这位同学的一些表现，从不参与一切喧嚣热闹的活动，有时间总是独自默默地看书备课，写东西。星期天其他同学看电视玩扑克、睡觉，就他一人躲在备课室学习。晚饭后散步顺便看完讲稿交还他，还见他一人坐备课室灯下备课。此生胸有大志，心又静，将来必有成就。

三月三十一日

上午听两节课，其余时间写怀念祖母的文章，勾起了许多往事。早就想写一部自传体小说，这么多经历不写，觉得太可惜，先耐心写好这一篇吧。林志浩教授每晚写五百到一千字，在一年多的时间内，写成《鲁迅传》37万字，这种方法很值得学习。是写作思考的时候了。

四月八日

今夜看毕《骆驼祥子》归来，蛙声一片，离开家乡，许久未闻了。《骆驼祥子》是部好电影，旧社会大都市劳动人民的悲惨生活都反映出来了，真实，没有看出虚伪的破绽。人物说的是地道京片子，结句喜用"嘞""啰"。也看到了古老的北京：胡同、四合院、旗袍马褂、人力车、八抬大轿。

四月九日

接连几天审阅学生的讲稿，面目雷同，板不可耐，都是从统一的参考资料上抄来的。这些日子有空就读《新华文摘》。

四月十日

书架终于完工了，高6尺，宽4尺2寸，深1尺2寸，六层，每层中有隔板，足可庋书千册。日后能有一间住房，往中间一摆，前方书桌，后置床铺，最是称心。

四月十一日

上午八时开全体会，布置总结鉴定工作。某某迟到几分钟，狠狠地说了她几句。有的同学散漫成性，每次集合做操拖拖拉拉，全无年轻人朝气，为之惋惜。我是"雷厉风行"惯了，无论大事小事，说干就干，说停就停，决不苟且拖延。有时不为人理解，也想稍稍改变，随众，毕竟还是不能。我们的生活环境，时间太不值钱，上班、上课、开车、开会，拖延几分十几分钟，微不足道，反之，倒认为是不正常的怪人，实在可恨。

四月十五日

下午第三节课开始，给高中几个毕业班学生讲"谈谈古文自学"，历时一个半小时。前一部分讲学古文的意义，讲到这些年青年古文基础差时，举了些例子，如夏衍的信，去年高考评卷，"不甚感谢"的招贴等，引来哄堂大笑。后部分讲怎样自学，因为是现身说法，同学们都听得很认真。

四月十七日

今日搬家，上午打扫新房，这是一间工具室，紧靠抽水房。原来门通抽水房，现在把这道门钉死，在原南窗位置上另开一门。听说是于校长想的办法，也真难为他了。下午叫江同学帮忙，书架、寄存的几个箱子等全部搬来了，把个12平方米的屋子塞得满满的。比原先的屋子宽多了，而且环境安静，确实是好地方，只是安全大成问题。

四月二十一日

整日伏案读书，准备"唐宋文比较"材料，拟从理论与实践（作品）的同异及其原因等方面去探索，理论方面主要是文道关系，作品方面主要是题材（内容）、体裁、风格、修辞方法等。

四月二十三日

读了几天古文，"唐宋文比较"还是茫无头绪，找出了一些资料，好像不能说明什么问题。

四月二十四日

昨夜枕上确定"唐宋文谈"这个题目，早饭后动笔写第一部分"古文运动"，这个条目早就烂熟了，毫不费力，只是最后的"唐宋文比较（异同）"用了些思索。

四月二十八日

今日返九江。乘校车进城，在江西宾馆前下车，行至古旧书店，门关着。八点半了，店门仍虚掩着，店员们在开会，硬着头皮闯进去看书，选了本《芥子园画谱》，说明要赶火车，请求照顾，店员们也就破例办理了购书手续。在南昌商场买了件白色涤棉衬衣（这是生平第一次买成衣，价 8.25 元）。

五月六日

读《鲁迅全集》第一卷。

五月七日

读《鲁迅全集》第一卷，发现收入的作品，只有摩罗诗力等几篇是二十七八岁作的，其余都是三十七八岁以后的作品，鲁迅也是晚成之器。知道这一点，很有些轻松，觉得自己还有希望。记得小时候父亲讲周瑜 12 岁挂帅，以此批评我不能猛进，我则以还不到 12 岁自辩，如今是三个 12 岁了，小兵也没当过，将何以自解？

五月八日

上午在阅览室读今年 1~4 期《新华文摘》，第 4 期有一篇介绍梁启超史学思想的文摘，较全面，亦述而已矣。人物传记、回忆录有几篇可读，这类文章向来是我爱读的。下午读《鲁迅全集》，决定采用过去读马列经典的办法，边读边摘录，然后分类誊在笔记本上。

五月十日

上午讲明代戏剧。古代文学中，戏曲素不好，没有认真读过一个剧本，然而要讲。元杂剧也不知怎么讲过来的，如今又是明传奇，生疏得很，肤浅得很。于《牡丹亭》剧情稍熟，虽然头绪繁杂，总算没有讲错乱。

五月十五日

整日闭户抄古代汉语笔记。

五月十七日

课间休息，在李老师房间读《江西文艺界》，内有傅修延两篇，一篇谈当前文学评论，一篇谈作品标题，文字颇老练，材料也丰富。又有一篇《赣南文讯》，说周书文、万陆等整理的《魏禧集》，已列入江西人民出版社出版计划。

五月十九日

古代汉语笔记两册整理誊抄完毕。自编字典、词典、语典、事典是个好办法，多编自然熟了。古汉语还须下大力用功。

五月二十三日

仍读《鲁迅全集》，至北京女师大风潮阶段，作者对章士钊、陈源之流的讽刺揭露真叫人痛快，然而又觉得说话太刻薄了些，到处都是冷箭。

五月二十四日

上午晚间都读《鲁迅全集》。

五月二十九日

《鲁迅全集》读至第五卷，已是1918年以后了，一路上只见他跟奸人吵骂过来。鲁迅一生树敌太多，招怨太多，而他全然不惧，有进无退，越老越硬。这样的硬骨头少见，甚至可说是仅见。这种战斗性格"玉成"了他的杂感、评论。如果他一生像"五四"时代那样，以写小说为主，或像郭沫若那样，多搞点学术研究，恐怕成就亦不在杂感之下。那些杂感，十之八九是精金利刃，但读得多了，也觉单调，头脑紧张，心情郁闷。太平之民把它当闲文来读，其实哪有闲趣。还有，他写了许多骂当局的文字，且骂得露骨，竟然都能发表，是慑于作者声名，还是其他人一样？其时当局为什么能宽容，值得思考。

六月二十一日

夜间为《鲁迅全集》诗歌作注（采周振甫《鲁迅诗歌注》），许多旧诗意思晦暗，各人猜测不一，周氏注似乎也未必尽妥当。他的一本《文心雕龙》注本，黄益元为之"指瑕一百例"。

六月二十九日

下午开始读《两地书》，开初有些拘谨，一本正经谈社会，谈学校，谈人生，慢慢就随便了。大人物也谈私房话，最严肃的人也随便开玩笑，真叫人不敢相信是同一个鲁迅，然而毕竟是同一个鲁迅。我所惊异的，一是二人通信何以如此之密，一来一往，从不间断；二是鲁迅竟然愿意把它交给书店出版。

天气不好，晚饭后未出去散步，屋后走了一会儿，继续读《两地书》。"桃花源"那新结识的小伙子叫孔祥益的，装着几袋西红柿来。他今年高一，说想报考文科，但本校没开文科班，因此想转学。又问要读哪些书？又想借书，根据他的程度、爱好，允代借短篇白话小说选等，约他后天晚上来取。

七月一日

整日读鲁迅书信，此公书信（《两地书》等除外）有个特点，人名多用自造的绰号、隐号，如冯（二马）、蒋（茭白）之类。1927年的信，对顾颉刚骂不绝口，抓住他的生理缺陷，极尽骂人之能事。顾对鲁迅固然有攻击，似乎不会及于人身。是非不可不论，人身攻击大可不必。

七月二日

鲁迅书信读至十二卷，多是联系编书，应酬索稿，结算版税的事情，也常谈到他的独生子海婴，一处称之为"孺子"，一处自称"孺子牛"。由此想起那首题为"自嘲"的打油诗及其名句"横眉冷对千夫指，俯首甘为孺子牛"，及"躲进小楼成一统"。联系那几年的书信，"千夫"应指那些文敌、谣言家，"孺子"应指海婴，"成一统"当指小家庭。那时鲁迅的处境和思想确是那样，并没有现代人所解释的"大义"在内。鲁迅我是崇拜的，但不愿看人们把他神化、偶像化。

七月三日

鲁迅办事精细，负责到底。与郑振铎磋商选印《北平笺谱》始末，是最好事例。其书信，不谈风景气候，不故意谈理论，多事务性的，有话则长，无话则短，是真正的私人书信。许多用语，如"奉到""奉闻""便中乞示知"等，拟汇集起来学习。

七月七日

上学期某日，两位老师来问《长恨歌》一注"国忠奉牦缨盘水，死于道周"，以臆断复之。今日读鲁集十三卷书信第528页，才知道那是大臣犯罪受杀的一种礼仪。鲁迅注："文章有误……其实应是'国忠牦缨奉盘水加剑……'据云大臣犯罪，用牦牛做的缨代替丝做的缨，盘中盛水，盘上摆剑，捧着这些东西，走到皇帝的面前，说'请处决罢'……出典见《汉书·晁错传》的注。"翻检《汉书》，实见《贾谊传》及注："故其在大谴大何之域者（师古曰：谴，责也；何，问也；域，界局也。），闻谴何，则白冠牦缨（郑氏曰：以毛作缨；白冠，丧服也），盘水加剑，造请室而请罪耳（应劭曰：请室，请罪之室）。"荀悦《汉纪·前汉孝文皇帝纪上》也有类似记载："大臣有罪，赐死而无戮辱。古者大臣有大谴呵，则白冠牦缨，盘水加剑，造请室而请罪于上，不执缚系，引而行。"不求甚解，强不知为知，教训深刻，谨记。

七月九日

夜读鲁集书信，谈到除青年时爱过李贺诗外，对所有中国诗都不喜欢。的确，他的文章喜欢谈野史，引经史言，却几乎没谈唐诗宋词，引其诗句的。大抵悠闲从容恬淡的文字宜于谈诗引诗，而鲁迅文章风格大都论战刺人，所以用不上诗，鲁迅也没有诗人气质。

七月十日

下午开读鲁集日记，出乎意外的简单，每日不过二三十字，有时只留"无事"两字。所记多应酬交往，书信收发，银钱收支，许多大事要事全无反映。即或涉及也不见前因后果，来龙去脉，更不用说评断感想。但于理发、沐浴、濯足之类小事，却似乎从不漏记。教育部工作期间，记载最多的是买书。

七月十一日

上午几个同学持簿来求留言，为题"勤勤恳恳教书，清清白白做人""青山一道同云雨，明月何曾是两乡"等。

第八篇 日记

七月十四日

上午进城。书店有一部新书，名《诗词曲名句选》，翻了一会，不合意。又有一本《中国之最》，虽嫌拣择不精，还是买下，以与《世界之最》作配也。

鲁集连同注释索引全部览毕，晚上开始重新翻检、核对、增补笔记初稿。

七月十六日

晚饭后，出后门至白水湖边散步，默诵王国维所说做学问的三个境界和鲁迅的两篇怪文篇题：《魏晋风度及文章与药及酒之关系》《由中国女人的脚，推定中国人之非中庸，又由此推定孔夫子有胃病（"学匪"派考古学之一）》，后一篇题尤其难记，回来又读了一遍。

七月十九日

自己也不知道什么缘故，到一个地方，总喜欢跟小朋友（小至二三岁，大至十多岁）接近，小朋友们也特别愿意跟我接近。散步路上，小朋友都混熟了，到一个地方就被他们围住拉住，要这要那，翻口袋，抢钥匙。

七月三十日

下午读《汉文学史纲要》，关于"古文尚书"真伪，以鲁迅所述较之范文澜、康有为、张心澂、朱自清诸说，又发现一些矛盾。这几年读书读得最糊涂、最头痛的无过于这一真假尚书案。鲁迅的这三篇学术著作——《小说史略》《历史变迁》《纲要》，特点是简要、精当，不过似乎分析不够。不过像现在某些史那样，分析出一堆熟烂话，倒不如少分析。

八月一日

重读鲁集已到十一卷，再读，因为有过一次印象，许多问题容易联想串通起来。

八月七日

重读鲁集毕。平生读书，唯此集与梁集费时最巨，盖卷帙多，文字精，素所崇拜也。夜读《日本文学史》（日文版），仍在邻室门口，露天之下。

八月八日

整理鲁集笔记，至下午作完"中国人与中国社会"部分，用眼过度，左眼觉异样。

八月十一日

整日抄笔记，已完一半。

八月十四日

鲁集笔记抄毕。下午开始读第三次，有前几次印象，这次明朗，有条理多了，处处触发牵扯，又可充实许多材料，计划三天读完，然后备课。

八月十八日

鲁集笔记正式告竣，历时近三个月。编排稍嫌紊乱，他日当重新誊正。

八月二十三日

上午读毕《梦溪笔谈》，下午仍备课。几部《诗经》都没有笔画索引，翻检不易，于是自编索引，至夜编定。另抄于几张纸上，粘贴于《诗经今注》上。晚饭后散步，与一般姓菜农交谈，得知此地殷、孔二姓较多，但一般没有祠堂，以历史不久故也。

八月二十五日

全日读《诗经》，摘了些句子。

八月三十日

晚上仍读《史记》，已至第三册，将《高祖功臣侯者年表》各种得罪的原因收集排列了一下，有些颇可笑，如"为太常，酒酸"也是废侯"国除"的根由。

八月三十一日

读《史记》至第五册。乐书（实则《礼记·乐记》）是一篇很全面而深刻的乐论，有所谓治世之音、乱世之音、亡国之音之分。

九月七日

全天读《史记》第七、第八册，《史记》文字有许多雷同的地方，最明显的是商君说孝公那一段，在另一篇也出现。还有就是同一事散见于许多篇，如高祖困于平城事，分散于几处写到，光看高祖本纪远远不够。立了几个题，看第二次的时候，把材料按题摘录下来。读第一次是尝新，有的地方画上一道红线，或写上几个字，以提示注意。

九月十四日

全日读《史记》，分类辑录初读做了记号的。

九月十五日

上午在资料室校《史记·乐书》（用《十三经注疏中的《礼记·乐记》）。

十月七日

上午授课二节，其余时间读《史记》。触发一个念头，积累移民资料，写一本《中国移民史》。秦汉两代（尤其是秦皇汉武）移民最多，有移边的，也有移富室入都市的，此外还有战乱、灾荒的迁徙、流浪等。于是录入"火花"。

十月八日

上午整理《史记》笔记（编目）。

十月九日

上午在阅览室看《文汇报》，下午继续整理《史记》笔记（又得将《史记》重翻一遍）。夜八时，授课班徐同学挟书来问怎样学古文，与谈一小时，小徐是个朴实的小伙子，武宁人，家在乡下。

十月十六日

上午备课，《尚书》《春秋》部分资料齐全，很顺手。

十月二十日

上午读《史记》，间读《王国维评传》。下午、晚间备课，间读王氏评传。读王氏评传，因生一想，浙江人搞浙江先贤传，江西也早就提出研究江西作家，而修水陈寅恪与王国维、梁启超同是当年清华研究院名导师，所谓三巨头，何不也来一个陈寅恪研究。作为第一步，收集遗文，编成别集，收集事迹，编成年谱，然后收集资料，撰写评传。又早就想写一本《梁启超文选》，到南昌再说吧。陈寅恪研究，也到南昌再吧说。这是两扇大大的冷门。

十月二十一日

上午授课。下课后在阅报栏前查抄几个杂志目录，拟订阅。下午读王氏评传毕。初步印象，王氏本身事迹不算多，但却能借以了解与他所交往的一些学者情况和文化上一些大事，如罗振玉、陈寅恪；西域木简、敦煌石窟、甲骨文等。评价也还中肯，偏重于学术文化，跟孟祥才的梁启超传不同。孟又出了本《王莽评传》。

十月二十三日

上午在阅览室读《人民中国》等，决意订购《新华文摘》《新观察》《文学遗产》。

十月二十二日

上午读《史记》，抄辑资料。

十月二十六日

上午进城，无书可买。为家里买两小册子，怎样养鸽，怎样养兔。买枕巾一块，1.43元，是最便宜的。欲买一双较廉的解放鞋，不得。近来学习放松，运动时间大大增加，早起跑步，下午打羽毛球，晚饭后散步，人的精神状态大有好转，今后当坚持。

十月二十七日

上午誊抄《史记》笔记，"太史公思想"部分完毕，共14点，基本上是文学史上未曾谈及的，还有6个部分待抄。看来读书还是要下苦功，要有心，要动脑动笔，泛泛而读，如过眼云烟，难有收获。晚饭后散步，被大孔家两小童扯着不放。回来时，二孔满满一车柴草散落地上，求援，因助之装载。邀往彼家坐坐，婉谢之。种田人是可爱的。八点半，图书馆傅老师来，与谈图书馆制度等。

十月二十九日

夜读《辞源》第一册，虽支离破碎，大有学问。

十月三十日

上午在阅览室读《新华文摘》。午饭后朱老师来，与语报考调动事。告之，本学期若调不成，便索回档案，申请支边，说到做到，决不食言。

十月三十日

上午授课二节，串讲"重耳之亡"，现烧热卖。自知不尽心，然而"陵虽辜恩，汉亦负德"。

十一月四日

上午授课两节，小刘听课。尽日读《辞源》。

十一月七日

上午授课两节。晚上，申老师来，取走《成功之路》。吃饭时他曾来还《逆境中的选择》，彼时我端着碗在礼堂前阅报，对这类青年修养书感兴趣的人不多，除他，不见第二个。

十一月九日

整日读《辞源》，颇有收获。读《辞源》的好处：一是纠正了许多不自觉的错误（主要是一字多音）；二是了解或温习了一些词语的出处和本意；三是知道一些字的部首归类；四是可积累一些资料；五是触发了一些念头（思想火花），当坚持读完，再做一回傻子。

十一月十二日

早饭后，渡长江，至小池口镇。在书店买得《中华大字典》《论语今译》（这是第三次渡江的唯一目的）。夜读《论语今译》，这大概是江西人民出版社出得最精美的一本书。

十一月十三日

早饭时，隔壁数学班班主任傅老师来坐，马列室王老师亦来，谈起调动事，学校待青年教师苛刻事。王家在沙河乡下，有家室孩子，负担重，衣着与乡下佬无异，人极老实本分的。把积存的几斤油票给了他

——曾听他说起打油回家去，因有此举。

十一月二十一日

读《辞源》第二册。上午授课二节，续讲《论语》，分析"子路……侍坐章"，曾点、孔子"暮春……浴乎沂，风乎舞雩，咏而归"，随堂生发，颇为得意，学生也听得有兴趣。

十一月二十六日

五点半闻广播而起，读外语半小时，告别陈老师乘校车进市。逛书店，一无所获。有《中国当代社会科学家》传记二、三辑，缺第一辑。中国戏曲史只有周贻白一种，似不如郭汉城本（昨晚商定，调动成，下学期开学给进修班上元曲）。

十一月三十日

全日闭门读《元曲格律书》。

十二月一日

下午从资料室借得《西厢记》等5本。读《元史》。

十二月二日

读《元史》《中国戏曲发展史纲要》。周先生这本史的特点是论文式、探讨式，其语言不太像堂堂皇皇、盖棺定论式的史语。虽稍有啰嗦芜杂之嫌，却有学术的风味，可以看出作者的治学精神。冯其庸序以为这是缺点，我以为优点（或曰特点）也在这里。从中知"河市"一词，因想到《清明上河图》的"上河"，或者就是"上河市"，"上"犹云"赶集"。前人对"上河"有种种解释，都把它当作名词，惜无第一手资料，日后当注意于此。

十二月六日

《元史》15册，泛泛读毕。

十二月八日

今日备课颇用心，唯觉视力不济（视久双目不适）。

十二月十日

上午阅赵景深《戏曲笔谈》。

十二月十三日

白天读《小说戏曲丛考》。

十二月十五日

读《元人杂剧选》，备课（荀子）。

十二月二十三日

上午授课二节，讲韩非子，这是在师专两年的最后两节课。结束时，学生们全体起立鼓掌，以示欢送。

一九八四年

一月三日

上午办借书证，借书，领备课纸。

一月七日

整日读《中国通史》第七册（元代部分），为备课也。

一月九日

上午听曹涛老师课二节，下午读《中国文学发展史》。

二月十二日

下午，与芳珍至于都街 105 号，访王咨臣先生。王老好读书、藏书，尤致力于地方史志。王老七十左右，精神很好。小小楼房三间，摆满书架书箱，架上书的种类很杂（都是文史），新旧都有。据说他有"日进一书"的计划。壁上有对联一副，曰："藏书万卷，有文有史可探讨；小楼一间，宜风宜雨足安居。"署"新风楼主撰并书"。略坐，辞出。

二月十五日

读《周贻白戏剧论文选》。

二月二十日

下午读明代文学参考书。间读《日语学习与研究》。

二月二十三日

下午周文英先生来，谈《豫章丛书》整理。夜读《中国当代社会科学家传略》，不觉入迷。

二月二十七日

上午授课二节。读《元曲选》。

二月二十九日

上午在图书馆，午后读《中国现代社会科学家传略》第四辑。

三月一日

上午授课，讲刘因《读史》诗，颇有话头。下午在图书馆。

三月三日

上午在图书馆借书七册（超借一册），查线装书目录，书甚少，不免忧虑。芳珍从王老先生处找得一点袁枚书目。读吴林伯《文心雕龙义疏》，烦琐之至。

三月六日

早晨七时，乘校车进城。在知青书店买《随园食单》一册，《谜语》一册，入古旧书店无获。在大店买《近三百年人物年谱知见录》《梁启超诗文选》各一册。在江西师大商店买《中国历代年谱总录》一册，是凭两年前的记忆特地寻求而来的。傍晚芳珍告，在江大教师阅览室见杨鸿烈著《袁枚评传》（附年谱，收入台北文海出版社《近代中国史料丛刊》），商定由她抄录出来。

三月七日

上午在线装书库查得乾隆皇帝的"十全"。

三月九日

读《清朝野史大观》，盖欲找袁枚材料也。这套"大观"内容丰富，政治、军事、外交、文化、经济各方面的材料都有，有相当的史料价值。文字生动，风格多样（因为是摘录许多著作的），远比读《清史稿》有趣。可惜字太小，排得太密，不能久读。最不满意的是，所有条目都未注明出处，查对、引用极不方便。许多内容以前接触过，处处似曾相识。

三月十日

读谢国桢《明末清初的学风》（论文集）。

三月十三日

日间读得好文章一篇，《传略》第二辑中，有东北师大杨公骥教授的自传。这篇文章不同于一般的传，它重点介绍作者治学做人的态度、观点和方法，强调研究古代文学必须了解现实社会、现实生活，必须投身社会，必须全面地学马列，必须较全面地了解古代社会，必须比被研究的对象有更高的思想境界。一系列观点都使人信服。作者还时时表露对"文革"的态度，虽多不平，不尽是牢骚。文笔也生动风趣，有贴切的比喻，还有鲁迅的笔法，鲁文的句式——作者声称是鲁迅的崇拜者。

三月十六日

上午在吕小薇先生家开会，古籍整理小组全体成员出席。周文英老师讲话后，各认项目，都是陶刊《豫章丛书》中文史方面的，选出九种，众人认了七种，剩下两种姜曰广《輶轩记事》、刘昆《南中杂说》我认了。持书归，翻阅一过，文字都不多，前者记作者出使朝鲜事，后者记滇中杂事。

三月十八日

上午进城，买得《汉书》一套，《永历实录》一册（内有姜曰广列传）。

三月二十一日

日间读《清朝野史大观》，沉思久之。多读书，比较、考证、鉴别，也许可以明白一些事情，但决非所有的人与事都能考得明明白白。

三月二十二日

上午授课二节，介绍李贽、三袁及张岱、徐霞客等，内容丰富，课堂气氛活跃，效果甚好。晚读浙江师院学报上关于袁枚的一篇文章和芳珍手抄之袁枚年谱。

三月二十四日

在九江两年，买了一套《鲁迅全集》，一册《中国名胜辞典》，一套《中华大字典》，值得书一笔。

三月二十五日

上午翻阅《古今文人轶事》，三辑多有重复的地方。

三月二十七日

夜读左宗棠《奏开船政局折》，颇有感想。折中陈说自造轮船之利，反驳种种反对意见，不无见地。如云"中国之睿智运于虚，外国之聪明寄于实；中国以义理为本，艺事为末，外国以艺事为重，义理为轻"；"谓我之长不如外国，藉外国导其先可也；谓我之长不如外国，让外国擅其能不可也"，极中肯綮，极有眼光，极有爱国心，极有救国方。这种"师夷之长以制夷"的"长自家志气"的议论，不可因人而废。况左氏似亦不是简单的"反面人物"，其在中俄交涉争议中，亦有功于国家。折中云"日本人也在设法仿造轮船"，预言"不数年后东洋轮船亦必有成"，果然不幸言中，甲午海战，中国海军一败涂地，而日本造船业今日竟称雄世界。

三月二十七日

读野史，"文端""文正""文忠""文恪""文恭"……何其多也，《世说新语》则称郡望，此种称谓，读之令人气闷，古文之弊，此一端也。

四月一日

综合书店、古旧书店巡阅一遭，有《中国科学技术史》二册，钱不够不能买。下午访文艺所余先生，借得《中国散文史》一册。

四月四日

夜读古代文学论文数篇，颇有收获。

四月六日

参观"清代帝后用品展览"，展览设在历史博物馆，门票0.15元，介绍单0.03元，由省博与故宫博物院（巡展）联合主办。展品有玉玺、冠服、器皿、刀剑、御制书画、时钟（外国贡品）等共数百件，有故宫旧标签，应该是真品。所谓金银、玉、玛瑙、珊瑚之类，大多呈晦暗之

第八篇

日

记

光彩，而代表国家权力的传国玉玺，不过是块三四寸见方的石头（内有一方"天贶十全之宝"），颇觉滑稽。所谓龙袍，与戏台上见到的差不多，不过是满式的，且用金丝织成龙的图案。看上去既笨重又硬板，不知当年皇上何以能耐受。

四月七日

读顾树森《中国历代教育制度》。内有几处介绍八股文格式，因抄附于卢前《八股文小史》节抄中。这种文章虽读抄过几篇样品，又读过好几人的说明，总搞不太清楚。"纸上得来终觉浅"，凡事不身历躬为，连"纸上"也不容易"得来"。

四月九日

读清野史，嘉庆朝有戴衢亨者，乾隆某科状元，官至宰辅，圣眷甚隆。戴为大庾人，忆幼时听乡前辈述其故事，似云戴为江西人的"种"，生于广东，所以中状元后，两省争籍。一向留心江西人物，读书有所遇，辄录之于《名胜辞典》江西诸贡。野史所记人多，一人分置多处，杂乱无章，他日当作一人名索引。

四月十日

夜读野史，鸦片战争，我方败，割地赔款，而竟有人写成"夷人就抚"，真不知人间有羞耻事。此与北宋末二帝被俘虏，监押北上，而史书竟载"二帝北狩"；慈禧太后带光绪帝逃到西安，史书亦称"二帝西狩"如出一口。晚饭后信步至工学院，在小书店买得书签八枚，灯下题写古人句。

四月十三日

读清野史第三册毕。野史胜于正史的地方：说话无顾忌，于黑暗污浊多所暴露，不做官样文章，一也；记事特详，生动而又及时，因而准确可靠（当然不可全信），二也；大事小事，闲事笑话，靡不网罗，饶有兴味，三也。然而，读一家之野史，未免偏狭不全，甚或不公，而搜罗众家野史，成"野史大观"，此详彼略，一事多说，参互比较，则全豹现矣。

四月三十日

上午乘校车进城，欲买《中国历史地图集》（谭其骧主编）第二册，落空。黄昏散步遇学员某，与谈古代诗人和老庄及其论文。彼自称喜读李泽厚和别林斯基论著，好美学，文中不少"心理积淀"之类新名词，华而不实。然此人为人诚恳，衣着朴素，似又不是目空一切的半桶水。取回论文，借去《中国古代的画家》和《绘画史话》。

五月一日

得友人送门票二张，参观省工艺美术馆。展品有瓷类、竹编、木雕、漆器、玉雕等。瓷厅展品较多，有一尊卧牛最为逼真，一盘花生几可乱真。玉雕厅有微雕三件，一粒米大小，各刻毛泽东诗词一首，皆拟手迹草体，锋颖清晰，笔势流动活脱，作者均为王梦石。在古人笔记中，读过好几则微雕细书的记载，今日方得目睹。

五月二日

上午读毕《四库全书答问》。下午备课。清诗门户多，实际上除袁枚、郑燮有几首好诗、几篇好文外，其余均不见佳。

五月六日

天朗气清，阳光明媚，精神为之一振，乃决计逛书店。历史地图集仍不见，步行至古旧书店，买得杨树达《中国修辞学》一种。笔记上的一些摘抄可誊上去，既可作工具书，又可作"录异"笔记。

五月七日

上午在图书馆资料室借得清人文集等一大堆。得书店通知单，说《辞源》第四册到了。一部书等了四个年头，总算到齐。

五月十七日

札记陈柱《中国散文史》，毕先秦部分，叙述过于简单。

五月十八日

继续札记《中国散文史》。此书多征引陈澧《石遗室论文》语。

五月二十一日

读梁绍壬《两般秋雨庵随笔》，点校者庄葳在书首《出版说明》

中，说明删去了几个"没有什么意义"等的条目，"古为今用"竟是这样"为用"，可叹也。夜读《瞿式耜集》，此子事迹可歌可泣，诗文却板实，似无可称述。

五月二十二日

上午继读梁氏书，札记数条有关袁枚者。生来爱读古人笔记，以其博杂而有趣。点点滴滴，所获亦不少。然而古人笔记太多，雷同亦多，小知小识，不成系统，无关大道，读者当自知之。夜间整理姜曰广《輶轩纪事》，边抄边断句。这是古籍整理小组分给的任务。

五月二十七日

续抄点《輶轩纪事》，姜氏此书近似游记，描写风光景物颇有功夫，值得介绍。关于中国难民在朝鲜的一些情况，也许有史料价值。

五月三十一日

校点《輶轩纪事》抄本毕，有数处断句似成问题，暂搁搁，待他日复理。

六月一日

上午读谢国桢《晚明史籍考》。明清之际这段历史，事件复杂，人物繁夥，记录的史籍至为丰富，因而问题、疑案也不少。这部解题加考订式的巨著，著录数百种官史私史，一时众说纷纭，而大较相同，读来颇不耐。

六月二日

上午进城，买得《古文观止》《陶渊明集》《颜氏家训》《四书集解》。下午仍读《晚明史籍考》。吴尔壎《死臣传》据云："各缀小序，系以古人。"其死法："曰湛身、曰焚、曰炮烙、曰炙、曰自刭、曰不食、曰闭口、曰雉经、曰扼吭、曰立槁、曰没阵、曰触、曰坠、曰鸩、曰烹、曰葅醢、曰腐、曰斩、曰车裂、曰磔、曰踞、曰囊扑、曰剥、曰剖、曰拉、曰杖、曰笞、曰锤击、曰刺、曰幽、曰冻、曰疽发背、曰恸哭。"死生于人亦大矣、惨矣。

六月三日

览《晚明史籍考》毕，录得姜曰广数事，备整理纪事时采择。

六月六日

备课，读《红学史稿》等。

六月八日

读清人笔记二种，录得袁枚数事。夜读王士禛《香祖笔记》。此老著书多舛误重复，多自我标榜（借他人语），岂好名之故欤。

六月十一日

为《輶轩纪事》作注，查阅《明史》（及其纪事本末）、《明通鉴》等，读魏党迫害朝士，杨涟、左光斗等人之死，气不能平。天启间，亦有大学生参与国事——国子监祭酒蔡某率太学生千余人上疏劾客、魏，与北宋末情形相似，但南宋末大学士们多被贾似道等人所收买。然而后来也有监生陆万龄请以魏配享孔庙。

六月十五日

夜读《明史》列传，明末党派斗争太厉害，皇帝太无能，这段历史当与宋末历史并读，以见亡国之故。

六月十六日

读《长生殿》古典爱情剧，总免不了穿插一些庸俗无聊或淫秽的科诨或情节。夜间理出情节内容，备写讲稿用。

六月十七日

读《长生殿》《桃花扇》，写讲稿。这是两部集大成式的传奇，前者集所有李、杨故事之大成；后者集南明弘光一朝兴亡史实之大成，直可作一部南明史读。读《明史》《明史纪事本末》《明通鉴》《明史演义》、明清野史笔记都为枯燥无味，或众说歧异，总记不住，弄不清，读《桃花扇》，印象深刻，南明一朝大事了然于心。孔尚任作《桃花扇》，自称"借离合之情，写兴亡之感，实事实人，有凭有据"，据行家分析，确实有九成五的真实，虚构成分极少；离合之情，兴亡之感也确实表达出来，并感染每一位读者。作者用意虽在揭南明之家丑，却好似痛定思痛，恨铁不成钢；再说当时离南明朝不算太远，故臣遗老尚有人在，这种故国兴亡之感，对清朝统治者是不利的，《桃花扇》竟得以自由传播，康熙帝的器量不可谓不大。奇怪的是，同样关心南明兴亡史料，对于戴名世就要处以极刑。如果说，孔氏写过感激涕零的《异数记》，《桃花扇》中也可摘出恭维新朝的句子，那么戴名世中了进士，做了官，集中更不难找出歌功颂德的话，一于宽容，一于严惩，此其故何？

六月十八日

下午古籍整理组开会，周文英老师等谈《豫章丛书》整理事，欲以我作为这个项目的学术带头人，予不曾"唯唯"，亦未"否否"，压压担子应该，只是怕费力不讨好。

六月二十二日

上午在江大教师阅览室校毕《袁枚评传》。翻阅吴汝纶《林纾文集》及汪荣祖《史家陈寅恪传》。前天周老师嘱拟一个古籍整理计划，上报教育厅。夜间草构，不觉深夜。

六月二十八日

读《资治通鉴》、韩愈资料。读通鉴跟读本纪差不多，而刊落庶冗，使大事愈加醒目，逐年编排，便于寻检记忆。帝王之书，小民得而读之，不亦说乎！韩愈资料集，厚厚四本，枝枝节节，重重复复，既花了那么大力气抄撮，何不按义项分类编排一下，去其重复雷同。

六月二十九日

尽日读韩愈资料，披沙拣金，所获甚微。千余年来，言古文者必言韩愈，多少人势利他。韩愈自有佳作，然而与他同时代及后于他的人，多少人有佳作至文。

七月六日

十点半，周文英老师向秦副院长汇报郑州会议情况，与叶老师、李老师（教务处）列席。中央有关机构负责人意见，第一步整理，第二步写出专著，第三步结合进教学。周老师意见，《豫章丛书》的整理要加快进行。

七月十四日

早饭毕，偕周老步行至谢家村乘巴士，一路谈《江西文学史》事。

七月二十二日

阅省馆藏古籍目录，从中撷取江西文献材料。夜访周老，请示复印《豫章丛书》事。

七月二十三日

跑三家书店，买得《竹子栽培法》一册、《文学发展史》中下册、《中国文化地理》一册，后一种著者陈正祥，为学贯中西的地理学家。此书泛论中国文化中心的南移、旱蝗、运河长城、城池等，附有一些示意图，当时惊于新颖，回家细读，觉得题目大而材料少。

七月二十五日

上午在省馆办《豫章丛书》十四种复印事项。

七月三十一日

上午进城买卡片、橡皮圈等。买得《咏物诗选》一册，是清人的一个选本，小而全，入选多是小诗（五、七言绝律），分天、地、人等总二十八部。咏各类事物的都有，而每项事物至多选五六首，为此，许多好诗未能入选，许多恶诗却也阑入。一些诗（如记游诗）能否称作咏物诗，似乎尚待商榷。上午在省馆追加复印吴宗慈的两部简著。

八月一日

上午统计《咏物诗选》的几个数字。

八月三日

连日续做卡片，把几本书目上散见的材料分类归纳，以人为卡，参互比较，纠谬存疑，劳多获少。

八月六日

续做卡片。这本《江西省图书馆馆藏线装古书目录》第一集，问题多多。分类纷乱，同一书，标在许多类目中；同一书在同一类目中重复出现；书名、人名、地名、时间的错误随处可遇。

第八篇

日

记

八月九日

续读《四库全书总目》，摘记卡片。

八月十日

上午赴省馆缴款197.9元，领回近八百页复印古籍。下午埋头整理复印物。

八月十三日

上午在省馆复印《江西先哲书目》，补印上次缺页。在书店为古籍室买得《中国丛书综录》一套，短钱一元，约定晚七时前补交。晚又进城去书店，发现有《四库全书总目》，上午没细看，决计明日进城自家买一套。

八月十四日

八时半，书店开门，买下总目，返校已十时。更正总目错字（据勘误表），下午继续更改错漏。

八月十五日

续检《总目提要》，费力甚大，所获仍甚微。

八月十七日

上午以《姜氏秘史》等五种影印书奉交叶老师，略谈古籍整理工作。下午读吴宗慈《江西通志稿·人物新志稿》，影印不清，读来阻气。夜读《江西文物》，这是乡贤们抗战时在遂川搞的双月刊。一个名叫周维新的文章最多。有篇谈江西人物的历史分布（据省志列传统计）；有篇统计江西民国人口锐减数字，民国五年2500余万，民国二十八年1390余万。一边阅读一边札记，津津有味。

八月十八日

日间阅毕《江西文物》，夜间校对《总目提要》抄目。

八月十九日

上午进城为古籍室买《四库全书总目》、卡片等。

八月二十日

元代文学凋残，经学却有相当的发阐，江西尤多学者，以崇仁吴澄等为首，在《四库全书》中留下一大批著作。《总目提要》经学类，江西人名频繁出现，就中易经之属，恐怕要占半数以上。这些书都没读过，从书名和提要看，还是抄来抄去的多。中国人一向把抄书当作著作，当作研究，古代这样，现代也差不多，各人抄法不同，差别仅此而已。

八月二十一日

续做卡片。

八月二十三日

整日紧张备课，无暇多记。

八月二十九日

续做卡片。

八月三十一日

上午与会，讨论古籍整理事。

九月九日

卡片做完，检翻《中国丛书综录》，从中找些材料补充。各类丛书五花八门，重复的占多数。编书的人大抵都把自己的著作夹到古书中去，以冀流传。虽宋代有《儒学警语》《百川学海》，但其余都是明清人编辑的，因此可以说是明清的特产。

九月十八日

上午，偕周老师等人参加省高校第二次古籍整理工作会议。教育厅副厅长李国强主持，几所大学、各师专的几十位教师参加。

九月十九日

赴西安参加古代文学教学工作年会。

九月二十二日

昨夜通宵小雨，晨起依然。早餐后冒雨进城，先在小寨农贸市场观问。继乘公交至雁塔路，下车后步行二十分钟至慈恩寺，买门票一张（5分），观大雄宝殿、特大鼓、特大铁钟（三万斤，嘉靖间铸）。又买门票一张（1元），登大雁塔最上屋，俯视茫茫，雨天不能视远。继登

411

西安城墙（和平门西新修的一段）。又赴省博物馆，参观先秦史各展室，石刻各展室、碑林各展室、唐宋史各展室，印象特深的是大石犀、大石碑、开成十三经等，赏其馆大展品多也。再登南门楼，游钟楼、四周大街及商场。

九月二十三日

上午至半坡博物馆，观原始人使用的骨石器及氏族民住地遗址。下午参观秦陵兵马俑馆。

九月二十五日

上午游兴庆公园，获睹所谓南薰阁、沉香亭、花萼相辉楼者，皆新构，金碧耀眼。有勤政务本殿原址一处，约半亩大，荒草中石基八九处而已。一代风流已矣，可为浩叹。

九月二十六日

上午开幕式。下午大会发言，江苏教院中文系副主任周老师的发言，启人良多。他认为汉五言诗《上山采蘼芜》之"蘼芜"，非如许氏及一般注家所云是一种生长于水边的香草，而是一种长于山上的药草，其根即芎䓖，可治妇女不孕。由此推知诗中女主人公是因为"无子"而被弃的。另几处代表发言，毫无惊人处，白白浪费众人时间。

九月二十七日

上午分组讨论，下午霍松林作《古代文学教学和治学》报告，值得一听。他说治古文的基本功除阅读能力，还包括写作能力。主张教师少讲，学生多读，读原著、全著、背名篇名著。主张教学与科研结合，把讲稿写成专著，出版后，弃而之它，开辟新课程。他说所在学校中青年教师上不去，抱怨教学任务重，没时间搞科研，他感到诧异："没有研究，你怎么教学？"他还说，作品与文学史，后者重要；选本与原著，后者重要，注解要读旧注（如《十三经注疏》）。

九月二十八日

上午集体参观秦陵兵马俑，无新观感，下午参观华清池。

十月四日

上午周老师来，云院长会议决定加强古籍整理力量，让我专门从事"江西明清文学史"等工程。自忖心有余力不足。

十月六日

上午在图书馆查书目，下午翻阅《清史稿·艺文志》。

十月八日

通过李龙翼老师，从图书馆借得《中国人名大辞典》一部，全日忙于检索。

十月十三日

读《中国人名大辞典》，该典于同一家族人，只在最年长的一人下说明里贯，这样做避免重复，固善，然而，排列以人名首字笔画多少为序，使用起来便难免捉迷藏。

十月十七日

复检人名辞典。

十月十八日

下午教研室活动，饱读《江西日报》。

十月二十日

复查人名辞典，又携卡片至图书馆查录。

十月二十三日

上午填古籍整理申报表十种二十份，个人负责其二：江西明清十家文选、江西明清文学史。下午例会。边听边读报。《人民日报》一社论中读到这样两句"十年干戈天地老，四海苍生痛哭深"，仿自顾炎武《海上（四首）》，改"吊"为"痛"。顾氏此诗句深刻沉郁，有杜家风味。突然想起赵朴初的"非敢哭其私，直为天下恸"，这是当年赵氏哭周公挽诗中的两句，至今印象很深。

十月二十五日

上午在古籍室借得袁枚《小仓山房文集》。

十月二十九日

在书店买得易白沙《帝王春秋》一册。

十一月三日

《中国人名大辞典》不愧是"古人"搞的。那么多人名地名，那么密的字，很少有错误。但一人前后重出的，就江西人说，已发生几起。

十一月五日

读《明史·艺文志》，做卡片。

十一月八日

上午在省馆交涉复印清人文集事，答复已经装箱，须俟"现代化书库"建成开放。读《江西通志·选举表》。夜致书庐山图书馆徐效钢，问地方文献事。

十一月十一日

昨芳珍从江大借来光绪《江西通志》的《艺文略》与《列传》部分，下午开始抄《艺文略》，高度紧张，至夜九时，得二十大张。

十月十五日

续抄《艺文略》毕。

十月十七日

上午周文英老师来，示以江大吴大逵先生来信，谈文学古籍整理事，嘱拟一个计划。

十月十八日

上午九时访王咨臣先生，咨询江西文献整理规划等情况。据云省博所藏吴宗慈《江西通志稿》打算影印出版，准备征求订户。王老先生为省古籍整理小组拟就一个整理项目单（有二百余家），不日将发下。

十一月二十日

续抄《江西通志》人物。接近尾声。列传按府排序，各府县志人物列传风格各异，或详或略，或注重著述，或注重经历，有的"孝友"人物特多，省志都是照搬过来。于都人物至为可怜，指不四五屈。

十一月二十三日

装订书抄。夜读省志《列女传》《寓贤传》。

十月二十四日

埋头整理抄本。又从图书馆借来几本论文集，选了几篇四千字左右的交付复印。夜读论文索引。

十一月二十八日

全天在省博物馆读吴宗慈《江西通志稿》。据目录，内容丰富，体例完善，但也多有使人不能满意处，光绪通志基本都用上了，且作了新的编排分类，所增材料，东麟西爪，全面性、系统性、连贯性不够，有的稿子还可能遗失了。整理者除王咨臣先生，仅行政学院一位丁老师，二人孜孜矻矻整理了大半年，已近尾声。

十一月二十九日

上午仍在省博读吴稿。

十一月三十日

读《四库采进书目》，书从王老先生处借来。

十二月三日

读《江西通志·建置略》，各郡忠义贤哲一一检阅一过。

十二月六日

读《中国文学家大辞典》，拾零补遗。

十二月八日

上午周老师谈昨日开会情况，带回各校整理项目，三位师兄各有项目。夜抄王咨臣撰《清代禁毁赣人著作考》（借王老先生稿本）。

十二月九日

禁书书目抄毕，装订成册。至此已订成册的，手自抄制者计有七册：《清代禁毁赣人著作书目》《江西历史人物姓名录附索引》《〈江西通志〉列传人名抄附索引》《江西通志·艺文略》经部册、史子部册、《〈江西通志稿〉人物列传索引》《〈江西通志稿〉南昌新建人物著作录》；复印者计有六册：《四库著录与存目江西先哲遗书钞目》《江西历

第八篇 日 记

代文武科鼎甲表》《江西通志稿·人物新志稿》及《江西通志·艺文志》汉至元别集及其他、明人别集、清人别集合三册。

十二月十五日

夜间做禁书卡片，欲撰一部《中国文祸史》。

十二月十九日

在书店买《中国善本书提要》《贩书偶记》《晚明史籍考》等，盖为古籍室积家底也。

十二月二十四日

上午书店买得《列朝诗集小传》等。

十二月二十六日

中午乘车进城，买得《清代七百名人传》。

十二月二十七日

阅《增订晚明史籍考》，摘得文字狱材料数条。

十二月三十日

读《列朝诗集小传》，札记江西诗人。周颕小传有当时语云："翰林多吉水，朝士半江右。"明代是无所作为的朝代之一，江西人大概善于循规蹈矩，舞文弄墨，所以在明代科举特盛，以致有此传语。

一九八五年

元月旦日

上午读小传，下午进城，买得《清代科举述略》一册。

元月三日

连日续读小传，明代中晚期文人，福建籍大增，江西籍寥寥，大不如前期。

元月五日

上午偕袁、李乘面包车到教育厅高教处开会，领回一堆古籍整理申报表。散会后，辞出参观湘省博物馆展出的马王堆出土文物。买《洗冤录》一册。

元月六日

札读《增订四库简明目录标注》。

元月八日

标注札读毕。读《清代七百名人传》，字密累眼，阳面正传，千篇一律。

元月九日

从线装书库吕老师处借得胡玉缙《四库全书总目提要补正》二册，参读提要，随处札记。胡书"正"者不多，"补"者多是从书目提要、题跋、读书笔记之类递录而来。李慈铭日记是常引书。江西人所校刊之书，往往被李书讥笑，如万承苍监刻之《宋书》，万廷兰刊印之《太平寰宇记》。谢旻监修之《江西通志》，则被钱大昕找出了几处笑话。

元月十日

上午续读补正。

元月十五日

续读七百名人传。

元月十六日

上午致函婺源县博物馆占永萱馆长，询婺源人文情况。决计白天以写作为主，夜晚阅读。

元月二十四日

读《清诗纪事初编》，所录皆清初诗人，人各一传，多有考辨。选诗全是现实主义作品，内容非天灾即人祸，以诗证史，"但歌生民病"，读来伤心惨目，不能释怀。

元月二十七日

札记《清诗纪事初编》，读《汤显祖诗文集》。

二月一日

上午偕周老师赴出版社谈古籍出版事，古籍组陈编辑大诉其苦，一口拒绝。

二月三日

读《汤显祖诗文集》。

二月二十五日

继读汤显祖集。

二月二十八日

上午拜望胡先生、陶先生。二先生体尚健，仍喜谈诗。胡先生以自编《劫后集》见示，小楷，极工整，篇篇可读，不啻自传。又访王师兄。

三月一日

续读汤显祖集。

三月十七日

下午访王咨臣先生，商谈请先生讲学事，借得清人文集二套。

三月二十二日

下午听福建社科院副研究员蔡先生讲《中国古典诗词的审美特征》，分析作品，时有趣语，亦不无穿凿。

三月二十五日

下午读《寒松堂集》。

七月二日

读《宋元学案》。

七月八日

续读《宋元学案》。

七月二十五日

上午在省馆看书，又访王咨臣先生，不值。

七月二十六日

读《明儒学案》，做卡片。

七月二十八日

访曾师兄，借得诗史一套。

七月二十九日

读《国朝汉学师承记》。

七月三十日

读《国朝先正事略》。

八月一日

继读《国朝先正事略》

八月六日

下午读《中国诗史》，备写教案。

八月七日

上午到师大图书馆，阅《宋元学案》缺册。下午整理笔记。

十月三日

下午读《闻一多全集》，此公学贯中西，博学善思，所作考证训诂文字，颇有说服力。但他说屈原是"文学侍臣"，地位卑贱，《离骚》唤起人民觉醒，引发人民革命，实难服人。闻氏与朱自清是不同个性类型的人，从两人外貌上也可看得出来，可惜都死得太早。

十月十三日

读《汉魏六朝乐府文学史》，盖为备课也。

十月十七日

备课。夜读礼书。《学记》云："记问之学，不足以为人师。"愿终身志之。

十月三十日

上午进城，买书四册。书价大涨，323 页的《闲情偶寄》，标价 2 元，一部《日知录集释》竟至 18.5 元，以后读书非易事矣。夜读偶寄，李渔是袁枚之流，又等而下之。

十一月十六日

下午进城为古籍室买书，得余嘉锡《四库提要辩证》一套。自买《郑振铎文集》一册。纸质甚好，虽闲文，亦有可读。

十一月二十三日

夜读《豫章丛书》。

十一月二十六日

读《四库提要辨证》

十一月二十七日

下午古籍室召集学生开会，布置《豫章丛书》的整理。有罗学员，高安人。其外祖父兰钰，系光绪朝侍读学士，传诗文稿数部，因从之借阅。读《豫章丛书》及《辩证》。

十二月二日

夜读兰钰文钞。

十二月六日

上午，在省文联展厅观"赣南中秋书画展"。意佳伯参展油画二幅。

十二月二十二日

上午进城买《隋书》，芳珍已先一步买了。

十二月二十三日

下午授课后，德安二中雷学员携诗集《稻香集》来，因留览，题集后云："人间会友是文章，异地同怀漫思量。余亦曾学山野调，怎及稻花字字香。"夜间，丘学员来问张舜徽先生事，因示以有关传记。彼欲整理先人丘维屏之邦士文集，请教过先生，张先生在其《清人文集别录》中曾论及。

十二月二十七日

连日读《词学》，为备课也。札龙榆生数事。

十二月三十一日

抄《輶轩纪事》，备交上面检查。

一九八六年

一月三日

誊抄《南中杂说》，交邓老师，送教育厅审查。

一月十日

读元人集，札记随之。

一月十二日

读梁份文集，此子独游西北边塞之地，徐霞客、顾炎武之流。

一月十四日

读宋之盛、王猷定等人文集。

一月十五日

读盛大谟等人文集，明清文学史有这些材料，似可以动笔矣。

一月十八日

做《辞源》部首音序表，钉在壁上，以便检索。

三月三十日

在家读《碑传集补》。

四月二日

上午在师大图书馆查书，无书，旋往省馆，查《湖北通志》。

四月三日

连日读书札记，上午整理札记。

四月七日

读张自烈《芑山文集》。此公是位人才，惜知之者寡。

四月十日

一早进城，去财院，访高中老同学丁兄，由彼引导至图书馆，阅台湾重印地方志丛刊本《赣州府志》。下午翻检《四库全书》等台版书。

四月十四日

上午钻图书馆。

四月十六日

埋头钻书——《陈士业全集》。

四月二十四日

札记乌台诗案，苏轼供状，未知真假。

五月一日

札记《贩书偶记续编》。

五月三日

上午在图书馆。

五月四日

上午访王老先生，请教汪国垣等事。借得《婺源著作书目》。

五月九日

连日札记《婺源著作书目》。错讹百出，极费事。

五月十九日

再访王老先生，查阅《复社姓氏传略》。

五月二十一日

下抚州地区访书。十一时半抵抚州。

五月二十二日

访抚州市图书馆，看过古籍目录，仅数十种，无所获。乘车到十多里外的临川县（上顿渡）。管古籍的人去了抚州市，约定下午来。下午重至图书馆，有十多架线装书，都是常见的，但在县馆，这已是了不起的珍秘。《天佣子集》果然有一部，道光年间重刻本，十卷，缺三四两卷。不能复印，翻检一通，摘抄得六七纸，付给2元，辞出。

五月二十三日

上午十一时抵金溪，老同学刘兄引导到县图书馆（不成模样），值人大例会，管理员听报告去了。下午重至，结果在预料中。

五月二十四日

十一时抵南城。下午访图书馆，抄阅古籍目录。逛书店，买得《本草纲目》上册、下册预付款20元，留言托扶良（老家宗亲，在县药材公司工作）代办。

六月八日

一早进城赶车，下午二时许抵乐平。

六月九日

上午在县图书馆查阅古籍。据云馆藏线装古籍达一万五千余册，然而都是常见书，未见珍秘。

六月十日

早上 7 点 20 分，班车开往婺源，12 点半抵达。

六月十一日

上午访县图书馆。管理员称，所有古籍已被省馆调走，还拿出 1964 年的移交清单，计有六千余册。访博物馆詹馆长，漫谈婺源人文，所问皆能答，谈吐从容。下午参观博物馆部分藏品。

六月十六日

钻图书馆。

六月二十七日

上午在省馆摘抄《乡诗撽谭》。

七月一日

上午在省馆续读《乡诗撽谭》。

七月三日

上午偕周老师、陈老师等往江大听报告。报告人安平秋，系北大古文献研究所副所长、全国高校古籍整理研究会副秘书长。主题：《全国高校古籍整理的回顾：现状与展望》。

七月四日

整理《乡诗撽谈》抄纸。

七月七日

上午在省馆查阅严嵩等人资料。下午古籍室请安平秋秘书长来校座谈，与会。

八月二十日

札记《清稗类钞》。

八月二十四日

札记文字狱卡。

第八篇

日

记

八月三十日

上午进城，购得《中国当代社会科学家》第七辑。

九月一日

上午借《江西通志稿》。

九月三日

连日借阅《江西通志稿》，一次十册。一堆原始资料集，重复雷同的很多。

九月十四日

札读《江西通志稿》。

十月十五日

札读《江西通志稿·文征》，有几条资料可正《四库全书总目》提要及《中国丛书综录》补正之误。

十月二十五日

得扶良来简，言南城书店确有一部《明史》，系 1984 年出版，复信嘱买下。

十一月七日

芳珍傍晚携回书一包，计《明史》28 册，《本草纲目》（下）一巨册，系托南城学生捎来。灯下逐一署名，注明卷数，心中喜悦。

十一月九日

续写教材，注唐诗，不意抄撮中亦有收获。

十一月十四日

致书悦山、石连，问几部书。夜九时，读《本草纲目》，博物巨典也，安可不读。

十一月十六日

读《本草纲目》，大有味。

十一月十九日

上午进城，买得《元史》一部。

十一月二十二日

尽日写教科书，于李、杜、白等人颇有小小发明，夜间总结白诗"俗"的特点，百思不舍，一旦得意，无限快乐。睡在床上，忽又想起写一本《中国文人》的书，一篇《中国文人之比较》的论文。想得几点，急从床上跃起，开灯急书，如是再三。

十二月一日

整日钻图书馆，伏案札记。

十一月五日

读周亮工《书影》，有"架上无齐整书"语，其子注云，"但观架上，便知腹中"，颇有我况。近日强读，桌上堆满卡片书本，更兼小莹日日抽书乱翻乱抛，案上架上几无置笔处。

十二月六日

读札《东华录》等。

十二月八日

札读《苣山文集》。

十二月十日

上午泡图书馆，下午闭馆，在家伏案。

十二月十一日

稍用功，双目红赤，布满血丝。

十二月十四日

尽日伏案读书，札记卡片。

十二月十六日

中午乘校车进城买书五册。读《魏禧文论选注》，见谬误甚多，灯下作书致出版社。

十二月十七日

尽日伏案。

十二月十八日

钻图书馆。

十二月二十四日

整日在省图书馆。

十二月二十五曰

起早摸黑，上午在省馆，下午在师大。

十二月二十九日

下午跑省馆。

十二月三十一日

整日泡在校图书馆。

一九八七年

元月二日

读《十驾斋养新录》。学员某呈文《李煜诗中的赋与比》，阅毕，作柬复之。

元月四日

审定删节学员某之宋诗注释稿。

三月七日

上午学员某来，借去《梁启超传》等二书。下午罗学员送来《兰太史石如先生评传》。

三月十六日

上午两学员来拟论文题目，学员某借走文论选第四册。晚上学员某来查论文资料，借走《中国文学史》中古册。

三月二十六日

读《明史》。

三月二十七日

上午进城买《朱子语类》等。

三月二十八日

读《明史》。

四月六日

继续读《明史》。

四月十二日

夜读《积微居小学述林》。

四月三十日

进城买地图集一册，17 元。又买《文史通义》《中国寓言史》等。

五月二日

下午进城，买回《十三经索引》《中国人名大辞典》。

五月九日

备课。读《郭沫若论文集》。

五月十二日

来修水上函授课，逛书店，买到《二十四史纪传人名索引》等二册。

五月十七日

上午授课毕，下午进九江城，买《新元史》一套。

五月二十六日

上午进城，无书可买。

五月二十七日

札记《新五代史》。作书致朱老师，乞代买书。

五月二十八日

上午札记《新五代史》，夜读学生毕业论文。

六月一日

重读《明史》。

六月四日

上午进城，买得《辞通》一部。

六月十三日

二次札读《明史》。

附录

古代知识分子的悲惨世界

——评《三千年文祸》

文祸就是人祸，是专制暴君横加在臣民身上的灾祸。三千年文祸史，是读书人的灾难史，也是暴君的罪恶史。皇帝，这个手握臣民生杀予夺之权的专制魔王，在中国黑暗的封建专制时代，不知制造了多少桩震惊朝野的流血案件，摧残了无数个正直士人及其家族的生命，严重阻碍了社会的进步和学术文化的发展。褫去"真龙天子"的华衮，暴露其凶神恶煞的本相，展示古代知识分子的悲惨世界，使善良的人们认识封建专制制度的滔天罪恶，这，就是《三千年文祸》所要揭示的主题，所要达到的目的。九阅寒暑，在浩如烟海的史籍中勾隐发微，条分缕析，全面系统地列述了自夏末至清末三千余年间的语言文字之祸数百桩，包括通常所说的文字狱，以及疏谏谤议之祸和史祸、诗文祸、科场案等。堪称中国三千年专制制度罪恶的大暴露，历代士官风习的总检阅。读来惊心动魄，发人深思。作者涉猎广，见解深，综合叙述的能力强，在似乎客观与平心静气的叙述分析之中，时时流露作者深沉的爱憎情感。

中华人民共和国成立以来，有关文字狱方面的专著也出了一些，但大都局限于清朝一代。如金性尧的《清代笔祸录》（香港中华书局），郭成康、林铁钧的《清代文字狱》（群众出版社），以及紫禁城出版社的《清代文字狱案》等。另有黄裳的《笔祸史谈丛》（人民日报出版社）和王业霖的《中国文字狱》（花城出版社）二书，叙述的范围是扩大了一些，但前者只有七万字，后者也只十一万字，是故事性的小册子。读后，总感到有所缺憾。《三千年文祸》一书，是我国目前系统撰述并研究文祸史的第一部著作，填补了学术空白。

总的说来，《三千年文祸》一书有以下几个特点。

一是规模宏大，结构严密。从夏朝末年至清朝末年，横跨三千余年，历代暴君拒谏禁谤，逆鳞杀人，加上奸臣弄权，助纣为虐，可谓代

附

录

不乏人，罄竹难书。因此，要理清各次文祸发生的时代背景和来龙去脉，囊括到本书的体例中来，实非易事。但作者在广泛占有史料的基础上，提纲挈领，写得从容不迫，有条不紊。21个大标题，按时代先后顺序排列，每个大标题之下分列几个中标题，中标题下又列几个小标题，有的还有附录，对某一历史时期的文祸作必要的补充，使读者对每个朝代的文祸有一个全方位、立体式的了解。比如，该书第二大标题是"秦朝的焚书与坑儒"，下分"焚书述"和"坑儒述"两个中标题，中标题之下各分列两个和三个小标题，详述焚书与坑儒事件的经过，包括考证时间、地点及其他细节。最后附"诽谤律的来龙去脉"一节。这样，读者对秦朝的文祸及其产生的原因、后果就有了一个全面的了解。作者在全书的组织结构方面是颇具匠心的。

二是选题新颖，文风严谨。中国的文祸与中国传统文化一样古老，源远流长，"人生识字糊涂始"，是否可以说，语言文字诞生之日，也就是文祸酝酿和产生之时。自中国进入阶级社会以来，伴随着阶级压迫和统治阶级内部的倾轧斗争，文祸也在不断花样翻新，而且愈演愈烈，惨不忍睹。作者在考察历代各类文祸的成因时，发现其内在的发展规律和必然性，用"文祸"一词概括疏谏祸、史祸、诗文祸、科场案和文字狱等方面。因为这些五花八门的祸案，均与语言文字有关。作者本想以《中国文祸史》名书，后来为了行文的方便自由，遂更名为《三千年文祸》。该书不但选题好，有新意，而且始终贯彻谨严的学风。比如，对夏桀诛杀关龙逢的传说，虽然有《庄子》《荀子》《吕氏春秋》《韩诗外传》及《新序》等书记载为证，但清代学者崔述似有疑问。所以，作者最后说："既然历来把'龙逢之诛'看作最早的谏祸，不妨录此存疑。"态度是极为谨慎的。结论十分小心，行文很有分寸。

三是高屋建瓴，驾繁驭简。廿五史，从何读起？三千年文祸，从何谈起？光是清朝一代，大小文祸无虑数百桩。写文祸史，既要有驾驭文字的深厚功力，又要有剪裁材料的过硬本领。作者善于"经营位置"，选择突破点，理清线索。比如，对两宋文祸，以新旧党争为线索，上下串联，整个面貌就清晰多了。清代文字狱，主要是专制帝王的淫威大发泄，其吹求操纵，无所不用其极。作者对乾隆朝的文字狱，抓住显示进程的六件大案，进行叙述分析，使读者一目了然。

四是深刻独到的史识。本书以叙述分析为主，有时也有简短的议论（或结论）。议论不多，但见解深刻。比如，该书第16页说："邓析之诛和少正卯之诛是春秋时期两大疑案。但封建卫道者却常常引为口实，尤其是少正卯事件，两千多年来，一直被称为'圣人始诛'，多少人因思想言论'犯罪'，在'孔子诛少正卯'的口号下，罹祸惨死。"这段话，发前人之所未发，可谓入木三分，切中肯綮。再比如，该书第六个大标题是"魏晋南北朝文人言辞'轻薄'之祸"，开头有一段总论，对魏晋以降至隋朝四百年间的社会政治状况和文人心态进行分析，认为这一时期，"士大夫几乎全体文人化，而文人、文学又几乎全体'轻薄'化，至少是'轻薄'成风，他们或以文才傲世，或以门第自高，或言有疏失，或语带怨谤，于是纷纷落入祸网"。如果没有对魏晋南北朝时期的意识形态和文人心理进行深入的探索研究，是断然写不出这样精辟的结论。再如，说"徽宗以下的学禁、书祸，与秦始皇焚书和清朝乾隆时的查缴禁书运动前后相望，为中国古代学术、文献史上的三座鬼门关"，可谓至真至确。

类似以上这样的议论还可以举出不少，足以显示作者深刻的史识。

五是语言生动流畅、雅俗共赏。该书对三千年各类文祸的来龙去脉、前因后果交代得一清二楚，犹如讲述一个个惊险离奇的故事，显示出作者驾驭文字的深厚功力。比如，关于明初文字狱，作者写道："在明初文字狱的腥风血雨中，死得最冤枉的是一批贺表谢笺的作者……正正经经的颂扬字句被他（指朱元璋）胡嚼蛮啃，妄作附会，结果都被认为含讥带诮，作者接二连三做了屈死鬼。"接着引述了《廿二史札记》诸书所载明初十三个案例，最后总结说："朱元璋的附会定罪，那思路的歪怪，意念的蛮横，简直不是一般人所能想象……对文人的不信任，无好感；半通不通的学识、文理；由自卑而产生的特殊忌讳；强烈的猜疑、报复心理——朱元璋身上的这种种阴暗因素交互作用，最终涂抹成文祸史上最荒唐最恶劣的一页。"这些话，不仅透辟深刻，揭示了明初文祸的根源，而且雅俗共赏，人人可晓。

当然，该书也不能说已经尽善尽美了。书中对个别案例的分析议论也有可商之处。比如，司马迁的"李陵之祸"，古今不少学者经研究认为有修史触忌的因素在内。但作者在引述了章学诚的一段话后，就下结论说："章氏驳斥'谤书'之说，话说得痛快，谤书之号既休，所谓司马迁得祸于《史记》的说法，也就无所凭附了。"这样说，未免过于轻率和武断。还有，对两宋党争与文字狱，分列三个大标题，先分期后分类叙述，眉目无疑是清晰了，但内容显得不够集中，时有交叉重复之感。以上这些，都是小疵，顺便提出，请教于作者和读者。

[王春庭，时任漳州师范学院（今闽南师范大学）中文系主任，教授、硕士生导师。原载《博览群书》1993年第3期]

一部文祸史　几多辛酸泪

——《三千年文祸》读后

1933年6月18日，鲁迅先生在给友人的信中谈道："中国学问，待从新整理者甚多，即如历史，就该另编一部。"他特别提到"如社会史，艺术史，赌博史，娼妓史，文祸史……都未有人著手。"（《致曹聚仁》）几十年过去了，鲁迅先生期望的工作陆续有人做了，譬如这文祸史，就出了本学术价值很高、雅俗共赏的著作——《三千年文祸》（44万字，江西高校出版社1991年初版）。作者谢苍霖、万芳珍伉俪，是江西高校文史学者。该书出版后，引起了广泛的关注，颇受欢迎，屡次再版重印，最近又有修订本问世。

该书所写"文祸"，泛指各类语言文字之祸，主要为通常所说的文字狱以及疏谏之祸、科场案等。书中所纂辑的"文祸"事件数百起，上起夏朝末年，下迄清朝末年，跨度三千余年，故书名《三千年文祸》。所据材料大部分采自正史（"二十五史"和《资治通鉴》等），也有的采自野史笔记。该书以清晰的线索，翔实的资料，简洁的笔法，记叙了三千年有据可查的文祸，叙中有议，画龙点睛，帮助读者从一个重要侧面认识中国专制制度的黑暗，从一个要害角度看到了历代文人学士的辛酸苦衷，因而具有很高的认知价值。作者从浩如烟海的史籍中扒梳剔抉，推敲琢磨，由此及彼，由表及里，提纲挈领，九易寒暑，终成大著，完成了一项很有意义的学术研究，立意之深，用功之苦，令人钦佩。如果鲁迅先生泉下有知，想必亦会欣然颔首。

历代文祸，成因不一。有的因为"谏"，如商末王子比干；有的因为"谤"，如西楚霸王项羽手下的韩生；有的因为"异端"，如明代李贽；有的因为"轻薄"，如三国时孔融、南朝时谢灵运祖孙；有的本无谏谤之意，只因帝王专横、愚昧，胡乱推演，造成冤案，如明太祖朱元璋手下的卢熊、詹希原；有的本无"违碍"，却因他人告讦，深文周纳，强加罪名，铸成冤狱，如雍正年间的查嗣庭试题案；还有的是本人刚正不阿，忤逆上司，如被崔杼杀害的齐太史三兄弟。情况是多种多样的，每当读到冤屈悲惨处，令人毛骨悚然，不寒而栗，同时涌起对专制统治者的无比愤慨。

什么是谏？什么是谤？该书下了个定义："简单地说，谏是臣民向君主、长上提出正式批评或建议，谤是臣民私下对君主、长上加以议论批评。二者施受关系相同，但表达方式不同，动机、目的也有区别，谏以纠正事情为主，谤以宣泄感情为主。"古人很早就认识到纳谏容谤的重要性。《尚书·说命》云："木从绳则直，后（君主）从谏则圣。"《孝经·谏诤章》云："天子有争臣七人，虽无道，不失其天下。诸侯有争臣五人，虽无道，不失其国。大夫有争臣三人，虽无道，不失其家。士有争友，则身不离令名。父有争子，则身不陷于不义。"谏和谤本来是有益于安邦治国、为人处世的好事，明智的统治者求之唯恐不得，择善而从；昏昧的统治者却不能容忍，奉行"箝口术"，对谏谤者予以严惩。

春秋时郑国子产不毁乡校，汉高祖刘邦"豁达大度，从谏如流"，唐太宗李世民视谏臣如"人镜"，等等，是千古佳话。但几千年的专制统治，拒谏禁谤的事太多，文字狱太多。商末王子比干，衷心进谏，却遭剖身挖心的下场；明代的户部主事海瑞，向嘉靖皇帝进忠言，还得自备一口棺材，以防杀身之祸。后赵国王石虎，生活荒淫，为挑选万名宫女，逼死人命无数，激起民变。他还杀了50多个郡县官，金紫光禄大夫逯明恳切进谏，石虎竟命人将他胡乱弄死。后来他正式颁布"私议之条，偶语之律"，禁止臣民私下议论朝政，如有违反，允许下级告发上级，奴仆告发主人，结果人们都闭上嘴巴，不敢交谈、往来。前秦第三任国王苻生，有一只眼睛先天失明，因此最忌"不足""不具""少""无""缺""伤""残""偏""只"之类字眼，但又不明文公布使臣民回避，结果因触犯这些讳字而致杀身的不计其数，处死的方式有截胫、刳骨、拉肋、锯颈等。许多帝王禀性暴戾，喜怒无常，臣下无所适从，动辄得咎，常因文字致祸。致祸后受的处分又很严厉，轻则降秩、流放，重则被囚、杀头，甚至株连九族。即使是神经不正常者，如犯忌也不宽恕，乾隆文字狱中疯人案竟超过20起。

唐代学者韩愈一生笔耕于文史园地，做过史官，深知修史的难处。这难处不是史才之难，而是受权力干涉保持史德之难。他曾在《答刘秀才论史书》中历述古来史官如孔子、司马迁辈遭受厄难的事实，得出修史者"不有人祸则有天刑"的沉痛结论。"天刑"当然是迷信的说法，人祸之说则有根据。《文心雕龙·史传》篇云："史之为任，乃弥纶一代，负海内之责，而赢是非之尤。"其意是说：史家责任重大，容易招惹是非，因此修史是一件危险的事。尤其是涉及当世统治者的"现代史"与"当代史"，更是史家的祸胎。史家要讲史德，做到"不虚美，不隐恶"，而许多统治者恰恰相反，要虚美，要隐恶，常常对史学家提出无理要求，不顺从就加祸。春秋时期齐太史兄弟记录"崔杼弑其君"的"直笔"事件就是史祸第一例。

武则天执政时，大兴文字狱，"罗织"风盛行。许多人因说话不在意，被酷吏抓住片言只语作把柄，任意诬陷而罹祸。给事中徐彦伯为之恻隐，作《枢机论》告诫世人。文章阐扬孔子的"慎言观"，认为言谈话语是关系一个人安危荣辱的"枢机"（即关键），它"可以济身，可以覆身"，劝人们守口如瓶。《枢机论》的问世说明当时言祸的严重，也可看成作者对此前历代文字狱的总结。

在明初特务横行、惨案迭兴的恐怖气氛中，士大夫人人自危。百官上朝如赴刑场，往往与家人诀别而行，如能平安回家，则有再生之感。普通士人更是被文字狱吓破了胆。该书中记录了这样一个故事：新淦（今江西新干县）诗人邓伯言经宋濂推荐入京应试，廷试《钟山晓寒》诗内有"鳌足立四极，钟山蟠一龙"之联，朱元璋特别赏爱。这位"真龙天子"取过诗稿当庭吟诵，不自觉地手拍御案砰砰作响。跪在阶下候旨的邓伯言，误以为皇上被这两句诗所激怒，吓得晕死过去，被人扶出东华门外才苏醒过来。虽然有旨授翰林官，但他成了惊弓之鸟，无心食禄，以老病辞官还山。

清初文字狱也使士大夫们深怀恐惧。乾隆手下的协办大学士梁诗正告诫部下富勒浑："笔墨招非，人心难测，凡在仕途者，遇有一切字迹必须时刻留心，免贻后患。"自称："向在内廷之时，惟与刘统勋二人从不以字迹与人交往。即偶有无用稿纸，亦必焚毁。"可他万万没想到，这一番知心话被眼前这个老部下一字不漏地密奏给了乾隆皇帝。被"乌台诗案"纠缠了一生，一贬再贬，直至贬到天涯海角的大学者苏东坡，满含悲愤在诗中慨叹："人生识字忧患始，姓名初记便可休"；"人皆生子望聪明，我被聪明误一生。"由于看清了这一切，所以清代思想家龚自珍在诗中写道："避席畏闻文字狱，著书只为稻粱谋。"道出了在专制统治下文人学子临渊履薄的恐惧心态、愤懑情绪以及无可奈何。

虽然文字狱厉害，但是每朝每代总有一些忠诚耿介之士，或者是"冥顽不灵"之辈，不怕坐牢杀头，仍在那里"谏"，在那里"谤"，在那里批"逆鳞"，前面的倒下去了，后面的又跟上来。有不少人大义凛然，视死如归。他们中有的人可算是鲁迅先生赞扬的"拼命硬干的人，为民请命的人，舍身求法的人"。这也正是我们中华民族精神的一个方面，那就是民本意识、忧患意识、责任意识、大局意识，是一种崇高的气节情操。

读罢《三千年文祸》，令人感慨万端。不禁要问：专制统治者为什么要制造那么多的文字狱？乾隆皇帝的话颇具代表性，那就是要"正人心，厚风俗"，以巩固专制统治。皇帝是"天子"，承"天命"而"牧民"。"普天之下，莫非王土；率土之滨，莫非王臣"。帝王口含天宪，言出法随，掌握生杀予夺之权，顺之者昌，逆之者亡，只要帝王认为谁妨碍他的统治，他就可以随心所欲地将谁处置。道德就这么简单，就这么深刻。所以，三千年专制史，出这么一本文祸集，也就不足为奇了。由此可知，要消灭文字狱，必须先废除专制制度。真正的民主制度实行之日，就是文字狱灭绝之时。

（周溯源，历史学博士。中国社会科学院近代史研究所研究员。享受国务院政府特殊津贴。原载《船山学刊》2001 年第 3 期）

怀　　念

2006 年 2 月 17 日是个伤心的日子，它和一位知名的文学学者的名字永远联系在一起。这一天，在南昌凄迷漫远的苦雨中，我院中文系教授谢苍霖化作冷晨红霞飘然仙逝。谢教授音容笑貌渐行渐远，谢教授才学人品渐行渐近，他身后留下了永远的敬佩与怀念。

20 世纪 90 年代一位年青教师问解一个古字，谢老师脱口回答答案在《古代汉语》第几页，能够背记王力编的这套四册共 1000 多页的大书令人惊叹。1991 年他的《三千年文祸》一出版即引起轰动，一时洛阳纸贵；几年后问世的 126 万字《绰号异称字典》，也为开拓学域的传世之作。谢老师是江西古籍整理名家，他读稿看似一目十行，但错字错句却百不漏一。在下《怪诞艺术美学》出版前请他把关审读，33 万字的书稿他竟然三天内连续读两遍，他指出文史古籍方面的错漏十数个，我据典查实他全是对的。

我和谢老师在中文系同事 21 年，2000 年我俩一道评正高，他一再向领导表示，我比他资格老，如果只有一个名额，他坚决退出评审。他到外地上函授课从不打车，生病也不住院，虽然可以报销，但他说公家的钱也是钱。

若干年前，如果你想认识谢老师，戴10年旧草帽穿20年旧中山装者为他，课间休息十次有九次在读报者为他；双目如炬声若奔泉，天生"智慧之顶"者为他，时时处处与人为善，口不臧否人物者为他。他戏言秃顶不长癌，可偏偏是癌夺去了他的生命，他的大意使我们失去了一位好学者、好老师、好同事、好朋友。

谢老师是赣南于都人，辞世时60岁，独生女还没立业，刚刚考入上海财经大学读研。

［刘法民，原江西教育学院（今南昌师范学院）中文系副主任，教授。原载《江西教院报》2007年1月15日］

教师节前忆谢公

谢苍霖老师辞世后，已经是第二个教师节了。每当想起谢老师，总觉得应该写点什么，这不独是由于我们的友谊，更是由于他献身学术、献身教育，以苦为乐，默默奉献的精神，可以用来激励自己利用有限的生命多做点有益的事情。

谢老师高中毕业后，当过十余年"回乡知识青年"，还当过两年生产队长，由此可见他能吃苦、劳动能力强并且有组织农业生产的本事，这无疑要花费很大的体力和精神的。但对于读书学习，他不但心向往之，而且未尝须臾放松。当地传说，有一年家里喂了一头猪，叫他用板车拖到县城去卖，结果他卖了猪就买了一车书回来。他在"文化大革命"结束，大学恢复招生后能够直接考上研究生，与他早年对读书学习的爱好和坚持，自然有很大的关系。这是志向，也是毅力，非常人之可及。

谢老师刻苦学习的精神贯穿了他的一生。硕士毕业24年，由助教而讲师，至副教授、教授，从来没有松懈的时候，以至于积劳成疾，英年早逝。在这24年间，除了生存必不可少的吃饭、睡觉之外，他的时间主要用来做了两件事，一是读书钻研学问，二是当好老师教书育人，

附

录

读书钻研学问也是为了当好老师教书育人。为了这个追求，他是连吃饭睡觉的时间，都压缩了又压缩的。2003年暑假，我们相约到国家图书馆看书，主要是承担了《豫章丛书》的校点任务，到北京查阅不同的版本。谢老师作了充分准备，带了不少的压缩饼干。在国家图书馆待了一个星期，只有第一天，他跟我在离图书馆主楼不太远的服务部里吃过一顿中饭，然后就再也不肯出来吃了。就因为吃饭要排队，耽误时间。他每天的午饭就是压缩饼干和矿泉水。他很自觉，怕饼干残屑掉在阅览室地上引来蛀虫，就到走廊上吃。工作人员说为了防虫，走廊地毯上也不能有一点食物残屑，即使你能保证不掉一点东西到地上，也不允许在走廊上吃，因为你在这儿吃别人也可来这儿吃，你能保证不掉一点，但你不能保证别人不掉。后来的几天，他是在卫生间里吃压缩饼干的（国家图书馆的卫生间很干净），如果早餐吃得较饱，有时中餐连压缩饼干也不吃。因为国家图书馆中午不休息，下午到了4点半钟就要清场，谢老师很珍惜能够坐在国家图书馆看书的时间。他对很多古籍都非常熟悉，对着阅读机看古籍胶片很快，可谓一目十行，并且不会遗漏一点。我们在国图一个多星期，他校对的古籍资料是我的三倍以上。

谢老师对学术情有独钟，为了学术，他读了很多书，也买了很多书。他毕业后没几年，就节衣缩食，把二十四史、《资治通鉴》《全唐诗》《诸子集成》等大部头以及很多工具书都买全了。南昌市几个古籍较多的图书馆，他经常光顾；学院的古籍室，他是常客。他这一辈子到底看过多少书，我不知道，只知道二十世纪八十年代中期他在一篇面向函授学员的辅导文章里说他对《史记》至少已经通读过三遍，只知道每当碰上生僻的人名、典故的时候就去问他，并且经常能及时得到确切的回答。有时候，想不起来，但第二天就用纸条写了放在我的信袋里。不但对我如此，对于其他向他请教的同事也是这么做的。他勤于笔记、勤于思考，做了很多卡片，分门别类，尽量齐全，用橡皮筋扎着以备查，还专门买了一个书架来存放学术卡片。谢老师与其夫人万芳珍教授能够写出极有影响而获得国家教委优秀学术著作奖的《三千年文祸》、独力编出一百二十余万字囊括从上古到清末民初历史人物的《绰号异称辞典》，跟他勤于读书、勤于笔记、勤于钻研有极大的关系。我早年对江西古代散文作家作品不过一点功夫，从他那里得到过不少资料、很多指点。谢老师从 1995 年开始任江西高校古籍整理研究领导小组成员，后来领导小组主持点校出版《豫章丛书》，他出力很多，承担了很重的点校任务，还承担了很重的审订任务，在这过程中表现出来的广博学识和一丝不苟、极为认真负责的精神，得到了领导小组组长兼丛书主编万萍教授的极高评价。去年上半年，全省高校古籍领导小组在江西科技师院召开换届大会，万萍教授在总结《豫章丛书》点校出版过程时，高度评价谢苍霖教授的学术水平和谢苍霖教授对《豫章丛书》的贡献，说得声泪俱下，与会同人全体起立，为谢老师默哀。

谢老师属于"回乡知识青年"，所以从研究生毕业参加工作才计算工龄，工资总是比同一职称职务的人要低一些，但没听说他为此事计较。他对教学工作一向认真，教案改了又改，力求臻于至善。讲课形式活泼、趣味盎然，内容丰富、知识广博，深受学生好评，督导听课后有"臻于化境"的评价。他对学生的作业、笔记看得仔细、改得也仔细，把学生的笔记本收集起来，一个大包提回去，看完后又一个大包提回来，从不要学生代劳。在院内宿舍住了近二十年，近几年才得到改善，搬到高校住宅小区，来一趟要步行近半个小时，但上课、开会没有迟到过一次。在高校工作 24 年，除了承担系里安排的教学任务之外，他从来没有在校外兼过一节课，更没有利用自己对文字狱和江西文化的独到研究外出联系讲座。他的头顶上没有学科带头人的光环，得到的荣誉也极少，但对于青年教师确有学术导师的作用，如本人，对于这一点感受极深。学院内外的很多年轻同行也是把谢老师当作导师看待的。几年前曾有一家省内重点大学努力动员他加盟以便申请博士点，谢老师没去，一方面是学校想留住他，更主要的是他对教院有感情。

谢老师出身于农民家庭，作为教授、学者，始终保持着农家子弟的纯朴本色。他个人生活非常节俭。家里除了琳琅满目的藏书之外，别无长物。穿着浑如老农：夏天汗衫短裤，草帽凉鞋，冬天有时还穿解放鞋；一件蓝色涤卡的中山装上衣，穿了近二十年，直到去世之前还在穿。我们很多学员都钦佩谢老师的朴素，称赞他有大学问而能保持农家子弟本色。孟子提倡鄙视物质生活的奢侈追求而保持精神人格上的浩然之气，于老谢生平庶几可以见之。记得在国图看书的时候，谢老师非常羡慕国家图书馆藏书之丰富，看书之方便，多次说到退休以后每年抽一个月的时间到北京来看书。可恶的肝癌过早地夺去了他的生命，他的愿望没法实现了。谢老师平生不沾烟酒，听说十多年前得过一次急性肝炎，治好了以后也没怎么吃药，原来每年检查一次，都没发现有什么问题；后来忙于教学、忙于《豫章丛书》和别的科研项目，有两三年没去检查，没想到竟然发展成癌症了。2005年国庆后来上班，同事发现他瘦了，关心询问，他自己也感到上楼比以前吃力，检查出来就是肝癌晚期。他嫌住院吵，不利于看书思考，带药回家治疗，夫人不能勉强。略有好转时，还到系里来过，心情也颇乐观，同事以为他或许能重上讲台。可是以后他的病情就渐趋沉重了。寒假中，女儿从学校回来，母女俩齐心合力把他劝回医院，到快要开学的时候，谢老师就毅然决然地走了。

"斯人也，而有斯疾也"，不亦痛哉！谢老师是江西于都人，1947年10月出生，2006年2月17日去世。1981年唐宋文学硕士研究生毕业，是江西师范大学胡守仁先生的弟子，胡先生在他的研究生毕业鉴定表上写道："对党有较深厚的感情。业务上很努力，三年寒暑假均留校，埋头钻研。"老先生对学生要求严格，在惜墨如金的评价里，充分肯定他在专业上付出了非同寻常的努力。

谢老师公正谦和，与人为善，学而不厌，诲人不倦，同事尊称为"谢公"。谢老师英年早逝，既是我们学院的一大损失，也是学界的一大损失。如果天假以年，他必将一如既往地努力，必将取得更加引人瞩目的学术成。学界同仁，知与不知，无不为之惋惜。

[秦良，时任江西教育学院（今南昌师范学院）校长助理、组织人事部部长，中文系教授。原载《江西教院报》2007年]

后　记

谢老师 2006 年 2 月离世，卒年六十岁。时女儿还差一个学期大学毕业，他便弃我们母女而去，天人相隔，至今十六年有余，只在梦中团圆。

他的一生大致可中分为前后两阶段，前半生有过幸福的童年，也经历坎坷；后半生他是幸运的，欣逢改革开放恢复高考，遇上慈父般的胡守仁师、陶今雁师及江西师院中文系的众多好心老师，录取为中国古代文学研究生。当年以"同等学力"身份报考，一个高中毕业生，何来自学条件而具备"同等学力"？导师收下他多出于同情；能顺利毕业，获得古代文学硕士学位，也是一种爱护和鼓励。他如是与我说不止一次。

他与江西教育学院（今南昌师范学院前身）是有缘分的，据他说初次分配时，就落实在教院。这里还有读研时熟悉的老师。后分配到能远离家乡人事干扰的九江师专，他也很满足。后来因个人原因调入教育学院。院系领导都热忱欢迎，但好事多磨，历经一年时间方办妥。之后，虽有外校领导及老师，或出于对他个人学术发展的考虑，或出于对我们分处两校生活不便的关心，劝他换个环境。他对教院感情深厚，也不喜折腾，最后都不了了之。

感谢南昌师院校方，没有忘记这样一位极普通的老师，向校庆七十周年献礼的学术文丛，给了他一席。若在天有灵，他会感到欣慰。

自调教育学院后，住房条件很快改善，他过上了梦寐以求的安定单纯的读书、教书、治学的生活。每一天他都怀着感恩心，在满满的幸福感中度过。他如饥似渴地读书，希冀有所成就，只是回望走过的路，成果欠丰。可以问心无愧的是，他没有虚度光阴。只恨"昊天不吊"，心愿未遂，赍志而殁。

本卷第一编是文献学研究。1984年初，他刚调来教育学院，便参与了学院高校古籍整理小组工作，被指定为学术带头人，负责院古籍室的资料建设。这年花费了很大精力做前期资料准备工作。除为古籍室选购了一批必备的古籍，至年底，还复印和手自抄制了计十余种书目、人物索引。后又抄编《婺源书目》《乡诗摭谈著录人物及评语》《宋元明清江西人物、学者一览表》［资料采自《宋元学案》《明儒学案》《清代七百名人传》《碑传集》及续补等17部（本）著作］；制作了一套江西人物著作卡。同时完成了陶编《豫章丛书》中《辎轩纪事》《南中杂记》二书的校注；与周文英先生等三位老师合撰了《江西文化》一书。1995年，江西省高校古籍整理领导小组换届，这届领导小组重启两套《豫章丛书》的整理，并成功申报到全国重点项目。他代表教育学院加入江西省高校古籍整理研究领导小组，兼任丛书整理的常务编委。个人主持点校子项目5个，审订子项目24个，还协助主编完成了若干其他项目的扫尾工作。这一章内容，一部分是几个子项目的点校说明，另一部分是对古籍点校注释问题的纠误或讨论。

第二三编是《绰号异称辞典》《三千年文祸》的节选。《三千年文祸》初版于1991年底，《绰号异称辞典》出版于1999年，资料积累都始于读研期间，《古汉语知识》笔记札录册，就立有"绰号与谑称"资料一目。1984年的日记中，明确了写部"文祸史"的想法。两书出版时，电脑写作尚未普及，也少有文献数据库，资料积累都靠借阅或自购图书，一本本读，一字字抄，文稿则全靠手写，至今家里还留下一叠叠卡片和书稿。《三千年文祸》初版44万字，出版和修订时他都会留下一本工作本，备随时修改补充之用，2002年修订版增加了4万字。此书虽署二人名，实际上，全书谋篇布局、操觚笔削是他一手完成，我仅是做些辅助性工作。修订后的工作本也是随处写满修改补充意见，人在病榻上，修改工作也未停歇。2015 年的第三版又增加 9 万字，全书达 57 万字，也完全是遵照和体会他的修改意见充实，仅假我之手完成而已。

二十世纪八九十年代，是人人思学，文化繁荣的时代，在 1995 年群众性的书评活动中，《三千年文祸》获得第二届全国高等学校出版社优秀学术著作奖，在学界有较好的反响，张兵等《清代文字狱研究述评》称此书为"研究中国文字狱的通史"，"考论详赡，极具学术价值"。《文祸》也为不少著作和论文引用，启良《中国文明史》下册"明清"部分，有三处引用共约三千字，包括案例及观点，其中"明初文字狱"一节，直接引用了三个整页，计二千余字，脚注皆注明了出处。葛行《中国历代诗案》的《后记》中，一再说明以《三千年文祸》为主要参考书，书末"参考书目"亦列入。

谢老师著书费时长，主观上也不急于出成果，著述不多。但他自信，只要苦读深思，筑牢资料基础，不愁没有成果。在他《杂感录》札记册中，记下了他已有一定资料基础，想写的一些专著、小书或论文。如写下现时遭遇的人事（有回忆的，有随时发现的）；如著《中国移民史》《陈寅恪评传》《中国文人》《江西人文》《中国游记文学》《起死人而问之》；如搜集各大专学校抗战时搬迁资料，成一专书；如结集读书记《杂览漫掇》；如编《梁启超文选》《历代江西人物分类索引》《古文奇选》《奇文共赏》《奇诗怪选》《古诗另解》《唐诗亦解》《明清怪杰传》《拗俗集》《科举笑谈》《熟文求疑》；如编《遗嘱家训选》《胆魄篇》《见识篇》《小康论》；如编《文人多病》《现代荒唐》《古代流氓》《盗墓史话》；如收集明清怪书名，中国文字之虚伪、正史野史之虚伪资料等。若昊天假以寿年，他会继续积累和思考，完成他有兴趣的课题。多年参与江西古籍整理工作，曾花大气力积累了较丰富的江西人文资料，也陆续写了几篇论文，去世前，原本正酝酿《江西明清文学史》

后记

445

的写作，但一切都终止在那至暗时刻。

第四编的文史研究，包括对文学大家白居易、柳宗元诗文的研究，序文、骈文、小品等文体的研究，明清江西古文家、学人名士群体的研究，文祸、绰号研究。文祸、绰号研究，原准备分别写成系列研究论文，有的已拟写了初稿或提纲，未及完成。

谢老师发表的论文同样数量不多，规格也不高。他更看重的是下笔皆能是创获，如《著作说》所言，"前所未有，后所不可无"。1983 年的第一篇日记谈道："年前打算新年完成那篇论袁枚散文，可总觉得不读尽手头所有书和文抄，就不甘动笔。"之后我为之全书抄录《袁枚评传》，日记中屡见他留心札录袁枚资料，袁枚资料的笔记集有一专册，还曾草拟《袁枚古文风格》，感觉引文多，论说不到位，不满意又搁置在抽屉。或是感前所未有者无多，或没有时间顾及，生前未见发表一篇袁枚研究的文章。他抽屉中还有多篇立了题名，如《诗家小品话咏物——咏物诗综述》等，都拟写了提纲，观点及资料线索，在等待读书思考中不时充实。

第五编文史漫谈，是他平日读书中留心的论题，多是应约稿。他的读书札记中，这类资料积累最多，如《历史上的宫女》《人文与地理》《历代士风》《文字游戏三题》等题目，都初步搭了框架，附注了资料，也没有完成。

第六编治学心得，多是发表在《函授教学》上的小文，他很乐意通过这个刊物，与学生交流读书治学心得，以期教学相长。长篇《资料的积累和使用》，是省骨干教师培训班上的讲稿，也是他对个人治学方法的一个总结。

第七编随笔，多写于他工作后的最初几年。写于九江的几篇，留下了在九江工作生活两年的印迹；回忆家乡人事的几篇，倾注了对于都这块生之养之土地的深情，一并收入。

第八编是日记。自 1983 年至 1987 年上半年，谢老师又坚持记了 4

年多的日记，这里取其与读书备课治学相关的内容，其他记事径直省略，不施省略符号。记载本身前详后略，故前两年文字撷取较多。日记虽多是流水账式的记录，但不失为一个窥视他某一阶段读书教书治学活动的窗口。有老师建议我讲讲他的读书治学，我感觉日记陈述会比他人的介绍更具象，这也是决定收入日记的原因。

借后记，以共同生活20余年对他的了解，就他的读书治学，教学处事，讲讲我印象最深的几个特点。

一是嗜书如命，虽惜时，但一趟趟进城寻书、买书，舍得付出时间，更舍得花钱，哪怕生活陷入窘境。买的书很杂，如他自述，从大部头成套的文、史、哲名著，到佛典、医书至介绍猜谜语、变魔术的小册子，无不收蓄。积年累月，庋藏不下数千册。由于翻阅频繁，书页上常附录文字，大都显得陈旧。

二是读书找书不惮辛苦。自家的藏书毕竟有限，想读更多书，还得要依靠图书馆资源。无论是读研还是工作，他节假日、寒暑假从不间断，一有时间就钻图书馆，校图、省图是常客，为了找书，还常去母校、外校、省博及私人藏书家王先生处借读。后来有了《四库全书》电子版，也开始在电脑上看书。

三是初为学，特别重视汲取各大家治学经验。20世纪80年代陆续出版《中国现代社会科学家传略》（山西版）、《中国当代社会科学家》（北京版）两套传记丛书，或借或买，大都札读一过，逐步摸索适合自己的治学方法。

四是注重文史工具书的购置。工具书是治学入门的向导，其本身也包含很多资料。在尚未有互联网文献数据库的时代，工具书在治学中尤为重要。积年购买的各种书目、索引，各类辞典、年表、年谱、手册、地图集等工具书，约有五十多种，百册以上。又手自抄编目录索引，除前面提到为江西古籍整理抄编的十几册工具书，还自编《诗经篇名索引》《全唐诗作者索引》（后来买到中华书局正式出版的）、《元诗选作

后记

者小传索引》《古今图书集成三级目录》等，在他看来，这就是"工欲善其事，必先利其器"。

四是读书博览勤录，用心、动脑、动笔。重要的书，全神贯注，集中一段时间读完，一书反复读多次。第一次边读边作札记，在散页、卡片上注明所在页码，或直接记在自家藏书上，写下提示性或评论性的字句。积下的一堆散纸卡片是书中精华，这是把书由厚读薄，消化一次的过程。下一步整理札记，将散纸上的资料分类归并，标立题名誉抄在笔记本上，这时又需重读一两次原书，核对、补充资料。笔记内容结合教学和研究，经常翻看；卡片则直接分类捆扎备查用。书目、辞典之类的工具书，也和普通书一样阅读札记。无关紧要的书则泛泛浏览，遇上有价值的材料随时札记。俗话说："好记性不如烂笔头"，他对历史事件、典故、人物、地理记忆较深，不完全靠记忆力好，主要得益于读书用心，坚持札记。

五是备课必从钻研原始材料出发。他平日读书积累的笔记 17 本（笔记也整理过一次，由 30 多小册归并），既是科研资料，也是备课素材，笔记本札录的古汉语知识、诗经择选、群经精华、历代辞赋、历朝诗文精选等内容的就占半数，教学中"随手拈来"的背后，全是平日的积累。日记见，当得知调来教育学院后安排上元代戏曲史课，在九江时便着手备课。首读《元史》，了解元代社会状况及与文学史相关人物的资料；次读戏曲作品及戏曲史研究的论著，如《元曲选》《西厢记》《中国戏曲通史》《中国戏曲发展史纲要》《戏曲笔谈》《小说戏曲丛考》《元人杂剧选》等。调入教育学院后，又续读《周贻白戏剧论文选》《中国通史》第七册（元代部分）等，直至有了较充分准备后才动手写讲稿。他的讲稿从来都是提纲式，记载章节安排，主要内容，作品及分析，观点评价等，不会把上课讲的每段话都写上。看似马虎，实际颇费功夫。与教学相关的札记，还常会及时附记于几部教材书里。比如朱东润《中国历代作品选》"元诗歌"部分的刘因《白沟》诗下，把内容意境相近的杜甫、白居易、陆游诗附其旁；增补了刘因《读史》诗，并附王安石《读史》诗以相比较。游国恩、中国科学院文学所编《中国文学史》分别于"元代文学概说""元代社会对文学的影响"部分，附记了从《元史》和其他书中得到的材料，后一书"元代诗歌和散文"部分，自增了元代民谣，附录从《南村辍耕录》《闲中今古录》《古今风谣》中收集的元代民谣作品。他的讲稿不是一劳永逸，每讲一次都会不断增补新近读书得到的材料和对人物作品的新认知。

他认为读书、教学、研究有一个相互促进的关系，教书是本职，多读书，首先是为了教好书；作研究，也是为了把书教好。为了培养更多的学员能参与到古籍整理工作中，他结合自身对文献学学习研究的心得，自编讲稿，开出了《中国古典文献学概要》课程。结合著作《绰号异称辞典》的积累，编写了《姓氏名号文化》的讲稿（是否开课不清楚）。

六是处事特立独行，不在意他人看法。他居常惜时，与人交流，除谈读书工作，少有闲话，也不管闲事。我家有聚餐，他也很不情愿甚或不参加，唯一的动力，是能顺便上街逛书店。有朋友邀请聚会，总辞以退休以后。学员中同乡有来家闲话乡情，超出他能够忍耐的时间限度，会婉言逐客。两位导师对他恩重如山，每年前年或年后都要备礼拜访，但除特殊情况，一年就是一次。胡先生曾作多首《谢苍霖老同学见过赋赠》咏及："城居两相望，不见又无书。知子分阴惜，与人交往疏。应时贺春节，执礼到瓜庐。更表殷勤意，手中总不虚。""吾门君最惜日力，一年一度贺春节。此外未尝一来见，闭户潜修若饥渴……吾不怪此失礼仪，反而为之喜无极。"知徒莫如师，先生对他毫不嗔怪、始终体谅。他做事守时。与人有约，不爽时，不误事。不管上课还是开会，从不迟到。家搬来老江大附近后，步行到教育学院要 20 分钟左右，每逢上午有课，都像是准备出差，要起个大早。系里诸如编写函授教材、指导学员论文、批改作业的工作，从不拖沓。他与人交往，重然诺。2003年暑假，父亲病危，因事先与秦教授有约去国图查阅古籍，匆匆回家一

后

记

449

趟后，赶紧去了北京。行前交代，如期间父亲有不测，他不能中途回来，让弟弟替他尽孝。结果，父亲离世时没能守在身边。他也最不愿托人办事。确诊前的暑假，身体已经有些不适，安排了去广西上函授课。暑假期间卧铺票很难买，我请亲戚帮忙。他很生气，觉得买硬座克服一下能行，不应该麻烦人，并说你若买了你去，逼得我只能作罢。确诊后，他交代的第一件事是，不让任何人来看望。

回顾往事，历历在目。他生前的讲课稿、未完成的论文稿仍保留在书桌的抽屉里，札记的十几册笔记本整齐排列在书橱，似乎在等待出远门授课未归的主人。直面现实，目睹物是人非，感叹生命的脆弱，悲从中来。

文稿付梓之际，感谢学院文丛编委会诸位领导对出版工作的高度重视、精心筹划。感谢编委会办公室科研处处长夏克坚教授等老师们的周密组织安排。感谢文学院院长、教授王文勇博士对文稿编辑的关心和悉心指导。感谢文学院王志强博士，在繁忙的教学科研中，挤出宝贵时间、倾注大量精力为全书统稿、编排并细致地审读勘误。感谢知识产权出版社编审高源老师、责任编辑李婧老师对书名的确定，内容的选定提出了很好的意见，对全稿多次审校、规范，极为认真负责。在此，一并致以诚挚的谢意！

万芳珍

2022 年 8 月